孤儿学生
心理健康教育研究

王江洋 著

知识产权出版社
全国百佳图书出版单位
—北京—

图书在版编目（CIP）数据

孤儿学生心理健康教育研究 / 王江洋著. —北京：知识产权出版社，2024.12
（社会性发展与心理健康丛书）
ISBN 978-7-5130-8644-8

Ⅰ.①孤… Ⅱ.①王… Ⅲ.①中小学生—心理健康—健康教育—研究 Ⅳ.①G444

中国国家版本馆 CIP 数据核字（2023）第 005002 号

责任编辑：刘　雪　　　　　　　责任校对：谷　洋
封面设计：乔智炜　　　　　　　责任印制：孙婷婷

孤儿学生心理健康教育研究
王江洋　著

出版发行：知识产权出版社有限责任公司	网　　址：http://www.ipph.cn
社　　址：北京市海淀区气象路 50 号院	邮　　编：100081
责编电话：010-82000860 转 8112	责编邮箱：jsql2009@163.com
发行电话：010-82000860 转 8101/8102	发行传真：010-82000893/82005070/82000270
印　　刷：北京九州迅驰传媒文化有限公司	经　　销：新华书店、各大网上书店及相关专业书店
开　　本：720mm×1000mm　1/16	印　　张：24
版　　次：2024 年 12 月第 1 版	印　　次：2024 年 12 月第 1 次印刷
字　　数：368 千字	定　　价：98.00 元
ISBN 978-7-5130-8644-8	

出版权专有　侵权必究
如有印装质量问题，本社负责调换。

国家社会科学基金"十三五"规划教育学一般课题
"去自我污名心理视域下的孤儿学生心理健康教育研究"
（课题批准号：BHA160087）

总序

从人类社会形成的那一刻开始，自然界的发展进程便不可避免地被打上了人的烙印。经过漫长时间的酝酿，18世纪后半叶爆发于英国的第一次科技革命打破了人与自然之间长久以来的平衡状态，大机器以碾压般的优势替代了人类的传统手工劳动，正式拉开了全新技术革命和社会变革的大幕。两百多年来，人类改造世界的速度不断加快，世界的变化幅度超越了自人类产生以来的全部累积，与此同时，世界也在悄然改变着人类的认知、情感与行为。

社会性是人的本质属性。在人类个体的成长、成熟及衰老过程中，社会化如同"呼吸"一般始终伴随左右。在社会化过程中，人持续不断地观察着这个世界，学习、模仿与创造自身与父母、教师、朋友、同事、伴侣、子女以及陌生人等不同人的相处之道，反思自我与他人的互动关系，以保证自身在生产工作、家庭生活、消费娱乐、子女教育等社会活动中能够得心应手，进而提升社会适应能力和心理健康水平。

非常幸运的是，在沈阳师范大学心理学科近十年的发展历程中，聚集与活跃着一批关注人的社会性发展与心理健康的中青年学者。他们扎根于心理学领域，默默耕耘，持之以恒地开展学术研究与社会实践，逐渐形成了一系列优秀的科研成果。这些成果中的绝大多数是依托国家社会科学基金课题、国家自然科学基金课题、全国教育科学规划课题、教育部人文社科基金课题的研究成果基础形成的，还有的是以博士学位论文为基础的拓展性成果。为阶段性梳理与总结有关社会性发展与心理健康的研究与实践成果，《社会性发展与心理健康》丛书得以面世，以期对我国心理学领域研究做出些许贡献。丛书共8册，下面谨就丛书的构成进行简单介绍。

《孤儿学生心理健康教育研究》关注因父母不能正常履行监护责任而接

受福利资助集中养育的孤儿学生群体。著作以孤儿学生的特殊心理问题"自我污名"为研究内核，深入探究了自我污名对孤儿学生社会认知、情绪、行为及心理健康的消极影响机制，并在实践层面探讨如何运用积极心理健康教育范式对孤儿学生进行正能量的心理与教育干预，提出了福利性集中养育模式下，通过科学的孤儿学生心理健康教育管理建构孤儿学生的品格优势，提升其幸福感，最终实现孤儿学生心理健康培育及积极社会化发展的教育。

《3—6岁儿童白谎认知与行为的发展及影响因素研究》考察了3—6岁儿童白谎认知与白谎行为的发展特点，从心理因素与情境因素视角探究了儿童白谎行为的影响机制，并在此基础上，进一步探讨了儿童白谎道德评价与白谎行为的关系，以及心理因素、情境因素在白谎道德评价与白谎行为之间的作用。著作内容为儿童白谎研究的未来发展提供了一定启示，也为儿童的社会化教育提供了新的切入点。

《中学生校园欺凌问题的心理成因与干预对策》基于不同欺凌角色视角揭示校园欺凌问题对中学生心理健康的影响。著作结合传统欺凌和网络欺凌、实施欺凌与受欺凌的二维观，通过实证手段将中学生校园欺凌角色进行结构与分类的系统性划分，并探讨不同欺凌角色的发生特点，确定其与人格特质、孤独感等个体内生风险变量的关系。从不良家庭环境、社会暴力环境等外在风险变量挖掘中学生不同角色欺凌的形成机制。著作还重点关注了农村中学生群体欺凌问题，通过系统性探究为中学生校园欺凌的防范工作提供行之有效的对策。

《欺凌治理视域下的中小学生校园排斥：结构、机制与应对》聚焦困扰世界各国多年的中小学校园欺凌治理议题，遵循我国政府提出的校园欺凌综合治理要做好"防治结合""早期预警"工作的理念，提出了"校园排斥"概念，深刻探讨了校园排斥与校园欺凌的复杂关系。著作厘清了中小学生校园排斥的结构与机制，明确了校园排斥与儿童青少年抑郁、攻击、自杀意念、社会公正信念等诸多心理与行为因素的因果关联，并就中小学校园排斥现象的根本改善开展了心理与教育干预实践，提出了应对性策略。

《促进与抑制：集体行动的社会心理机制》聚焦对社会发展与群际关系产生"双刃剑"作用的集体行动，阐述了中国文化背景下集体行动的驱动模型及内在心理机制，突破性地将外群体视角、群际视角与传统的内群体视角相融合，探索社会支持、社会偏见、群际接触对利己型、爱国型和利他型集体行动的促进与抑制，从微观、中观和宏观层面系统地探究集体行动的产生、发展及其变化规律。著作有利于社会更加客观地认识规则集体行动的"减压阀"作用，为政府决策提供理论参考。

《自我优势：从知觉开始》从社会认知心理学视角对自我这一传统哲学概念进行集中阐释。著作基于以往关于自我相关信息与高级认知过程关系的探讨，通过认知行为与神经科学手段，突破传统研究中难以排除信息熟悉度的问题，探讨了中性自我信息在知觉中的作用，进而对其在中国人社会关系、社会化具身认知等方面的作用进行深入探讨，为深化与心理学关于自我的理解，更好促进人的社会性发展提供理论支持。

《抑郁对癌症患者免疫功能的影响及心理干预》从临床心理视角研究抑郁对恶性肿瘤患者的影响。著作阐述了抑郁肿瘤动物模型的研究价值、抑郁情绪对肿瘤患者免疫功能破坏的影响机制，并以行为主义、人本主义、认知心理学等理论取向为指导，对肿瘤患者的抑郁情绪进行临床干预。著作不仅从抑郁、恶性肿瘤和个体免疫力三者关系的角度进一步明确了心身疾病中"心"与"身"的关系机理，而且这也是从临床视角开展癌症患者心理干预的一次有益尝试。

《健康中国背景下老年消费心理与行为研究》关注社会中的老年群体。著作分析老年人在养老、医疗、健身、娱乐、休闲、教育等方面的消费心理与消费行为特征，探讨老年消费问题的心理机制。在此基础上，深刻解构老年消费过程中的市场供给与社会服务体系，分析老年消费的社会环境及基本公共服务体系中存在的养老等问题，最终提出解决老年消费困境的对策。

《社会性发展与心理健康》丛书是我校心理学科在学科与科研建设过程中的一次集中展示，是学科教师科研成果精华中的一部分。这些成果关注的群体不同、年龄阶段不同、研究对象与研究内容不同、研究方法与研究手段不同，但均聚焦于人的社会性发展与心理健康，在中国文化背景下开展理论与实证研究，各美其美，美美与共。丛书出版的最终目的是服务于我国社会心理服务体系的不断优化，服务于人与自然、人与社会的协同发展，服务于我校学科体系建设的持续完善。

　　这也是我校心理学科近年来第一次有组织地出版一套聚焦于人的社会性发展与心理健康领域的学术专著。丛书的规划出版得到了学校和相关职能部门领导的关心与支持；每部著作在酝酿、撰写过程中需要彼此协调，统一布局，颇为损耗精力，知识产权出版社的多位老师为此倾力相助，付出了大量时间与心血。在此，谨向学校与职能部门领导、出版社老师们的支持和帮助表示最诚挚的感谢！

　　此外，每位作者在书稿撰写过程中精益求精，甚至还有作者就书稿中的某个观点开会讨论，请教学院同事，反复推敲求证，表现出极强的学术严谨性。个别年轻学者还在撰写书稿过程中进一步加深了学术理解，并在学术内省中坚定了未来的研究方向。在此向各位作者及学院与学科的所有教师表示敬意！

　　借撰写总序之际，向国内心理学界的前辈和同侪们表达最真挚的感谢！我校心理学科成立于世纪之交，年轻而富有朝气，尤其是在近十年的发展进程中，得到了许多学界前辈和学术大家的关怀与支持，以及众多心理学同侪的爱护与帮助。万水千山，相向而行。我们一定不忘科研初心，砥砺前行，在学校与学院领导下，充分发挥省属高校的区域优势，为服务地方经济社会发展和我国心理学事业的进一步繁荣贡献力量！

张　野
于沈阳师范大学

自序

《孤儿学生心理健康教育研究》是沈阳师范大学心理学科推出的《社会性发展与心理健康》丛书之一，也是国家社会科学基金"十三五"规划教育学一般课题"去自我污名心理视域下的孤儿学生心理健康教育研究（课题批准号：BHA160087)"系列成果之一。

从古至今，现实生活中人们对"孤儿"的理解常常来源于一些文学作品中塑造的孤儿形象。如我国元代戏剧家纪君祥所著的杂剧《赵氏孤儿》、英国作家查尔斯·狄更斯所著的长篇小说《雾都孤儿》中对"孤儿"形象的描述常常是幼年"难以自主生活""遭受歧视凌辱""被坏人所害""经历悲惨"，但最终"孤儿"却在好心人的帮助、抚养之下发展出善良、勇敢的优秀品格，最终收获个人幸福。这既反映了"孤儿"所面临的现实生活困境，也反映了人们对"孤儿"发展结局的美好期许。与文学作品不同，心理科学则从学科视角上更加重视对"孤儿"心理健康及其社会性发展的研究。基于群际社会交往理论研究的观点，孤儿群体在与孤儿以外的群体成员交往时，常会被贴上"孤儿"的"身份标签"，从而接收到外群体成员对其发出的"孤儿缺乏教养""孤儿具有较多问题行为""孤儿能力低下""孤儿可怜"等身份污名信息。因此，就身份地位而言，"孤儿"是一类身份受到贬损即被"污名化"的弱势儿童，这种社会弱势会引发孤儿产生一系列心理与行为问题。本书正是基于这样一个研究视角，开展了一系列"孤儿"这类弱势儿童的心理特点及心理健康教育方面的研究。

在我国，"孤儿"是指事实无人抚养的儿童，也称"事实孤儿"。2019年6月民政部等12部门发布《关于进一步加强事实无人抚养儿童保障工作的意见》（民发〔2019〕62号），2020年12月民政部、公安部、财政部又印发

《关于进一步做好事实无人抚养儿童保障有关工作的通知》（民发〔2020〕125号），两份文件中先后明确了事实无人抚养儿童，是指父母双方均符合重残、重病、服刑在押、强制隔离戒毒、被执行其他限制人身自由的措施、失联、被撤销监护资格、被遣送（驱逐）出境情形之一的儿童；或者父母一方死亡或失踪，另一方符合重残、重病、服刑在押、强制隔离戒毒、被执行其他限制人身自由的措施、失联、被撤销监护资格、被遣送（驱逐）出境情形之一的儿童。这也是本书中对"孤儿"基本含义的界定。据民政部公布的数据显示，我国"事实孤儿"2020年为25.4万人、2021年为31.4万人、2022年为36.5万人，[①] 由于认定标准越来越精准，故孤儿数量呈逐年递增趋势。国家对已认定的"事实孤儿"不仅发放基本生活补贴，按规定实施医疗救助，还将"事实孤儿"优先纳入国家资助政策体系和教育帮扶体系，实施发放助学金、减免学费政策。其中，除部分被家庭收养、福利院集中看护的孤儿，有相当一部分学龄孤儿进入国家开办的"孤儿学校"这种福利性集中养教机构内接受学校教育。本书研究中的"孤儿学生"主要是指在"孤儿学校"的福利性集中养育模式下生活与学习的适龄学生群体。

全书一共分为五章二十节：

第一章是孤儿学生心理健康教育研究总论，提出了本书的主要研究问题，包括三节。主要阐述了本书的研究问题、研究意义与研究总体思路，并对孤儿学生心理健康与教育研究进展，自我污名的国内外相关研究进展做了综述。

第二章介绍了孤儿学生自我污名的具体表现，包括两节。通过问卷测量等实证研究方法探究了孤儿学生自我污名的心理结构及其发展特点。

第三章论述了孤儿学生自我污名对其心理健康与社会性发展的影响，包括六节。通过因果与相关研究设计，情境实验与问卷测量等多种收集数据的实证研究方法分别论证了自我污名对孤儿学生社交拒绝归因、消极情绪、身份拒绝敏感性、校园心理适应及心理健康等多项心理与社会性发展关系中的因果作用、中介作用和调节作用机制。

---

① 《全国"事实孤儿"数量达36.5万，政府救助亟待重视心理关怀》，载 https：//baijiahao.baidu.com/s？id=1776262548367780127&wfr=spider&for=pc，2022年10月访问。

第四章详尽介绍了去自我污名心理视域下的孤儿学生心理健康教育干预实践，包括六节。通过团体辅导、心理健康课教学等教育干预途径，分别对孤儿初中生的降低自我污名、品格优势培养、积极人际关系塑造，孤儿小学生的品格优势识别、乐观解释风格、主观幸福感等方面开展了积极心理与教育干预。

第五章研究了孤儿学校教师心理健康教育实践性知识与学生心理健康教育管理对策，包括三节。通过访谈与概念构图的方法，研究了中小学教师心理健康教育实践性知识的构成及教师心理健康教育实践性知识的转化问题；并在全书系列研究基础上，提出了孤儿学校学生心理健康教育对策。

本书的特色是：

第一，关照本土性议题。孤儿学校是我国本土特有的学龄孤儿福利性集中养育机构，承担着对我国大量学龄孤儿的救助、基本生活养护及知识与技能教育等福利性职能。对于孤儿学生而言，孤儿学校既是他们接受教育的学习场所，也是他们成长发育的生活场所，孤儿学校肩负着学校和家庭的双重教育功能。本书着力探究孤儿学校对孤儿学生心理健康发展的影响是适应我国本土国情所需的。

第二，提出原创性观点。本书以孤儿学生的社会身份地位为基本前提，研究孤儿学生的心理问题，跳出了一般儿童教育心理研究思路的窠臼，在学术观点上具有原创性。本书认为孤儿学生的弱势社会身份带来的污名化后果使孤儿学生产生自我污名的心理问题，而具有高自我污名倾向的孤儿学生在群际社交中更容易出现特定认知、行为与情绪问题，从而严重危及孤儿学生的心理健康及其社会融入质量。在此基础上，本书强调孤儿学生的核心心理问题就在于由身份污名化所引发的自我污名心理倾向，孤儿学校开展学生心理健康教育实践工作时应以此为特殊前提，即应在去自我污名心理视域下开展孤儿学生心理健康教育实践，这样才能真正促进孤儿学生的心理健康发展。

第三，内容与方法系统。在研究内容上，全书以孤儿学生的特殊心理问题"自我污名"为研究内核，系统探究了自我污名对孤儿学生社会认知、情绪、行为及心理健康的消极影响机制，并在实践层面探讨如何运用积极心理健康教育范式对孤儿学生进行正能量的心理与教育干预，提出了福利性集中养育模式下通过科学的孤儿学生心理健康教育管理建构孤儿学生的品格优势，提升其幸福感，最终实现孤儿学生心理健康培育及积极社会化发展的教育。在研究方法上，全书注重将理论研究与实践研究相结合；通过多种实证研究手段收集研究数据，注重将相关研究设计模式与因果研究设计模式相结合、将问卷测量与实验室实验和现场实验相结合；注重对研究结果的定量高级统计分析与定性分析相结合。

第四，指导实践与决策。其一，本书介绍的去自我污名心理视域下的孤儿学生心理健康教育相关研究思想，可以直接在孤儿学校等各类孤儿福利性养育机构的心理健康教育实践中推广使用。其二，本书的研究思想可以直接提高孤儿教育从业者的心理健康教育管理水平。其三，本书提及的教育管理对策，有助于国家教育部门、民政部门在政策决策层面解决学龄孤儿福利性集中养育事业中的相关问题。

本书集结了十几年来我及我的硕士研究生团队对孤儿学生心理研究的系列成果，是团队共同研究的结晶。来媛、尹丽莉、李骋诗、王晓娜、姜杰、王津、张楚、肖青、李昂扬、梁祎婷、于子洋、吴迪、娄悦、王美力、李媛媛、王振宇、刘小萌等17名硕士研究生在课题的数据收集与分析、研究报告撰写等具体过程中投入了大量心血。在此，我对他们的研究工作表示深深的感谢！同时，我还要感谢在研究过程中给我们提供大力支持的辽宁省光明学校的领导和老师们。特别是高亚华、温文娟、王菲三位老师全程的协助与参与，不仅为本书研究数据的收集提供了保障，还为很多具体研究工作提出了建设性意见，他们对孤儿学生付出的爱与理解令我敬佩！

我还要由衷地感谢我的博士后合作导师申继亮教授，是他的肯定与指导令我豁然开朗，也由此坚定了我从事孤儿学生心理健康教育研究的信心！因为业内对孤儿学校学生心理的研究尚属空白，国内外可以参照的心理与教育研究先例较少，所以当我提出想探索这一研究领域时，内心还是有些犹豫与畏惧。但当我把自己的想法与申老师交流时，却得到了他的大力肯定与支持。他认为，目前国内对留守儿童、流动儿童、贫困儿童这几类处境不利儿童的研究已经很深入了，但是对孤儿特别是孤儿学校中的孤儿学生却没有涉及。而且孤儿学校又是我国特有的一种建制机构，其校内孤儿的心理特点与被家庭收养进入普通学校里就读的孤儿相比，应该有所不同，对这类孤儿学生的研究有利于为国家决策提供依据。不仅如此，申老师还为我指明了具体的研究角度——自我污名。他指出，孤儿学生这类儿童很可能面临自我污名问题，虽然没有专门针对孤儿研究的先例，但是在国内外社会心理学领域里有很多关于自我污名问题的研究，这都可以作为我研究的基础。开展孤儿学生心理健康研究是很有意义的一件事。

在本书的具体研究与撰写过程中，还参考了诸多国内外研究文献。在此，我要对这些文献的作者表示感谢！

本书的最终出版得到了学校和相关职能部门领导、学院及学科领导的关心与大力支持；得到了知识产权出版社多位老师的无私帮助。谨向他们的支持和帮助表示最诚挚的感谢！

"路漫漫其修远兮，吾将上下而求索"，本书的研究仅仅是一个开端，希望此书的出版可启迪我本人及更多的研究者参与到孤儿心理健康教育研究中！希望每一位孤儿学生都能拥有一个健康而美好的未来！

王江洋

于沈阳师范大学

目 录

第一章　孤儿学生心理健康教育研究总论 ……………………………… 1
　　第一节　研究问题、研究意义与研究总体思路 ………………………… 1
　　第二节　孤儿学生心理健康与教育研究进展 …………………………… 6
　　第三节　自我污名的国内外相关研究进展 ……………………………… 11

第二章　孤儿学生自我污名的具体表现 ………………………………… 22
　　第一节　孤儿学生自我污名的心理结构 ………………………………… 22
　　第二节　孤儿学生自我污名的发展特点 ………………………………… 34

第三章　孤儿学生自我污名对其心理健康与社会性发展的影响 ……… 56
　　第一节　自我污名对孤儿学生社交拒绝归因的影响 …………………… 56
　　第二节　自我污名对孤儿学生消极情绪的预测：解释风格及领悟社会
　　　　　　支持的多重中介作用 ………………………………………… 64
　　第三节　身份拒绝敏感性对孤儿学生心理健康问题的预测：自我污名的
　　　　　　中介作用 ………………………………………………………… 77
　　第四节　拒绝敏感性与孤儿初中生校园心理适应的关系：自我污名和
　　　　　　品格优势的多重中介作用 ……………………………………… 90
　　第五节　师生依恋、同伴依恋与孤儿初中生心理健康的关系：
　　　　　　自我污名和心理韧性的并行中介作用 ………………………… 104
　　第六节　品格优势与孤儿学生心理健康的关系：自我污名的中介作用及
　　　　　　校园人际关系的调节作用 ……………………………………… 119

第四章　去自我污名心理视域下的孤儿学生心理健康教育干预实践 …… 162
第一节　高自我污名孤儿初中生的团体辅导干预 …… 162
第二节　孤儿初中生品格优势培养的教育干预 …… 171
第三节　孤儿初中生积极人际关系塑造的教育干预 …… 200
第四节　孤儿小学生品格优势识别的教育干预 …… 216
第五节　孤儿小学生乐观解释风格现状与团体辅导干预 …… 232
第六节　孤儿小学生主观幸福感的积极心理教育干预 …… 247

第五章　孤儿学校教师心理健康教育实践性知识与学生心理健康教育对策 …… 263
第一节　中小学教师心理健康教育实践性知识的构成 …… 263
第二节　孤儿学校教师心理健康教育实践性知识的转化 …… 276
第三节　孤儿学校学生心理健康教育对策 …… 295

附　录 …… 303
- 附录1　孤儿学生自我污名自陈问卷 …… 303
- 附录2　学业延迟满足问卷 …… 304
- 附录3　孤儿身份拒绝敏感性自陈问卷 …… 305
- 附录4　儿童社交焦虑量表 …… 307
- 附录5　儿童解释风格问卷 …… 308
- 附录6　领悟社会支持量表 …… 312
- 附录7　消极情感量表 …… 313
- 附录8　儿童孤独量表 …… 313
- 附录9　儿童自尊量表 …… 315
- 附录10　初中生拒绝敏感性自陈问卷（节选） …… 315
- 附录11　中学生品格优势问卷 …… 320
- 附录12　孤儿学校初中生校园心理适应自陈问卷 …… 322
- 附录13　同伴依恋问卷 …… 323
- 附录14　师生依恋问卷 …… 324

附录15 生活满意度量表 …………………………………………… 324

附录16 青少年自评量表——抑郁分量表 …………………………… 325

附录17 Connor-Davidson 心理韧性量表 …………………………… 326

附录18 小学生品格优势问卷 …………………………………………… 327

附录19 师生日常交往调查问卷 ………………………………………… 330

附录20 友谊质量问卷简表 …………………………………………… 332

附录21 情感平衡量表 ………………………………………………… 333

附录22 多维学生生活满意度量表 ……………………………………… 333

主要参考文献 ……………………………………………………………… 336

第一章 孤儿学生心理健康教育研究总论

第一节 研究问题、研究意义与研究总体思路

一、研究问题的提出

（一）研究目的

孤儿学生在与非孤群体成员交往时，常被贴上"孤儿"的身份标签，接收到外群体成员对其发出的"孤儿缺乏教养""孤儿具有较多问题行为""孤儿能力低下""孤儿真可怜"等身份污名信息。若孤儿学生将这种污名内化并指向自己，就产生了自我污名。这种自我污名会使孤儿学生产生自我身份敏感、自我疏离、内心狭隘、学习懈怠等心理和行为，更倾向于认知到社交中的拒绝性信息，表现出社交焦虑、孤独、抑郁、恐怖等消极社交情绪，严重危及孤儿的心理健康及其社会融入。本书主要揭示孤儿学生自我污名的心理构成、考察其对孤儿学生心理健康及社会性发展的影响机制，进而在去自我污名心理的视域下探讨孤儿学生心理健康教育问题。

基于此，本书的主要研究目的为：明确孤儿学生自我污名的心理测量结构及其独特的年龄发展趋势和性别差异等发展特点；明确孤儿学生自我污名对其心理健康与社会性发展的影响机制；明确高自我污名孤儿学生去污名化心理干预实践的实效性；开展去自我污名、培养孤儿学生品格优势的积极心理健康教育干预实践，形成可在孤儿福利性养育机构间推广使用的孤儿学校心理健康教育管理实践成果；通过孤儿学生心理健康教育干预实践使孤儿学校教师心理健康教育观念发生转变、心理健康教育实践性知识得以丰富，从

而促进孤儿学校教师的专业化成长。

（二）具体研究问题

具体来说，本书系统介绍了先后开展的16项具体研究。

第二章即孤儿学生自我污名的具体表现，包括：研究1"孤儿学生自我污名的心理结构"；研究2"孤儿学生自我污名的发展特点"。

第三章即孤儿学生自我污名对其心理健康与社会性发展的影响，包括：研究3"自我污名对孤儿学生社交拒绝归因的影响"；研究4"自我污名对孤儿学生消极情绪的预测：解释风格及领悟社会支持的多重中介作用"；研究5"身份拒绝敏感性对孤儿学生心理健康问题的预测：自我污名的中介作用"；研究6"拒绝敏感性与孤儿初中生校园心理适应的关系：自我污名和品格优势的多重中介作用"；研究7"师生依恋、同伴依恋与孤儿初中生心理健康的关系：自我污名和心理韧性的并行中介作用"；研究8"品格优势与孤儿学生心理健康的关系：自我污名的中介作用及校园人际关系的调节作用"。

第四章即去自我污名心理视域下的孤儿学生心理健康教育干预实践，包括：研究9"高自我污名孤儿初中生的团体辅导干预"；研究10"孤儿初中生品格优势培养的教育干预"；研究11"孤儿初中生积极人际关系塑造的教育干预"；研究12"孤儿小学生品格优势识别的教育干预"；研究13"孤儿小学生乐观解释风格现状与团体辅导干预"；研究14"孤儿小学生主观幸福感的积极心理教育干预"。

第五章即孤儿学校教师心理健康教育实践性知识与学生心理健康教育对策，包括：研究15"中小学教师心理健康教育实践性知识的构成"；研究16"孤儿学校教师心理健康教育实践性知识的转化"；研究17"孤儿学校学生心理健康教育对策"。

二、研究意义

（一）理论意义

第一，本书系统研究了孤儿学生自我污名心理的构成及发展特点问题，可以扩展国内外自我污名问题研究的对象群体。

第二，本书深入地考察了孤儿学生自我污名对其社会交往过程中认知、情绪及人格等心理与行为的消极影响问题，可以丰富和深化国内外对自我污名后果问题的研究。

第三，本书对高自我污名孤儿学生的去污化心理干预及基于品格优势识别与培养的孤儿学生积极心理健康教育干预研究，可以丰富国内外对自我污名干预方法问题的研究。

（二）现实意义

第一，本书开展的去自我污名心理视域下的孤儿学生心理健康教育研究相关成果，可以直接在孤儿学校等各类孤儿福利性养育机构的心理健康教育实践中推广使用。

第二，本书的研究成果有助于提升孤儿教育工作者的心理健康教育管理水平。

第三，本书提出的对策建议，有助于国家教育部门、民政部门在政策决策层面解决学龄孤儿福利性集中养育事业中的相关问题。

三、研究总体思路

（一）研究设计

本书综合采用了多种研究设计类型。其中，研究1、研究2、研究4、研究5、研究6、研究7、研究8运用了相关研究设计类型，分别检验孤儿学生自我污名的具体表现及其与孤儿学生心理健康、社会性发展等诸多相关变量之间的影响机制。研究3、研究9、研究10、研究11、研究12、研究13、研究14运用了因果研究设计类型，分别考察了孤儿学生自我污名对社交归因影响的因果关系，考察了不同团体辅导方案对高自我污名孤儿初中生去污化干预的效果、对孤儿小学生乐观解释风格干预的效果，考察了孤儿学生品格优势识别与培养课程方案、孤儿初中生积极人际关系塑造课程方案、孤儿小学生主观幸福感等积极心理教育干预的效果。研究15和研究16运用描述性研究设计类型，深度描述了中小学教师及孤儿学校教师在行动研究过程中的心理健康教育实践性知识的构成与转化过程。

（二）研究对象

本书的主要研究对象为在全国范围内选取的省属孤儿学校的在校学生，

以此作为孤儿学生的代表性样本。这样取样是基于以下三点考虑：首先，在社会大众眼中，在孤儿学校就读的孤儿学生比由寄养家庭监护分散在普通学校就读的孤儿学生带有更为明显的"孤儿"身份特征，其受身份污名化的影响更大；其次，在孤儿学校接受教育的孤儿是接受政府集中教养模式安置的典型代表，对其进行研究可以直接促进国家教育部门、民政部门制定更为完善的孤儿集中福利养育政策，并由此为其他形式孤儿养育机构提供制度参照；最后，孤儿学校里的孤儿学生分布集中，方便研究取样，且样本量足够大，可以保证研究结论的代表性。

具体来说，孤儿学生又按照学段划分为孤儿小学生和孤儿中学生，年级范围为四至十年级，其中小学四年级和六年级、初中一年级和二年级是心理健康教育干预实践研究部分重点选用的孤儿学生代表性样本。为了研究的必要，本书在研究过程中还以部分同年级普通学校的在校学生作为参照。

除此之外，本书研究对象还包含部分中小学教师群体（普通学校及孤儿学校部分教师），用以研究教师心理健康教育实践性知识的构成与转化问题。

（三）研究方法

第一，在收集数据的具体方法上，本书综合运用了问卷测量法、多因素实验、教育现场实验、作业内容分析法、访谈法、反思日记法、经验总结法等量化与质化研究手段。

本书采用科学的心理测量学方法先后自编了三份测量问卷——《孤儿学生自我污名自陈问卷》《中学生品格优势问卷》《小学生品格优势问卷》，这为本书研究提供了主要的测量工具，保证多项研究得以顺利执行。例如，研究1、研究2、研究3、研究4、研究6、研究7、研究8、研究9、研究10、研究12均使用上述自编问卷为测量工具来收集相关数据。

本书采用多因素实验、教育现场实验等实验法收集数据，以检验研究变量之间的因果关系。例如，研究3借助人机交互程序，在实验室中创设虚拟群际社交情境，通过多因素实验划分自我污名水平、控制交往群体对象与拒绝信息特征，考察自我污名水平的高低对孤儿学生社交拒绝归因的影响。通过实验组与对照组前后测现场实验，研究9考察了高自我污名孤儿初中生去污化团体辅导干预的效果，研究13考察了孤儿小学生乐观解释风格团体辅导干预的效果；通过实验班与对照班前后测的教育现场实验，研究 10 和研究 12 考察了孤儿学生品格优势识别与培养课程方案的教育干预效果，研究 11 考察了孤儿初中生积极人际关系塑造课程方案的教育干预效果，研究 14 考察了孤儿小学生主观幸福感积极心理教育课程方案的教育干预效果。

为了更加立体化地体现教育现场实验对孤儿学生心理健康教育干预效果的实效性，本书还运用了作业内容分析法，收集了孤儿学生在各种团体辅导过程、心理健康教育课教学过程中的作业，通过对作业内容的分析，全方位展现了孤儿学生在干预前与干预后某些具体心理与行为的显著变化。

本书运用访谈法，通过对孤儿学校及普通学校中小学教师的访谈，收集教师对心理健康教育实践性知识的理解，获得了中小学教师心理健康实践性知识内容构成的概念构图数据。在实践行动研究中，通过要求教师撰写反思日记的方法，揭示了孤儿学校教师心理健康教育实践性知识转化的基本过程及差异。

第二，在分析数据的具体方法上，本书将量化统计分析法与质性分析法有机融合。

本书通过探索性因素分析和验证性因素分析方法分析孤儿学生自我污名的心理测量结构与中小学生品格优势的心理测量结构的构想效度，通过相关分析方法分析了自编《孤儿学生自我污名自陈问卷》《中学生品格优势问卷》《小学生品格优势问卷》的各种信度、效度指标。

本书通过方差分析方法分析了孤儿学生自我污名的发展特点及其对社交拒绝归因的影响、孤儿学生的心理健康现状、品格优势现状、乐观解释风格现状、主观幸福感现状等。

本书通过相关分析、多元回归分析、结构方程模型等高级统计分析方法分析了孤儿学生自我污名、心理健康、消极情绪、解释风格、领悟社会支持、身份拒绝敏感性、拒绝敏感性、校园心理适应、品格优势、师生依恋与同伴依恋、心理韧性、校园人际关系等相关变量之间的多种中介作用机制与调节作用机制。

本书通过独立样本 t 检验方法分析了高自我污名孤儿初中生去污化团体辅导干预的效果、孤儿小学生乐观解释风格团体辅导干预的效果、孤儿学生品格优势识别与培养课程方案的教育干预效果、孤儿初中生积极人际关系塑造课程方案的教育干预效果、孤儿小学生主观幸福感积极心理教育课程方案的教育干预效果。

本书通过半结构访谈法收集中小学教师对心理健康教育实践性知识概念理解的一手数据，然后通过概念构图法与聚类分析方法分析数据，揭示了中小学教师的心理健康教育实践性知识内容的构成。又在此基础上，以反思日记为工具，通过质性分析法，分析了孤儿学校教师心理健康教育实践性知识转化的过程与差异性。

第三，本书通过经验总结法，对多项基础实证研究、教育实践干预研究的经验予以总结，形成了孤儿学校孤儿学生心理健康教育对策。

（四）技术路线

本书研究的技术路线（研究思路）如图 1-1 所示。

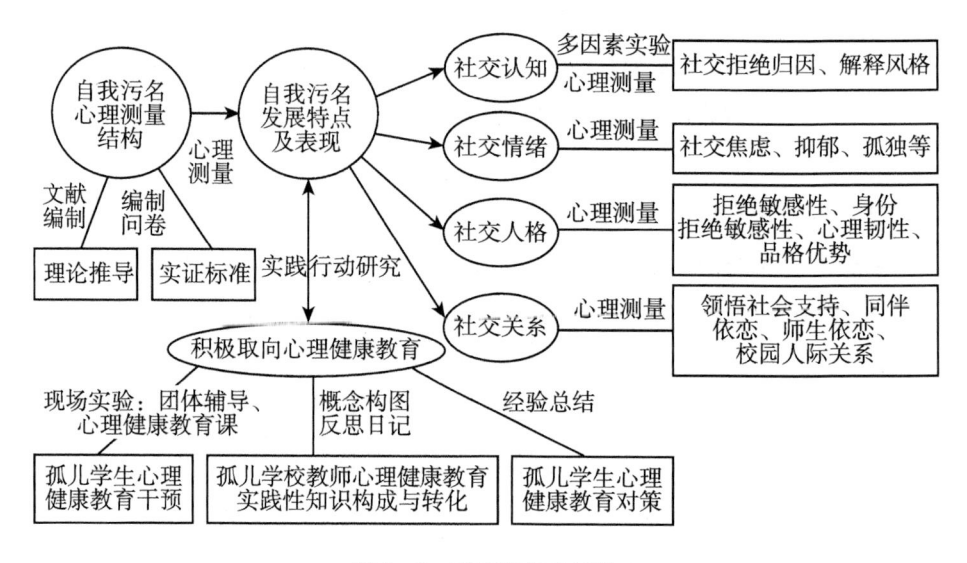

图 1-1 研究的技术路线

第二节 孤儿学生心理健康与教育研究进展

一、心理健康的概念

在很长一段时间里，学者对于心理健康的研究都采用消极的精神病理学指标，如抑郁和焦虑等内化心理障碍，以及行为障碍等外化心理障碍。采用这些指标的目的是消除或减少心理疾病的产生，但也忽视了个体的内在力量和自身的恢复与更新能力。1946年第三届国际心理卫生大会将心理健康定义为身体、智力和情绪十分协调并能适应环境；在人际交往中懂得谦让；有幸福感；工作高效并能充分发挥能力。之后，国内外学者也开始对心理健康的概念进行研究，如《简明不列颠百科全书》将心理健康解释为个体心理在本身及环境条件许可范围内所能达到的最佳状态，但并非十全十美的绝对状态。国内学者将心理健康解释为个体在与社会环境相互作用时，能保持情绪、需要和认知的稳定与平衡，并表现出真实且稳定的人格（王书荃，2005）。

积极心理学诞生后，强调关注个体内在积极力量。这也使众多学者开始关注主观幸福感（Subjective Well-Being, SWB）积极指标，并将之和精神病理学消极指标融合在一起，共同对个体的心理健康水平进行评估，这就是心理学家格林斯平（Greenspoon et al., 2001）首次提出的心理健康的双因素系统（Dual-Factor System of Mental Health, DFS）。之后Suldo等将其命名为心理健康双因素模型（Dual-Factor Model of Mental Health, DFM），并将个体心理健康分为四个水平（Suldo et al., 2008）：（1）完全健康者，无心理疾病且主观幸福感高；（2）易感者，无心理疾病但主观幸福感水平较低；（3）有症状但满足者，虽有心理疾病但仍有高主观幸福感；（4）疾患者，有心理疾病且主观幸福感低。此后，心理健康双因素模型中的指标基本固定下来，积极指标为主观幸福感，包括生活满意度、积极情感和消极情感的平衡；消极指标为抑郁和焦虑。后续研究者们为了简化对心理健康的测量，并不全用以上指标。也有学者指出，研究不同群体的心理健康水平应该使用不同的指标（王鑫强 等，2011）。其中，以主观幸福感中的生活满意度指标和消极指标中的抑郁结合的心理健康双因素模型对于测量学生心理健康具有更好的稳定性和适用性（海曼 等，2015）。且对于学校学生心理问题干预方案的制订具有重要指导意义（海曼 等，2013）。

综上所述，心理健康的含义并不仅仅是没有心理疾病，还应该是具备最佳的心理状态，对生活充满热情。在本书中，笔者对孤儿学生心理健康的理解，包含两方面含义，一是消极层面上的各种心理症状（障碍）、内化情绪问题与外化行为问题。二是积极层面的生活满意度等主观幸福感。

二、孤儿心理健康状况研究进展

国内外对孤儿心理健康的研究以问卷调查所得结果为主。以往多项研究表明，我国孤儿心理健康水平低于普通儿童（李国强 等，2004；关荐 等，2011；苏英，2011）。相较于普通儿童，孤儿主要心理问题表现为缺乏安全感、自卑（韦芳，2006；关荐 等，2011）、偏执、敏感、嫉妒、孤独（陈衍 等，2002；陈衍，2003；成彦 等，2003）、依赖心强、适应性差、厌学（习红兵，2009）、恐惧、焦虑、抑郁。张楚等（2016）发现一至六年级孤儿小学生总体心理健康状况不佳，在性别和年级上与同龄普通儿童存在显著差异。王美力（2020）发现，四至八年级孤儿中小学生的心理健康水平存在年级差异，表现为四年级孤儿学生生活满意度水平最低；七年级孤儿学生抑郁水平最高。有学者通过对艾滋病孤儿的研究发现，大多数艾滋病孤儿由于父母的死亡而产生的痛苦，使他们长期存在担心、恐惧、痛苦、悲伤、绝望和害怕等负面情绪，一些儿童出现情绪行为问题，如注意力不集中、孤僻、睡眠困难等（许文青 等，2006）；他们更可能出现抑郁、同伴交往问题、创伤后应激障碍问题及自杀的想法（Cluver et al.，2007）。有学者通过对地震孤儿的研究发现，地震孤儿在突然失去家人的关爱后，其内心会产生无助、绝望、恐惧等消极情绪和冷漠等心理防御反应（张学伟，2009），有着较高的创伤后应激障碍，心理健康水平较低，抑郁表现较明显，自尊水平较低，成年后形成人格障碍的概率更高（汪艳 等，2009；张本 等，2000a；张本 等，2000b；张本 等，2008）。

已有对福利院孤儿自尊的研究发现，福利院孤儿的自尊水平随年龄的增长呈下降的趋势，初中生孤儿的自尊水平最低。7岁以下福利院女性孤儿自尊平均得分显著高于8~12岁女性孤儿，8~12岁女性孤儿自尊平均得分不显著高于13~17岁女性孤儿，福利院男性孤儿也得出相似的结论（成彦 等，2003）。

有关孤儿适应行为的研究发现，各类孤儿适应行为都存在不同程度的缺损（金云霞 等，1994；金云霞 等，1998；金云霞 等，2001；金云霞 等，2003）。福利院的孤儿因缺乏与外界沟通的机会，其语言发展仍明显落后于普通儿童，他们习惯使用简短的词句与他人进行交流，因此造成一定的沟通困难（李雅，2008），他们在社会适应和人际沟通方面与普通儿童有显著差异（庄严，2010），其社会交往能力远远落后于普通儿童（苏英，2011）。孤儿对自己在集体中的人际关系主观报告较为消极，如会产生"同学不喜欢我""别人不愿与我交往""没人愿意帮我"等想法（许文青 等，2006）；并且他们在学校交往中有明显的社交焦虑，其中6～7岁孤儿和13～17岁孤儿表现出高社交焦虑（成彦 等，2003）。福利院的孤儿社会退缩行为、逃学行为、说谎为主的反社会行为水平显著高于普通儿童（王雁 等，2003）。

综上所述，当孤儿意识到自己的孤儿身份，心灵会遭受不可修复的重创，进而表现出一系列的心理健康问题。无论是哪一种类型的孤儿，他们的心理健康状况普遍低于普通儿童，他们的心理更加脆弱，在情绪、人格及社会交往行为等方面存在发展局限，这也正是本书强调应多关注孤儿心理健康现状，探寻孤儿心理问题成因机制的根本原因。

三、孤儿学生心理健康教育的概念及其理论基础

（一）孤儿学生心理健康教育的概念

心理健康教育是根据学生生理和心理发展的规律，运用心理学的教育方法，培养学生良好的心理素质，促进学生整体素质全面提高的教育。其主要内容包括学生心理健康维护和学生心理行为问题矫正。由于受心理健康概念理解的限制，所以传统的心理健康教育主要是问题心理取向的，即突出强调对问题心理与行为的干预。随着现代积极心理学的兴起，强调积极心理取向的心理健康教育，更加重视从个体积极心理品质培养和提升幸福感的角度维护心理健康的发展。《教育部关于印发〈中小学心理健康教育指导纲要（2012年修订）〉的通知》（教基一〔2012〕15号）中指出，心理健康教育的总目标是提高全体学生的心理素质，培养他们积极乐观、健康向上的心理品质，充分开发他们的心理潜能，促进学生身心和谐可持续发展，为他们健康成长和幸福生活奠定基础。教育部办公厅最新发布的《关于加强学生心理健康管理工作的通知》（教思政厅函〔2021〕10号）中，也再次强调要"大力培育学生积极心理品质"。国家更加倡导积极取向的心理健康教育，提倡将积极心理学培养目标作为心理健康教育的子目标之一进行关注。

随着心理健康教育的普及,更多研究者和教师以团体辅导或心理健康教育课为途径,通过设计活动课程方案,对学生不良行为进行有针对性的矫正,培养学生良好的心理品质。作为心理健康教育干预的最普遍方式,团体辅导、心理健康教育课具有显著的心理健康促进功能。本书关注孤儿学生的自我污名对其心理健康与社会性发展的影响,强调在祛除自我污名视域下对孤儿学生开展品格优势、主观幸福感等积极心理品质教育。

因此,本书中的孤儿学生心理健康教育是指以教育学和心理学特别是积极心理学的相关理论为指导,运用科学的教育方法,在教学过程中有计划、有步骤地对孤儿学生进行干预的教育活动。在具体的教育干预实践过程中,以祛除孤儿学生的自我污名为前提,将积极心理学中的各种干预技术和方法应用到团体辅导、心理健康教育课等活动途径中,以此对孤儿学生品格优势、积极关系、主观幸福感、乐观解释风格等积极心理品质的发展予以教育干预。

(二) 孤儿学生心理健康教育的理论基础

1. 品格优势理论

该理论的创立者塞利格曼(Seligman)认为,人具有6种核心美德(智慧、勇气、仁慈、公正、节制、卓越)和24种品格优势。根据品格优势的界定标准和特征确定了24种品格优势,并分别将其归类到6种核心美德中,个体的美德是通过思想情感和行为表现出来的,其表现形式即为品格优势,品格优势的呈现即为个体美德的呈现。已有实证研究表明,感恩、希望或乐观、宽恕、爱与被爱等品格优势可以显著正向预测生活满意度,让个体识别并使用自己的品格优势,可有效提升个体心理健康(Seligman et al., 2005)。

2. 持续幸福模型理论

该理论的创立者美国心理学教授柳博米尔斯基(Lyubomirsky)认为,设置点、生活环境以及意向性活动是影响个体主观幸福感的三个主要因素。其中,设置点可以解释个体主观幸福感变化的50%,但因其由遗传因素决定,所以很难改变;生活环境只解释个体主观幸福感变化的10%,而且也相对稳定,难于改变;意向性活动则可以解释个体主观幸福感变化的剩余40%,其通常指个体所做的各种有目的的行为、积极认知和意志活动等,其完全可由个人支配并容易改变（Lyubomirsky et al., 2005; Sin et al., 2009）。国内外实证研究已表明，建立新的意向性活动可以引发个体的积极情感，从而使个体主观幸福感得到提升（Lyubomirsky et al., 2005; Sheldon et al., 2006a, 2006b; 张巍 等，2014）。

3. PERMA 理论

PERMA 理论是积极心理学的成果，是塞利格曼在多年的研究基础上提出的。他认为，实现蓬勃发展的幸福人生应具有以下 5 个因素，即要有积极的情绪（positive emotion）、要投入（engagement）、要有良好的人际关系（relationships）、做的事要有意义（meaning）、要有成就感（accomplishment），简称 PERMA 理论。PERMA 不仅能帮助人们笑得更多，感到更满意、满足，还能带来更好的生产力、更多的健康以及一个和平的世界。

4. 解释风格理论

该理论的创立者塞利格曼认为，解释风格是个体在解释事情为何会这样发生时的习惯性方式，它是习得性无助的调节器。个体的解释风格有所不同，有的会更倾向于乐观，有的会更倾向于悲观。在面对挫折或者失败时，持有乐观解释风格的个体往往倾向于认为这是由特定的外部情境所引起，只是暂时的，不会影响其他方面。而持有悲观解释风格的个体会倾向将其归因于持久、普遍的因素，将原因归结于自己；并且认为这种消极情况还可以影响自己另外的事情。在面对成功等较好结果时，持有乐观解释风格的个体会认为这是由于他们自身的内部原因促成的，会持续下去，并且会被推广到他们的其他活动中。相反，持有悲观解释风格的个体会认为其成功是由于外在的原因（只是运气好），是一种暂时的现象（此次），并且只限于这种情况（不会再成功）。

第三节 自我污名的国内外相关研究进展

一、自我污名的概念界定与国内外研究概况

一般公众对于身份受损个体产生的刻板印象、偏见和歧视性反应即为公

众污名；当身份受污个体内化公众污名，并将偏见和歧视指向自己，并产生刻板性认同，进而表现出自我贬低时，就形成了自我污名（Corrigan et al.，2006）。自我污名，是指受污名个体感知到公众对于其所属群体的消极刻板印象、偏见和歧视后，将其内化成自我身份理解的一部分，从而形成贬低自我的偏见和歧视性的心理与行为倾向。

Goffman（1968）在研究社会歧视时，最早提出"污名"的概念，且认为污名由身体污名、个人特质污名、种族身份污名组成。但这一时期对于污名的测量尚处于探索阶段，还没有发展出完整的测量个体污名的工具。直到21世纪初，美国临床心理学界掀起了心理疾病污名问题研究热潮。Corrigan教授于2002年首次提出了心理疾病患者的自我污名概念，树立了"自我污名"研究的里程碑，他认为自我污名是比公众污名更能影响心理疾病患者康复的阻碍因素。

2002~2015年，以Corrigan教授研究团队为代表对心理疾病患者自我污名问题开展了诸多研究。这些工作大致可以归结为三个方面。第一，关于心理疾病患者自我污名的心理建构及测量工具编制问题的研究。研究表明，心理疾病患者自我污名的心理构成特质包括刻板觉知、刻板赞同、自我认同、自尊降低等。在测量工具方面，Corrigan等于2006年编制的心理疾病患者自我污名量表，可以测量心理疾病患者自我污名的程度（Corrigan et al.，2006）。第二，关于心理疾病患者自我污名的形成机制及其消极影响问题的研究（Corrigan，Kerr et al.，2006；Corrigan，Watson et al.，2006；Corrigan et al.，2009）。研究表明，当心理疾病患者对公众污名表示赞同，并将这种污名指向自己时，就会产生低自尊和低自我效能，于是就形成了自我污名；自我污名导致心理疾病患者情绪抑郁、自我价值感降低，回避社交。第三，心理疾病患者自我污名的去污化干预问题研究（Corrigan et al.，2011；Corrigan et al.，2013），这也是近二十年来相关研究的热点问题。研究表明，心理健康教育作为一种干预策略有助于心理疾病患者对抗其自我污名，是目前自我污名去污化干预的常用策略。

除此之外，参照心理疾病患者自我污名研究的思路，国外也零星开展了一些有关艾滋病患者、肥胖者、同性恋者自我污名问题的研究。

国内关于自我污名问题的本土化研究始于2006年，南开大学社会心理学系对农民工身份污名建构的研究（管健，2006）。国内学者更多是在中国本土社会文化背景下，从受威胁、受排斥的群体身份角度，即污名身份角度研究社会弱势群体自我污名形成的社会机制及去污化干预问题。其中，与本课题直接相关的是学界多年来对农村艾滋病孤儿的研究。华中师范大学社会学学院通过社会学个案研究法比较系统地分析了艾滋病孤儿的污名化、自我污名及其应对问题。研究表明，儿童、青少年艾滋病孤儿因长期受到公众对其的污名化，逐渐将污名化内化，产生自我歧视，形成自我污名，在现实中主要表现为自我概念消极、怀疑自己的学习能力、较低的信任心理和消极的交往意愿等自我边缘化心态；自我污名化后的艾滋病孤儿在学校经常会表现出违反校纪校规、违背道德习俗、违反法律法规等偏差行为（杨生勇 等，2013；杨卫卫，2013），对此研究者主要是通过对个案的社会工作介入方法帮助艾滋病孤儿应对污名的。华东师范大学心理学院则从心理学角度研究发现，青春期艾滋病孤儿具有自我污名倾向，且女性孤儿自我污名水平高于男性孤儿，通过团体辅导干预可以降低青春期艾滋病孤儿的自我污名水平（陈超然，2012）。

综上所述，国外主要从临床心理康复的角度，重点研究了心理疾病患者自我污名问题，其较为成熟的研究思路可以为本书所借鉴。国内自我污名问题研究具有本土化特色，主要是从社会学研究视角关注社会弱势群体者自我污名问题，其中对艾滋病孤儿自我污名的研究为本研究的提出奠定了相关基础。但这类研究主要是使用了个案质性研究方法，因而其研究结论的普遍适用性还有待于大范围实证研究的进一步验证。

二、自我污名心理产生与发展的相关理论基础

（一）符号互动论

该理论创立者米德提出，在一个人的成长过程中，儿童在学习扮演父母、老师等人的行为中，会逐渐把父母、老师的标准和态度融入自己的人格，而这一个过程即是实现社会化的重要途径——内化。同理，孤儿学生在与外界接触过程中，会把来自公众特别是那些与他们关系亲密的老师、朋友的负面的"身

份标签"表示认同、内化为自我身份的一部分，从而产生自我污名的特殊心理。

(二) 社会认同理论

该理论创立者Tajfel（1986）将社会认同定义为"个体认识到他（或她）属于特定的社会群体，同时也认识到作为群体成员带给他（或她）的情感和价值意义"。该理论认为，社会认同是由社会分类、社会比较和积极区分原则建立的（张莹瑞 等，2006）。根据社会认同理论，个体首先通过社会分类和社会比较来确定自我的身份，并将社会群体分为"内群体"和"外群体"。其次，个体会对所属群体表示认同，表现出强烈的内群体偏好和外群体偏见。再次，个体会将其所属群体的行为、价值观内化为自己的标准，并且与之保持一致来提高自尊。无父无母的出身、长期隔离的生活学习、受排斥的人际关系、公众怜悯的态度使得孤儿学生感受到自己与普通儿童之间的差别，通过归类使自己获得孤儿身份。孤儿学生对于其孤儿身份的认知，表明了对其孤儿群体固有特征和信仰的理解与认同，也就是说，孤儿学生按照该群体的价值体系和行为规则进行学习，这种孤儿身份具有保持自尊和降低不稳定性的作用。

(三) 标签修订理论

Link 等（1982，1989）修订了社会标签理论，将其应用于心理疾病领域，形成了标签修订理论，提出了心理疾病污名发展的五个阶段。第一阶段是对心理疾病患者受贬低性和歧视性的信念，即公众形成了对于受污名群体的态度、行为。第二阶段是通过治疗确诊而带来的正式标签，通过正式标签让患者意识到公众对于心理疾病的态度。第三阶段是患者对于自己污名化身份和地位的反应。患者可能出现以下三种对于标签的反应并且将标签视为一种威胁：其一，保密。患者可能选择对他们的雇主、亲戚和潜在的爱人隐瞒他曾经接受治疗的历史，以防止遭到他们的拒绝。其二，社会交往退缩或者决不和那些知道自己治疗的人往来。其三，接受自己受污名的情况。第四阶段是污名对患者生活的影响。消极的影响可能会来自第一阶段公众对于患者群体的态度，也可能来自第三阶段患者为保护自我而采取的退缩的行为。第五阶段是增加未来发病的可能性。如果一个患者经历了从第一阶段到第四阶段，就容易出现低自尊、逃避社会等现象。虽然这一理论是对心理疾病患者展开的，但是其中的观点和推理可以为其他类型的污名现象给予启示。标签修订理论可以用来解释孤儿学生自我污名的产生过程，即孤儿学生自我污名产生于公众的消极刻板印象、偏见和歧视。当孤儿学生个体将自身的"污名身份"看作是一种威胁时，他们更容易采取隐瞒、退缩的方式，以防止遭到他人的拒绝。为了消除自我污名，公众改变对孤儿学生的消极看法是第一步。

（四）身份威胁模型理论

Crocker等（1989）提出污名的身份威胁模型理论。该理论是以社会情境为背景，借用刻板印象的概念，描述个体处于威胁个体身份的情境中的反应以及可能的结果。在特定的社会情境下，与污名相关的集体表征、情境线索和个人特质因素使个人做出不同的身份威胁评价反应，从而产生不同的结果。其中，集体表征是指在共享的主流文化中对于污名化的认知和理解。它包括主流文化中对身份污名者的刻板印象、歧视和贬低意识。情境线索是指因为自己的身份而受到潜在威胁的情境。由于每个人都会带着集体表征的意识进入情境，所以不同人对于相同情境的认知和评价也可能不同。个人特质主要是指被污名者如何认知和评价所处的情境。它主要包括对身份污名的敏感性、集体归属感、领域认同感以及目标和动机。身份威胁将会对孤儿学生个体的自尊、学业成绩和健康产生影响（杨薇，2011）。

三、自我污名的相关实证研究

（一）自我污名的产生机制研究

Corrigan（2005）提出了心理疾病患者的个人反应模型，以此来解释自我污名的形成过程。当心理疾病患者感知到公众对于心理疾病群体的刻板印象时，其对于受污名身份的认同将会影响个体对于公众污名的反应和回答。当患者不认同自己是心理疾病患者时，他们通常会选择以漠视、不理睬作为回应，因为他们认为这样的偏见、刻板印象和歧视并不是指向自己的。当患者认同自己属于受污名群体且认为公众的污名态度是合理的时，就会产生刻板赞同。Corrigan（2006）在随后的研究中也证实了自我污名开始于对公众的刻板印象表示赞同，即刻板赞同，当个体将这种污名指向自己时也就是自我赞同时，就会产生低自尊和低自我效能,从而形成了自我污名。Rüsch 等(2006)的研究也证实,患者认为偏见和歧视的合理性是决定自我污名的关键因素。

有些心理疾病患者认同自己属于受污名群体且认为公众污名化的态度是不合理的,但是他们只是产生生气和愤怒的情绪。也就是说,虽然感知到污名但并不一定内化(Crocker et al., 1989)。很多有心理疾病的患者报告说他们感知到了公众对于心理疾病患者的消极刻板印象(Kahn et al., 1979; Bowden et al., 1980; Shurka, 1983; Wright et al., 2000),但是他们却并不认同这些刻板印象(Hayward et al., 1997)。也有研究发现,自我污名在刻板觉知和社会功能、绝望、自尊中起到了调节作用(Lysaker et al., 2007),当个体并不认同这些刻板印象时,就不会对他们的情绪产生干扰,而这样的个体通常会更加积极地与内群体的同伴进行交往,采取行动,维护自己的形象(Hayward et al., 1997; Ritcher et al., 2004)。Corrigan(2004)的研究也证实,当个体经历这种偏见和歧视时,更容易促使他们更加积极地参加治疗和提高生活质量。

(二)自我污名与自尊、自我效能感、抑郁的关系研究

以往研究表明,自我污名与心理疾病患者的低自尊和自我效能感的丧失有关。低自尊是一种典型的自我价值降低的表现(Corrigan et al., 1999)。Link 等(2001)采用自我报告法让心理疾病患者报告对于自己的看法,结果发现,很多患者都有我就是虚弱,我就是不能照顾我自己的想法。Corrigan 等(2009)研究发现,心理疾病患者容易产生"为什么要努力(why try)"的念头。在这种念头中,患者会将污名内化,认为自己是不值得的或者没有追求生活目标的勇气。低自尊伴随自责一起出现,那些患者的家属也因为其亲人的患者身份而感觉到很自责。那些低自尊心理疾病患者个体普遍都有这样的归因方式:将消极的坏结果归因为是自己造成的。

自我效能感是指在一个特殊情境下,个体对成功完成某件事情的预期(Bandura, 1977, 1989)。Link 等的研究发现心理疾病患者大多不愿意去找工作或者不愿意独立生活,出现逃避社会、缩小社交圈等行为(Link et al., 1982, 1987)。

此外，也有研究发现，自我污名可以预测个体的抑郁情绪（Chen et al., 2005；Rosenberger et al., 2007；Friedman et al., 2008），是出现情绪失控、焦虑症的最主要原因（Gee et al., 2008；Hatzenbuehler et al., 2009）。

（三）自我污名与人际交往的关系研究

Moses（2009）对60名接受心理治疗的青少年的自我概念与自我污名的关系研究中发现，个体较高的自我污名与曾经的被拒绝经历有关系，并且这种拒绝会进一步导致其抑郁情绪的出现。25%～32%的青少年认为，他们更多的是害怕暴露病情后，其他人不喜欢自己，因此，他们对于他人更多的会以保密、隐瞒的方式进行应对。Lloyd等（2005）的研究发现，即使那些已经接受心理治疗的患者也不愿意将自己患病历史告诉自己身边的亲人、朋友。Livingston等（2010）和Fung等（2008）的研究表明，心理疾病患者的自我污名水平越高，在以后寻求心理帮助的概率就越低、隐瞒病情的概率就越高。

同样，这种隐瞒自己病情的行为在艾滋病受污名群体中也较为常见。Stall等（1996）的研究指出，2/3的同性恋男性由于艾滋病污名的存在，不愿接受HIV检查，以避免揭露其艾滋病患者身份的事实。在撒哈拉以南非洲地区，大部分的患病妇女也都不愿意暴露自己的艾滋病患者身份（Kilewo et al., 2001），她们同其他地方的艾滋病患者一样，拒绝接受或延缓物理和心理方面的检查和治疗（Simbayi et al., 2007）、逃避寻求社会医疗团体的支持和帮助（Bharat et al., 2001；Relf et al., 2005；Moth et al., 2005；Wolfe et al., 2006；Obermeyer et al., 2007；O'Cleirigh et al., 2008），使艾滋病的传播速度加快。也就是说，艾滋病自我污名已经成为预防艾滋病扩散的最主要障碍之一。

此外，很多受污名者的自我污名知觉与他人对其的评价存在一定的差异。Larouche等（2008）以小学生为对象研究了学业失败的知觉与社会接纳性之间的关系，结果发现，二者呈负相关。但根据同伴的评价，却认为这些学生和其他学生的社会接纳性是一样的。因此，受污名者对自我的消极评价也是阻碍其人际交往的重要因素。

（四）特定污名群体的自我污名研究

1. 心理疾病患者的自我污名

Ritcher等（2004）通过对82名心理疾病患者的自我污名与沮丧低沉情

绪的关系研究中发现，近 1/3 的心理疾病患者报告自己有较高的自我污名水平，并且自我污名可以用来预测自己的抑郁程度和未来四个月后的自尊降低水平。Feldman 等（2007）随机选取了 270 名心理疾病患者，以期了解是心理疾病的哪些特征导致了个体的受污名以及社会拒绝的现象，他们选择了心理疾病的 17 个等级维度（如对他人的危险，治疗过程）进行划分，结果发现个体对疾病应承担的责任、心理疾病危险性、心理疾病稀有性三个维度可以用来解释社会性拒绝。Brohan 等（2011）在对欧洲 13 个国家的双向人格障碍与抑郁症患者的自我污名、赋权、感知的歧视的研究中发现，41.7% 的人有中等或偏上的自我污名水平，49.2% 的患者曾经进行过污名抵抗，69.4% 患者有过被歧视的经历，这些结果说明自我污名现象广泛存在于精神分裂症患者以及其他精神症状患者中。Evans-Lacko 等（2012）在对欧洲 14 个国家的公众对于心理疾病的看法和患病的关系研究中发现，那些生活在较低的污名态度、较高的寻求帮助和治疗以及更好包容国家的精神病患者的自我污名程度较低。

2. 艾滋病患者的自我污名

Chesney 等（1999）指出艾滋病患者可以将艾滋病的社会结构观点同化和内化，表现出消极的情绪和行为反应。也就是说，艾滋病自我污名已经成为患者自我概念的本质，很多患者报告说由于自己的病情，认为自己是没有资格的或者自己的存在就是没有价值的（Rosenfield，1997）。Mak 等人（2007）通过对 150 名艾滋病患者跟踪了 1 年半的调查研究，建立了一个自我污名归因模型。该模型借鉴了韦纳（Weiner）的归因理论的可控性部分，在 Mantler 等（2003）研究的基础上，建构了一个内部可控性→负责性→自责→自我污名的结构方程模型，并且数据拟合良好。同时，该研究还发现，自我污名反过来会导致艾滋病患者获得较少的社会支持和较高的心理压力。Simabyi 等（2007）在对南非开普敦的 1043 名艾滋病患者的自我污名、歧视和抑郁经历的研究中发现，40% 以上的艾滋病患者经历了由艾滋病带来的歧视，1/5 的患者由于自己的艾滋病患者身份失去了住所和工作，超过 1/3 的患者由于自己的病情认为自己是肮脏的，从而感到羞愧和罪恶。Naidoo 等（2007）在对非洲五国的农村和城市的艾滋病患者对比研究中发现，艾滋病患者的自我污名共有五种表现：（1）对暴露的恐惧——害怕做出那些暴露自己艾滋病患者身份的行为；（2）自我概念消极——基于自己的艾滋病患者身份，形成消极的自我评估；（3）自我排斥——由于自己的艾滋病患者身份和对暴露的恐惧，从而放弃相应的治疗服务；（4）社交退缩——远离爱人或结束亲密关系保护自己以免于歧视；（5）报复和愤怒——希望或者做出伤害他人的行为，特别是那些曾经遭受过歧视的患者。

3. 肥胖者的自我污名

肥胖歧视现象广泛存在，并且表现在生活的各个领域，包括工作场所、健康医疗服务、教育机构、大众媒体、亲密的人际关系中（Puhl et al., 2001；Puhl et al., 2009；Brownell et al., 2005）。这种消极的氛围使肥胖群体更容易产生抑郁症状、无助的感觉、被孤立、隔离以及较差的心理表现（Puhl et al., 2001；Puhl et al., 2003；Puhl et al., 2006）。很多肥胖者报告说他们经常可以感知到外界对于肥胖群体的消极看法，并且很多人通过缩小自己的活动圈来避免遭到别人的蔑视。Wott 等（2010）认为这些同化消极肥胖刻板印象的个体更有可能受到肥胖自我污名的影响，表现为过度的饮食，而出现上述现象的原因可能在于这些肥胖自我污名高的个体对于自己成功减肥更没有信心。在以青少年肥胖人群、成年超重特别是成年超重妇女为被试群体的研究中同样得到以上结论。Puhl 等（2006，2007）的调查研究显示，79%的超重和肥胖妇女为了应付肥胖污名而选择暴饮暴食。Neumark-Sztainer 等（2002）、Libbey 等（2008）、Vartanian 等（2008）的研究发现，由于肥胖被人戏弄的孩子更有可能放纵自己的饮食和对自己的体重采取不健康的控制行为，肥胖自我污名导致学生不愿意加强身体锻炼、对运动抱有消极态度（Dickerson et al., 2002，Bauer et al., 2004；Storch et al., 2007）。此外，由于肥胖的存在，肥胖者更容易逃避与健康保健的所有事物。Amy 等（2006）调查了 498 名超重和肥胖妇女，发现正是由于肥胖污名的存在，所以她们拒绝参加防治癌症的项目，83%的人报告肥胖成为她们寻求合适的卫生保健的障碍。

（五）自我污名的测量研究

目前，对自我污名的测量范式通常是采用自陈问卷的方法，根据不同的受污名群体，研究者编制了大量的问卷或量表。

1. 心理疾病患者自我污名的测量

Ritsher 等于 2003 年编制了心理疾病内化污名量表（Internalized Stigma of Mental illness Scale，ISMI）。ISMI 由 29 个项目组成，共包括疏离感（Alienation）、刻板印象认同（Stereotype Endorsement）、歧视体验（Discrimination Experience）、污名抵抗（Stigma Resistance）、社会退缩（Social Withdrawal）五个分量表，其中污名抵抗为反向量表。该量表的内部一致性信度克伦巴赫 α 系数为 0.90，重测信度为 0.92。

Corrigan 提出了"自我污名"的概念并于 2006 年编制了心理疾病自我污名量表（Self-Stigma of Mental Illness Scale，SSMIS）。SSMIS 由 40 个项目组成，共包括刻板觉知（Stereotype Awareness）、刻板赞同（Stereotype Agreement）、自我认同（Self-concurrence）、自尊降低（Esteem Decrement）四个分量表。四个分量表的内部一致性信度克伦巴赫 α 系数在 0.72~0.91 之间，重测信度在 0.68~0.82 之间。Corrigan 随后（2006）在修订量表中发现，刻板觉知与其他三个维度并不显著相关，而其他三个维度之间也不显著相关，且发现自我认同和自尊降低分量表与自尊和自我无效能感显著相关。此外，我国香港地区学者 Fung 等（2007）对 SSMIS 进行了中文版的修订。

以下心理疾病污名测量工具中的某些分量表可以用来测量自我污名：①抑郁自我污名量表（Depression Self-Stigma Scale，DSSS）中的一般自我污名和保密两个分量表；②污名量表（Stigma Scale，SS）中的暴露分量表。

2. 艾滋病患者自我污名的测量

Berger 等（2001）编制了艾滋病污名量表（HIV Stigma Scale，HSS）。HSS 由 40 个项目组成，包括个体化污名（Personalized Stigma）、暴露担心（Disclosure Concerns）、消极自我印象（Negative Self Image）和对携带 AIDS 病毒患者的消极态度（Negative Attitudes Toward People with AIDS）四个分量表。此后，很多学者对 HSS 进行了不同程度的修订，以适应不同的需要：Bunn 等（2007）为方便使用，将题目由 40 项减为 32 项，将其中一个分量表名称从"个体化污名"改为"实际发生过的污名（enacted stigma）"。修订后量表的内部一致性信度克伦巴赫 α 系数在 0.90~0.97 之间；Emlet（2006）

编制适用于老年人和儿童使用的艾滋病污名问卷；Wright（2007）编制了青年艾滋病污名问卷（HIV Sigma Scale for Youth）；Franke（2010）编制在秘鲁国家说西班牙语的成年人使用的艾滋病污名问卷。

2008年，Sayles等在以往质性研究的基础上，编制了内化艾滋病污名量表（Internalized HIV Stigma Scale，IHSS），用来测量不同艾滋病人群的污名经历和内化程度。该量表由28个项目组成，包括刻板印象（Stereotype）、暴露担心（Disclosure Concerns）、社会关系（Social Relationships）和自我接受（Self Acceptance）四个分量表。四个分量表及总量表的内部一致性信度克伦巴赫α系数在0.66~0.93之间，并且与负罪感、社会支持、精神健康有显著相关，说明问卷具有良好的实证效度。

3. 肥胖者自我污名的测量

Durso等人于2008年编制了肥胖偏见内化量表（Weight Bias Internalization Scale，WBIS）。WBIS由19个项目组成，内部一致性信度克伦巴赫α系数为0.90，且与自尊（esteem）、瘦的意愿（drive for fitness）、躯体意向担心（body image concern）、控制体重（controlling for BMI）、情绪、饮食扰乱（mood and eating disturbance）显著相关，说明问卷具有良好的实证效度。

Lillis等人于2010年设计了肥胖自我污名量表（Weight Self-Stigma Questionnaire，WSSQ）。WSSQ由12个项目组成，包括自我贬低（self-devaluation）和对实际上发生过的污名的恐惧（fear of enacted stigma）两个独立的分量表。两个分量表以及总量表的内部一致性信度克伦巴赫α系数在0.812~0.878之间，重测信度在0.618~0.804之间，且具有良好的结构效度。研究表明该量表对于降低污名的探索性干预研究起到指示作用，提供了评估污名降低程度的方法。

除了上述使用自陈问卷的方法以外，也有人使用实验室实验法对自我污名进行测量，且在刻板印象、偏见和歧视方面已经取得了很多进展。例如，Teachman等（2006）为了了解心理疾病的内隐自我污名，采用了经典的IAT范式。Rüsch等（2010）通过BIAT测量内隐罪恶（implicit guilt）、内隐羞耻（implicit shame）这两种消极刻板印象来研究被污名群体的内隐自我污名。Rüsch等（2011）通过启动任务测量消极刻板印象（幼稚、危险、罪恶、懒惰等）来研究被污名群体的内隐自我污名。

第二章 孤儿学生自我污名的具体表现

第一节 孤儿学生自我污名的心理结构

一、研究背景与研究目的

自我污名，是指受污名个体感知到公众对于其所属群体的消极刻板印象、偏见和歧视后，将其内化成自我身份理解的一部分，从而形成贬低自我的偏见和歧视性的心理与行为倾向（Corrigan et al.，2002）。有关自我污名的研究，起源于21世纪初以来美国临床心理学界掀起的心理疾病污名问题研究热潮。美国的Corrigan教授于2002年首次提出了心理疾病患者的自我污名概念，并于2006年编制了心理疾病患者自我污名量表。Corrigan认为，心理疾病患者自我污名的心理构成特质包括刻板觉知、刻板赞同、自我认同、自尊降低等，通过有效的测量工具可以测量其自我污名的程度（Corrigan et al.，2006）。在2002—2015年，他的一系列研究表明，自我污名是比公众污名更能影响心理疾病患者康复的阻碍因素。当心理疾病患者对公众污名表示赞同，并将这种污名指向自己时，就会产生低自尊和低自我效能，于是就形成了自我污名；自我污名可导致心理疾病患者情绪抑郁、自我价值感降低，回避社交，并耻于心理求助（Corrigan et al.，2005；Corrigan et al.，2006；Corrigan et al.，2009）。后来，对自我污名的研究对象群体扩展到了艾滋病患者、肥胖者等身份污名群体中。对这些特殊群体的测量与相关性研究均表明，身份被污名化的个体感受到外界的歧视后，会内化这些歧视，产生暴露担心、消极自我印象、自我贬低、对已发生污名的恐惧、社交退缩等多种心理现象，形成自我污名。例如，艾滋病患者会避免去做可能暴露自己艾滋病患者身份的行为，自我评价消极，产生自我排斥，从而放弃相应治疗，表现出想结束亲密关系的社交退缩行为（Naidoo et al.，2007）；肥胖者则会失去减肥成功的信心，放弃控制饮食与体重的控制行为，选择暴饮暴食（Wott et al.，2010），对运动和锻炼抱有消极态度（Vartanian et al.，2008）。由此可见，自我污名是损害身份污名群体者心理健康与社会适应的重要危险性心理因素。

国内自我污名问题研究具有本土化特色。主要是从污名化视角关注艾滋病孤儿、孤儿学校中的孤儿学生等社会弱势儿童群体的自我污名问题。例如，有研究者通过社会学个案研究法比较系统地分析了艾滋病孤儿的污名化、自我污名及其应对问题。研究认为，儿童、青少年艾滋病孤儿因长期面对公众对其的污名化态度与行为，逐渐将其内化，产生自我歧视，形成自我污名；在现实中主要表现为自我概念消极，怀疑自己的学习能力，具有较低的信任心理和消极的交往意愿等自我边缘化心态；自我污名化后的艾滋病孤儿在学校经常会表现出违反校纪校规、违背道德习俗、违反法律法规等偏差行为（杨生勇 等，2013；杨卫卫，2013）。也有研究者针对艾滋病孤儿和孤儿学校中的孤儿学生开展了心理学测量与干预研究。研究发现，青春期艾滋病孤儿具有自我污名倾向，且女性孤儿自我污名水平高于男性孤儿，通过团体辅导干预可以降低青春期艾滋病孤儿的自我污名水平（陈超然，2012）。研究者还发现，运用接受与实现疗法技术开展的团体辅导干预可以有效降低孤儿初中生的自我污名水平（王江洋 等，2016）。

本研究的目的是在建构孤儿学生自我污名心理测量结构的基础上，开发出一套符合心理测量学要求的孤儿学生自我污名测量工具，并以此工具测量孤儿学生的自我污名水平。在以往研究及前期开放式调查研究的基础上，本研究提出如下假设：学生自我污名心理测量结构包括自我身份敏感、自我懈怠、自我疏离与自我狭隘四种特质，其测量工具有较好的信度、效度指标，符合心理测量学要求。

二、研究方法

（一）被试

样本1为前期孤儿学校学生自我污名开放式调查问卷样本。从L省孤儿学校选取五至七年级学生发放开放式问卷454份，回收有效问卷398份。其中，五年级118人，六年级182人，七年级98人；男生280人，女生118人。

样本2为预测样本。由于在前期选择了五至七年级三个年级的学生作为开放式问卷样本，所以在理论建构过程中，将预测样本的年级范围扩展到八年级，即向L省孤儿学校五至八年级学生发放预测问卷588份。其中，五年级103人，六年级158人，七年级155人，八年级172人；男生365人，女生223人。

样本3为正式施测样本。根据前期开放式问卷和理论建构，探索出初步的理论模型，但是并不确定该理论模型是否适用于其他年级，所以在使用正式样本施测时，将施测年级范围进一步向两端扩展，加入四年级、九年级和十年级，即向L省孤儿学校四至十年级学生发放正式问卷987份。其中，四年级75人，五年级103人，六年级158人，七年级155人，八年级172人，九年级176人，十年级148人；男生631人，女生356人。

样本4为重测样本。从样本3中随机抽取30人。一周后，向其再次发放问卷，用于计算重测信度。

（二）研究工具

1. 自编孤儿学生自我污名开放式调查问卷

在本研究中，使用自编的孤儿学生自我污名开放式调查问卷，获得有关孤儿学生自我污名心理特质构成的实证标准。该问卷由9个问题构成。其中第1、2、7、8题用来调查孤儿学生从亲人、老师、陌生人那里了解到对于其自己的看法以及对于这些看法的认同程度；第3、4题用来调查孤儿学生由于非孤群体对其的特殊对待而产生的情绪感受；第5、6题用来调查孤儿学生隐瞒自己身份的具体行为；第9题通过被试写一个关于"我"的作文来收集孤儿学生对自我的看法。

2. 自编孤儿学生自我污名自陈问卷

在本研究中，使用自编的孤儿学生自我污名自陈问卷（附录1）测量孤儿学校学生自我污名水平。该问卷包括自我身份敏感、自我懈怠、自我疏离、自我狭隘4个分问卷，总计25个项目，采用5点计分方式。其具体编制过程见本部分的"2.3 研究程序"中的介绍，其信度、效度等测量学属性信息见本部分的"3. 结果与分析"中的介绍。

3. 中小学生学业延迟满足问卷

在本研究中，以由我国学者李晓东（2005）根据我国中小学生的实际情况修订的学业延迟满足问卷（附录2）作为自我懈怠分问卷的效标问卷。修订后的中小学生学业延迟满足问卷共有9个选择情境，每个情境提供两个选择项目，每个选择都明确指出学习结果。其中一个选择是学生马上可以得到满足的，另一个则需要过一段时间得到满足。该问卷呈单维结构，其内部一致性信度克伦巴赫 α 系数为0.76。实际使用时，为了顾及孤儿学生无父母的特殊情形，对问卷中个别题项包含了"父母"等词汇的表达予以适当修改，以"老师"或"亲人"等替代之。

4. 节选的症状自评量表（SCL-90）

在本研究中，节选症状自评量表（SCL-90）中的人际关系敏感和恐怖两个分量表作为自我身份敏感分问卷的效标问卷；抑郁分量表作为自我疏离分问卷的效标问卷；敌对和偏执两个分量表作为自我狭隘分问卷的效标问卷；以这5个分量表总分作为总的自我污名自陈问卷的效标问卷。

5. 孤儿身份拒绝敏感性自陈问卷

在本研究中，采用由王江洋等（2012）编制的孤儿身份拒绝敏感性自陈问卷（附录3）作为总的自我污名自陈问卷和自我身份敏感分问卷的效标问卷。该问卷共包括身份拒绝焦虑性、身份拒绝愤怒性、身份拒绝预期性3个分问卷，采用6点计分方式。其中每个分问卷由5个情境事件项目组成。总问卷及3个分问卷的同质性信度在0.62~0.77之间,分半信度在0.61~0.73之间,重测信度在0.50~0.87之间,总体身份拒绝敏感性可以显著正向预测孤独感、社交焦虑、强迫、人际关系敏感、抑郁、焦虑、敌对等心理症状,说明问卷具有良好的信度和效度。

6. 儿童社交焦虑量表

在本研究中,采用由 La Greca 等(1988)编制、我国研究者马弘(1999)修订的儿童社交焦虑量表(附录4)作为总的自我污名自陈问卷和自我身份敏感分问卷的效标。该量表包含害怕否定评价、社交回避及苦恼2个因子,采用3点计分方式,其内部一致性信度克伦巴赫 α 系数为0.76,两周后重测信度为0.67。

(三)研究程序

1. 问卷的理论建构

一方面,根据对各种污名群体的自我污名表现及测量结构的以往研究,推导出孤儿学生自我污名可能包括自我认同、疏离感、消极刻板印象、自尊降低、社交退缩、自我贬低、身份暴露担心等心理与行为表现。另一方面,结合前期孤儿学生自我污名开放式调查问卷的编码、分析、统计过程,本研究得到了孤儿学生自我污名的实证标准。其中,在问卷编码的过程中,为保证编码信度,笔者和另外一名心理学硕士研究生共同完成编码,使得二人编码结果达到90%以上的一致性。具体编码过程是:将开放式问卷回答中有独立含义的词汇、句子作为分析单元,并依据意思对这些文本材料进行归类编码,罗列具体词汇,并且记录相同词汇出现的频次。对所得的分析单元进行统计,其具体方法是将有独立含义的词汇或短语、句子以频次为指标进行统计,对语意相近的词汇或短语进行合并,归为一类,并且将频次相加。由此,经过前期的理论推导和开放式问卷调查,归纳出自我身份敏感、自我懈怠、自我疏离、自我狭隘4种自我污名特质,其中每种特质均由14个具体描述项目组成,共计56个具体描述项目。

2. 问卷初始项目的确定

首先，根据开放式调查问卷的内容分析编码，获得了56个具体描述孤儿学生自我污名的陈述句即初始问卷项目。该问卷采用5点计分方式，即1——从不这样，2——偶尔这样，3——有时这样，4——经常这样，5——总是这样；然后，请15名有关专家对问卷项目的可读性、科学性、适当性进行内容评定。专家构成如下：心理学教授1人，副教授1人，孤儿学校教师5人，心理学硕士研究生8人。专家评定标准为：1——不符合，2——一般，3——符合。删除内容不适合的项目8项（即专家评分平均分小于2的项目），形成初始问卷。

3. 预测问卷测量结构的探索

使用初始问卷对样本2进行预测，采用统计软件SPSS17.0对数据结果进行项目分析，删除经校正的题总相关值低于0.5的项目22项。对问卷剩余的26个项目的测量结构做探索性因素分析。经过主成分分析、斜交旋转、抽取特征值大于1的方法，按照因素载荷低于0.3、因素内项目数不足3个的因素以及与理论建构不相符的项目均应删除的原则，最后只删除了1个项目。将余下25个项目重新编排，形成孤儿学生自我污名自陈问卷的正式版。

4. 正式问卷测量结构的验证

为了进一步验证正式版孤儿学生自我污名自陈问卷测量结构的合理性，使用统计软件Amos17.0，以样本3收集的数据做验证性因素分析。对孤儿学校学生自我污名结构模型进行修正，最终确立较为合理的孤儿学生自我污名结构。

5. 正式问卷的信度和效度检验

用样本3收集的数据直接计算孤儿学生自我污名自陈问卷的信度和效度。信度包括同质性信度、分半信度、重测信度，效度包括内容效度、结构效度和效标效度。

三、结果与分析

(一) 孤儿学生自我污名测量结构的探索

首先，用样本 2（$N=588$）收集的数据对剩余的 25 个项目做探索性因素分析。结果显示，Bartlett's 球形检验 χ^2 值为 6036.16（$df=300$，$p<0.001$），KMO 值为 0.93，变量之间的相关性很强，适合做因素分析。

其次，采用主成分分析、斜交旋转、抽取特征值大于 1 的方法，得到四因素结构模型。在这 4 个因素所包含的项目中，有 1 个项目由于内容与其所在因素理论建构不相符而被删除。图 2-1 是孤儿学生自我污名测量结构探索性因素分析提取的碎石陡坡图。根据图 2-1 可知，从第 4 个拐点之后，各个碎石点趋于平坦，因此，提取 4 个因素作为最终的因素结构比较合适。探索性因素分析最终结果见表 2-1。由表 2-1 可知，4 个因素解释的方差累积贡献率为 54.86%，表明抽取的 4 个因素较为理想地解释了孤儿学生的自我污名。

最后，对 4 个因素进行命名和解释。发现探索出的 4 个因素结构与最初的理论建构的 4 个特质内容符合。第一个因素即理论建构中的"自我身份敏感"，共包括 9 个项目；第二个因素即理论建构中的"自我懈怠"，共包括 5 个项目；第三个因素即理论建构中的"自我疏离"，共包括 6 个项目；第四个因素即理论建构中的"自我狭隘"，共包括 5 个项目。

此外，由表 2-1 还可知，根据各因素的方差解释率大小，可以发现在 4 种结构特质中，最重要的是"自我身份敏感"特质，其方差解释率最高，因而处于核心地位；次重要的是"自我懈怠"特质，其方差解释率次高；最后是"自我疏离"和"自我狭隘"特质，其方差解释率比较接近。

表 2-1 孤儿学生自我污名测量结构的探索性因素分析

因素	项目数	共同度	因素载荷	特征值	方差解释率	累积贡献率
自我身份敏感	9	0.45~0.67	0.64~0.84	8.18	32.71%	32.71%

续表

因素	项目数	共同度	因素载荷	特征值	方差解释率	累积贡献率
自我懈怠	5	0.50~0.72	0.70~0.84	2.83	11.30%	44.01%
自我疏离	6	0.43~0.58	0.57~0.75	1.51	6.03%	50.04%
自我狭隘	5	0.31~0.63	0.42~0.78	1.21	4.82%	54.86%

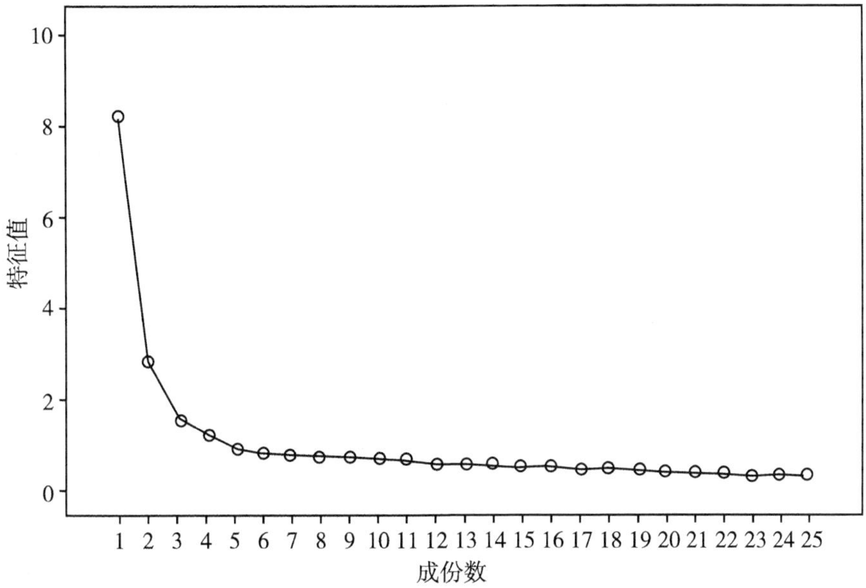

图 2-1 孤儿学生自我污名测量结构探索性因素
分析提取的碎石陡坡图

(二) 孤儿学生自我污名测量结构的验证

用样本 3 收集的数据进行验证性因素分析，结果见表 2-2。由表 2-2 可知，理论模型 M 的 *RMSEA* 值小于 0.05，*GFI*、*AGFI*、*NFI*、*IFI*、*TLI*、*CFI* 等拟合指数值均大于 0.90，且接近 1。说明通过前期的逻辑推导的理论模型和数据的结构探索，结构方程模型获得了较好的拟合效果，获得了一阶四维结构模型。

表2-2 孤儿学生自我污名测量结构的验证性因素分析

模型	χ^2	df	χ^2/df	GFI	AGFI	NFI	IFI	TLI	RMSEA	CFI
M	747.34	269	2.78	0.94	0.93	0.92	0.95	0.94	0.04	0.95

(三)孤儿学生自我污名自陈问卷的测量属性分析

在信度检验方面,用样本3直接计算问卷的同质性信度(克伦巴赫α系数)、分半信度(斯皮尔曼—布朗分半系数),用样本4直接计算问卷的重测信度(皮尔逊积差相关系数),结果见表2-3。由表2-3可知,4个分问卷及总问卷的同质性信度在0.70~0.91之间,分半信度在0.73~0.87之间,重测信度在0.70~0.80之间,表明问卷的信度系数符合测量学要求。

表2-3 孤儿学生自我污名自陈问卷的信度

问卷名称	同质性信度	分半信度	重测信度
自我身份敏感	0.90	0.87	0.74**
自我懈怠	0.85	0.82	0.70**
自我疏离	0.80	0.75	0.70**
自我狭隘	0.70	0.73	0.74**
自我污名总问卷	0.91	0.78	0.80**

注:** 表示 $p<0.01$。

在效度检验方面,通过初始问卷项目编制时所做的专家评定,确保了问卷的内容效度。对问卷测量结构的验证性因素分析获得了项目因素载荷较高、误差较小、拟合良好的结构模型,结果见表2-4,确保了问卷的结构效度。使用样本3计算效标效度,结果发现:自我身份敏感分问卷与社交焦虑总分($r=0.52$)、SCL-90人际关系敏感分量表($r=0.42$)、SCL-90恐怖分量表($r=0.52$)、身份拒绝敏感性问卷($r=0.58$)正相关显著,$ps<0.01$;自我懈怠分问卷与学生学业延迟满足问卷负相关显著($r=-0.46$,$p<0.01$);自我疏离分问卷与SCL-90抑郁分量表正相关显著($r=0.62$,$p<0.01$);自我狭隘分问卷与SCL-90敌对分量表($r=0.54$)、SCL-90偏执分量表($r=0.50$)正相关显著,$ps<0.01$;自我污名总分与SCL-90总分($r=0.73$)、社交焦虑量表($r=0.58$)、身份拒绝敏感性($r=0.47$)之间均正相关显著,$ps<0.01$。

这些结果确保了问卷的效标效度。

表2-4 孤儿学生自我污名自陈问卷的结构效度即验证性
因素分析中的因素载荷和误差

自我身份敏感			自我懈怠		
项目号	载荷	误差	项目号	载荷	误差
t7	0.61	0.37	t33	0.61	0.37
t15	0.69	0.47	t34	0.71	0.50
t16	0.68	0.46	t41	0.74	0.55
t23	0.69	0.48	t42	0.83	0.63
t32	0.67	0.44	t50	0.75	0.56
t39	0.76	0.58			
t40	0.76	0.58			
t48	0.72	0.52			
t55	0.78	0.61			

自我疏离			自我狭隘		
项目号	载荷	误差	项目号	载荷	误差
t5	0.62	0.38	t20	0.40	0.16
t6	0.64	0.41	t27	0.53	0.23
t14	0.68	0.47	t35	0.62	0.39
t21	0.59	0.35	t36	0.63	0.40
t22	0.66	0.44	t52	0.65	0.42
t29	0.61	0.37			

四、讨论与小结

研究发现验证了假设的推断。根据结构探索与验证的结果和问卷项目内容可知，自我污名中自我身份敏感特质主要是指孤儿学生担心来自非孤儿群体的歧视与偏见，从而产生对孤儿身份的消极情绪体验以及在人际交往中表现出隐瞒其孤儿身份的行为倾向。其具体行为表现是：孤儿担心来自公众的嘲笑、疏远、不公平待遇，以及孤儿由于自己的污名身份而感到孤独、郁闷、自卑、难过、尴尬等。该特质与心理疾病患者自我污名测量结构中的自我认同特质（Corrigan et al., 2006）、艾滋病患者自我污名测量结构中的暴露担心、消极刻板印象（Naidoo et al., 2007）及肥胖者自我污名测量结构中的实际发生过的污名恐惧特质（Wott et al., 2010）相一致。研究还发现，该特质的探索性因素分析方差解释率最高，因而在孤儿学生自我污名心理结构中最重要，处于核心地位，即孤儿对其身份的敏感程度是孤儿自我污名表现的核心问题。根据社会认同理论，孤儿在与非孤儿群体的交往过程中感受到自己与普通儿童之间的差别，通过归类使自己获得孤儿身份。而孤儿对于其孤儿身份的认知实际上就是对其孤儿群体固有特征的理解与认同。当孤儿学生对自己的"孤儿身份"表示认同，且将这种污名化态度指向自己时，就形成了关于"孤儿身份"的消极情绪反应和隐瞒其身份的行为即自我身份敏感。

根据结构探索与验证的结果和问卷项目内容可知，自我污名中的自我懈怠特质主要是指孤儿学生在日常学习中表现出的不思进取、松懈、无聊的学习状态。其具体行为表现是：孤儿学生在课上睡觉、溜号、不愿意听课，在课下不愿意写作业等。该特质与心理疾病患者自我污名测量结构中的社交退缩、自尊降低特质（Corrigan et al., 2006）相一致。研究还发现，该特质的探索性因素分析方差解释率排在第二位，因而在孤儿学生自我污名心理结构中处于次重要地位，而这也可能和孤儿学校学生仍处于学龄期、孤儿学校的学习氛围以及内化污名身份后其低自尊和自我效能感的丧失有关。首先，孤儿学校学生的年龄范围多处在7~18岁之间，正是接受学校教育的时候，学习活动是其日常生活的最主要组成部分，所以这种对污名身份的内化更多体现在其学习活动上。其次，研究者在对孤儿学校的参与性观察过程中也发现，孤儿学生整体都存在学习能力和课堂表现较差的问题，存在学生上课睡觉、溜号、说话的现象，且更多的学生表现出厌学情绪，他们讨厌学习，学习不努力。最后，该特质可能与孤儿学生自我效能感丧失有关。自我效能感是个体对成功完成某件事情的预期。Corrigan等（2009）的研究表明，心理疾病患者会产生"为什么要努力"的念头，自我效能感丧失，失去生活的勇气。而这种"为什么要努力"的心态在孤儿学生的学习活动中主要表现为消极的学习态度，对学习抱有破罐子破摔的心态。

根据结构探索与验证的结果和问卷项目内容可知，自我污名中自我疏离特质主要是指孤儿学生逃避自我探索从而产生低自我价值和低自我预期，表现出否定自我、自闭孤僻的行为倾向。其具体行为表现是：孤儿认为自己一事无成、毫无价值，并且不太相信自己的能力等。这与心理疾病患者自我污名测量结构中的疏离感（Corrigan et al., 2006）相一致。自我污名中自我狭隘特质主要是指孤儿学生心胸狭窄、固执己见，时时处处都从自我利益出发，对周围的人表现出嫉妒心强、处处提防、斤斤计较的心理倾向。其具体行为表现是：孤儿无法容忍别人对自己的批评，对于自己所受的委屈一直耿耿于怀等。在以往污名群体自我污名的测量结构中并没有发现与自我狭隘特质相似的测量结构，因此，自我狭隘特质是孤儿自我污名心理的特殊表现，而孤儿的特殊心理表现可能与其不幸的家庭环境有关，孤儿缺乏与父母在感情上的交往和反馈，形成一种与别人在感情上疏远的不良倾向，进一步发展为对他人和整个世界的不信任观念。而这种不信任加重了对具体的事物和人的怀疑和愤怒。此外，这两种特质可能和孤儿的低自尊有关。自尊即自我价值感，是对自己的综合价值的肯定，是自我评价的主要来源。Corrigan 等（2009）的研究表明，自我污名与受污名个体的低自尊显著相关，心理疾病患者大都抱有"自己是不值得的"的念头。同样，我国学者在对孤儿的情绪性研究中也发现，孤儿的自尊水平普遍较低（成彦 等，2003；高涛 等，2011）。孤儿在内化关于其"孤儿身份"的消极看法后，会将"孤儿身份"作为自我身份理解的一部分，从而产生了消极的自我概念且自我评价较低。对内在自我探索方面，缺乏自信、逃避退缩，觉得自己一无是处即自我疏离；对外在人际交往方面，由于自己的孤儿身份而产生自卑，从而对他人不信任、猜疑，心胸狭隘。

上述孤儿学生自我污名心理测量结构是使用了经过严格心理测验编制程序开发出的孤儿学生自我污名自陈问卷获得的，其测量结果有较好的信度、效度检验作为保证，因而是符合心理测量学要求的。

第二节 孤儿学生自我污名的发展特点

一、研究背景与研究目的

以往对于自我污名的研究很少考虑到污名群体的性别、年龄等因素的发展差异，这可能与以往研究多以成年人作为研究对象有关。在心理疾病患者自我污名研究领域，多以成年患病男性作为研究对象；在艾滋病患者自我污名研究领域，多以成年患病男性或女性两种群体作为研究对象；在肥胖者领域，多以青少年肥胖者或肥胖妇女作为研究对象，缺少对未成年人自我污名的关注。即使是对青少年肥胖患者的研究，也缺少了对于其自我污名发展特点的关注。而孤儿作为污名群体的一员，对于其自我污名的研究尚处于起步阶段。因此，非常有必要对未成年人污名群体特别是处于学龄期的孤儿学校学生群体的自我污名的性别、年龄等发展特点进行研究。本研究目的是在测量基础上，探究孤儿学校学生自我污名的发展特点。研究提出两点假设。假设1：孤儿学校学生四种自我污名特质的发展存在显著的性别差异，具体表现为男生的四种自我污名特质水平显著高于女生。假设2：孤儿学校学生四种自我污名特质的发展存在显著的年级差异，具体表现为随着年级的升高，四种特质呈波浪形曲折发展趋势，其发展速率依特质不同而不同。

二、研究方法

（一）研究对象

向L省孤儿学校四至十年级学生发放正式问卷987份。其中，四年级75人，五年级103人，六年级158人，七年级155人，八年级172人，九年级176人，十年级148人；男生631人，女生356人。

（二）研究工具

采用王江洋等（2017）编制的孤儿学生自我污名自陈问卷（附录1）。该问卷由自我身份敏感、自我懈怠、自我疏离、自我狭隘4个分问卷构成，包括25个项目，采用5点计分方式。其具体编制过程见第二章第一节介绍。在本研究中，使用该问卷测量孤儿学校学生自我污名水平，进一步探索其性别、年级的发展特点。

（三）研究程序

采用统计软件SPSS17.0，通过基本描述统计、多因素多元方差分析等推论统计检验方法，分析不同性别、年级的孤儿学生自我污名的发展特点。

三、结果与分析

按照性别和年级分组显示的孤儿学生自我污名四种特质的描述统计结果见表2-5至表2-8。

表2-5 自我身份敏感特质的性别、年级分组描述统计

年级（n）	男 M	男 SD	女 M	女 SD	全体 M	全体 SD
四年级（$n=75$）	2.13	0.85	2.16	0.93	2.14	0.87
五年级（$n=103$）	1.96	0.88	1.74	0.86	1.87	0.87
六年级（$n=158$）	2.10	0.87	1.99	1.01	2.06	0.92
七年级（$n=155$）	2.10	1.02	2.00	0.89	2.07	0.98
八年级（$n=172$）	2.01	0.92	2.28	1.20	2.13	1.05
九年级（$n=176$）	1.68	0.79	1.89	1.01	1.75	0.88
十年级（$n=148$）	1.84	0.79	1.85	0.79	1.85	0.79
全体（$N=987$）	1.96	0.89	2.00	1.00	1.97	0.93

注：n表示各组的样本量。
N表示总样本量。
M表示平均值。
SD表示标准差。
（全书保持一致，不再一一注明）

表2-6 自我懈怠特质的性别、年级分组描述统计

年级（n）	男 M	男 SD	女 M	女 SD	全体 M	全体 SD
四年级（$n=75$）	1.81	0.89	1.78	0.97	1.80	0.90
五年级（$n=103$）	1.82	0.74	1.44	0.48	1.67	0.67

续表

年级（n）	男 M	男 SD	女 M	女 SD	全体 M	全体 SD
六年级（n=158）	1.91	0.82	1.55	0.70	1.79	0.80
七年级（n=155）	2.43	1.00	1.78	0.81	2.21	0.99
八年级（n=172）	2.63	0.96	2.66	1.14	2.64	1.04
九年级（n=176）	2.62	0.96	2.01	0.80	2.41	0.96
十年级（n=148）	2.66	0.90	2.27	0.84	2.53	0.89
全体（N=987）	2.33	0.97	2.00	0.95	2.21	0.98

表2-7 自我疏离特质的性别、年级分组描述统计

年级（n）	男 M	男 SD	女 M	女 SD	全体 M	全体 SD
四年级（n=75）	2.31	0.97	2.36	0.83	2.32	0.92
五年级（n=103）	2.23	0.70	1.96	0.67	2.13	0.70
六年级（n=158）	2.23	0.79	2.37	1.07	2.28	0.90
七年级（n=155）	2.42	0.96	2.25	0.95	2.36	0.96
八年级（n=172）	2.50	0.97	2.71	1.02	2.59	0.99
九年级（n=176）	2.05	0.67	2.15	0.93	2.09	0.77
十年级（n=148）	2.24	0.76	2.31	0.96	2.26	0.83
全体（N=987）	2.28	0.84	2.33	0.97	2.30	0.89

表2-8 自我狭隘特质的性别、年级分组描述统计

年级（n）	男 M	男 SD	女 M	女 SD	全体 M	全体 SD
四年级（n=75）	2.26	0.85	2.23	1.02	2.25	0.90
五年级（n=103）	1.97	0.76	1.72	0.63	1.87	0.72
六年级（n=158）	2.20	0.85	2.17	0.74	2.19	0.81
七年级（n=155）	2.40	0.79	2.18	0.79	2.30	0.79
八年级（n=172）	2.45	0.84	2.71	0.94	2.56	0.90
九年级（n=176）	2.19	0.75	2.27	0.75	2.21	0.75
十年级（n=148）	2.27	0.75	2.26	0.75	2.27	0.74
全体（N=987）	2.26	0.81	2.27	0.84	2.26	0.82

以性别、年级为自变量，以自我身份敏感、自我懈怠、自我疏离、自我狭隘四种自我污名特质为因变量，做多因素多元方差分析，结果见表2-9。

由表2-9可知，多变量检验结果显示四种自我污名特质的性别和年级主效应显著，于是分别对四种自我污名特质在性别和年级上进行单变量检验。此外，结合表2-5至表2-8可知，本研究实际收集到的数据样本存在年级样本不匹配的问题，即年级样本数量最小为四年级（75人），年级样本数量最大为九年级（176人），样本数量相差过大，因此，在进行年级主效应后的多重比较时，将假设其方差非齐性，选择Equal Variances not Assumed的Tamhnnes T2方法。

表2-9 四种自我污名特质的多变量检验（Wilks' Lambda检验方法）

变异来源	λ	F	假设df	误差df
性别	0.96	9.38***	4	970.00
年级	0.81	8.63***	24	3385.14
性别×年级	0.97	1.33	24	3385.14

注：*** 表示 $p<0.001$。
λ 表示一种多变量检验值。
F 表示F检验（费舍检验）的值。
df 表示统计的自由度。
（全书保持一致，不再一一注明）

（一）自我身份敏感特质的发展特点

对自我身份敏感特质在性别和年级变量上做单变量检验，结果见表2-10。由表2-10可知，自我身份敏感特质的年级主效应显著，性别主效应不显著，性别和年级的二次交互作用不显著。这表明，自我身份敏感特质的发展存在显著年级差异，不存在显著性别差异。

表2-10 自我身份敏感特质的单变量检验

变异来源	SS	df	MS	F
性别	0.03	1.00	0.03	0.03
年级	17.73	6.00	2.96	3.49**
性别×年级	6.43	6.00	1.07	1.27
误差项	822.79	973.00	0.85	

注：** 表示 $p<0.01$。
SS 表示离均差平方和。
df 表示统计的自由度。
MS 表示均方，其值等于对应的SS除以df。
（全书保持一致，不再一一注明）

由于自我身份敏感特质的年级主效应显著,所以对其进一步做多重比较(Tamhnnes T2),结果见表2-11。由表2-11可知,在自我身份敏感特质上,四年级与九年级差异显著,与五、六、七、八、十年级差异不显著;五年级与其他六个年级差异均不显著;六年级与九年级差异显著,与四、五、七、八、十年级差异不显著;七年级与九年级差异显著,与四、五、六、八、十年级差异不显著性;八年级与九年级差异显著,与四、五、六、七、十年级差异不显著;九年级与四、六、七、八年级差异显著,与五、十年级差异不显著;十年级与其他六个年级均差异不显著。这表明,在自我身份敏感特质上,四、六、七、八年级显著高于九年级,而九年级与五、十年级之间均无显著差异,即随着年级的升高,自我身份敏感特质呈现出先高后低再高再低的波浪形曲折的年级发展趋势,四、八年级较高,九年级最低。这种自我身份敏感特质的年级发展趋势通过图2-2可以直观地看出。

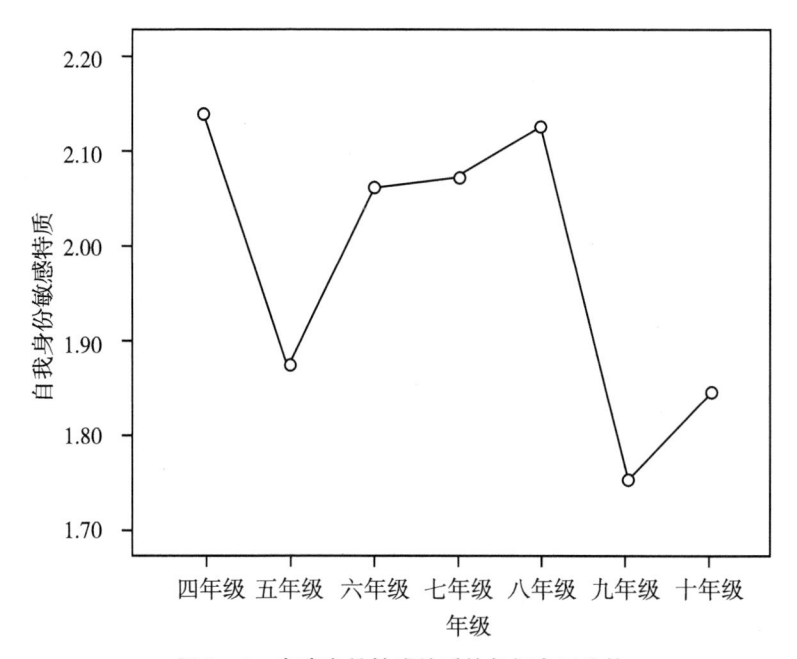

图2-2 自我身份敏感特质的年级发展趋势

表 2-11 自我身份敏感特质年级差异的多重比较 (Tamhmnes T2)

(I)年级	(J)年级	MD(I-J)	(I)年级	(J)年级	MD(I-J)	(I)年级	(J)年级	MD(I-J)
四年级	五年级	0.27	五年级	四年级	-0.27	六年级	四年级	-0.08
	六年级	0.08		六年级	-0.19		五年级	0.19
	七年级	0.07		七年级	-0.20		七年级	-0.01
	八年级	0.01		八年级	-0.25		八年级	-0.07
	九年级	0.39*		九年级	0.12		九年级	0.31*
	十年级	0.29		十年级	0.03		十年级	0.22
八年级	四年级	-0.01	九年级	四年级	-0.39*	七年级	四年级	-0.07
	五年级	0.25		五年级	-0.12		五年级	0.20
	六年级	0.07		六年级	-0.32*		六年级	0.01
	七年级	0.06		七年级	-0.32*		八年级	0.32*
	九年级	0.37*		八年级	-0.37*		九年级	-0.06
	十年级	0.28		十年级	-0.09		十年级	0.22

注：* 表示 $p < 0.05$。

(二) 自我懈怠特质的发展特点

对自我懈怠特质在性别和年级变量上做单变量检验，结果见表2-12。由表2-12可知，自我懈怠特质的性别主效应、年级主效应均显著，性别和年级的二次交互作用也显著。结合表2-6可知，在自我懈怠特质上，孤儿男生显著高于孤儿女生。这表明，孤儿男生相较于孤儿女生更容易表现出较高的自我懈怠水平。

表2-12 自我懈怠特质的单变量检验

变异来源	SS	df	MS	F
性别	23.52	1.00	23.52	29.49***
年级	118.75	6.00	19.79	24.82***
性别×年级	13.65	6.00	2.28	2.85**
误差项	776.02	973.00	0.80	

注：** 表示 $p<0.01$，*** 表示 $p<0.001$。

由于自我懈怠特质的年级主效应显著，所以进一步对其进行多重比较，结果见表2-13。由表2-13可知，在自我懈怠特质上，四年级与七、八、九、十年级差异显著，与五、六年级差异不显著；五年级与七、八、九、十年级差异显著，与四、六年级差异不显著；六年级与七、八、九、十年级差异显著，与四、五年级差异不显著；七年级与四、五、六、八年级差异显著，与九、十年级差异不显著；八年级与四、五、六、七年级差异显著，与九、十年级差异不显著；九年级与四、五、六年级差异显著，与七、八、十年级差异不显著；十年级与四、五、六年级差异显著，与七、八、九年级差异不显著。这表明，在自我懈怠特质上，四、五、六年级显著低于七、八、九、十年级，七年级显著低于八年级，而四、五、六年级三个年级之间无显著差异，即随着年级的升高，自我懈怠特质呈现出先低后高的波浪形曲折的年级发展趋势，小学高年级较低，进入初中以后较高，八年级最高。这种自我懈怠的年级发展趋势通过图2-3可以直观地看出。

表 2-13 自我懒惰特质年级差异的多重比较 (Tamhanes T2)

(I)年级	(J)年级	MD (I-J)	(I)年级	(J)年级	MD (I-J)	(I)年级	(J)年级	MD (I-J)
四年级	五年级	0.13	五年级	四年级	-0.13			
	六年级	0.01		六年级	-0.11			
	七年级	-0.41*		七年级	-0.54***			
	八年级	-0.84***		八年级	-0.97***			
	九年级	-0.61***		九年级	-0.74***			
	十年级	-0.73***		十年级	-0.86***			
六年级	四年级	-0.01	七年级	四年级	0.41*			
	五年级	0.11		五年级	0.54***			
	七年级	-0.43**		六年级	0.43**			
	八年级	-0.86***		八年级	-0.43**			
	九年级	-0.62***		九年级	-0.20			
	十年级	-0.74***		十年级	-0.32			
八年级	四年级	0.84***	九年级	四年级	0.61***	十年级		
	五年级	0.97***		五年级	0.74***			
	六年级	0.86***		六年级	0.62***			
	七年级	0.43**		七年级	0.20			
	九年级	0.24		八年级	-0.24			
	十年级	0.12		十年级	-0.12			

注：* 表示 $p<0.05$，** 表示 $p<0.01$，*** 表示 $p<0.001$。

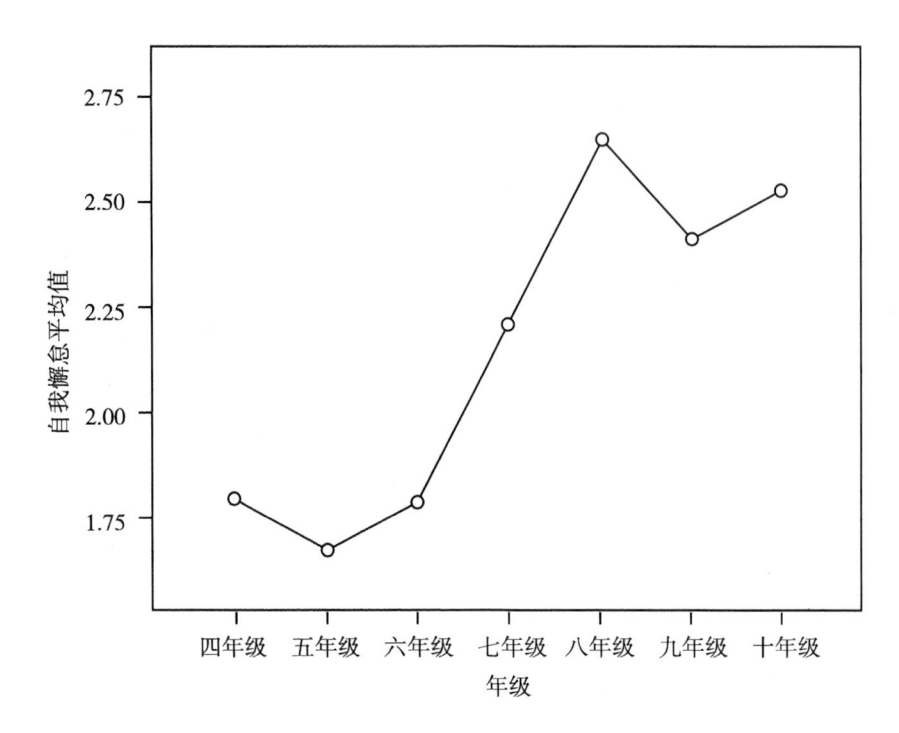

图 2-3 自我懈怠特质的年级发展趋势

此外，由表 2-12 也可知，自我懈怠特质的性别和年级二次交互作用显著，所以需要继续对其做简单效应分析。

第一，不同年级孤儿学生自我懈怠特质的性别差异。分别对不同年级孤儿学生，以性别为自变量，自我懈怠特质为因变量，做独立样本 t 检验，结果见表 2-14。由表 2-14 可知，四年级和八年级孤儿学生的自我懈怠特质性别差异不显著，五、六、七、九、十年级孤儿学生的自我懈怠特质性别差异显著，均表现为孤儿男生显著高于孤儿女生。这表明，除了四年级和八年级以外，其他五个年级的孤儿男生相较于孤儿女生更容易表现出较高的自我懈怠水平。这种不同的性别差异趋势通过图 2-4 的交互作用图解可以直观看出。

表 2-14　不同年级孤儿学生在自我懈怠特质上的性别差异

年级	性别	n	M	SD	t
四年级	男	54	1.81	0.89	0.11
	女	21	1.78	0.97	

续表

年级	性别	n	M	SD	t
五年级	男	63	1.82	0.74	3.17**
	女	40	1.44	0.48	
六年级	男	102	1.91	0.82	2.77**
	女	56	1.55	0.70	
七年级	男	103	2.43	1.00	4.34***
	女	52	1.78	0.81	
八年级	男	97	2.63	0.96	−0.19
	女	75	2.66	1.14	
九年级	男	115	2.62	0.96	4.25***
	女	61	2.01	0.80	
十年级	男	97	2.66	0.90	2.56*
	女	51	2.27	0.84	

注：*表示 $p<0.05$，**表示 $p<0.01$，***表示 $p<0.001$。

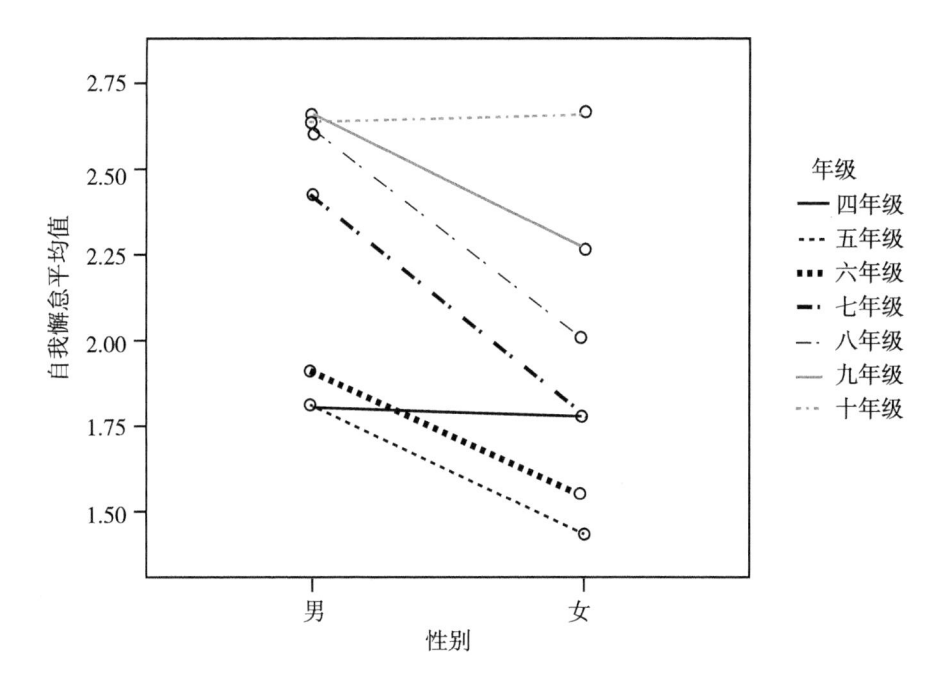

图2-4 不同年级孤儿学生在自我懈怠特质上的性别差异

孤儿学生心理健康教育研究

第二，不同性别孤儿学生自我懈怠特质的年级差异。分别对不同性别孤儿学生，以年级为自变量，自我懈怠特质为因变量，做单因素方差分析，结果见表2-15。由表2-15可知，不同性别孤儿学生在自我懈怠特质上的年级主效应均显著。

表2-15 不同性别孤儿学生在自我懈怠特质上的年级差异

性别	变异来源	SS	df	MS	F
男	组间变异	79.11	6	13.19	15.91***
	组内误差	517.28	624	0.83	
女	组间变异	63.86	6	10.64	14.36***
	组内误差	258.74	349	0.74	

注：*** 表示 $p<0.001$。

对孤儿男生的自我懈怠特质进行年级主效应上的多重比较，结果见表2-16。由表2-16可知，在孤儿男生的自我懈怠特质上，四年级与七、八、九、十年级差异显著，与五、六年级差异不显著；五年级与七、八、九、十年级差异显著，与四、六年级差异不显著；六年级与七、八、九、十年级差异显著，与四、五年级差异不显著；七年级与四、五、六年级差异显著，与八、九、十年级差异不显著；八年级与四、五、六年级差异显著，与七、九、十年级差异不显著；九年级与四、五、六年级差异显著，与七、八、十年级差异不显著；十年级与四、五、六年级差异显著，与七、八、九年级差异不显著。这表明，四、五、六年级显著低于七、八、九、十年级，且四、五、六年级三个年级两两之间，以及七、八、九、十年级四个年级两两之间无显著差异，即初中以上孤儿男生的自我懈怠特质水平显著高于小学高年级孤儿男生的水平，呈现出随着孤儿男生年级的升高，先低后高的波浪形曲折的年级发展趋势。孤儿男生的这种自我懈怠特质年级差异趋势通过图2-6的交互作用图解可以直观看出。

表 2-16 孤儿男生在自我懒惰特质上年级差异的多重比较（Tamhnnes T2）

(I)年级	(J)年级	MD (I-J)	(I)年级	(J)年级	MD (I-J)	(I)年级	(J)年级	MD (I-J)
四年级	五年级	-0.01	四年级	五年级	0.01	四年级	五年级	0.11
	六年级	-0.11		六年级	-0.09		六年级	0.09
	七年级	-0.62**		七年级	-0.61***		七年级	-0.52**
	八年级	-0.82***		八年级	-0.81***		八年级	-0.72***
	九年级	-0.81***		九年级	-0.80***		九年级	-0.71***
	十年级	-0.85***		十年级	-0.84***		十年级	-0.75***
五年级	四年级	0.82***	六年级	四年级	0.81***	七年级	四年级	0.85***
	五年级	0.81***		五年级	0.80***		五年级	0.84***
	六年级	0.72***		六年级	0.71***		六年级	0.75***
	八年级	0.20		七年级	0.19		七年级	0.23
	九年级	0.01		八年级	-0.01		八年级	0.03
	十年级	-0.03		十年级	-0.04		九年级	0.04
八年级	四年级		九年级	四年级		十年级	四年级	0.62**
							五年级	0.61***
							六年级	0.52**
							八年级	-0.20
							九年级	-0.19
							十年级	-0.23

注：** 表示 $p<0.01$，*** 表示 $p<0.001$。

对孤儿女生的自我懈怠特质进行年级主效应上的多重比较，结果见表2-17。由表2-17可知，在孤儿女生的自我懈怠特质上，四年级与八、十年级差异显著，与五、六、七、九年级差异不显著；五年级与八、九、十年级差异显著，与四、六、七年级差异不显著；六年级与八、九、十年级差异显著，与四、五、七年级差异不显著；七年级与八年级差异显著，与其他五个年级差异不显著；八年级与四、五、六、七、九年级差异显著，与十年级差异不显著；九年级与五、六年级差异显著，与四、七、八、十年级差异不显著；十年级与五、六年级差异显著，与四、七、八、九年级差异不显著。这表明，孤儿女生在八年级之前，其自我懈怠特质水平并没有发生明显变化，直到八年级显著升高，随后在九年级又显著下降，但是仍然高于小学五、六年级的水平，呈现出随着孤儿女生年级的升高，先低后高再低的波浪形曲折的年级发展趋势。孤儿女生的这种自我懈怠特质年级差异趋势与孤儿男生不同，通过图2-5的交互作用图解可以直观看出。

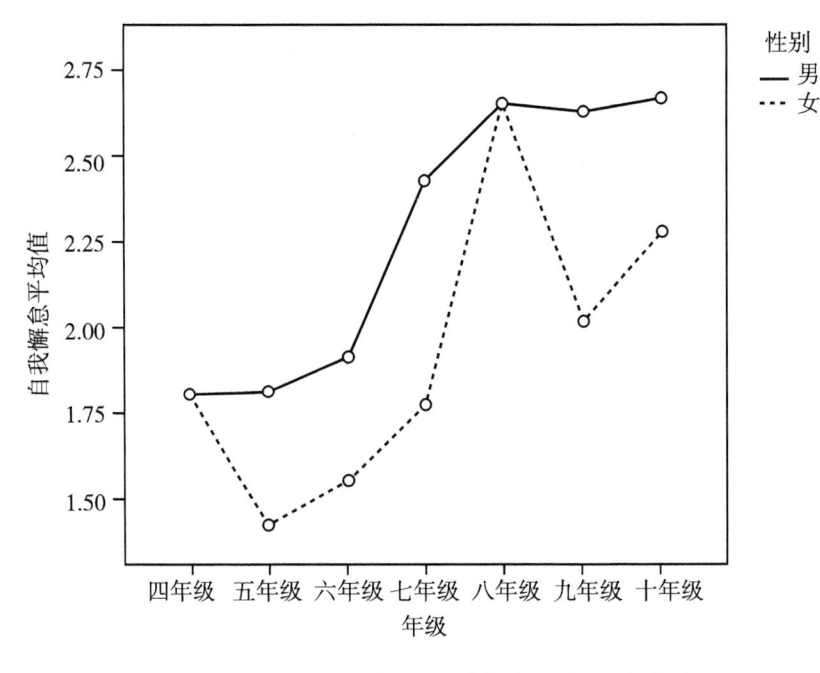

图2-5 不同性别孤儿学生在自我懈怠特质上的年级差异

第二章 孤儿学生自我污名的具体表现

表2-17 孤儿女生在自我懒惰特质上年级差异的多重比较（Tamhnnes T2）

(I)年级	(J)年级	MD(I-J)	(I)年级	(J)年级	MD(I-J)	(I)年级	(J)年级	MD(I-J)
四年级	五年级	0.34	五年级	四年级	-0.34	六年级	四年级	-0.23
	六年级	0.23		六年级	-0.11		五年级	0.11
	七年级	0.00		七年级	-0.34		七年级	-0.23
	八年级	-0.88*		八年级	-1.22***		八年级	-1.11***
	九年级	-0.23		九年级	-0.57***		九年级	-0.45*
	十年级	-0.49*		十年级	-0.83***		十年级	-0.72***
七年级	四年级	0.00	八年级	四年级	0.88*	九年级	四年级	0.23
	五年级	0.34		五年级	1.22***		五年级	0.57***
	六年级	0.23		六年级	1.11***		六年级	0.45**
	八年级	-0.88***		七年级	0.88***		七年级	0.23
	九年级	-0.23		九年级	0.65**		八年级	-0.65**
	十年级	-0.49		十年级	0.39		十年级	-0.27
十年级	四年级	0.49						
	五年级	0.83***						
	六年级	0.72***						
	七年级	0.49						
	八年级	0.39						
	九年级	0.27						

注：*表示 $p<0.05$，**表示 $p<0.01$，***表示 $p<0.001$。

(三) 自我疏离特质的发展特点

对自我疏离特质在性别和年级变量上做单变量检验，结果见表2-18。由表2-18可知，自我疏离特质的年级主效应显著，性别主效应不显著，性别和年级的二次交互作用不显著。

表2-18　自我疏离特质的单变量检验

变异来源	SS	df	MS	F
性别	0.06	1	0.06	0.08
年级	26.47	6	4.41	5.75***
性别×年级	5.77	6	0.96	1.25
误差项	747.14	973	0.77	

注：*** 表示 $p<0.001$。

由于自我疏离特质的年级主效应显著，所以进一步对其进行多重比较，结果见表2-19。由表2-19可知，在自我疏离特质上，四年级与其他六个年级差异均不显著；五年级与八年级差异显著，与四、六、七、九、十年级差异不显著；六年级与其他六个年级差异均不显著；七年级与其他六个年级差异均不显著；八年级与五年级差异显著，与四、六、七、九、十年级差异不显著；九年级与八年级差异显著，与四、五、六、七、十年级差异不显著；十年级与其他六个年级差异均不显著。这表明，在自我疏离特质上，八年级显著高于五、九、十年级，而六、七、八年级三个年级两两之间无显著差异，即随着年级的升高，自我疏离特质呈现出先低后高再低的波浪形曲折的年级发展趋势，五年级较低，八年级最高，九年级下降至最低。这种自我疏离特质的年级发展趋势通过图2-6可以直观地看出。

第二章 孤儿学生自我污名的具体表现

表2-19 自我疏离特质年级差异的多重比较（Tamhhnes T2）

(I)年级	(J)年级	MD(I-J)	(I)年级	(J)年级	MD(I-J)	(I)年级	(J)年级	MD(I-J)
四年级	五年级	0.19	五年级	四年级	-0.19			
	六年级	0.04		六年级	-0.15			
	七年级	0.31		七年级	-0.23			
	八年级	-0.04		八年级	-0.47***	六年级	四年级	-0.04
	九年级	-0.27		九年级	0.04		五年级	0.15
	十年级	0.06		十年级	-0.14		七年级	-0.08
(I)年级	(J)年级	MD(I-J)	(I)年级	(J)年级	MD(I-J)		八年级	-0.31
四年级	四年级	0.27					九年级	0.20
	五年级	0.47***					十年级	0.02
	六年级	0.31				(I)年级	(J)年级	MD(I-J)
	七年级	0.23		十年级	-0.20	七年级	四年级	-0.06
八年级	九年级	0.51***	九年级	八年级	-0.51***		五年级	0.14
	十年级	0.33*		十年级	-0.18		六年级	-0.02
							八年级	-0.33*
							九年级	-0.10
							十年级	0.18

注：*表示 $p < 0.05$，*** 表示 $p < 0.001$。

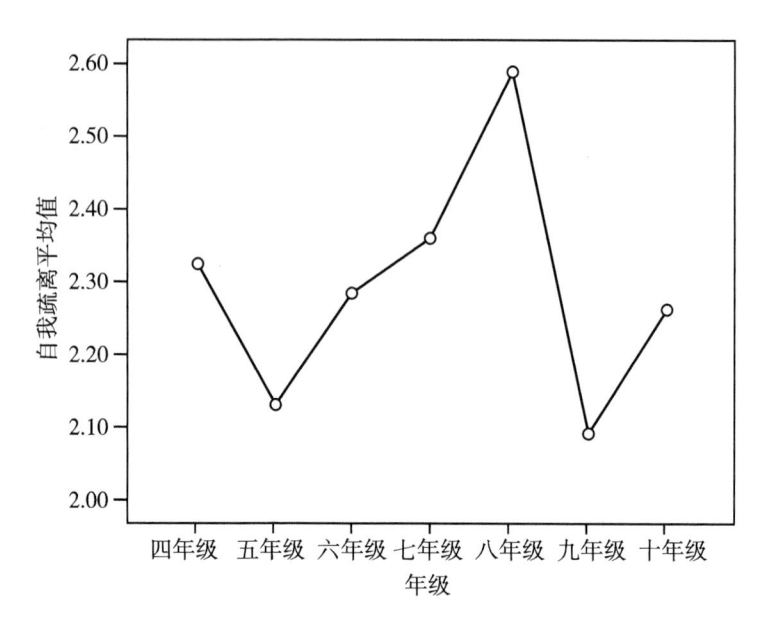

图2-6　自我疏离特质的年级发展趋势

（四）自我狭隘特质的发展特点

对自我狭隘特质在性别和年级变量上做单变量检验，结果见表2-20。由表2-20可知，自我狭隘特质的年级主效应显著，性别主效应不显著，性别和年级的二次交互作用不显著。

表2-20　自我狭隘特质的单变量检验

变异来源	SS	df	MS	F
性别	0.14	1	0.14	0.22
年级	35.24	6	5.87	9.19***
性别×年级	6.36	6	1.06	1.66
误差项	622.10	973	0.64	

注：*** 表示 $p < 0.001$。

由于自我狭隘特质的年级主效应显著，所以进一步对其进行多重比较，结果见表2-21。由表2-21可知，在自我狭隘特质上，四年级与其他六个年级差异均不显著；五年级与六、七、八、九、十年级差异显著，与四年级差异不显著；六年级与五、八年级差异显著，与四、七、九、十年级差异不

表 2-21 自我狭隘特质年级差异的多重比较 (Tamhanes T2)

(I)年级	(J)年级	MD(I-J)	(I)年级	(J)年级	MD(I-J)	(I)年级	(J)年级	MD(I-J)
四年级	五年级	0.38	五年级	四年级	-0.38	六年级	四年级	-0.06
	六年级	0.06		六年级	-0.32		五年级	0.32*
	七年级	-0.07		七年级	-0.45*		七年级	-0.14
	八年级	-0.31		八年级	-0.69***		八年级	-0.37**
	九年级	0.04		九年级	-0.34**		九年级	-0.02
	十年级	-0.02		十年级	-0.40**		十年级	-0.08
七年级	四年级	0.31	八年级	四年级	-0.04	九年级	四年级	0.02
	五年级	0.69***		五年级	0.34**		五年级	0.40**
	六年级	0.37**		六年级	0.02		六年级	0.08
	八年级	0.24		七年级	-0.11		七年级	-0.06
	九年级	0.35**		九年级	-0.35**		八年级	-0.29*
	十年级	0.29*		十年级	-0.06		十年级	0.06
十年级	四年级	0.07						
	五年级	0.45***						
	六年级	0.14						
	七年级	-0.24						
	八年级	0.11						
	九年级	0.06						

注：* 表示 $p<0.05$，** 表示 $p<0.01$，*** 表示 $p<0.001$。

显著；七年级与五年级差异显著，与四、六、八、九、十年级差异不显著；八年级与五、六、九、十年级差异显著，与四、七年级差异不显著；九年级与五、八年级差异显著，与四、六、七、十年级差异不显著；十年级与五、八年级差异显著，与四、六、七、十年级差异不显著。这表明，在自我狭隘特质上，五年级显著低于六、七、八、九、十年级，八年级显著高于五、六、九、十年级，即随着年级的升高，自我狭隘特质呈现出先低后高再低的波浪形曲折的年级发展趋势，五年级最低，八年级最高，九年级下降。这种自我狭隘特质的年级发展趋势通过图2-7可以直观地看出。

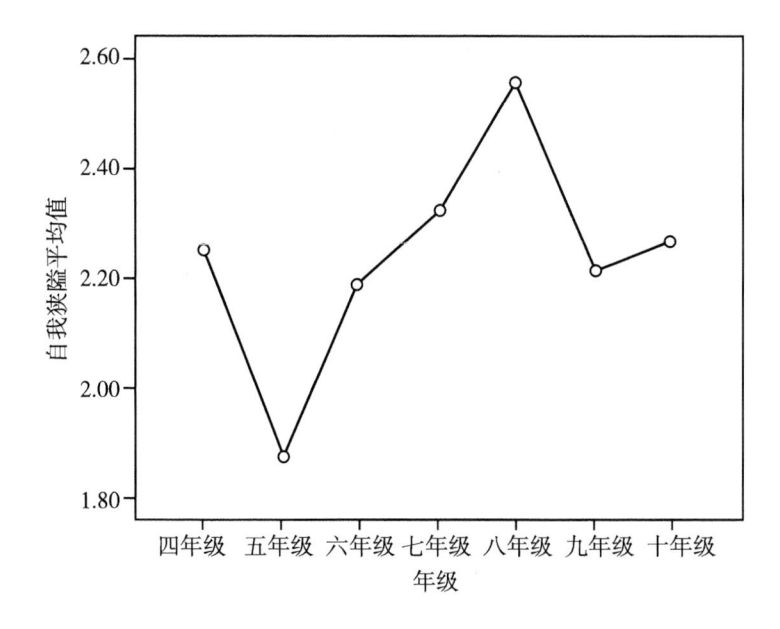

图2-7 自我狭隘特质的年级发展趋势

四、讨论与小结

（一）孤儿男生相较于女生更容易表现出较高的自我懈怠水平

研究发现，孤儿学生自我污名只在自我懈怠特质上存在显著性别差异，即孤儿男生相较于孤儿女生更容易表现出较高的自我懈怠水平；而在自我身份敏感、自我疏离、自我狭隘三个特质上不存在显著性别差异。这部分验证了假设1的推断。

笔者在开放式问卷调查结果中发现，孤儿学校的很多男生会写"我写作业爱粗心、马虎""我讨厌学习""不爱听课时，我就睡觉或跟同学说话"，而女生则会写"我会按时完成作业""为了得到亲人和老师的肯定，我会努力学习"。由此可见，孤儿女生总体比较乖巧、懂事，在学习上更为积极；而男生在学习状态上则相对懈怠。

（二）孤儿学生四种自我污名特质呈现出发展速率不同的波浪形曲折年级发展趋势

1. 自我身份敏感特质

研究发现，随着年级的升高，孤儿学生自我身份敏感特质呈现出先高后低再高的波浪形曲折的年级发展趋势，四年级、八年级较高，九年级最低。这验证了假设2的推断。

笔者认为，造成这种自我身份敏感特质年级发展趋势的原因可能与孤儿学生在九年级时正面临中考，以及经历青春期后，正视了自己的孤儿身份有关。首先，处于九年级的孤儿学生可能正面临着人生的第一个转折——中考，巨大的学业压力，使其无法将精力集中于对其孤儿身份的探索，他们将更多的精力转移到对学业成败的追求。在孤儿学校中，如果学生的学习成绩优秀，是可以去外面的普通高中学校就读的，因此，很多学生将中考作为自己走出孤儿学校、迈入社会的第一步。其次，经历了青春期自我意识的高涨以及对自我的探索后，孤儿学生在面对与其"孤儿身份"相关的自我评价时更加成熟，且对于自我有了全面、客观的认识，他们也会更加正视自己的孤儿身份。

2. 自我懈怠特质

研究发现，随着年级的升高，孤儿学生自我懈怠特质总体上呈现出先高后低的波浪形曲折的年级发展趋势，小学高年级较低，初中以后较高，八年级最高；但不同性别学生的发展速率略有不同，其中，孤儿男生呈现出随着年级的升高，先低后高的波浪形曲折的年级发展趋势，初中以上学生的自我懈怠特质水平显著高于小学高年级学生；而孤儿女生呈现出随着年级的升高，先低后高再低的波浪形曲折的年级发展趋势，在八年级之前，其自我懈怠特质水平并没有发生明显变化，直到八年级显著升高，随后在九年级又显著下降，但是仍然高于小学五、六年级的水平。这也验证了假设2的推断。

笔者认为，造成孤儿男生自我懈怠特质年级发展趋势的原因可能与男生进入初中后其学习心态发生变化以及孤儿学校初中部较为宽松的管理制度有关。首先，笔者作为一名孤儿学校的心理健康实习教师，负责讲授孤儿学校五、六、七年级的部分心理健康课，所以更容易连续对学生的学习行为进行观察。笔者在教学过程中发现，男生在进入初中后，相较于小学更容易在课堂上表现出各种学习行为问题，而在课后也不愿意主动写作业。在与初中男生的交流过程中发现，很多男生均反映出他们讨厌学习，大部分男生有"即使好好学习也只能进入中专，最后考不上大学"的想法，这种消极的心态直接影响男生学习的动力，最终影响其学习成绩。此外，相较于小学，孤儿学校初中部的管理更为宽松，班主任对于初中生的学习也多抱有听之任之的态度，而男生本身自制能力就不强，所以在进入初中后，更容易出现学习问题。

而造成孤儿女生自我懈怠特质年级发展趋势的原因可能与其反抗心理有关。反抗心理是一种初中生普遍存在的人格心理特征，此时的女生会对自己不喜欢的教师的各种意见持有拒绝态度，从而泛化到不喜欢上这些教师的课，从而影响她们的学习成绩。但是进入初三后，由于中考的来临，学业负担的加重，所以她们将更多的注意力转移到学习上，此时的学习问题行为就不那么明显了。但是根据研究发现，九、十年级的女生的自我懈怠水平仍然高于小学高年级的水平，这可能是由于她们也受到了同班男生消极学习行为的影响。

此外，相较于孤儿男生，虽然孤儿女生只是在青春高峰期时出现这些学习问题，过了高峰以后，她们的这些行为问题会有所降低，但是仍然高于小学高年级，这也从一个侧面反映出了女生与男生一样，在进入初中后也更容易存在学习问题，即初中八年级及以后的女生也容易与男生一样在日常生活中表现出松懈的学习状态。

3. 自我疏离特质

研究发现，随着年级的升高，孤儿学生自我疏离特质呈现出先低后高再低的波浪形曲折的年级发展趋势，五年级较低，八年级最高，九年级下降至最低。这也验证了假设2的推断。

笔者认为，造成这种自我疏离特质年级发展趋势的原因可能与孤儿的自尊发展、青春期自我探索，以及心理适应性较差有关。首先，以往研究发现，孤儿的自尊随着年级的增长而下降（成彦 等，2003）；对一般青少年的自尊研究也发现，初中高年级正是自尊发展的低谷阶段（张林，2004），这些都与自我疏离特质的发展趋势相契合。其次，孤儿在进行自我探索的过程中，孤儿身份是一个不可回避的问题。根据韦纳的归因理论，孤儿身份是一个不可控的因素，也是无力改变的事实，会造成孤儿更多的无力感和无价值感，在自我评价时也更为消极。最后，很多孤儿学生反映自己在进入初中后，由于学习环境和生活环境的改变和面临新的挑战，适应性较差，在挫折和失败面前无法正视自己的心理，丧失了自信心，造成了低自尊，消极地对待一切事物，从而一蹶不振。在前期开放式调查问卷中，一个初中一年级的男生这样写道："我在小学的时候，学习成绩很好。进入初中以后，也不知道怎么了，虽然努力学习，仍然只获得了一次次的低分和失败，所以后来我觉得我自己太笨了，也学不会就不学了。"

4. 自我狭隘特质

研究发现，随着年级的升高，孤儿学生自我狭隘特质呈现出先低后高再低的波浪形曲折的年级发展趋势，五年级最低，八年级最高，九年级下降。这也验证了假设2的推断。

笔者认为，造成这种自我狭隘特质年级发展趋势的原因与八年级的孤儿学生正处于青春高峰期，性格更容易表现出主观偏执性和不稳定性有关。自我狭隘是一种孤儿特殊心理表现，由于在成长的环境过程中缺乏与父母、亲人的情感交流，所以孤儿在与外界交往的过程中，本身就表现出不信任、嫉妒心强以及无法容忍他人批评的性格偏执性特点。而八年级的孤儿学生正处于青春期，所以这种性格中的主观偏执性在行为上的表现就更加强烈了。此外，处于青春期的孤儿学生更容易由于自己的孤儿身份而感到自卑，这种对孤儿身份的自卑加重了孤儿此时过度的焦虑和不稳定情绪，常常把他人看作是问题的根源，当与他人发生矛盾时，更容易对他人的话语耿耿于怀，表现出委屈、生闷气的特点，对别人表现出一种"敌视心理倾向"，产生对具体的人或事物的不满和愤怒。

第三章 孤儿学生自我污名对其心理健康与社会性发展的影响

第一节 自我污名对孤儿学生社交拒绝归因的影响

一、研究背景与研究目的

在本研究中，研究者考虑到他们自我污名水平对其社会交往可能产生的影响。在我国，集中在孤儿学校接受教育和供养的孤儿学生脱离主流社会，区别于普通儿童群体，缺失正常的家庭系统支持，带有明显的"孤儿"身份污名特征。孤儿学生在与外群体成员交往时，常被贴上"孤儿群体"的"身份标签"，接收到外群体成员对其发出的"孤儿缺乏家庭教养""孤儿真可怜""孤儿具有较多问题行为""孤儿能力低下"等身份污名信息。当他们将这种身份污名内化并指向自己时，就产生了自我污名。在现实的社会环境中，孤儿学生经历了诸多被拒绝的体验。这种社会拒绝既可能来自其自身所属的孤儿群体，也可能来自非孤群体。并且这种拒绝信息的传达既可能是非常明确、直接的，也可能是模糊、模棱两可的。已有研究发现，高自我污名可使孤儿更倾向于认知到群际社交中的拒绝性信息，形成身份拒绝敏感性人格，进而表现出焦虑、孤独、抑郁、恐怖等负面社交情绪（王江洋 等，2012；来媛，2012）；即使是非孤身份的普通初中生，无论得到明确的还是模糊的拒绝信息，也都会对他们的社会交往意愿产生巨大的破坏作用（秦山云，2011）。由此可见，孤儿学生自我污名会严重危及其心理健康及社会交往质量，十分有必要开展对孤儿学生自我污名心理的系统研究。

Crocker 等对于不同污名群体的社交拒绝归因研究对本研究具有启示。Crocker 等分别以女性大学生、黑人大学生、肥胖女大学生作为研究对象，采用虚拟社交情境实验范式，探索了不同污名群体的社交归因特点（Crocker et al., 1991; Crocker et al., 1993）。该实验范式的基本过程如下。首先，将被试者带进一个密闭的房间里，并且告知被试，他们将和与其所属群体不同的个人建立交往联系，但其实这些交往对象都是虚拟的。例如，在女大学生研究中的虚拟交往对象为一名与其年龄相仿的男大学生，黑人大学生研究中的虚拟交往对象为一名白人男性，而肥胖女大学生研究中的交往对象为一名非常有魅力的男性。其次，在实验过程中，被试会得到交往对象发出的或积极或消极的社交信息；积极的社交信息为接受研究对象，且愿意与之建立关系；消极的社交信息为拒绝研究对象，且不愿意与他们见面等。最后，被试需要对交往对象做出的接受或拒绝他们的行为结果进行归因。这些研究发现，女大学生和黑人大学生更容易将他人的社交拒绝归因为交往对象对自己所处受污名群体的偏见和歧视；肥胖者在经历社交拒绝时，更容易将这种拒绝归因为自己肥胖的结果。可见，污名群体中的个体十分容易将社交拒绝归因为自己的污名化特征。但是，Crocker 等的虚拟社交情境实验范式中使用的拒绝信息为明确的社会拒绝或社会接受，尚不能说明在面临模糊性社交信息时，受污名的个体会做出何种归因，更无法说明受污名的个体如果已经发展出自我污名倾向的话，又会做出何种归因。然而，在现实生活中，人与人之间的交往在很多情况下是模糊不确定的，研究模糊性社交情境中的社交归因更具有生态效度。

本研究的目的是修订 Crocker 等的虚拟社交情境实验范式，通过人机交互程序创设虚拟社交情境实验的方法考察不同自我污名水平的孤儿学生在不同社交情境中对其社交拒绝归因的影响。本研究提出如下假设：无论是在社交信息模糊还是明确的情境中，在面对群际交往对象时，具有高自我污名水平的孤儿学生都容易做出与自己孤儿身份有关的社交拒绝归因。

二、研究方法

（一）被试

选取 L 省孤儿学校四至十年级的学生 987 人施测自编的孤儿学生自我污

名自陈问卷。按照孤儿学校学生自我污名总分从低到高顺序排列，选取前160 名和后 160 名学生作为实验被试，并将分数最低者即前 160 名学生编为0001~0160 即低分组，将分数最高者即后 160 名学生编为 1001~1160 号即高分组。然后在低分组和高分组中分别使用等距抽样法，每隔 3 人抽一个被试，共抽取出 4 个分组，随机分配这 4 个分组接受一种交往群体对象和拒绝信息特征的实验处理。如此一来，低分组和高分组一共形成 8 个分组，每组分配40 人，共 320 名被试。

（二）实验工具和材料

1. 实验许可书

实验许可书包含实验目的和实验程序等内容。由于本研究采用人机交互模式，所以"实验许可书"也通过电脑呈现，且为被试操作界面的第一步。当被试阅读并了解后，同意参加实验，点击"下一步"按钮参加本实验。

2. 被试个人的基本信息表

该表由被试填写，包括姓名、性别、年龄、身高、体重、就读学校、年级、性格特征、兴趣爱好 9 个项目。

3. 交往对象的基本信息表

该表由主试操作界面所控制，用来呈现虚拟交往对象的个人基本信息。这是一份已经填写完整的个人基本信息表，且呈现形式与"被试个人的基本信息表"一致，包括上述 9 个项目。其中该交往对象的姓名为李宏，呈现出9 项个人基本信息与被试保持一致。但是在就读学校一项上呈现为某省孤儿学校或者某市育才学校。

4. 被试的交往意愿调查表

该表用来测量被试对于是否想要和虚拟交往对象建立友谊的回答。此时电脑屏幕界面显示的标题为"我的交往意愿"。该表由 4 个项目组成，分别为：①你是否想要和这个人见面；②你是否想要和这个人一起玩耍；③你有多喜欢这个人；④你是否想要和这个人建立长期的关系。每个项目的回答有5 种选项供被试选择：即 1（非常不想）、2（有些不想）、3（不确定）、4（有些想）、5（非常想）。

5. 交往对象的交往意愿调查表

该表用来呈现虚拟交往对象对于是否想要和被试建立友谊的回答。项目的呈现形式与"被试的交往意愿调查表"相同，且同样具有"被试的交往意愿调查表"中的4个项目，此时电脑屏幕界面显示的标题为"李宏的交往意愿"。其回答的选项是由主试操控界面中的拒绝信息特征来完成的。当主试操控拒绝信息特征为模糊时，对于4个项目的回答均为选项3（不确定）；当主试操控拒绝信息特征为明确时，对于4个项目的回答均为选项1（非常不想）。

6. 社交拒绝归因调查表

该表用于当被试得到虚拟交往对象的拒绝信息时的原因分析。该表共由5个归因项目组成，分别为将拒绝原因归因为：①自己的性格、兴趣爱好；②对方的性格、兴趣爱好；③自己在孤儿学校就读（即自己的孤儿身份）；④自己的身高、体重等外貌；⑤自己的学习成绩。每个归因项目的回答从1（非常不赞同）、2（有些不赞同）、3（不确定）、4（有些赞同）到5（非常赞同）。由于本研究主要关注孤儿学生是否会将交往对象的拒绝归因为自己的孤儿身份，所以除③"自己在孤儿学校就读外"，其他4个归因项目在本研究中均为迷惑项，不用于结果的统计分析。

7. 笔记本电脑与人机交互程序

装有Windows XP系统的笔记本电脑1台，用于呈现实验创设情境时所用的人机交互程序界面和记录实验数据。其中，人际交互程序是使用Java语言编制的。

（三）实验设计与分组

研究采用自我污名水平（高、低）×交往群体对象（内群体、外群体）×拒绝信息特征（模糊、明确）三因素完全随机实验设计。第一个自变量是自我污名水平，有高和低两种处理水平。第二个自变量是交往群体对象，有群内交往群体对象和群际交往群体对象两种处理水平。其中群内交往群体对象指的是孤儿与孤儿的群内交往，此时通过实验前主试操控，使得被试在查看交往对象的交往对象信息表时得到交往对象的就读学校信息为某省孤儿学校；群际交往群体对象指的是孤儿与非孤儿的群际交往，此时被试得到交往对象的就读学校信息为某市育才学校。第三个自变量是拒绝信息特征，有模糊与明确两种处理水平。其中拒绝信息特征模糊指的是被试得到交往对象的模糊拒绝的交往意愿，此时通过实验前主试操控，使得被试在查看交往对象的交往意愿调查表时得到虚拟交往对象的回答为"不确定想要和这个人见面，不确定想要和这个人一起玩耍，不确定有多喜欢这个人，不确定是否想要和这个人建立长期的关系"；拒绝信息特征明确指的是被试得到交往对象的明确拒绝的交往意愿，此时被试得到的交往对象的交往意愿回答为"非常不想和这个人见面，非常不想要和这个人一起玩耍，不喜欢这个人，非常不想和这个人见面"。因变量是社交拒绝归因内容，由1个指标构成，即将交往对象的拒绝原因归因为自己的孤儿身份（即在孤儿学校就读）。其计分方式为从1（非常不赞同）到5（非常赞同）的5级计分。

共有8种实验处理水平的结合，一共有320名被试参加了正式实验。在全部实验结束后，根据实验的处理结果，剔除掉选项不完整的无效被试；同时考虑剩余被试应满足实验组同质性的要求，最后实际是从每个实验小组随机保留35人，共280名被试的研究数据用于最终的统计分析。

（四）实验程序

本实验修订了Crocker等使用的虚拟社交情境实验范式（Crocker et al., 1991; Crocker et al., 1993），根据本研究的目的对其实验过程做了部分调整。实验的主试是事先经过培训的6名女性应用心理学专业硕士研究生，均熟练掌握实验流程。为消除被试的顾虑，实验前主试向被试说明这只是一个交往游戏，以增加实验的趣味性，以便取得被试的合作，并认真完成实验。为控制虚拟交往对象特征可能带来的社交差异和归因误差，保证被试与虚拟交往对象的同质性，在实验开始前，主试根据孤儿学生自我污名自陈问卷中提供的性别、年级栏目的填写，通过操作界面选择与被试同性别、年级的虚拟交往对象的按钮，且提供的姓名、性格特征、兴趣爱好、个人照片与交往对象的性别、年龄特征相仿，并且随机选择一种交往群体对象（群内交往或群际交往）与拒绝信息特征（模糊或明确）的实验处理。

主试将被试带入一间安静的房间，被试操控电脑查看"实验许可书"，同意参加实验点击"下一步"按钮后，实验正式开始。具体实验程序如下。

第一步，了解交往双方的个人基本信息。被试需要填写个人基本信息表。

填写好后,选择"下一步:查看你的交往对象信息"按钮。被试会得到由主试操控显示出的虚拟交往对象的个人基本信息表:其中一半被试分配到群内交往对象的实验条件下,即被试得到其交往对象的就读学校为一所孤儿学校;另一半被试被分配到群际交往对象的实验条件下,即被试得到其交往对象的就读学校为一所非孤儿学校。当被试了解虚拟交往对象的基本信息后,点击"下一步:你想和他(她)成为朋友吗?"按钮,开始交往意愿调查。

第二步,交往意愿调查。被试需要填写交往意愿调查表。填写好后,选择"下一步:查看他(她)的回答"按钮,被试会得到由主试操控显示出的虚拟交往对象的交往意愿调查表:其中一半被试得到模糊的拒绝信息;另一半被试得到明确的拒绝信息。当被试了解虚拟对象的回答后,点击"下一步:他(她)为什么做出这样的回答呢?"按钮,开始进入社交拒绝归因的评估环节。

第三步,社交拒绝归因的评估。此时屏幕上方显示内容为"你认为李宏做出这样选择的原因是什么"。被试需要填写社交拒绝归因调查表,完成因变量的测量。当被试填好调查表后,点击"结束实验"按钮。此时,被试举手向主试报告完成本实验。

实验结束后,主试将被试送回班级,并要特别嘱咐被试在活动结束前必须保密实验过程,尽量不要和其他同学交流自己刚才参与活动的情况。

为了避免实验者效应及被试效应,本实验一方面通过双盲设计,即除研究者以外,主试和被试均不知道有关被试的自我污名水平、实验分组情况及实验操控的真实目的;另一方面通过人机交互程序创设虚拟社交情境,被试只能通过电脑获得虚拟交往对象的个人信息和对问题做出相应的回答。但是考虑到实验的伦理规范,在全部实验研究结束之后,研究者会告知被试他们是随机得到不同的社交信息,那些交往对象实际并不存在,他们收到的对方回答只是电脑随机显示的。因为当被试得到被拒绝的回答后,他们很有可能情绪低落和感觉自己很愚蠢。通过以上方法可以尽量减少被试的消极情绪。如果被试依旧对自己的人际关系和吸引力有任何怀疑的话,研究者要重复地告知他们这个实验只是对个体的身高、体重部分感兴趣。

(五)实验数据的记录、管理与分析

首先,实验结束后,在电脑 D 盘的 JWDresult 文件夹下会生成一个被试所作回答的 txt 文本文件。研究者在实验结束后,用记事本软件打开此文件,将文件内容复制、粘贴到 test.html 文件,点击"确定"按钮后,在 result.html 文件中会显示被试所作的全部回答。将主试操控的自变量和被试回答的因变量的内容粘贴到统计软件 SPSS 17.0 中。然后,使用 SPSS 17.0 对数据进行管理与分析。

三、结果与分析

按照自我污名水平、交往群体对象和拒绝信息特征分组显示的社交拒绝归因分数描述统计见表 3-1。以自我污名水平、交往群体对象和拒绝信息特征为自变量,以社交拒绝归因为因变量,做多因素一元方差分析,结果发现:自我污名水平的主效应显著,$F(1, 270) = 30.12$,$p < 0.001$,$\eta^2 = 0.10$,自我污名水平高的被试做出与自己孤儿身份有关的社交拒绝归因的分数显著高于自我污名水平低的被试;交往群体对象的主效应也显著,$F(1, 270) = 5.25$,$p < 0.05$,$\eta^2 = 0.02$,接受群际交往的被试做出与自己孤儿身份有关的社交拒绝归因分数显著高于接受群内交往被试;拒绝信息特征的主效应不显著,$F(1, 270) = 0.03$,$p > 0.05$,$\eta^2 = 0.001$,即由表 3-1 可知,拒绝信息特征模糊组与拒绝信息特征明确组被试做出与自己孤儿身份有关的社交拒绝归因的分数差异不显著,在两种实验情境中都被孤儿学生识别为拒绝信息;自我污名水平与交往群体对象之间的二次交互作用不显著,$F(1, 270) = 2.39$,$p > 0.05$,$\eta^2 = 0.01$;自我污名水平与拒绝信息特征之间的二次交互作用不显著,$F(1, 270) = 1.77$,$p > 0.05$,$\eta^2 = 0.01$;交往群体对象与拒绝信息特征之间的二次交互作用不显著,$F(1, 270) = 3.09$,$p > 0.05$,$\eta^2 = 0.01$;自我污名水平、交往群体对象、拒绝信息特征的三次交互作用不显著,$F(1, 270) = 3.48$,$p > 0.05$,$\eta^2 = 0.01$。

表 3-1 孤儿学生社交拒绝归因分数描述统计

交往群体对象	拒绝信息特征	高自我污名水平 M	SD	n	低自我污名水平 M	SD	n
群内	模糊	3.06	0.97	35	2.46	1.09	35
	明确	2.77	1.44	35	2.31	1.23	35
	总计	2.91	1.23	70	2.39	1.16	70

续表

交往群体对象	拒绝信息特征	高自我污名水平 M	SD	n	低自我污名水平 M	SD	n
群际	模糊	3.09	1.04	35	2.57	1.09	35
	明确	3.77	1.09	35	2.40	0.95	35
	总计	3.43	1.11	70	2.49	1.02	70
总计	模糊	3.07	1.00	70	2.51	1.09	70
	明确	3.27	1.36	70	2.36	1.09	70
	总计	3.17	1.19	140	2.44	1.09	140

四、讨论与小结

通过实验发现验证了假设的推断。首先，群际交往理论认为，群际交往过程中的个体是代表着其所属的群体成员身份与拥有另一个群体身份的成员个体之间交往的（尹丽莉，2013）。由此可知，孤儿群体在与外群体交往过程中，区分了"我群"即孤儿群体和"他群"即非孤儿群体，此时这种群际交往更多的是代表了拥有"孤儿身份"的孤儿和没有"孤儿身份"的普通儿童之间的交往。这种群际交往，会自动激活孤儿个体内化了的公众污名，更容易将此时此刻外群体的各种拒绝行为感知为对于其孤儿群体的消极刻板印象、偏见和歧视。其次，根据身份威胁模型理论（Crocker et al., 1989），在特定的社会情境下，与污名相关的集体表征、情境线索和个人特质因素使个人做出不同的身份威胁评价反应，从而产生不同的结果。也就是说，孤儿学生由于对其污名身份的敏感度不同，在面对群际交往对象时，无论是社交拒绝信息模糊还是明确，可能产生不同的身份威胁反应。当面临模糊的社交信息时，孤儿学生可以将其理解为接受，也可以理解为拒绝。但是由于高自我污名水平的孤儿学生对自己的孤儿身份过于敏感，所以在群际社会交往过程中，更容易从模糊的拒绝信息中捕捉到来自外群体的拒绝信号，并将这种拒绝信息理解为拒绝，他们更可能感觉自己处在一个威胁其身份的环境下，更容易将这种拒绝信息和他们的孤儿身份联系到一起；并且由于高自我污名水平的孤儿本身就具有消极的自我概念，自我评价较低，在交往过程中缺乏自信，容易预期对方拒绝自己,所以在整个交往过程中,在识别出交往对象的拒绝信息后更容易做出与自己孤儿身份有关的社交拒绝归因。

第二节　自我污名对孤儿学生消极情绪的预测:解释风格及领悟社会支持的多重中介作用

一、研究背景与研究目的

在我国,一般是由民政部门设置公立孤儿学校,对失去单亲或双亲,或父母虽健在但却无法行使正常家庭监护责任的学龄期孤儿集中抚养与教育。这些学龄孤儿虽然享有与普通学生相同的生命权和受教育权,但却是从普通学生群体中分离出来的一部分弱势学生群体,其身份具有特殊性(王江洋 等,2017)。他们长期缺少父母的陪伴与管教,远离主流社会,容易产生一系列心理问题。7~18岁学龄孤儿的心理健康水平整体低于普通学生(关荐 等,2011;苏英,2011),通常具有恐惧、抑郁、焦虑紧张等消极情绪症状(苏英,2011;王津,2013;王江洋 等,2015;张楚 等,2016)。较高的消极情绪可导致个体出现攻击性或各种问题行为(Loney et al.,2006;Curhan et al.,2014)。因此,有必要深入探究孤儿学生消极情绪产生的相关机制。

孤儿学生自我污名是指孤儿学生对其孤儿身份污名的感知,以及将感知到的污名内化后对自我产生消极认同与感受的心理现象,通常表现为自我身份敏感、自我懈怠、自我疏离、自我狭隘等心理与行为倾向(王江洋 等,2017)。自我污名现象一般会出现在具有污名身份的弱势个体及群体中。自我污名降低个体自尊和自我效能感的本质在于使个体产生了自我认知方式的改变(Corrigan et al.,2006;Xu et al.,2019),进而导致解释风格的改变(Usitalo,2002)。解释风格是个体习惯性解释生活事件发生原因的方式(又称归因风格)。其作为一种认知变量,不仅与自我污名具有密切的内在联系,也会对个体情绪变化产生影响(Ciarrochi et al.,2007;Reardon et al.,

2007)。另外，个体也可能会把自我感知到的污名看作是一种压力事件而削弱自己领悟社会支持的水平（Prelow et al., 2006；范兴华 等，2012；刘方芳 等，2014）。领悟社会支持是个体感受到被尊重和受到支持的情感体验以及满意程度，是个体感受到被支持的一种心理现实。以往研究表明，无论是对于成人还是普通学生，以及像孤儿、留守儿童这样的弱势学生而言，领悟社会支持均可以显著负向预测个体的抑郁、社交焦虑等消极情绪（Maher et al., 2018；王江洋 等，2019）。由此推测孤儿学生的自我污名、解释风格、领悟社会支持与其消极情绪的产生可能有关联。

（一）自我污名与消极情绪的关系

Miller 和 Major（2000）的研究曾认为，只要是超出个体自身适应范围的事件，就可被当作压力事件，污名可被看成是一种程度更深、影响更广、时间更长的特殊压力源。因此，从这个角度来说，用于解释压力与情绪二者关系的理论同样也适用于解释污名与情绪的关系。Spector 和 Fox（2002）提出的压力源—情绪模型认为，个体会依据其自身的情况对自己身心健康产生威胁的各类压力事件进行评估，由此产生压力感，进而导致消极情绪的产生。因此，当具有某种污名身份特征的个体感知到外群体对其的偏见与歧视后，这种自我感知的污名意识就构成一种特殊的压力源，使个体产生各种消极情绪。国外曾有研究表明，自我污名可以增加心理疾病患者、肥胖症患者和艾滋病患者的抑郁、羞耻等消极情绪（Lysaker et al., 2007；Kalomo, 2017；Li et al., 2017；Magallares et al., 2017）。国内研究也表明，自我污名对孤儿初中生的抑郁情绪有显著正向预测作用（王江洋 等，2020）。据此，可以推测自我污名与消极情绪之间有正向关联，提出假设1：自我污名对孤儿学生的消极情绪具有正向直接预测作用。

（二）解释风格的中介作用

自我污名与解释风格有密切关系。具有污名身份的个体很可能是依据其感知到的他人对自己的污名评价而形成了对自己的污名化认识，表现出自我污名的认知偏差，形成较低的自尊（Corrigan et al., 2006；Xu et al., 2019）。而自尊对个体的解释风格具有预测作用（陈舜蓬 等，2010）。这说明自我污名可能会对个体的解释风格造成影响。Usitalo（2002）的研究发现，在用个体感知的污名对其行为问题及社交技能的预测效应中，积极解释风格在其中起中介作用，验证了感知污名对解释风格的预测作用。解释风格对个体情绪变化有重要影响。Izard（1993）的研究认为，归因等认知因素能够激活情绪。ABC理论也指明导致行为及情绪反应的原因不是事件本身，而是人们对事件的看法、解释及评价。故如果个体长期保持不合理的解释，则会导致其消极情绪的增加，最终出现情绪紊乱。以往多项研究也证实了解释风格和消极情绪是显著相关的（Gladstone et al.，1997；Ciarrochi et al.，2007；Reardon et al.，2007）。且Clyman和Pachankis（2014）开展的干预实验也表明，通过增加乐观解释的干预可以对男同性恋者避免产生与污名有关的消极情绪起到保护作用。据此，可以推测解释风格在自我污名与消极情绪之间可能起中介作用，提出假设2：自我污名可以经负向预测解释风格，解释风格负向预测消极情绪的中介作用实现对孤儿学生消极情绪的间接正向预测作用。

（三）领悟社会支持的中介作用

如果把自我感知到的污名理解为一种特殊压力源，那么可在压力框架下来理解自我污名与领悟社会支持之间的关系。依据领悟社会支持的压力易损假说和社会支持威胁模型假说，领悟社会支持是一种压力易损因子，与感知污名相类似的创伤或耻辱等压力性事件会通过降低个体对社会支持的领悟能力对个体的心理适应产生影响（徐明津 等，2017；刘晓宇 等，2018）。针对非裔大学生、心理疾病患者及流动儿童的研究均证明了个体感知的污名与其领悟社会支持水平之间呈显著负向相关关系（Prelow et al.，2006；范兴华 等，2012；刘方芳 等，2014）。此外，社会支持主效应模型认为，社会支持对个体具有普遍的增益作用，有助于减少抑郁等消极情绪（邓琳双 等，2012；王晖 等，2018）。针对普通中学生及孤儿等弱势中学生的研究均证实，领悟社会支持与个体的各类消极情绪之间具有显著负相关关系（王江洋 等，2019；张婷 等，2019）。Hatzenbuehler（2009）的研究还发现社会支持是性别歧视与心理健康之间的一种中介变量。范兴华等（2012）的研究也发现，社会支持可以在流动儿童歧视知觉（即一种感知污名）与其心理适应之间起部分中介作用。据此,可以推测领悟社会支持在自我污名与消极情绪之间可能起中介作用,提出假设3:自我污名可以经负向预测领悟社会支持,领悟社会支持负向预测消极情绪的中介作用实现对孤儿学生消极情绪的间接正向预测作用。

(四) 解释风格与领悟社会支持的关系

领悟社会支持是个体对实际支持的理解与评价,是基于个体对社会支持的解释而形成的,所以它会受到解释风格的影响(Norris et al., 1996)。韦纳的归因理论也指出,个体如果能积极地对社会支持做出归因解释,则可能拓展其归因范围,进而可更多地意识到为他们提供帮助者的功劳,就会对社会支持产生更多领悟(Weiner, 1985)。针对大学生的研究表明,解释风格可以显著预测个体领悟社会支持能力(叶青青 等, 2012;朱蕾 等, 2015)。如果个体将外界支持与帮助归因于外部不可控因素,其感受到的社会支持就会少;如果个体将外界支持与帮助归因于持续稳定的内部因素,其所感受到的社会支持就会多。据此,可以推测解释风格对个体的领悟社会支持具有预测作用,提出假设4:自我污名可以经由解释风格—领悟社会支持的链式中介对孤儿学生消极情绪具有间接预测作用。

综上所述,本研究关注孤儿学生群体身份的特殊性,将由其身份带来的自我污名与其消极情绪相结合,建构出关于自我污名、解释风格、领悟社会支持与消极情绪四者关系的潜变量多重中介作用模型(见图3-1),以对四者的关系机制进行深入考察。

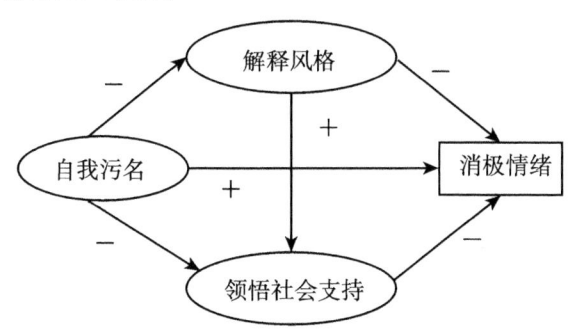

图3-1 孤儿学生自我污名、解释风格、领悟社会支持与消极情绪关系的多重中介作用模型

二、研究方法

(一) 研究对象

向某省立孤儿学校四至九年级孤儿学生发放问卷863份,剔除项目漏填较多及未作答的问卷48份,回收有效问卷815份,有效回收率为94.44%。其中,男生525人,女生290人;四年级68人,五年级86人,六年级135人,七年级171人,八年级174人,九年级181人。由于孤儿学校对学生出生信息的保密性要求,所以本次研究未能收集到样本对象的年龄信息,但根据该校相关负责人的介绍,该校各年级孤儿学生年龄要略高于普通学校同年级学生。

(二) 研究变量与研究工具

1. 自我污名

采用孤儿学生自我污名自陈问卷(附录1)测量孤儿学生的自我污名。该问卷由自我身份敏感、自我懈怠、自我疏离、自我狭隘4个分问卷构成,共计25个项目。问卷采用5点计分方式,其中1代表"从不这样",5代表"总是这样"。所有项目得分相加为孤儿学生自我污名总分,分数越高,代表孤儿学生自我污名的程度越高。该问卷验证性因素分析结果拟合良好[$CFI=0.95$, $TLI=0.94$, $RMSEA=0.04$, $\chi^2/df=2.78$](王江洋 等,2017),结构效度较好。在本研究中,该问卷整体内部一致性信度克伦巴赫 α 系数为0.95,自我身份敏感、自我懈怠、自我疏离、自我狭隘四因子的内部一致性信度克伦巴赫 α 系数分别为0.94、0.86、0.90、0.82。

2. 解释风格

采用塞利格曼编制、洪兰翻译(1998)的儿童解释风格问卷(附录5)测量孤儿学生的解释风格。该问卷包含24个积极情境项目和24个消极情境项目。将积极情境中的项目得分相加得到积极解释风格分,分数越高,代表个体解释风格越积极、乐观;将消极情境中的项目得分相加得到消极解释风格分,分数越高,代表个体解释风格越悲观。该问卷验证性因素分析结果拟合较良好[$CFI=0.95$, $TLI=0.93$, $RMSEA=0.05$, $\chi^2/df=2.34$](石国兴 等,2011),结构效度较好。在本研究中,该问卷整体内部一致性信度克伦巴赫 α

系数为 0.71，积极解释风格维度的内部一致性信度克伦巴赫 α 系数为 0.63，消极解释风格维度的内部一致性信度克伦巴赫 α 系数为 0.53。

3. 领悟社会支持

采用由 Zimet 等（1990）编制、严标宾和郑雪（2006）修订的领悟社会支持量表（附录6）测量孤儿学生的领悟社会支持。该量表共包含 12 个项目，由家庭支持、朋友支持以及其他支持三个因子构成。采用 1～7 级计分标准，1 代表"极不同意"，7 代表"极同意"。所有项目得分相加得到领悟社会支持总分，分数越高，代表个体对社会支持的领悟能力越高。该量表验证性因素分析结果拟合良好 [$CFI = 0.92$，$GFI = 0.94$，$RMSEA = 0.08$，$\chi^2/df = 4.84$]（叶宝娟 等，2018），结构效度较好。在本研究中，该量表整体内部一致性信度克伦巴赫 α 系数为 0.89，家庭支持、朋友支持、其他支持三个因子的内部一致性信度克伦巴赫 α 系数分别为 0.78、0.80、0.80。

4. 消极情绪

对陈文锋和张建新（2004）修订后的积极/消极情感量表中与消极情感相关的题目进行修改，形成修订后的消极情感量表（附录7），以此测量孤儿学生的消极情绪。为使原消极情感量表同样适用于小学学龄段，请专家教授及心理学研究生对量表项目进行相应的修改与调整，确保所有学生能够理解，并将原量表中的"感到非常孤独或者与别人距离很大（在情感或兴趣方面）"拆分成两道题目——"在情感方面，我觉得孤独或与别人有很大距离"和"在兴趣方面，我无法融入其他人中"。该量表共包含 7 个项目，描述了个体不同的消极情绪，如愤怒、抑郁、孤独感等。采用 1～4 级的评分标准，其中 1 代表"没有"，4 代表"经常有"。所有项目得分相加得到消极情绪总分，总分越高，代表个体的消极情绪越高。对修订后的消极情感量表进行验证性因素分析以检验其结构效度。结果显示各项目因素载荷较高，结构模型拟合指数良好 [$CFI = 0.97$，$TLI = 0.95$，$RMSEA = 0.07$，$SRMR = 0.03$，$\chi^2/df = 5.34$]，结构效度较好。在本研究中该量表的内部一致性信度克伦巴赫 α 系数为 0.83。其信度及效度均符合心理测量学要求。

（三）研究程序

为了确保在最大程度上降低孤儿学生填写问卷时的抵触情绪及各种无关

变量的干扰，本研究将题目数量相对较少的问卷放在前面，将题目数量相对较多的问卷放在最后，并按照积极—消极—消极—积极的排列顺序平衡可能因问卷内容性质相互影响而导致的顺序效应。按照领悟社会支持量表、消极情绪量表、孤儿学生自我污名自陈问卷以及解释风格问卷的排列顺序，将四种测量工具印刷并装订成册。在得到孤儿学校调查许可的前提下，由该学校心理教师以班级为单位向四至九年级孤儿学生发放问卷，集体施测，现场回收。

正式分析数据前，采用 Harman 单因素检验对研究结果是否存在共同方法偏差进行检验。结果有 25 个特征值大于 1 的因子，其中第一个因子解释率为 17.49%，低于 40% 的临界标准，故研究结果可以排除共同方法偏差的影响，可以开展后续的统计分析。

三、结果与分析

（一）孤儿学生消极情绪的人口学差异分析

人口学特征对孤儿学生消极情绪的影响在本研究中属无关因素，需先行人口学差异检验，以在后续分析中予以统计控制。以性别（男、女）及年级（四至九年级）为自变量，消极情绪为因变量做多因素方差分析，结果表明孤儿学生消极情绪的性别主效应 $[F(1, 803) = 0.04, \eta^2 < 0.001, p > 0.05]$、性别和年级的交互作用 $[F(5, 803) = 0.82, \eta^2 = 0.01, p > 0.05]$ 均不显著，只有年级主效应显著 $[F(5, 803) = 4.95, \eta^2 = 0.03, p < 0.01]$。故在后续的结构方程模型分析中把年级作为统计控制变量。

（二）孤儿学生自我污名、解释风格、领悟社会支持、消极情绪的相关

采用皮尔逊积差相关系数检验各变量之间的相关性，结果见表 3-2。由表 3-2 可知，自我污名各因子与消极情绪呈显著正相关，与积极解释风格呈显著负相关，与消极解释风格相关不显著，与领悟社会支持各因子呈显著负相关；消极情绪与积极解释风格负相关显著，与消极解释风格相关不显著，与领悟社会支持各因子之间呈显著负相关；领悟社会支持各因子与积极解释风格呈显著正相关。

表3-2 孤儿学生自我污名、解释风格、领悟社会支持及消极情绪总相关分析

变量名	M	SD	1	2	3	4	5	6	7	8	9	10	11
1. 自我身份敏感	1.91	1.03											
2. 自我羞耻	2.14	1.00	0.52**										
3. 自我疏离	2.29	1.13	0.69**	0.59**									
4. 自我挟隘	2.23	0.99	0.66**	0.60**	0.70**								
5. 自我污名	2.11	0.89	0.89**	0.76**	0.88**	0.85**							
6. 积极解释风格	0.57	0.16	−0.27**	−0.22**	−0.25**	−0.22**	−0.29**						
7. 消极解释风格	0.48	0.14	−0.06	−0.01	−0.06	−0.003	−0.05	0.46**					
8. 家庭支持	4.68	1.42	−0.24**	−0.22**	−0.32**	−0.31**	−0.32**	0.21**	0.002				
9. 朋友支持	4.78	1.46	−0.27**	−0.25**	−0.37**	−0.38**	−0.37**	0.20**	0.02	0.53**			
10. 其他支持	4.93	1.42	−0.29**	−0.33**	−0.42**	−0.39**	−0.41**	0.28**	0.03	0.64**	0.70**		
11. 领悟社会支持	4.80	1.24	−0.31**	−0.30**	−0.43**	−0.42**	−0.42**	0.26**	0.02	0.84**	0.86**	0.90**	
12. 消极情绪	2.39	0.74	0.41**	0.34**	0.48**	0.48**	0.50**	−0.36**	−0.02	−0.42**	−0.45**	−0.51**	−0.53**

注：** 表示 $p<0.01$。

(三) 自我污名对孤儿学生消极情绪的预测效应

由于消极解释风格与自我污名和消极情绪相关不显著，因此，后续结构方程模型分析主要探讨自我污名、积极解释风格、领悟社会支持与消极情绪四者的关系。根据中介效应检验程序，只有自变量对因变量的总效应系数显著时，才会考虑中介变量的存在（温忠麟 等，2012）。因此，本研究采用Mplus7.4软件编写结构方程语句，探讨自我污名对消极情绪的直接预测关系，在此关系成立的前提下加入积极解释风格与领悟社会支持两个中介变量，建立四者关系的全模型。

1. 自我污名对消极情绪的直接预测效应

以自我污名为自变量，消极情绪为因变量，年级为控制变量，检验自我污名对消极情绪的直接预测效应。模型各拟合指标达到可接受标准：$\chi^2/df = 5.13$，$p < 0.01$，$CFI = 0.98$，$TLI = 0.97$，$RMSEA = 0.07$，$SRMR = 0.03$。采用偏差校正百分位 Bootstrap 检验法（抽样5000次）检验该路径显著性，结果显示 Bootstrap 95% 的置信区间为 [0.46, 0.62]，由图3-2可知，自我污名可显著正向预测孤儿学生消极情绪（$\beta = 0.54$，$p < 0.01$），其后可加入中介变量做分析。

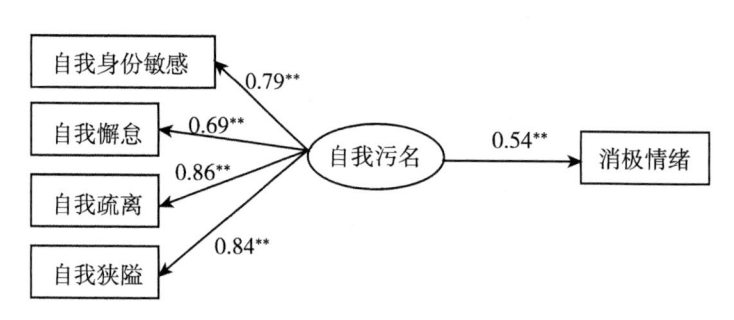

注：** 表示 $p < 0.01$。

图3-2 自我污名对孤儿学生消极情绪的直接预测路径图

2. 自我污名对消极情绪的间接预测效应：积极解释风格及领悟社会支持的多重中介作用

为了进一步探讨四者整体关系，建立以自我污名为自变量，消极情绪为因变量，积极解释风格、领悟社会支持及解释风格—领悟社会支持链为中介变量，年级为控制变量的结构方程模型。模型各拟合指标达到可接受标准：$\chi^2/df = 4.50$，$CFI = 0.97$，$TLI = 0.95$，$RMSEA = 0.07$，$SRMR = 0.04$，可以接受这个模型及在此模型上分析得出的结论，即自我污名不但可以直接正向预测孤儿学生消极情绪，还可以通过积极解释风格、领悟社会支持及积极解释风格—领悟社会支持链的多重中介作用对孤儿学生消极情绪具有间接预测作用。

采用偏差校正百分位 Bootstrap 检验法（抽样 5000 次）检验各个中介路径的显著性，结果见表 3-3，模型估计路径系数如图 3-3 所示。由表 3-3 可知，模型各中介路径 95% 置信区间中均不包含 0，说明图 3-3 中无论是自我污名—积极解释风格（$\beta = -0.30$）—消极情绪（$\beta = -0.15$）、自我污名—领悟社会支持（$\beta = -0.47$）—消极情绪（$\beta = -0.36$）这两条单独中介路径，还是自我污名—积极解释风格—领悟社会支持（$\beta = 0.16$）—消极情绪链式中介路径均显著（$ps < 0.01$）。计算总间接效应值为 0.24（0.05 + 0.17 + 0.02），总效应值为 0.56（总间接效应值 0.24 + 直接效应值 0.32），总间接效应在总效应中占比约为 43%（0.24/0.56 × 100%）；其中，积极解释风格单独中介效应占比约为 9%（0.05/0.56 × 100%），领悟社会支持单独中介效应占比约为 30%（0.17/0.56 × 100%），积极解释风格—领悟社会支持链式中介效应占比约为 4%（0.02/0.56 × 100%）；直接效应占比为 57%。这表明，在自我污名对孤儿学生消极情绪的预测关系中，除直接效应外，主要是通过积极解释风格和领悟社会支持的各自中介作用以及二者的链式中介作用来实现的。

表 3-3 孤儿学生自我污名、积极解释风格、领悟社会支持与消极情绪全模型中介效应的 Bootstrap 分析

中介路径	标准化的间接效应估计值	95% 的置信区间 下限	95% 的置信区间 上限
自我污名→积极解释风格→消极情绪	0.05	0.03	0.07
自我污名→领悟社会支持→消极情绪	0.17	0.13	0.22

续表

中介路径	标准化的间接效应估计值	95%的置信区间 下限	95%的置信区间 上限
自我污名→积极解释风格→领悟社会支持→消极情绪	0.02	0.01	0.03
总间接效应	0.24	0.19	0.28

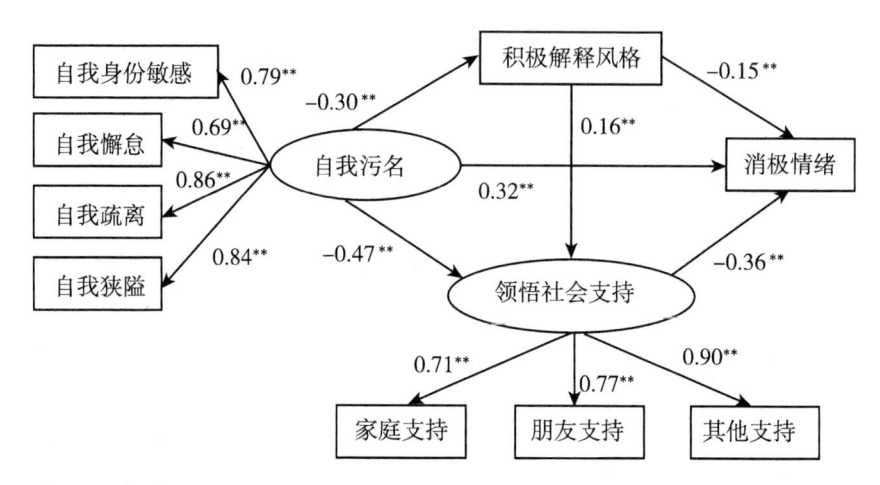

注：** 表示 $p<0.01$。

图 3-3 孤儿学生自我污名、积极解释风格、领悟社会支持与消极情绪关系的多重中介作用路径图

四、讨论与小结

（一）自我污名对孤儿学生消极情绪的直接预测

本研究发现自我污名可以直接正向预测孤儿学生的消极情绪，孤儿学生自我污名的程度越高，其越容易引起消极情绪。这验证了假设1，并与以往相关研究一致（赵景欣等，2016；王江洋等，2020）。污名是一种特殊的压力源，由于它常常与个体的社会身份相关联，所以与其他压力相比，其作用的时间更长、影响及范围也更广（Miller et al., 2000；Riggs et al., 2007），包括内化形成自我污名（Corrigan et al., 2005；Corrigan et al., 2006）。依据压力源—情绪模型（Spector et al., 2002），如果孤儿学生感知到"孤儿"身

· 74 ·

份污名压力,那么其在心理上就会自觉内化形成自我污名的压力感,进而产生消极情绪。

(二)自我污名经积极解释风格中介对孤儿学生消极情绪的间接预测

本研究发现自我污名可通过负向预测积极解释风格,积极解释风格负向预测消极情绪,进而间接正向预测孤儿学生消极情绪,孤儿学生自我污名水平越高,其积极解释风格水平就越低,其消极情绪水平就高。这验证了假设2。因为社会普遍对孤儿的看法不太友好——具有"孤儿是问题儿童"的刻板印象(廖明英,2018),所以孤儿学生的自我意识就容易受到外界不良评价的影响,产生自我污名的认知偏差,即使是遇到积极事件,孤儿学生也很少将其归因于自身的内在因素,进而导致其积极解释风格水平的降低。按照ABC理论,存在自我污名偏差的孤儿学生如果将积极事件的结果解释为不可控的外在因素,则会产生消极情绪(Scheier et al.,1988)。此外,有研究表明个体可能同时拥有乐观水平和悲观水平,因而对积极与消极事件的解释风格是相互独立的(曹素玲,2014)。自我污名对孤儿学生消极情绪的间接预测作用可能恰好在于孤儿学生个体是否能够合理发挥自己的积极解释风格。

(三)自我污名经领悟社会支持中介对孤儿学生消极情绪的间接预测

本研究发现自我污名可通过负向预测领悟社会支持,领悟社会支持负向预测消极情绪,进而间接正向预测孤儿学生消极情绪,孤儿学生自我污名水平越高,其领悟社会支持水平也越低,其消极情绪水平就高。这验证了假设3,并与以往相关研究一致(范兴华 等,2012;刘方芳 等,2014;王江洋 等,2019;张婷 等,2019)。根据领悟社会支持压力易损假说及社会支持威胁模型的观点(徐明津 等,2017;刘晓宇 等,2018),如果自我污名这一特殊压力较高,就会导致孤儿学生领悟社会支持水平下降。有研究表明,如果孤儿学生具有较高的自我污名,则会更多做出社会拒绝归因(王江洋 等,2017),生活满意度降低(王江洋 等,2020),进而可能表现出较低的社会支持领悟水平（王江洋 等，2019）。本研究结果也与社会支持主效应模型观点相一致（邓琳双 等，2012），即领悟社会支持是孤儿学生消极情绪的保护性因素。

（四）自我污名经积极解释风格—领悟社会支持链式中介对孤儿学生消极情绪的间接预测

本研究还发现自我污名可通过负向预测积极解释风格，积极解释风格正向预测领悟社会支持，领悟社会支持再负向预测消极情绪，这种链式中介进而间接正向预测孤儿学生消极情绪，孤儿学生自我污名水平越高，其积极解释风格水平就越低，进而其领悟社会支持水平也越低，最终其消极情绪水平就高。这验证了假设4，与以往相关研究部分一致（叶青青 等，2012；朱蕾 等，2015）。个体对社会支持的领悟有一部分是基于对社会支持的解释而形成的（Norri et al.，1996）。低自我污名孤儿学生可能具有积极解释风格，不会把感知到的污名归因于持续稳定的内部因素（例如自己的孤儿身份），这样他们就越可能感受到来自他人的社会支持，进而避免产生消极情绪。相反，高自我污名孤儿学生往往把来自他人的模糊性社交信息理解为拒绝，并将其原因归为自己的孤儿身份这种持续稳定的内部因素（王江洋 等，2017），这容易导致他们对生活不满，从而领悟不到他人发出的各种支持性信息，增加抑郁等消极情绪（王江洋 等，2019；王江洋 等，2020）。

（五）研究蕴含的意义与启示

本研究可为孤儿学校开展降低孤儿学生消极情绪的心理健康教育干预提供理论依据。启示实践中，一是要降低并尽可能避免孤儿学生形成自我污名。教师要消除对孤儿学生的歧视和偏见，引导其形成正确自我认识与评价，积极接纳与悦纳自己。学校可采用开放或半开放管理模式，使公众有机会接触并转变对孤儿学生的印象，同时也使孤儿学生感受到更多社会支持，建立跨群体友谊，降低身份污名感知。二是要注重培养孤儿学生积极解释风格。教师可以团体辅导形式对孤儿学生开展归因训练，教会其对积极事件归因时，用努力及能力等内部、稳定因素来代替运气等不稳定因素，从而形成积极解释风格。三是要为孤儿学生创建来自教师及同伴的主观社会支持系统。教师要主动关心孤儿学生成长，了解掌握他们认知及情绪的变化，为其开展必要的心理咨询服务。学校可通过组织各类同辈团体活动，增加孤儿学生内群体同伴互动，进而使其领悟到更多同伴支持。

(六) 局限与展望

本研究中积极解释风格、领悟社会支持在自我污名与孤儿学生消极情绪之间起部分中介作用，这意味着二者之间可能还存在其他中间变量，如积极人格品质等（李艳兰 等，2019）。未来研究可进一步探索其他中间变量的作用。此外，由于被试的特殊性，本研究所选择的孤儿学生均来自某省立孤儿学校，样本选择较为单一。不同地区孤儿学生的发展情况有所不同，身心发展可能会出现差异，未来可选择其他地区孤儿学生比较其中的差异。

第三节 身份拒绝敏感性对孤儿学生心理健康问题的预测：自我污名的中介作用

一、研究背景与研究目的

孤儿学生的身份拒绝敏感性是指孤儿在面对与其身份有关的人际交往情境时，对情境信息中的拒绝线索形成预先知觉，而产生焦虑、愤怒等消极情绪反应的心理过程。通过编制并施测孤儿身份拒绝敏感性自陈问卷的测量学研究发现，孤儿学生的身份拒绝敏感性的心理测量结构由身份拒绝焦虑性、身份拒绝愤怒性、身份拒绝预期性三种特质组成。其中，身份拒绝焦虑性表现为孤儿学生对可能的人际交往拒绝的担忧程度；身份拒绝愤怒性表现为孤儿学生对可能的人际交往拒绝的愤怒程度；身份拒绝预期性表现为孤儿学生对可能的人际交往拒绝的认知预期程度（王江洋 等，2012）。

Ayduk 和 Zayas 等（2008）的研究发现，拒绝敏感性与边缘性人格障碍特征显著正相关。杨薇（2011）研究发现，12~18岁拒绝敏感性高的福利院孤儿身上存在强迫思维倾向，且通过干预孤儿高身份拒绝敏感性问题，孤儿的强迫思维倾向也得到缓解。拒绝敏感性高的人的防御动机系统过于活跃，他们对拒绝线索极为敏感，甚至是极小的或是模棱两可的信息也被认为是有意的拒绝（Downey et al.，1996；Downey et al.，1998）。在可能被拒绝的情况下，个体对拒绝刺激表现出较高的注意偏向和强烈的惊恐反应。拒绝敏感性对个体的情绪和情感有消极的影响。拒绝敏感性高的青少年比拒绝敏感性低的青少年更易出现抑郁症状，预期拒绝的愤怒情绪水平高的青少年在面对同伴模糊的拒绝时表现得更为痛苦。高拒绝敏感性的成人感知到拒绝时，可体验到明显的孤独感、焦虑情绪、消沉沮丧情绪（Downey et al.，1996；Downey et al.，1998；Mendoza-Denton et al.，2002；Harper et al.，2006）。

拒绝破坏了个体至关重要的归属的需要，对于拒绝敏感的人在感知拒绝后所采取的应对策略大致可分为两种。一种是公开的策略，即明确、直接地表达个人的思想和情感。这种公开的策略有时是以一种更加对抗性的形式如语言和身体的攻击来应对拒绝体验。害怕拒绝和预期被拒绝的人们更可能采用公开的言语攻击等消极应对策略，这些策略无意识地促使高拒绝敏感的人所害怕的拒绝的发生，最终破坏他们重要的人际关系及心理健康。另一种是消极的、间接的、回避的行为。如采用自我沉默的方式来回避与同伴间的分歧，或者是压抑个体真正的情感、采用逃避等消极方式来应对拒绝（Ayduk et al.，2003）。拒绝焦虑较高的儿童具有社会退缩的表现。对拒绝期望有较高担心的儿童，可能会有更多的社交焦虑，更可能回避社会交往。拒绝敏感性高的青少年在处理情侣关系时更易出现自我沉默行为。这些冷漠、疏远、沉默等消极的表现更容易破坏人际关系的满意度（Harper et al.，2006）。Ayduk等（2000）研究发现，青少年男性的拒绝焦虑与社会退缩应对策略有高相关性。

个体在人际交往中，认识到公众对自己的污名，并逐渐内化公众对自己的污名，最后个体会赞同公众对他们的评价，将污名指向自己，从而使得个体的自尊降低。自我污名对个体认知存在一定影响。自我污名使个体不能积

第三章 孤儿学生自我污名对其心理健康与社会性发展的影响

极地正视存在的问题并解决问题；自我污名使个体产生习得性无助、自暴自弃的心理，常常逃避问题。对精神分裂症患者的研究发现，多次经历污名的精神分裂症患者与其低自尊有密切的关系，并且他们认为自己是没能力的，自己是不可爱的（陈福侠 等，2010）。在对150名中国香港地区艾滋病患者的自我污名的调查中发现，艾滋病患者自我污名的程度因人而异，但这种自我污名对他们的心理幸福感有显著的负面影响，同时自我污名也会降低其对支持程度的知觉，这将进一步加剧他们的心理痛苦（刘颖 等，2010）。

基于上述对以往研究的分析可知，孤儿在人际交往中感受到来自非孤群体的消极态度、互动，孤儿将其归因为自己的身份，并将这种认知不断内化，从而使孤儿在人际交往时更加关注自己的群体身份和来自非孤群体的反应。因此，孤儿每次与他人接触时，表现出过度考虑由于自己群体身份产生对他人拒绝的焦虑性预期、准备性知觉及过度反应的倾向。而孤儿的身份拒绝敏感性对其心理健康多方面都是极为不利的，而且身份拒绝敏感性对于心理健康的影响不只是通过直接影响一种方式，它还可以增加孤儿自我污名水平，降低孤儿自我评价和自尊水平，在降低心理健康防御水平条件下，使得心理问题不断增加。这里心理健康问题是心理适应不良、心理不健康的表现。本研究在人际交往背景下从认知（人际关系敏感、偏执）、情绪（孤独、抑郁、焦虑、恐怖）与行为（社交焦虑、躯体化、强迫、敌对、精神病性）三个方面探讨心理健康问题。如果个体在上述方面得分较高，说明个体适应不良、心理健康问题较多；反之，则心理健康问题较少。自我污名的直接结果是使得个体的自尊降低，本研究采用反向自尊来表示自我污名。

综上所述，本研究的目的是以孤儿学校的孤儿为研究对象，考察身份拒绝敏感性对孤儿心理健康问题的预测作用，并检验孤儿的自我污名在这种预测关系中所起的中介作用。本研究提出如下研究假设。假设1：身份拒绝敏感性对孤儿心理健康问题有直接正向预测作用。假设2：孤儿自我污名在身份拒绝敏感性对孤儿心理健康问题的预测关系中起中介作用。

二、研究方法

(一) 研究对象

L省孤儿学校内无其他身体残疾的孤儿261名,平均年龄为15.59±1.27岁,其中,男生172人,占65.90%;女生89人,占34.10%;初中一年级82人,占31.42%;初中二年级84人,占32.18%;初中三年级95人,占36.40%。

(二) 研究工具

1. 孤儿身份拒绝敏感性自陈问卷

采用由王江洋等 (2012) 编制的孤儿身份拒绝敏感性自陈问卷 (附录3) 测量孤儿初中生的身份拒绝敏感性水平。该问卷共包括身份拒绝焦虑性、身份拒绝愤怒性、身份拒绝预期性3个分问卷,采用6点计分方式。其中每份问卷由5个情境事件项目组成。孤儿总体身份拒绝敏感性=焦虑性×愤怒性×预期性,分值越大,表明总体身份拒绝敏感性水平越高。本研究中该问卷的同质性信度为0.92;结构效度的验证性因素分析结果为:χ^2/df 为1.72,CFI 为0.82,TLI 为0.81,RMR 为0.09,$RMSEA$ 为0.05,表明该问卷具有良好的信度与效度。

2. 儿童孤独量表

采用最初由 Asher 等 (1984) 编制,后由我国学者刘平 (1999) 修订的儿童孤独量表 (附录8) 测量孤儿初中生的孤独感水平。该量表共计24个项目,单一维度。其中8个项目为插入项目,统计时不计分,16个项目用来评定孤独感、社会适应与不适应感以及对自己在同伴中的地位的主观评价 (8个项目指向非孤独感,10个项目指向孤独感)。采用1~5级评分标准,其中1代表"一直如此",5代表"绝非如此"。非孤独感项目反向计分后与孤独感项目相加获得孤独感总分,分数越高,孤独感越强烈。本研究中该量表的同质性信度为0.89;结构效度的验证性因素分析结果为:χ^2/df 为5.38,CFI 为0.95,TLI 为0.93,RMR 为0.05,$RMSEA$ 为0.06,表明该量表具有良好的信度与效度。

3. 儿童社交焦虑量表

采用最初由 La Greca 等（1988）编制，后由我国学者马弘（1999）修订的儿童社交焦虑量表（附录4）测量孤儿初中生的社交焦虑水平。该量表共计10个项目，包含害怕否定评价、社交回避及苦恼2个因子。采用0—2级评分标准，其中0代表"从不这样"，1代表"有时这样"，2代表"总是这样"。所有项目相加获得社交焦虑总分，分数越高，社交焦虑越强烈。本研究中该量表的同质性信度为0.73；结构效度的验证性因素分析结果为：χ^2/df 为1.84，CFI 为0.93，TLI 为0.90，RMR 为0.05，$RMSEA$ 为0.06，表明该量表具有良好的信度与效度。

4. 症状自评量表（SCL-90）

采用最初由 Derogatis（1975）编制，后由我国学者王征宇（1984）翻译修订、陈昌惠（1999）整理的症状自评量表（SCL-90）测量孤儿初中生的心理症状。该量表共计90个项目，包含躯体化、强迫症状、人际关系敏感、抑郁、焦虑、敌对、恐怖、偏执、精神病性、其他项目10个维度。由于其他项目因子所测项目过于泛化，本研究仅测量除其他项目以外的9个维度。采用0~4级评分标准，其中0代表"从不是这样"，4代表"一直这样"。本研究中该量表的同质性信度为0.97；结构效度的验证性因素分析结果为：χ^2/df 为1.88，CFI 为0.71，TLI 为0.70，RMR 为0.05，$RMSEA$ 为0.06，表明该量表具有良好的信度与效度。

5. 儿童自尊量表

采用最初由 Rosenberg（1965）编制，后由我国学者季益富和于欣（1999）修订的儿童自尊量表（附录9）测量孤儿初中生的反向自尊（即自我污名）水平。该量表共计10个项目，单一维度。采用1~4级评分标准，其中1代表"很不符合"，4代表"非常符合"。研究中，需要将自尊分数做反向转换，用反向自尊分数作为反映孤儿自我污名程度的替代性指标。如果反向自尊分数越高（自尊越低），则意味着自我污名程度越严重；反之，如果反向自尊分数越低（自尊越高），则意味着自我污名程度越轻。本研究中该量表的同质性信度为 0.66；结构效度的验证性因素分析结果为：χ^2/df 为 2.32，CFI 为 0.90，TLI 为 0.86，RMR 为 0.06，$RMSEA$ 为 0.07，表明该量表具有良好的信度与效度。

（三）研究程序

首先，通过班级集体施测的方式对孤儿开展问卷调查。为了防止施测对象的作答疲劳对施测结果的影响，在每份量表的施测间隙，均为孤儿被试安排 5 分钟的休息时间。

其次，运用统计软件 SPSS 22.0 和 Amos 23.0 对数据进行整理与统计分析。具体统计思路如下：①由于本研究数据均采用自我报告法收集，所以可能会受到共同方法偏差的影响。为了避免其对研究结果造成偏差，使用 SPSS 22.0 进行共同方法偏差检验。若可排除共同方法偏差的影响，才能正式进行后续的统计分析。②使用 SPSS 22.0 对各变量及其因子进行描述性统计。③使用 SPSS 22.0，运用皮尔逊积差相关系数对各变量间的相关性进行初步检验，以确保检验假设模型的可行性。④使用 Amos 23.0，运用结构方程模型综合探讨身份拒绝敏感性对孤儿学生心理健康问题的预测，以及自我污名在此过程中起到的中介作用。

三、结果与分析

（一）共同方法偏差检验

采用 Harman 单因素检验对是否存在共同方法偏差进行检验。结果表明，有 56 个特征值大于 1 的因子，其中第一个因子解释率为 16.64%，低于 40% 的临界标准，故认为研究结果不受共同方法偏差的影响，可以开展后续的统计分析。

（二）各变量的描述统计及相关分析

孤儿身份拒绝敏感性、自我污名及心理健康问题各因子的描述统计及相关分析结果见表 3-4。由表 3-4 可知，孤儿身份拒绝敏感性、自我污名及心理症状各因子之间存在显著正相关。

表3-4 孤儿身份拒绝敏感性、自我污名与孤儿心理症状各因子的描述统计与相关分析（$N=261$）

变量名	M	SD	1	2	3	4	5	6
1. 身份拒绝焦虑性	2.76	1.12						
2. 身份拒绝愤怒性	3.24	1.24	0.66***					
3. 身份拒绝预期性	3.14	1.15	0.45***	0.40***				
4. 自我污名	2.27	0.40	0.32***	0.19***	0.33***			
5. 孤独感	2.12	0.65	0.28***	0.19***	0.26***	0.38***		
6. 社交焦虑	0.77	0.36	0.40***	0.33***	0.32***	0.35***	0.47***	
7. SCL-90	0.98	0.60	0.33***	0.21***	0.31***	0.44***	0.37***	0.51***

注：*** 表示 $p<0.001$。

（三）孤儿身份拒绝敏感性对其心理健康问题的预测效应

以身份拒绝敏感性为预测变量，心理健康问题为结果变量，采用Amos 23.0绘制模型图，分析身份拒绝敏感性对心理健康问题的直接预测作用。结果显示，模型的拟合指数结果为：$\chi^2/df=1.45$，$CFI=0.99$，$TLI=0.98$，$RMR=0.03$，$RMSEA=0.04$，各拟合指标达到可接受标准。如图3-4所示，自我污名可显著正向预测问题性网络使用（$\beta=0.57$，$t=5.35$，$p<0.001$），采用偏差校正百分位Bootstrap检验法（抽样次数为5000次）检验该路径的显著性，Bootstrap 95%的置信区间为[0.41, 0.70]，不包含0，验证了身份

拒绝敏感性对心理健康问题的直接正向预测作用。

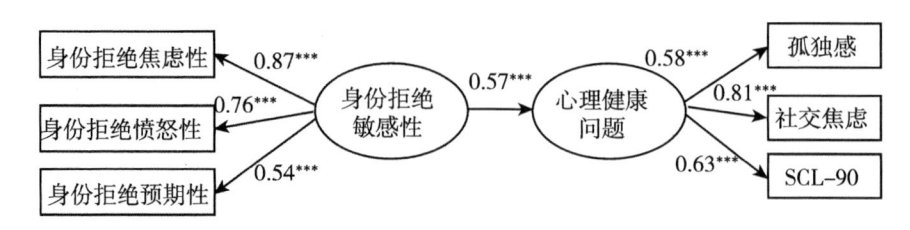

注：*** 表示 $p<0.001$。

图3-4 孤儿身份拒绝敏感性对其心理健康问题的直接预测路径图

（四）孤儿身份拒绝敏感性对其心理健康问题的预测效应及自我污名的中介作用

建立了身份拒绝敏感性、自我污名和心理健康问题三者关系的中介作用结构方程模型。在此模型中，身份拒绝敏感性为预测变量，自我污名为中介变量，心理健康问题为结果变量。采用 Amos 23.0 绘制模型图，结果显示，模型的拟合指数结果为：$\chi^2/df=2.34$，$CFI=0.97$，$TLI=0.94$，$RMR=0.03$，$RMSEA=0.07$，各拟合指标达到可接受标准。

如图3-5所示，身份拒绝敏感性可显著正向预测自我污名（$\beta=0.36$，$t=4.82$，$p<0.001$），自我污名可显著正向预测心理健康问题（$\beta=0.41$，$t=5.43$，$p<0.001$），身份拒绝敏感性可显著正向预测心理健康问题（$\beta=0.43$，$t=4.64$，$p<0.001$）。自我污名可以在身份拒绝敏感性和心理健康问题之间起到部分作用。

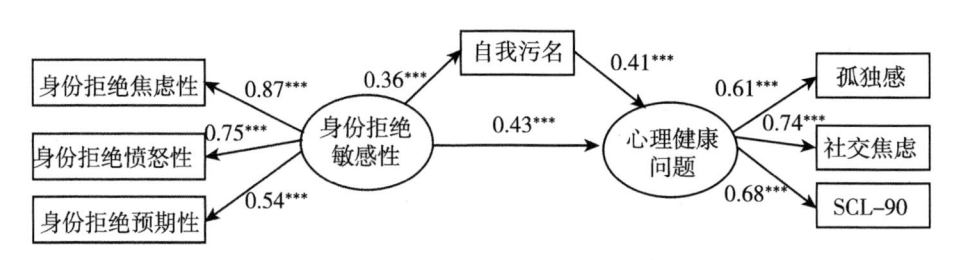

注：*** 表示 $p<0.001$。

图3-5 孤儿身份拒绝敏感性对其心理健康问题的间接预测：
自我污名的中介路径图

采用偏差校正百分位 Bootstrap 检验法（重复抽样次数为 5000 次）检验中介模型中各路径的显著性。结果显示，身份拒绝敏感性的直接效应显著，Bootstrap 95% 的置信区间为 [0.28, 0.56]；自我污名的中介效应显著，Bootstrap 95% 的置信区间为 [0.08, 0.22]。此外，由图 3-5 可知身份拒绝敏感性的直接效应为 0.43，自我污名的中介效应约为 0.15（0.36×0.41），中介效应所占比例约为 26.32%（0.15/0.57×100%）。即在身份拒绝敏感性对心理健康问题的预测作用中，有 26.32% 是通过自我污名的中介作用实现的。结果表明，身份拒绝敏感性既可以直接预测心理健康问题，也可以通过自我污名的中介作用来间接预测心理健康问题。

四、讨论与小结

（一）身份拒绝敏感性对孤儿心理健康问题的直接预测

本研究发现，孤儿身份拒绝敏感性对其孤独感、社交焦虑及 SCL-90 测量的心理症状均具有直接正向预测作用，即孤儿的身份拒绝敏感性水平越高，他们的孤独感、社交焦虑、躯体化、强迫症状、人际关系敏感、抑郁、焦虑、敌对、恐怖、偏执、精神病性心理症状得分越高，心理健康状况越差，越易出现以上心理问题，验证了假设 1。

孤独感是当个体感觉到缺乏令人满意的人际关系，自己对交往的渴望与实际的交往水平产生距离时的一种主观心理感受或体验，常伴有寂寞、无助、郁闷等不良情绪反应和难耐的精神空落感。孤独是由社会关系缺陷造成的。其中，个体没有朋友或亲属的关系和不愿意与周围人来往是造成个体社会关系缺陷的主要原因。孤儿从小失去父母亲人，他们存在着严重的社会关系缺陷。Ayduk 等（2003）的研究也表明，高拒绝敏感性个体对拒绝的焦虑期望可以损害他们的社会关系，即他们通常在感知拒绝后会采取消极的、间接的、回避行为来应对拒绝，如采用自我沉默的方式来回避与同伴间的分歧，或者是压抑个体真正的情感、采用逃避等消极方式，于是就会有强烈的孤独感体验。

社交焦虑是指对某一种或多种人际处境有强烈的忧虑、紧张不安或恐惧的情绪反应和回避行为。根据 Mischel 等（1995）的认知情感人格系统理论，高身份拒绝敏感性的孤儿在与他人交往中经历多次的拒绝之后，就会将拒绝逐渐内化为一种自身的拒绝经验，在他们头脑中形成一种预期拒绝的认知图式。这个认知图式将影响孤儿以后的人际交往。消极的期待和焦虑同时激活了防御系统，使孤儿产生了一种由强度不同的一系列行为组成的反应模式。当孤儿遇到一个新环境时，这个认知图式会促使孤儿在他人的行为、语言中寻找拒绝信息，并期待拒绝的发生。久而久之，害怕在人际交往中遭到拒绝泛化为对社交的焦虑。同时，根据马斯洛的需要层次理论，孤儿同样具有归属的需要、与他人建立联系的需要，这两方面的因素更加剧了孤儿的社交焦虑。

强迫症状是一种重复的、无法克制的思想和行为，包含强迫行为与强迫观念。根据韦纳的归因理论，内归因群体倾向于把问题或事件的责任指向自己。孤儿群体具有典型的内归因倾向，对于那些来自外群体的拒绝，孤儿往往会把拒绝的原因指向自己，同时孤儿认为这些来自非孤群体的拒绝是不可控的且是稳定的，这进一步激化了他们对拒绝错误的解释。孤儿在人际交往中遭受拒绝后，有可能将他人的拒绝错误的解释为自己的孤儿身份，形成这种强迫观念，同时伴随强迫行为来减轻内心的焦虑等不舒服的感觉，出现强迫症状（杨薇，2011）。

人际关系敏感是指在人际交往中的自卑感、心神不安、明显不自在，人际交流中的自我意识和消极期待亦是这方面症状的典型原因。孤儿在与他人进行比较时，由于父母至亲的缺失，所以他们觉得自己的所有方面都不如别人，也正是这种社会比较使孤儿产生强烈的自卑感。在人际交往中的拒绝强化了孤儿的自卑感，将在社交中拒绝的焦虑预期和拒绝的认知泛化到人际交往的所有情境中。由于高身份拒绝敏感的孤儿的防御动机系统过于活跃，所以他们对拒绝线索极为敏感，甚至是极小的或是模棱两可的信息也被认为是有意的拒绝，表现出强烈的人际关系敏感。

抑郁是指以苦闷的情感与心境为代表性症状的一种失望、悲观且与抑郁相联系的认知和躯体方面的感受。焦虑一般是指那些烦躁、坐立不安、神经过敏、紧张以及由此产生的躯体征象，如震颤等。人们需要与他人建立稳固、频繁的人际关系。身份拒绝敏感性使个体处于一种人际缺失的状态之中。以往研究表明，人际关系的缺失常常造成个体苦闷、烦恼的情绪困扰甚至更严重的会导致个体心理疾病的发生（李媛 等，2010）。因此，具有身份拒绝敏感性的孤儿会有强烈的抑郁、焦虑的体验。

敌对是指个体对他人或团体怀有的一种持久性的仇恨、对抗、不相容的负面态度。以往研究已经表明，高拒绝敏感性儿童的行为更具有攻击性，其中拒绝愤怒性水平高的儿童倾向于对同伴做出过激的行为；高拒绝敏感性的青少年在面对拒绝时表现出强烈的反应（Downey et al.，1998）；拒绝敏感性也可以预测恋人之间冲突时出现的身体攻击和非肢体的敌对（Ayduk, et al.，2008）；当高拒绝敏感性的女性个体感觉到拒绝时，敌意的想法更容易自动地产生，之后转化为对拒绝者的敌意、敌对和不支持行为，由此来表达她们所受的伤害和愤怒情绪；同样地，高拒绝敏感性的男性个体更易对他们的恋人实施暴力（Ayduk et al.，2008）。因此，具有身份拒绝敏感性的孤儿会有敌对倾向。

恐怖是指对某种事物或情境产生害怕或焦虑的情绪体验。弗洛伊德的精神分析思想认为，恐惧症作为一种焦虑是来自自我对危险的反应，反应水平的差异是由于最初的归因所致。因此，这种危险体验的唤起并不完全是由外部情境造成的，还与内驱力的影响以及自我所受到的挫折和被拒绝有关。孤儿在成长过程中遭受多次的拒绝引发了孤儿身份拒绝敏感性和孤儿对身份污名进行内归因，污名的内归因降低孤儿自我效能感从而降低了孤儿应对恐怖环境的能力。因此，具有身份拒绝敏感性的孤儿会有恐怖倾向。

偏执的特征是性格固执，坚持己见，敏感多疑，在人际交往中对他人有不信任和猜疑态度，遇到矛盾强调客观原因；看问题倾向以自我为中心；性格孤僻，没有安全感；不能宽容他人，长期耿耿于怀，常常采取报复行为。具有身份拒绝敏感性的孤儿不善交际，情感复杂，有问题不愿与他人商量，同时还过分关注与己有关的问题。这样，当他们遇到问题时就主要靠苦思冥想，自问自答，因而见解容易偏颇，长此下去自己的想法会更加固执，而且较难去改变，表现出偏执倾向。

精神病性反应各式各样的急性症状和行为,即限定不严的精神病性过程的症状表现。这与Ayduk和Zayas等(2008)的研究发现有相似之处,拒绝敏感性与边缘性人格障碍的特征有显著的正相关。拒绝敏感性已作为鉴定非典型抑郁症时的诊断症状之一。因此,具有身份拒绝敏感性的孤儿会有精神病性症状。

躯体化是指将焦虑、恐惧等心理苦痛和情绪问题以头痛、胸痛等生理上的形式表达出来。躯体化症状的诊断标准是个体无器质性病变但又表现出生理症状。孤儿在面对身份拒绝问题时,不能与亲人及其信任的人及时诉说心中的苦痛,处于青春期的他们由于自尊心的原因,通常会将自己的情绪和情感压抑在自己的心里,将身份拒绝敏感性转化为躯体化形式出现。

(二)身份拒绝敏感性对孤儿心理健康问题的间接预测:自我污名的中介作用

本研究还发现,身份拒绝敏感性还可经过对自我污名正向预测的中介作用而间接预测孤儿心理健康问题,验证了假设2。即身份拒绝敏感性的增加会提高自我污名的水平,自我污名水平越高,孤儿心理健康问题越严重。

一方面,根据符号互动论(章志光,1998),自我只有在社会互动中才能产生。个体先想象自己在他人面前的形象,然后想象他人对自己形象的评价,再将上述两方面相结合便产生自我感受、自我知觉。在成长过程中,经历多次拒绝之后,孤儿产生拒绝敏感性,除了将父母的遗弃归因为自己的错误和将他人的拒绝归因为自己的身份之外,孤儿还增加了对自我形象的负面信息,使之在人际交往中,认识到公众对自己身份的污名,并逐渐内化公众对自己身份的污名,最后孤儿会赞同公众对他们身份的评价,将身份污名指向自己,从而使得自己的自尊和自我效能感降低,形成自我污名。

另一方面,孤儿的自我污名水平越高,其自尊水平和自我效能感倾向就越低,就容易引发各类心理健康问题。有研究发现,在中国文化背景中,心理疾病患者的自我污名在一定程度上导致患者治疗和康复受阻(李强 等,

2010），自我污名是加剧被污名者消极自我认知的原因，也是加重患者心理疾病程度的原因。孤儿在人际活动中遇到人际交往问题或是需要与他人建立良好的人际关系时，容易导致孤独的发生。对外界的否定性评价表现出过分的担心，加强了他们的社交焦虑体验；产生自罪感，反复思考（即强迫观念），反复（强迫自己）做一些不被他人理解的事情（即强迫行为），以减轻自己的内心的焦虑和不安。在人际交往过程中过多考虑自己的身份，失去交往的主动性与积极性，容易出现紧张、焦虑、消极期待等，过度敏感地注意他人对自己的评价，产生消极的抑郁与焦虑情绪和逃避的行为。新弗洛伊德主义者提出低自尊导致攻击的观点，认为侵犯和反社会行为产生于自卑感，而自卑感源于童年期经历的拒绝，个体要保护自己免受由失败带来的外部斥责造成的自卑和羞耻就导致了对他人的敌意和愤怒（辛自强 等，2007），孤儿亦是如此。此外，在生活和学习中，孤儿的某种特殊生活经历可能造成他们对于某种生活事件或特定场景的恐惧，如黑暗的房间。自我污名降低了自我效能感，就会增强孤儿的恐怖情绪。自卑感的泛化，使孤儿以一种自我中心的方式固执地坚持自己的观点，久而久之形成孤僻、固执的性格，甚至出现精神病性症状。由于自我污名的存在，所以孤儿还会隐藏自己的各类身份拒绝问题，将身份拒绝敏感性转化为躯体化症状表现。

（三）局限与展望

1. 心理健康问题的研究范围

本研究对孤儿心理健康的定义有一定局限性。心理健康是一个涵盖内容较为广的概念，但本研究只选择较为普遍使用的症状自评量表（SCL-90）、儿童孤独量表、儿童社交焦虑量表、儿童自尊量表和孤儿身份拒绝敏感性自陈问卷，通过以上问卷对孤儿心理健康状况的测查仍然是不全面的。未来的研究中可以进一步扩展孤儿心理健康的研究范围，对孤儿心理健康问题有一个更为全面的诠释。

2. 对影响孤儿心理健康问题的相关因素的探寻

本研究对影响孤儿心理健康问题的相关因素的探寻有一定局限性。本研究在探寻孤儿身份拒绝敏感性与其心理健康问题的关系时，仅仅探讨了自我污名这一中介因素，其在身份拒绝敏感性与心理健康问题之间起部分中介作用。这表明除了自我污名以外，在身份拒绝敏感性与心理健康问题之间还有其他的中介因素存在。未来的研究可以通过实验研究或是相关研究的方法，进一步探寻在身份拒绝敏感性与心理健康问题之间存在的其他中介因素。

3. 研究方法的局限性

本研究对孤儿身份拒绝敏感性、自我污名和心理健康问题之间关系的探讨采用的是相关研究设计，研究方法有一定局限性。相关研究不能得出各变量之间的因果关系，自我污名的中介作用会受到质疑，因为不是因果结论，三者的关系也可以解释为孤儿自我污名对心理健康的预测及身份拒绝敏感性的中介作用。为了避免以上问题的出现，同时为了能更为准确地阐述三者之间的关系，可以采用实验研究法。

第四节 拒绝敏感性与孤儿初中生校园心理适应的关系：自我污名和品格优势的多重中介作用

一、研究背景与研究目的

孤儿是社会中的弱势群体。作为特殊人群，孤儿学生在进入专属于他们的特殊学校的同时，也就在去个性化的基础上被冠以了特殊标签，这也使他们清晰地认识到自己与非孤儿群体的不同、敏感于自己在社会中的称谓，并最终内化为对自己身份的认知，进而影响孤儿学生的校园心理适应。尤其是正值青春期的孤儿初中生，在身心变化最为迅速而明显的时期，他们中的一些学生在与他人接触时，会从自己的群体身份出发并极易捕捉他人的拒绝信息，并产生焦虑预期和过度反应的拒绝敏感性倾向。同时，这种基于自己身份的拒绝敏感性还会导致孤儿初中生对自己产生消极的刻板印象，或将自身污名化（来媛，2012），使得孤儿初中生的学习态度和人际交往水平降低，影响其校园心理适应。但是，也有一些孤儿初中生在与他人的交往过程中，会表现出更加主动的认知、情感和行为，包括理智感、道德感和美感。也就是说，每个人都有最具优势的品格优点，并且这些优势也是对个体的幸福、快乐、健康、生命意义最具影响的优势潜能（李婷婷，2016）。而这类孤儿学生正是具备了这种潜能，在交往中表现出了亲和力、真诚、感恩等美好的品德，在校园中的心理适应能力也更强（谭亚菲，2016）。

据此可以推论出，拒绝敏感性、自我污名、品格优势对孤儿初中生校园心理适应有重要影响，但是对四者具体的作用机制没有研究数据的明确证明。本研究旨在深入探讨四者关系，揭示孤儿初中生拒绝敏感性对校园心理适应的心理作用机制，为提高孤儿初中生校园心理适应提供实证依据。

（一）拒绝敏感性与校园心理适应的关系

Birch（1997）的研究认为，校园心理适应由学业适应、对学校的情感及同伴间的亲密度等组成。学校作为学生的主要活动场所，其环境会对学生的校园心理适应产生重要影响，而这个环境也包括学生所接触的教师和同伴。因此，如果学生和学校、同伴的亲密度较低，就会导致学生低水平的校园心理适应。而从拒绝敏感性的认知模型来看，拒绝敏感会引起个体对所处环境拒绝的过度反应（张莹瑞 等，2018）。人作为社会中的个体，在与他人的交往中，都渴望被理解、接受，因此，对他人是否会拒绝自己，就会产生一定的心理预期，并且当对这种预期过分关注时，就会产生拒绝敏感性（Downey，1997）。Leary 等（2006）的研究也发现，拒绝能够引起个体的敌对反应，并且这种反应对高拒绝敏感性的个体表现得更强烈。除此之外，拒绝敏感性还与人际交往障碍具有显著的相关关系，尤其是青少年早期，当个体对拒绝的焦虑过度关注时，可以预测其社会逃避和适应不良。

来媛（2012）的研究表明，对于在孤儿学校里生活、学习的孤儿，身份拒绝敏感性能够正向预测人际敏感、抑郁、孤独、害怕被否定等心理问题，表现为身份拒绝敏感性越高，心理问题越突出。王江洋等（2016）的研究则发现，"孤儿"一词成为问题儿童的身份标签，使得孤儿在与他人交往时，会基于自己的孤儿身份对拒绝信息预先察觉，并产生焦虑预期。并且，在其参与社会化的过程中受到来自他人的忽视和拒绝经验也多于普通初中生（牟均 等，2013）。尤其是来自"重要他人"（老师、同伴）的拒绝信息不仅会为处于青春期的孤儿学生带来更大的挫折、焦虑，还会潜移默化地影响其校园心理适应，包括学业适应、人际关系适应、师生关系亲密性、师生关系冲突性、同伴关系适应、情绪适应和学校态度（刘万伦，2004；侯静，2013）。这也为拒绝敏感性对孤儿初中生校园心理适应的预测作用提供了直接依据。根据已有研究可知，拒绝敏感性与校园心理适应呈负向相关关系，由此提出假设1：拒绝敏感性对孤儿学生的校园心理适应具有直接负向预测作用。

（二）拒绝敏感性、自我污名、校园心理适应三者的关系

对于某些个人或群体而言，污名是一种社会侮辱性的标签，它使个体或群体拥有了某些被贬低的属性（管健，2007），而自我污名则是个体或群体将污名内化，指向自己的过程，并与自尊和自我效能感的降低伴随产生（齐玲，2014）。根据依恋理论可知，在成长过程中缺少父母关爱的儿童，常常会对自身能否得到他人的支持和接受产生怀疑和恐慌，进而形成不安全的认知加工模型（Downey et al., 1998），并在经历过多次拒绝之后产生拒绝敏感性。对于他人的拒绝，个体不再只是将遭受到的他人拒绝归因为自己的身份，还会增加对自我形象的负面信息，形成自我污名（于萍，2016）。因此，拒绝敏感性对孤儿初中生的自我污名具有重要作用，即拒绝敏感性会提高自我污名水平。

不仅如此，自我污名还是内在动机转变的过程，具有高自我污名特质的个体更容易对自身产生内在归因，也更容易在人际交往中疏离和和回避他人，破坏良好的人际关系，降低校园心理适应水平（李利敏，2009）。尤其是对孤儿初中生而言，自我污名对他们的心理幸福感有着显著的负面影响，不但会提高他们对拒绝信息的知觉，还会进一步破坏其心理健康水平（刘颖 等，2010）。这使得具有自我污名倾向的个体表现出自我边缘化的心态，怀疑自己的学习能力，消极的自我概念和沟通意愿，并在学校的学习、生活中经常表现出违反道德习俗以及违规乱纪等不良行为（杨生勇 等，2013；杨卫卫，

2013）。归因理论认为，归因会影响期望的变化和情绪反应，这种归因效应会促进后续行为，并成为后续行为的驱动力。换句话说，污名标签受到归因的影响，也会促动后续不良行为的产生。可见，拒绝敏感性可通过自我污名对校园心理适应产生作用，由此提出假设2：自我污名在拒绝敏感性对孤儿初中生校园心理适应的预测关系中起中介作用。

（三）拒绝敏感性、品格优势、校园心理适应三者的关系

品格优势对青少年的人格和心理发展具有重要影响。作为培养美德、塑造人格的有效途径，品格优势被认为是通过个体的认知、情感和行为而反映出来的一组积极人格特质（Park et al., 2008）。而拒绝敏感的人在接收到拒绝信息时，则会表现出明确、直接的语言、行为表达或沉默、消极回避。由此可以推断出，拒绝敏感性可以作用于品格优势，即拒绝敏感性水平高，使品格优势的发挥受到抑制；反之，则促进品格优势发挥。

此外，品格优势的研究还指出，品格优势中的各项指标与生活满意度、生活意义以及生活投入均有较强的相关性（Peterson et al., 2006）。品格优势的适当运用，总能为个体带来积极的体验（刘美玲 等，2018）。而校园心理适应中的学习习惯、人际交往、饮食习惯以及学习信念也属于生活满意度、生活意义和生活投入的范畴。由此推断，品格优势与校园心理适应也存在较强的相关性。

青少年积极发展理论强调青少年自身所具备的健康发展潜力，可以促进青少年健康发展的一系列价值观和技能经验（Benson et al., 2006）。特别是对孤儿学生而言，品格优势的发展就显得尤为重要。一般而言，对逆境有积极认知的青少年，通常能够做到坚持和专注于目标，进而更好地适应学校生活。可见品格优势可以预测校园心理适应，同时也可推论出拒绝敏感性可以通过品格优势对校园心理适应产生作用，由此提出假设3：品格优势在拒绝敏感性对孤儿初中生校园心理适应的预测关系中起中介作用。

（四）拒绝敏感性、自我污名、品格优势及校园心理适应四者的关系

综合前文所述的内容可知，孤儿初中生对于他人的拒绝是极其厌恶的，

并会从中感受到强烈的挫折感（Leary et al., 1993），从而影响孤儿初中生的认知，使其不能积极地应对问题，而是以自暴自弃的态度回避问题，并将他人的拒绝归咎于自我的身份，导致自我污名水平的提高。因此推测，当孤儿初中生将拒绝信息归因为自我身份，并在与人交往时表现得敏感多疑，斤斤计较，产生自我否定，逃避对自我的探索、降低自我效能感，就会抑制其升华自我、慎行、领导者特质等品格优势的发挥。

品格优势对个体理解和适应所处环境的能力有着重要的影响。特别是对孤儿初中生而言，如果能使其认识到自身的优点，不仅能更好地接纳自我，树立自信心，同时也能有效地提高其心理免疫能力，增强抗打击能力，从而使学习习惯、人际交往等得到提升，进一步提高校园心理适应水平（谭亚菲，2016）。

此外，在对品格优势的研究中还发现，被污名化的群体相较于普通群体，品格优势也处于弱势地位。污名内化了的个体所持的消极观念和态度，容易对被污名者的身心健康、学业发展等方面造成不良影响（Major et al., 2005）。由此可以推断出自我污名可以通过品格优势影响孤儿初中生校园心理适应，提出假设4：自我污名和品格优势在拒绝敏感性与孤儿初中生校园心理适应之间起链式中介作用。综上所述，研究建构出一个多重中介作用模型框架，如图3-6所示。

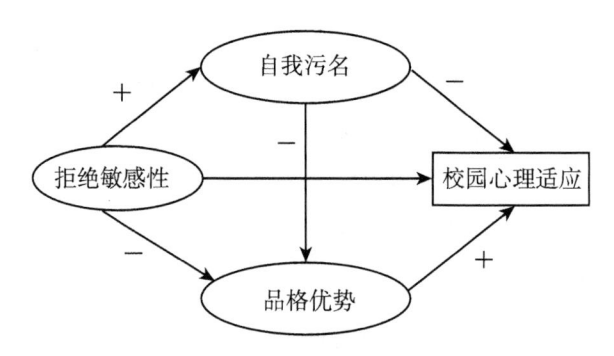

图3-6 拒绝敏感性与孤儿初中生校园心理适应的关系：
自我污名及品格优势的多重中介模型

二、研究方法

(一) 研究对象

为了保证研究的可靠性和典型性，随机选取 L 省孤儿学校初中一至三年级共 530 名孤儿学生作为调查样本发放问卷，并由专业心理老师以班级为单位集中施测和回收，通过剔除漏填数据、规律填写数据以及问卷答题超时产生的无效数据，共回收有效问卷 491 份，回收率约为 93%，其中男生 317 人，女生 174 人。

(二) 研究变量与测量工具

1. 拒绝敏感性

采用秦山云 (2011) 编制的初中生拒绝敏感性自陈问卷 (附录10) 测量孤儿初中生的拒绝敏感性。该问卷由拒绝的焦虑性、愤怒性、预期性三个分问卷构成，包括同性同伴拒绝、异性同伴拒绝、教师拒绝以及父母拒绝 4 种拒绝情境。采用 6 点计分方式，孤儿总体拒绝敏感性 = 焦虑性 × 愤怒性 × 预期性，得分范围在 1~216 分之间，并根据等级划分，将总分划分为 1~6 级 (1~6 分)，1 分代表"无"，2 分代表"轻微"，3 分代表"轻度"，4 分代表"中度"，5 分代表"中重度"，6 分代表"重度"。分值越大，表明拒绝敏感性水平越高。各项目的因子载荷在 0.39~0.78 之间，同质性信度在 0.62~0.77 之间，信度与效度良好。由于被试的特殊性，本研究只选取其中的同性同伴拒绝、异性同伴拒绝和教师拒绝三种拒绝情境。在本研究中分问卷的同质性信度均在 0.79~0.87 之间，总问卷的同质性信度为 0.94。

2. 自我污名

采用王江洋等 (2017) 编制的孤儿学生自我污名自陈问卷 (附录1) 测量孤儿初中生的自我污名。该问卷由自我身份敏感、自我懈怠、自我疏离、自我狭隘 4 个分问卷构成，共计 25 个项目。问卷采用 5 点计分方式，1~5 分分别代表"从不这样"到"总是这样"，程度不断加深，分数越高，表明自我污名水平越高。各项目的因子载荷在 0.40~0.83 之间，载荷较高，误差小，信度与效度范围可接受。在本研究中问卷的同质性信度为 0.95。

3. 品格优势

采用王江洋等（2020）编制的中学生品格优势问卷（附录11）测量孤儿初中生品格优势。该问卷包含41个项目，由升华自我、慎行、领导者特质、公正合作、好奇心、坚毅勇敢、好学、洞察力、仁善9个因子构成。采用5点计分方式，"非常不像我"计1分，"非常像我"计5分。题项所得分数越高，表明个体某种品格优势越突出，问卷的内部一致性信度克伦巴赫 α 系数为0.96，各题项因子载荷较高，载荷值在0.57~0.75之间，具有良好的心理测量学特征。在本研究中问卷的同质性信度为0.95。

4. 校园心理适应

采用自修订版的孤儿学校初中生校园心理适应自陈问卷（附录12）测量孤儿初中生校园心理适应。问卷包含17个项目，由学习态度、人际交往、饮食习惯和学习信念4个因子构成。采用5点计分方式，1~5分分别代表"不同意"到"同意"，分数越高，校园适应水平越高。该问卷在温文娟（2013）编制的孤儿学校学生校园心理适应自陈问卷的基础上，将题项重新进行修订，剔除与孤儿初中生实际不符的题项，最终形成。在本研究中，问卷的各因子同质性信度在0.77~0.85之间，总问卷的同质性信度为0.84。各项目因子载荷较高，各因子载荷在0.65~0.87之间，模型拟合良好。

（三）研究程序

本研究采用纸质问卷笔答的形式进行数据的收集。在正式发放问卷前，确定了指导语以及4个测量工具的编排顺序，以确保学生能够很好地理解题意并进行认真作答，降低学生在填写问卷过程中的抵触情绪。并且，由心理教师向学生详细介绍研究的目的、意义以及填写要求，强调了此次调查的保密性。要求学生30分钟内完成问卷填写，并由老师当场收回。

（四）数据的统计分析

本研究采用SPSS 20.0和Mplus 7.4对所收集的数据进行整理和分析。在正式分析数据之前，采用Harman单因素检验对共同方法偏差进行检验。结果发现，共有22个因子特征大于1，且第一个因子解释率为21.61%，小于40%，结果表明共同方法偏差问题不显著，可进行后续统计分析。

三、结果与分析

（一）孤儿初中生拒绝敏感性、自我污名、品格优势及校园心理适应的相关分析

对孤儿初中生拒绝敏感性、自我污名、品格优势及校园心理适应各变量的因子之间做皮尔逊积差相关分析，结果见表3-5。由表3-5可知，孤儿初中生拒绝敏感性与品格优势、校园心理适应呈显著负相关，与自我污名呈显著正相关；品格优势与校园心理适应、自我污名呈显著正相关；自我污名与校园心理适应基本呈显著负相关。

（二）拒绝敏感性对孤儿初中生校园心理适应的预测作用

由于四个变量间均存在相关关系，并且相关水平中等，因此可以进行下一步的分析。根据侯杰泰等（2004）的研究可知，全模型拟合良好需建立在测量模型拟合良好的基础之上。因此，本研究先对测量模型进行检验，再对全模型进行检验。根据中介效应检验程序（温忠麟 等，2014），先做孤儿初中生拒绝敏感性对校园心理适应的直接效应检验，再将自我污名和品格优势作为中介变量加入全模型中介效应检验中。在多因素方差分析中发现，不同性别、年级孤儿初中生校园心理适应上存在显著差异，所以本研究控制了性别和年级变量。模型拟合结果显示，在拒绝敏感性对校园心理适应的直接预测模型以及中介效应全模型中，人口学变量对孤儿初中生校园心理适应的预测系数均不显著，根据简洁原则删除控制变量路径（李昂扬，2017）。

1. 拒绝敏感性对孤儿初中生校园心理适应的直接预测效应

以孤儿初中生拒绝敏感性为自变量，校园心理适应为因变量，结果发现模型拟合良好：$\chi^2/df = 1.70$，$CFI = 0.99$，$TLI = 0.99$，$SRMR = 0.03$，$RMSEA = 0.04$，$90\%\ CI\ for\ RMSEA = (0.02, 0.06)$。由模型拟合图（见图3-7）可知，拒绝敏感性（$\beta = -0.44$，$p < 0.001$）对孤儿初中生校园心理适应有显著负向预测作用。

表3-5 孤儿初中生拒绝敏感性、自我污名、品格优势及校园心理适应的相关关系 (N = 491)

变量	M±SD	1	2	3	4	5	6	7	8	9	10	11	12	13	14	15	16	17	18	19
1. 同性同伴拒绝敏感性	2.93±1.08																			
2. 异性同伴拒绝敏感性	2.92±1.06	0.74**																		
3. 教师拒绝敏感性	3.08±1.07	0.71**	0.76**																	
4. 自我身份敏感	1.91±0.97	0.35**	0.31**	0.29**																
5. 自我憎恶	2.25±1.00	0.23**	-0.18**	0.20**	0.54**															
6. 自我疏离	2.30±1.13	0.30**	0.25**	0.25**	0.68**	0.59**														
7. 自我残缺	2.22±0.97	0.33**	0.27**	0.27**	0.65**	0.61**	0.70**													
8. 升华	3.58±0.91	-0.36**	-0.35**	-0.30**	-0.28**	-0.32**	-0.43**	-0.31**												
9. 勇行	3.11±0.90	-0.27**	-0.25**	-0.23**	0.18**	-0.29**	-0.28**	-0.27**	0.54**											

第三章 孤儿学生自我污名对其心理健康与社会性发展的影响

续表

变量	M±SD	1	2	3	4	5	6	7	8	9	10	11	12	13	14	15	16	17	18	19
10. 领导者特质	3.20±0.91	-0.33**	-0.30**	-0.28**	-0.19**	-0.25**	-0.30**	-0.23**	0.69**	0.67**										
11. 公正合作	3.55±0.89	-0.35**	-0.29**	-0.28**	-0.21**	-0.30**	-0.25**	-0.25**	0.69**	0.59**	0.68**									
12. 好奇心	3.39±0.94	-0.26**	-0.24**	-0.23**	-0.19**	-0.27**	-0.28**	-0.23**	0.69**	0.62**	0.68**	0.61**								
13. 坚毅	3.54±0.94	-0.33**	-0.30**	-0.28**	-0.20**	-0.29**	-0.28**	-0.26**	0.69**	0.57**	0.58**	0.61**	0.54**							
14. 勇敢	3.03±1.03	-0.22**	-0.18**	-0.19**	-0.17**	-0.35**	-0.28**	-0.25**	0.59**	0.66**	0.38**	0.56**	0.62**	0.44**						
15. 洞察力	3.46±0.98	-0.32**	-0.27**	-0.27**	-0.16**	-0.24**	-0.26**	-0.18**	0.68**	0.64**	0.70**	0.66**	0.63**	0.59**	0.55**					
16. 仁善	3.66±0.80	-0.36**	-0.31**	-0.30**	-0.20**	-0.25**	-0.25**	-0.22**	0.73**	0.55**	0.68**	0.74**	0.60**	0.60**	0.54**	0.62**				
17. 学习态度	3.38±1.07	-0.19**	-0.17**	-0.21**	-0.27**	-0.47**	-0.32**	-0.28**	0.35**	0.29**	0.21**	0.29**	0.28**	0.28**	0.35**	0.26**	0.25**			
18. 人际交往	3.58±0.98	-0.35**	-0.28**	-0.26**	-0.24**	-0.14**	-0.29**	-0.22**	0.47**	0.29**	0.45**	0.41**	0.40**	0.35**	0.30**	0.37**	0.51**	0.06		
19. 饮食习惯	3.53±1.08	-0.19**	-0.19**	-0.17**	-0.10*	-0.09	-0.12**	-0.14**	0.31**	0.26**	0.28**	0.31**	0.23**	0.32**	0.15**	0.25**	0.34**	0.01	0.43**	
20. 学习信念	3.50±1.03	-0.21**	-0.20**	-0.16**	-0.13**	-0.25**	-0.26**	-0.20**	0.47**	0.43**	0.36**	0.36**	0.40**	0.39**	0.39**	0.38**	0.37**	0.24**	0.49**	0.36**

注: * 表示 $p<0.05$, ** $p<0.01$。

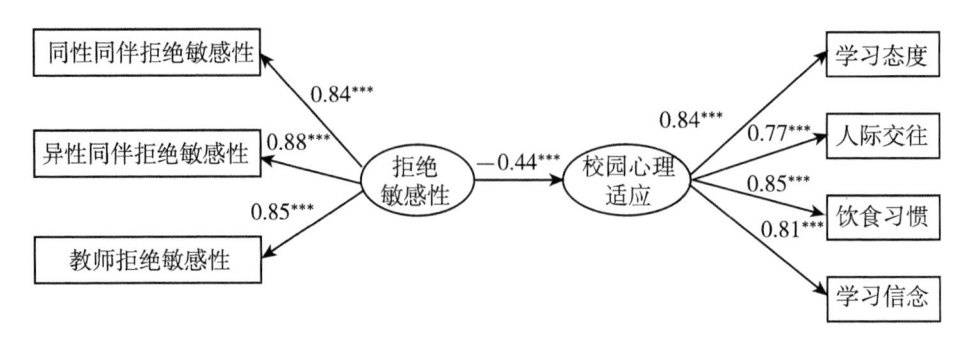

注: *** 表示 $p < 0.001$。

图 3-7 拒绝敏感性对孤儿初中生校园心理适应的直接预测路径图

2. 拒绝敏感性对孤儿初中生校园心理适应的间接预测效应：自我污名和品格优势的多重中介作用

该测量模型包括拒绝敏感性、自我污名、品格优势和校园心理适应 4 个变量，20 个潜变量，在测量模型中设定 4 个变量相关并且自由估计因子载荷量，结果发现测量模型结果拟合良好：$\chi^2/df = 3.9$，$CFI = 0.92$，$TLI = 0.91$，$SRMR = 0.06$，$RMSEA = 0.08$，90% CI for $RMSEA$ = (0.07, 0.08)。可以进行后续的全模型分析。以孤儿初中生拒绝敏感性为自变量，自我污名和品格优势为中介变量，校园心理适应为因变量的全模型检验结果（见图 3-8）发现全模型拟合指数良好：$\chi^2/df = 3.6$，$CFI = 0.91$，$TLI = 0.90$，$SRMR = 0.06$，$RMSEA = 0.07$，90% CI for $RMSEA$ = (0.07, 0.08)。对模型路径做进一步分析发现，拒绝敏感性对自我污名（$\beta = 0.39$，$p < 0.001$）和品格优势（$\beta = -0.31$，$p < 0.001$）的路径系数显著，对校园心理适应（$\beta = -0.10$，$p > 0.05$）的路径系数不显著；自我污名对品格优势的（$\beta = -0.28$，$p < 0.001$）的路径系数显著，对校园心理适应（$\beta = -0.11$，$p > 0.05$）的路径系数不显著；而品格优势对校园心理适应（$\beta = 0.67$，$p < 0.001$）的路径系数显著，这表明品格优势、自我污名—品格优势链在拒绝敏感性对孤儿初中生校园心理适应的预测关系中起多重中介作用且是完全中介作用。

采用 Bootstrap 检验法（抽样 2000 次）对自我污名和品格优势的多重中介效应及置信区间进行估计，结果表明（见表 3-6），自我污名在拒绝敏感性与孤儿初中生校园心理适应之间的中介效应 95% 置信区间中包含 0，品格优势、自我污

第三章 孤儿学生自我污名对其心理健康与社会性发展的影响

名—品格优势链在拒绝敏感性与孤儿初中生校园心理适应之间的中介效应95%置信区间中均不包含0，因此品格优势及自我污名—品格优势链的多重中介效应显著，但是自我污名的单中介效应不显著。总间接效应值为 -0.31 [（-0.04）+（-0.20）+（-0.07）]，占总效应的比值约为73.8% [（-0.31）/（-0.42）× 100%]；其中，品格优势的间接效应占总效应的比值约为47.6% [（-0.20）/（-0.42）×100%]，自我污名—品格优势链式中介的间接效应占总效应的比值约为16.7% [（-0.07）/（-0.42）×100%]。

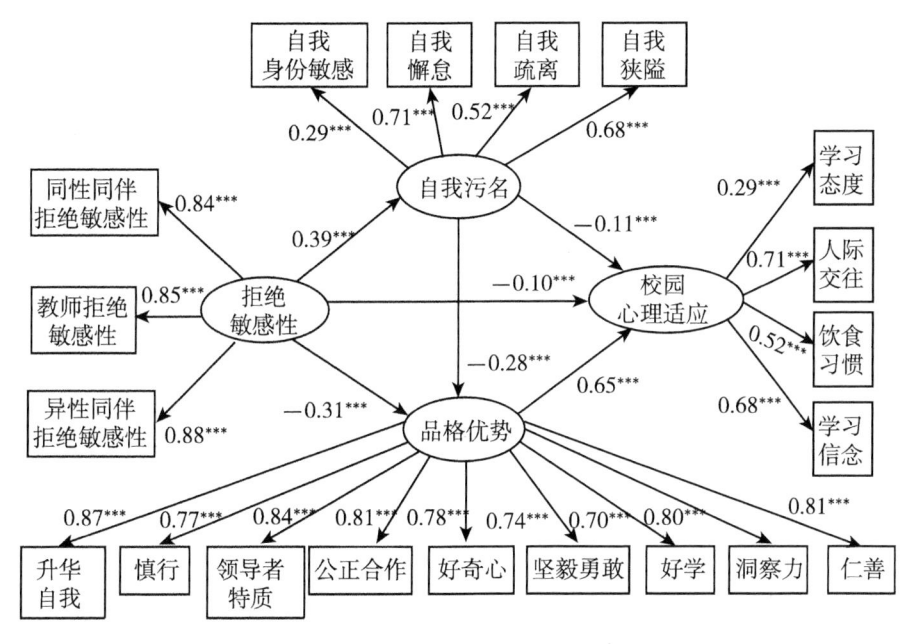

注：*** 表示 $p < 0.001$。

图3-8 拒绝敏感性对孤儿初中生校园心理适应的关系：
自我污名和品格优势的多重中介作用路径图

表3-6 拒绝敏感性、自我污名、品格优势与校园心理适应关系
全模型中介效应的 Bootstrap 分析

路径	标准化的间接效应估计值	95% 置信区间 下限	上限
拒绝敏感性→自我污名→校园心理适应	-0.04	-0.004	0.001
拒绝敏感性→品格优势→校园心理适应	-0.20	-0.309	-0.107

续表

路径	标准化的间接效应估计值	95% 置信区间 下限	95% 置信区间 上限
拒绝敏感性→自我污名→品格优势→校园心理适应	-0.07	-0.122	-0.034
总效应	-0.42	-0.544	-0.278

四、讨论与小结

(一) 拒绝敏感性对孤儿初中生校园心理适应的直接预测作用

本研究发现，拒绝敏感性可以直接负向预测孤儿初中生校园心理适应，孤儿初中生拒绝敏感性水平越高，其校园心理适应水平越低，假设1得到验证。拒绝敏感性是个体对拒绝信息过度反应的倾向，高拒绝敏感性的个体认为遭到他人的拒绝是可耻的，是他人对自己的歧视和不认可，因此会出现孤独、消沉沮丧、社交退缩行为 (Ayduk et al., 2008; Staebler et al., 2011)，例如校园心理适应不良。根据生态系统理论可知，微系统可对个体产生直接的影响。对于孤儿初中生而言，学校就属于他们发展中的微系统，因此，对来自学校中重要他人（同性同伴、异性同伴和教师）的拒绝敏感性会对孤儿初中生的校园心理适应产生直接的作用。尤其是正处于青春期的他们，更渴望关爱和信赖，学校教师和同伴就是他们的主要交际群体，如果与这些"重要他人"形成高质量的依恋，那么就会使他们在对"重要他人"产生信赖的同时，降低其拒绝敏感性，使得孤儿初中生表现出更多的积极情绪来应对他人的拒绝，拥有更高的校园心理适应水平（温文娟，2013）。

(二) 品格优势在拒绝敏感性对孤儿初中生校园心理适应间的中介作用

本研究发现，品格优势在拒绝敏感性对校园心理适应的间接预测中具有单独中介作用，假设3得到验证。我国学者在对人格与校园心理适应关系的研究中发现，学生人格建构复杂性越高，学业成绩越好，校园心理适应能力越强（陈会昌 等，2007）。根据青少年积极发展理论可知，青少年拥有的积极资源可以实现对积极结果的发展和内外化问题行为的规避。这其中就包括校园心理适应中的学习、饮食以及人际交往方面。品格优势作为复杂的积极人格建构，其良好的发展需要引导和开发，否则由拒绝敏感性而引发的焦虑、愤怒情绪就会抑制品格优势的发挥，从而降低校园心理适应水平。

（三）自我污名和品格优势在拒绝敏感性对孤儿初中生校园心理适应间的链式中介作用

本研究发现，自我污名和品格优势在拒绝敏感性对校园心理适应的间接预测中具有链式中介作用，自我污名只能通过品格优势的中介影响孤儿初中生的校园心理适应。因此，假设2没有被验证，假设4得到了验证。首先，高拒绝敏感性的个体更容易在自己孤儿身份的交际环境中捕捉拒绝信息，并据此产生准备性知觉和过度性反应（王江洋 等，2012），并将拒绝信息归因为对自我身份的认知。因此，拒绝敏感性会提高个体的自我污名水平。其次，自我污名水平高的个体，通常与消极心理显著相关，如焦虑、抑郁、低自尊、社交退缩等，并且会破坏个体的社会关系（Mendoza-Denton et al., 2002），降低个体对生活的满意度与幸福感，对于孤儿初中生而言，就会降低其校园心理适应水平。又因为孤儿初中生社交能力低、学习困难、存在较多不良行为习惯等（习红兵，2009；苏英，2011），积极品质得不到发觉和培养，故抑制了品格优势水平的发挥。根据青少年积极发展理论可知，为青少年积极素质的发展提供充足的营养，并实现其潜在的品格优势，那么他们在不利的成长环境中出现问题的概率也会随之变小（盖笑松，2013）。

（四）局限与展望

本研究在呈现有价值的研究结果的同时，仍存在一定局限性，需要日后予以注意和研究。首先，本研究采用问卷测量的方法推断变量间的关系，所得结果并不能证明变量间的因果关系，因此未来可在本研究基础上进一步采用纵向研究法或实验研究法来明确变量间的因果关系。

其次，本研究探讨了拒绝敏感性对孤儿初中生校园心理适应的影响中的作用机制，发现了自我污名和品格优势在预测关系中的中介作用。但并不排除预测关系还受到其他变量的影响。因此，在以后的研究中可以深入探讨除自我污名和品格优势外，拒绝敏感性和校园心理适应之间还存在哪些中介变量。

最后，在本研究中，只将性别、年级作为影响孤儿初中生校园心理适应的一种无关变量加以控制，并没有针对此人口学差异现象做进一步的分析与讨论。在未来研究中，可以进一步扩充取样范围，增大样本容量，针对孤儿初中生校园心理适应的人口学变量的差异特点做具体深入的探究，以便更加清楚地了解孤儿初中生校园心理适应的现状及发展特点。

第五节　师生依恋、同伴依恋与孤儿初中生心理健康的关系：自我污名和心理韧性的并行中介作用

一、研究背景与研究目的

格林斯平和 Saklofske 于 2001 年正式提出心理健康双因素模型思想，即以生活满意度作为积极指标、抑郁作为消极指标，对个体心理健康做出整合性评估。此后，基于该模型的国内外大量研究发现，高抑郁或低生活满意度的心理不健康对个体发展具有不良影响。（Suldo et al.，2008；Shek et al.，2016；王鑫强 等，2016；Lopez-gomez et al.，2017）。孤儿因缺少父母养教支持而陷入不利的发展处境，是颇受社会关注的弱势群体。我国部分省份由民政部门设置公立孤儿学校对学龄期孤儿集中抚养与教育。已有研究发现，学龄孤儿心理健康水平普遍较低，具有较高抑郁水平和较低生活满意度（Mmari，2011；Rouholamini et al.，2016；张楚 等，2016）。在寄宿制孤儿学校就读的孤儿学生，其社交对象中的重要他人只局限于教师和孤儿同伴，他

们仅拥有师生依恋和同伴依恋两种后天情感关系系统，缺失先天的情感关系系统——亲子依恋。这种特殊的依恋状态是影响孤儿学生心理健康的重要因素（Bowlby，1982）。于是从此视角审视师生依恋和同伴依恋对孤儿学生心理健康的影响及其内部机制问题尤为必要。

而其影响的内部机制首先可能与孤儿学生特殊的"孤儿"身份有关（王江洋，李昂扬 等，2017；王江洋，王晓娜 等，2017）。由福利院或亲属监护、集中在孤儿学校接受教育的孤儿学生，其日常生活是与普通儿童群体相分离的，缺少父母与亲人的家庭系统支持，长期远离主流社会，因而带有明显的"孤儿"身份特征。当这些孤儿学生进入主流社会，他们会把来自外群体对他们孤儿身份的理解内化为自我身份理解的一部分，进而产生自我污名和身份拒绝敏感性等特殊心理问题，严重危及其心理健康。受青春期的影响，初中阶段孤儿学生自我污名问题更为严重（王江洋 等，2016；王江洋，李昂扬 等，2017；王江洋，王晓娜 等，2017）。通过人机互动式虚拟社交实验研究发现，在拒绝信息模糊的群际交往情境下，高自我污名孤儿学生更容易将社交拒绝归因为自己的孤儿身份，并预判自己会被拒绝，表现出身份拒绝敏感性（王江洋，王晓娜 等，2017）。有研究发现，自我污名在身份拒绝敏感性对孤儿学生抑郁等10项心理问题症状的预测关联中起部分中介作用（王江洋 等，2015）。危险性-保护性因素理论（Rolf et al.，1990）指出危险性因素是指对个体健康发展产生不利影响的因素。自我污名可能是师生依恋和同伴依恋影响孤儿学生心理健康的危险性中介变量。这一理论也指出保护性因素是指即便存在危险性因素也能抑制不良心理与行为问题产生、促进个体健康发展的积极有利因素（Rolf et al.，1990；Rutter，2012）。研究者在孤儿教育与研究实践中观察到，有一些孤儿学生十分积极、乐观、坚韧的心态使其心理更健康。同时依恋理论（Bowlby，1982）也指出，相较于依恋质量低的个体，依恋质量高的个体有更多诸如乐观、意志力等积极心理资源应对困难情境。因此，心理韧性可能是师生依恋和同伴依恋影响孤儿学生心理健康的保护性中介变量。依据依恋理论和危险性-保护性因素理论，应用心理健康双因素模型指标，本研究将集中探讨师生依恋、同伴依恋与孤儿初中生心理健康的关系，以及自我污名和心理韧性在其中的中介作用机制。

(一) 依恋与心理健康的关系

有研究发现,良好的人际关系增进个体心理健康(Mason et al., 2016; Slatcher et al., 2017)。依恋作为人与人之间稳定而持久的情感纽带(Bowlby, 1977),是衡量人际关系质量的重要指标。根据依恋内部工作模型理论(Bowlby, 1982),个体在与重要他人互动中构建形成对自我和依恋对象的图式,与重要他人的依恋质量影响个体心理健康。以往研究也表明,高质量的师生依恋与同伴依恋均能正向预测初中生的心理健康水平(Wilkinson, 2004; Punamäki et al., 2017);安全依恋可正向预测六至八年级学生的生活满意度(Ma & Huebner, 2008);不安全依恋可正向预测六至十年级学生的高抑郁(Lee et al., 2009)。在寄宿制孤儿学校中,教师和孤儿同伴是孤儿初中生人际互动的重要他人即依恋对象,据此提出假设1:师生依恋、同伴依恋均可以正向预测孤儿初中生的心理健康水平。

根据依恋层级理论(Hazan et al., 1994),主要依恋对象因个体所处发展阶段不同而发生改变。有研究认为,同伴依恋对初中生的影响比亲子依恋更重要(王英芊 等,2016);另有研究认为,亲子依恋对初中生的影响比同伴依恋更重要(Raja et al., 1992; Zhang et al., 2017);也有一些研究认为,亲子依恋与同伴依恋对初中生发展同等重要(琚晓燕 等,2011; Pallini et al., 2014)。但这些结论对父母缺失的孤儿学校初中生不具有适用性。在孤儿学校中,孤儿学生依恋对象关系发展的特殊性在于从先天缺失亲子依恋关系转变为后天形成师生依恋和同伴依恋关系。因此,在以往研究结论尚不一致的前提下,有必要明确这两种依恋对孤儿初中生心理健康预测关系的差异性。

从是否具有"孤儿"群体身份的群际关系视角来看,孤儿初中生的师生依恋关系属于稳定而持久的亲密性群际关系、同伴依恋关系属于稳定而持久的亲密性群内关系。群际接触理论(Islam et al., 1993)指出,亲近、友好的群际接触不但可以降低外群体成员对弱势群体的消极刻板印象,而且可以降低弱势群体成员的消极情绪。一项针对五年级至七年级孤儿学生的研究发现,孤儿学生与大学生建立的跨群体友谊相较于与孤儿同伴建立的内群体友谊更有助于降低他们的人际拒绝敏感性(王江洋 等,2016)。跨群体友谊更有助于增进个体心理健康(陈晓晨 等,2016)。由于大学生是与孤儿身份不同的外群体，同时其年龄又长于孤儿学生，所以他们之间建立的跨群体友谊是经过长期的群际接触所建立的一种垂直、亲密性群际关系（王江洋 等，2016），孤儿学生与教师长期接触所建立的垂直、亲密性师生依恋关系在形成过程和关系方向性上同其相似。据此提出假设2：师生依恋对孤儿初中生心理健康的直接预测作用大于同伴依恋对其心理健康的直接预测作用。

（二）自我污名和心理韧性在依恋与心理健康关系间的中介作用

1. 依恋、自我污名与心理健康的关系

基于危险性-保护性因素理论，本研究首先关注到自我污名这一中介变量的作用。以往研究发现，低质量依恋通过降低个体自尊进而降低个体的生活满意度水平（Ma et al.，2008）。自我污名本质上是个体指向自己的偏见、歧视和刻板印象（Corrigan et al.，2005），是个体对自我的消极评价，是一种被贬损的自尊。依照依恋内部工作模型理论（Bowlby，1977）和群际关系社会认知理论（Corrigan et al.，2002），缺失亲子依恋关系的孤儿通常缺少心理安全感，对各种社会关系充满不信任感，对自己所属群体身份持有负性认知和消极自我图式。当公众给孤儿群体贴上诸如"孤儿是被抛弃的、没人爱的孩子"的身份标签后，他们意识到来自公众的消极评价和刻板印象时，因低质量依恋产生的不信任感被启动，使得孤儿更容易认同并内化公众的消极偏见，形成自我污名。有研究已经证实，依恋质量低的个体更容易形成高自我污名（Riggs et al.，2007；Nam et al.，2015），故依恋与自我污名之间具有负向关联性。同时，依照群际威胁理论（Brown，2000），如果外群体在经济、地位等方面优于内群体，那么内群体成员与外群体成员之间的比较将会对内群体成员的心理产生消极影响。由此推断，高自我污名孤儿初中生与非孤儿群体比较时，将会因为自身不利的处境而产生一系列消极心理结果。有研究证实，自我污名对个体心理健康具有消极影响，例如自我污名使人更抑郁、悲观，降低个体的生活满意度（Ben-zeev et al.，2010；Bathje et al.，2011；Gronholm et al.，2017）。针对孤儿的研究也发现，高自我污名孤儿学生心理健康水平更低（Sia et al.，2013；Yendork et al.，2015；王江洋，王晓娜 等，2017）。故自我污名与心理健康之间具有负向关联性。据此提出假设3：两种依恋均通过负向预测自我污名，自我污名负向预测心理健康，进而间接正向预测孤儿初中生心理健康。

2. 依恋、心理韧性与心理健康的关系

基于危险性-保护性因素理论，本研究还关注心理韧性这一中介变量的作用。心理韧性是指个体从负性事件和经历中及时调整情绪和状态，并能灵活适应与迅速融入环境的能力（Connor et al.，2003），是一种促进个体健康发展的保护性因素（Collishaw et al.，2016；Goodman et al.，2017）。依恋理论（Bowlby，1982）指出依恋具有"安全基地"的功能，在遭遇挫折时，拥有高质量依恋的个体会积极回到安全基地，向依恋对象寻求帮助与安慰，使他们充满力量感并以更乐观的心态快速走出困境。有研究证实，依恋质量可正向预测个体心理韧性水平，拥有高质量依恋的个体更具有心理韧性（Atwool，2006；Yule，2011；李昂扬，2015）。故依恋与心理韧性之间具有正向关联性。还有研究发现，心理韧性可负向预测个体的消极情绪，正向预测个体的生活满意度（Smith，2010；Schultze-Lutter et al.，2016）。故心理韧性与心理健康之间具有正向关联性。据此提出假设4：两种依恋均通过正向预测心理韧性，心理韧性正向预测心理健康，进而间接正向预测孤儿初中生心理健康。

3. 自我污名与心理韧性的关系

关于自我污名与心理韧性是否存在关联的实证研究很少见。有研究虽考察了来自奥地利和日本的精神病患者自我污名和心理韧性得分的跨文化差异，但并没有明确研究二者之间的相关性（Hofer et al.，2016）。然而，危险性-保护性因素理论的补偿模型指出，危险性因素和保护性因素可以共同预测个体的心理健康，危险性因素起负向预测作用，保护性因素起正向预测作用，二者相互独立（Jonzon et al.，2006；Klasen et al.，2015）。因此，根据该理论思想提出假设5：作为危险性因素的自我污名与作为保护性因素的心理韧性之间相互独立，二者在两种依恋对孤儿初中生心理健康的预测关系中起并行中介作用。

综上所述，本研究的目的是在分析师生依恋和同伴依恋对孤儿初中生心理健康预测作用的差异性基础上，探讨自我污名和心理韧性在依恋与孤儿初中生心理健康关系中的并行中介作用（假设模型见图3-9），以揭示依恋影响孤儿初中生心理健康的内部机制。

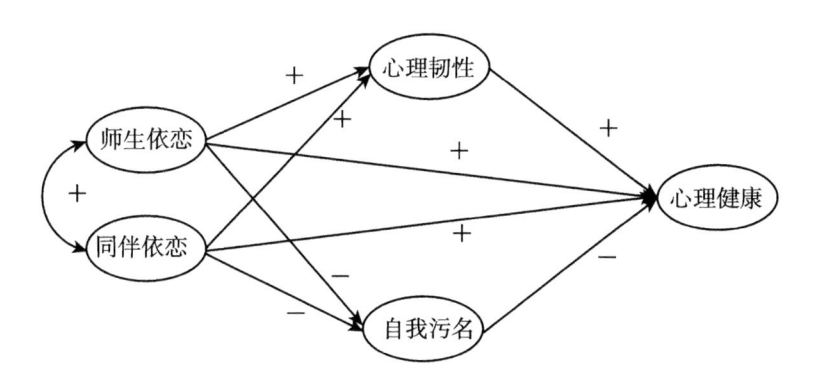

第三章 孤儿学生自我污名对其心理健康与社会性发展的影响

图 3-9 依恋与孤儿初中生心理健康的关系及自我污名和
心理韧性并行中介作用的假设模型

二、研究方法

（一）研究对象

通过整群取样法选取某省孤儿学校初中一年级至三年级全体孤儿初中生为研究对象，总计 562 人。全部被试身体及智力发育正常，具有问卷作答能力。剔除事实资料填写不全、题项选择模式化或缺失过多等作答不合乎要求的问卷，最终得到 520 份有效问卷，回收有效率为 92.5%。有效被试平均年龄为 14.13 岁（$SD = 1.81$，全距为 11 ~ 15 岁）。其中，男生 318 人，女生 202 人；初中一年级 165 人，初中二年级 168 人，初中三年级 187 人。

（二）研究变量与测量工具

1. 师生依恋与同伴依恋

师生依恋与同伴依恋的测量问卷改编自 Armsden 与 Greenberg（1987）编制、Raja 等（1992）修订的父母与同伴依恋问卷。原问卷主要用来测量青少年与其父母以及同伴依恋的质量。每种依恋对象都包含 10 个项目（例如："好朋友会尊重我的感受"）及信任、沟通和疏离三个因子。其中，信任是指个体相信在他们遇到困难时可以获得老师或同伴的帮助和支持；沟通是指个体愿意主动与老师或同伴表达自己的真正想法；疏离是指个体尽量避免与老师或同伴的交流。该问卷采用 5 点计分，"完全不符合"计 1 分，"完全符合"计 5 分，分数越高，表示依恋质量越高。本研究选取教师和同伴作为孤儿初中生的依恋对象。故首先从原问卷中选取了同伴依恋问卷（附录13），本研究中，其同质性信度为0.90；验证性因素分析结果中各项目因子载荷较高、误差较小，三因子模型拟合良好 [χ^2/df = 1.63，CFI = 0.98，TLI = 0.97，$SRMR$ = 0.04，$RMSEA$ = 0.04（90% 为 0.019，0.064）]。由于原问卷并没涉及师生依恋，所以在与相关专家组协商后，根据原问卷的项目内容特点，将依恋对象改为"老师"（例如"老师会尊重我的感受"），修订为师生依恋问卷（附录14）。用 Mplus 7.4 软件编程，采用极大似然估计做探索性因素分析和验证性因素分析（Cudeck et al., 1994；Asparouhov et al., 2009）。探索性因素分析结果显示三因子模型最合适 [χ^2/df = 1.23，CFI = 0.99，TLI = 0.98，$SRMR$ = 0.02，$RMSEA$ = 0.03（90% 为 0.001，0.06）]；验证性因素分析结果中各项目因子载荷较高、误差较小，三因子模型拟合良好 [χ^2/df = 3.34，CFI = 0.95，TLI = 0.93，$SRMR$ = 0.04，$RMSEA$ = 0.05（90% 为 0.034，0.066）]，修订后的师生依恋问卷各个因子的同质性信度 α 系数在 0.71~0.83 之间，总问卷系数为 0.87，符合测量学要求。

2. 心理健康双因素模型

（1）生活满意度。选用生活满意度量表（附录15）测量。该量表由 Diener 等（1985）编制，并由 Wang 等（2009）翻译与修订，用来评估个体整体的生活满意度。该量表共包括5个项目，例如"我的生活大致符合我的理想"等；采用7点计分，"非常不同意"计1分，"非常同意"计7分。计算各项目的总分，分数越高，表明生活满意度越高。本研究中，该量表的同质性信度为 0.84，单因子验证性因素分析结果显示模型拟合良好 [χ^2/df = 2.14，CFI = 0.98，TLI = 0.97，$SRMR$ = 0.03，$RMSEA$ = 0.05（90% 为 0.028，0.073）]。

（2）抑郁。选用青少年自评量表中的抑郁分量表（附录16）测量。该量表由 Achenbach（1991）编制、刘贤臣等（1997）修订，测量现在或近六个月内青少年抑郁水平，共16个项目，例如"我闷闷不乐，感到悲伤"；采用3点计分，"没有"计1分，"有时"计2分，"经常"计3分，计算各项目的总分，分数越高，表示抑郁程度越高。本研究中，该量表的同质性信度为 0.92，单因子验证性因素分析结果显示模型拟合良好 [χ^2/df = 3.17，CFI = 0.95，TLI = 0.94，$SRMR$ = 0.04，$RMSEA$ = 0.05（90% 为 0.028，0.078）]。

3. 自我污名

选用孤儿学生自我污名自陈问卷（附录 1）测量。该问卷由王江洋和王晓娜等（2017）编制，共计 25 个项目（例如"因为我是孤儿，所以担心被别人嘲笑"），包括自我身份敏感、自我懈怠、自我疏离、自我狭隘 4 个因子。该问卷采用 5 点计分，"从不这样"计 1 分，"总是这样"计 5 分，计算各因子的平均分，分数越高，表明孤儿学生的自我污名水平越高。本研究中，该问卷的同质性信度为 0.95，四因子验证性因素分析结果显示模型拟合良好 [χ^2/df = 1.98，*CFI* = 0.98，*TLI* = 0.97，*SRMR* = 0.04，*RMSEA* = 0.04（90% 为 0.019，0.066）]。

4. 心理韧性

选用 Connor-Davidson 心理韧性量表（附录 17）测量。该量表由 Connor 和 Davidson（2003）编制、Yu 和 Zhang（2007）翻译并修订。原量表共计 25 个项目（例如"无论发生什么我都能应付"），包括坚韧性、力量性和乐观性三个因子。其中，坚韧性是指个体在面对困难时不会轻言放弃；力量性是指个体在遇到困难时相信自己的能力能够克服难题；乐观性是指个体对事情结果抱有积极的预期。采用 5 点计分，"从来不"计 1 分，"一直如此"计 5 分，计算各因子的平均分，分数越高，说明心理韧性水平越高。本研究中，该量表的同质性信度为 0.95，三因子验证性因素分析结果显示模型拟合良好 [χ^2/df = 2.04，*CFI* = 0.98，*TLI* = 0.97，*SRMR* = 0.04，*RMSEA* = 0.04（90% 为 0.024，0.069）]。

（三）研究程序

发放问卷之前，对指导语以及测量工具编排的顺序予以控制，即将正性和负性效价的量表交替编排，目的在于确保最大程度降低孤儿初中生作答的抵触情绪以及同向效价量表引起的作答偏向。正式问卷施测由主试向被试介绍研究目的、结果保密性以及填写要求，被试独立填写全部问卷，约用时 20 分钟。

（四）数据处理与统计分析思路

使用统计软件 SPSS 22.0 和 Mplus 7.4 管理与分析数据。在正式分析数据之前，检验共同方法偏差。Harman 单因素检验（熊红星 等，2012）分析结果显示，有 4 个因子特征值大于 1，第一个因子可以解释总变异量中的

29.76%，小于40%的临界标准；单因素验证性因素分析结果显示，χ^2/df = 10.32，CFI = 0.56，TLI = 0.54，$RMSEA$ = 0.08，$SMRM$ = 0.10，各项拟合指数均不好。这均表明本研究中共同方法偏差不显著，不影响后续统计分析结果的效度。正式分析数据先采用皮尔逊相关分析检验各变量之间的相关性，再采用潜变量结构方程模型检验假设的中介效应模型。

三、结果与分析

（一）依恋、自我污名、心理韧性、心理健康各变量描述统计及其相关分析

对各个变量的描述统计及皮尔逊相关分析结果见表3-7。由表3-7可知，师生依恋分别与同伴依恋、心理健康、心理韧性呈显著正相关，与自我污名呈显著负相关；同伴依恋分别与心理健康、心理韧性呈显著正相关，与自我污名呈显著负相关；心理健康与心理韧性呈显著正相关，与自我污名呈显著负相关；自我污名与心理韧性不存在显著相关。

表3-7 依恋、自我污名、心理韧性、心理健康各变量的描述统计及相关分析

变量	$M \pm SD$	1	2	3	4	5	6
1. 师生依恋	3.31 ± 0.72	1.00					
2. 同伴依恋	3.63 ± 0.76	0.48**	1.00				
3. 自我污名	2.26 ± 0.88	-0.38**	-0.34**	1.00			
4. 心理韧性	2.22 ± 0.85	0.37**	0.32**	-0.06	1.00		
5. 生活满意度	4.12 ± 1.95	0.43**	0.33**	-0.24**	0.49**	1.00	
6. 抑郁	1.64 ± 0.14	-0.11**	-0.10**	-0.34**	-0.12**	-0.15**	1.00

注：* 表示 $p < 0.05$，** 表示 $p < 0.01$。

（二）依恋对孤儿初中生心理健康的预测作用

本研究建立的潜变量结构方程模型包括测量模型和结构模型两个部分。其中，测量模型拟合良好是全模型拟合良好的前提（侯杰泰 等，2004）。所以，本研究先检验测量模型，再检验全模型。根据中介效应检验程序（温忠麟 等，2014），先做师生依恋、同伴依恋对孤儿初中生心理健康预测的直接效应检验，再做加入自我污名与心理韧性两个并行中介变量的全模型中介效

应检验。以往研究发现，不同性别、年级和班级的初中生心理健康水平有显著差异（侯珂 等，2015），所以本研究控制了性别、年级和班级变量，模型拟合结果显示在师生依恋、同伴依恋对心理健康的直接预测模型中，人口学变量对心理健康预测系数均不显著；在全模型中，仅有性别（设性别为虚拟变量，男=0，女=1）对心理健康的预测系数显著，故根据模型简洁原则删除其余控制变量路径，只保留性别作为人口学控制变量。

1. 依恋对心理健康的直接预测效应检验

师生依恋与同伴依恋对孤儿初中生心理健康的直接效应模型检验如图 3-10 所示。结果发现模型拟合良好：$\chi^2/df=3.06$，$CFI=0.97$，$TLI=0.95$，$SRMR=0.04$，$RMSEA=0.06$，$90\%\ CI\ for\ RMSEA=(0.044, 0.085)$。师生依恋（$\beta=0.65$）与同伴依恋（$\beta=0.24$）均对孤儿初中生心理健康有显著正向预测作用（$ps<0.001$），且师生依恋预测的路径系数显著高于同伴依恋预测的路径系数（$t=3.11$，$p<0.01$）。

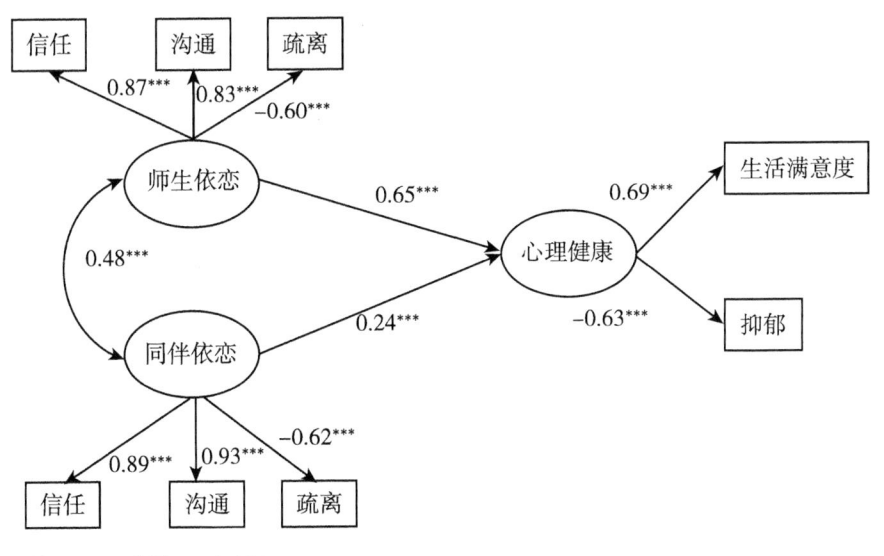

注：*** 表示 $p<0.001$。

图 3-10 依恋对孤儿初中生心理健康的直接预测效应模型

2. 依恋对心理健康的间接预测效应检验：自我污名与心理韧性的并行中介作用分析

该模型包括师生依恋、同伴依恋、自我污名、心理韧性和心理健康五个潜变量，在该测量模型中设定五个变量相关并自由估计因子载荷量，结果发现测量模型拟合较好：$\chi^2/df = 2.68$，$CFI = 0.96$，$TLI = 0.94$，$SRMR = 0.06$，$RMSEA = 0.05$，$90\%\ CI\ for\ RMSEA = (0.049, 0.067)$，可以进行后续的全模型分析。五个潜变量的全模型检验如图3-11所示。结果发现全模型拟合指数良好：$\chi^2/df = 2.89$，$CFI = 0.93$，$TLI = 0.91$，$SRMR = 0.07$，$RMSEA = 0.06$，$90\%\ CI\ for\ RMSEA = (0.051, 0.067)$。对模型路径做进一步分析发现，自我污名（$\beta = -0.89$）和心理韧性（$\beta = 0.31$）对心理健康的路径系数均显著，自我污名起负向中介作用，心理韧性起正向中介作用；师生依恋对自我污名（$\beta = -0.26$）与心理韧性（$\beta = 0.40$）的路径系数均显著，但对心理健康（$\beta = 0.15$）的路径系数变得不显著（$p > 0.05$），这表明师生依恋对孤儿初中生心理健康的预测作用完全以自我污名和心理韧性为并行中介；同伴依恋对自我污名（$\beta = -0.16$）、心理韧性（$\beta = 0.16$）以及心理健康（$\beta = 0.17$）的路径系数均显著，这表明同伴依恋对孤儿初中生心理健康的预测作用部分以自我污名和心理韧性为并行中介。

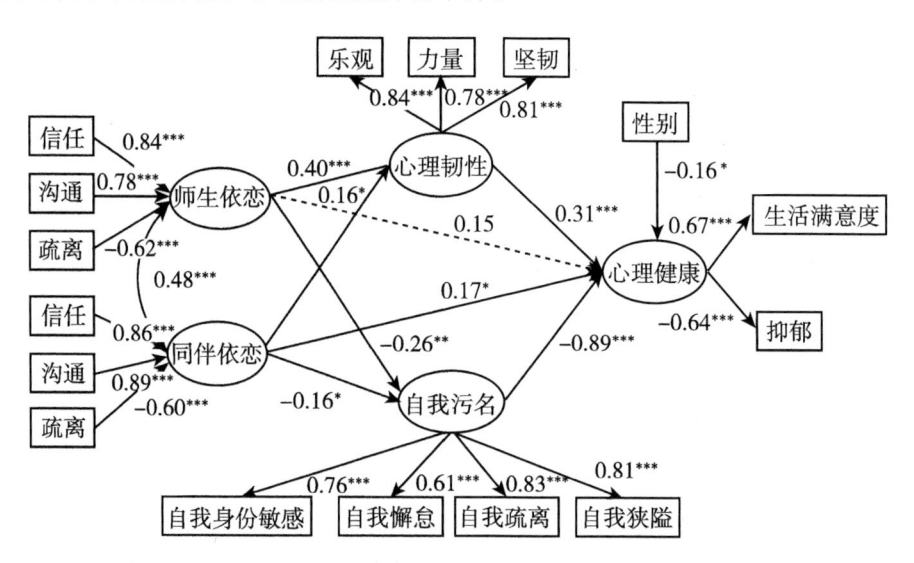

注：*表示$p < 0.05$，**表示$p < 0.01$，***表示$p < 0.001$。

图3-11 依恋对孤儿初中生心理健康的间接预测及自我污名和心理韧性并行中介效应模型

采用 Bootstrap 法中的 Bias-Corrected Bootstrap 检验全模型中介效应的显著性，结果见表3-8。依据 Bootstrap 法提出者 Efron 和 Tibshirani（1993）的建议，本研究设定 Bootstrap 分析过程中的 B 值为1000次。由表3-8可知，由于各间接效应估计值的95%置信区间中均不包括0，所以自我污名与心理韧性的并行中介效应显著。二者在师生依恋—心理健康预测路径上的总间接效应值为0.35（0.23+0.12），在同伴依恋—心理健康预测路径上的总间接效应值为0.17（0.13+0.04）。其中，自我污名在这两条路径中的总间接效应占总效应比值约为44.5%｛[（-0.26）×（-0.89）+（-0.16）×（-0.89）]/（0.35+0.17+0.17+0.15）×100%｝；心理韧性在这两条路径中的总间接效应占总效应比值约为20.7%［（0.40×0.31+0.16×0.31）/（0.35+0.17+0.17+0.15）×100%］。这表明，在两种依恋对心理健康的预测作用中有44.5%是通过自我污名负向中介起作用，有20.7%是通过心理韧性正向中介起作用。

表3-8 Bootstrap 法（抽样次数1000次）估计的依恋对孤儿初中生心理健康预测全模型的中介效应及95%置信区间

路径	间接效应估计值 ($a \times b$)	95% 置信区间 下限	95% 置信区间 上限
师生依恋→自我污名→心理健康	0.23	0.11	0.37
同伴依恋→自我污名→心理健康	0.13	0.01	0.28
师生依恋→心理韧性→心理健康	0.12	0.03	0.25
同伴依恋→心理韧性→心理健康	0.04	0.01	0.12

注：a 为自变量到中介变量的路径系数；b 为中介变量到因变量的路径系数。

四、讨论与小结

（一）师生依恋对孤儿初中生心理健康的预测作用更重要

本研究发现，师生依恋与同伴依恋均可直接正向预测孤儿初中生心理健康，假设1得到验证。这与以往对初中生的研究结果相一致（Raja et al., 1992; Punamäki et al., 2017）。按照依恋内部工作模型，师生、同伴依恋质量高的孤儿初中生拥有积极的自我认知图式，坚信自己值得被爱，并且会得到老师和同学的支持与帮助，因此他们的生活满意度较高、抑郁水平较低，心理更健康（Mason et al.，2016）。

同时，本研究还发现，师生依恋对心理健康的直接预测路径系数显著高于同伴依恋对心理健康的直接预测路径系数，假设2得到验证，表明师生依恋对孤儿初中生心理健康的预测作用更重要。这与以往类似研究结果相一致（Jiang et al.，2018）。因为基于长期群际接触而建立的跨群体友谊相较于内群体友谊更能够提高群体成员的积极情绪、幸福感和心理健康水平（Pettigrew et al.，2006；Benner et al.，2017；Grütter et al.，2017；Zagefka，et al.，2017），所以在本研究中基于长期群际接触建立的师生依恋相较于内群体同伴依恋对孤儿初中生心理健康的预测作用更重要。同时，因为孤儿学校中教师肩负对孤儿抚养与教育的双重责任，扮演类似于父母的角色，所以按依恋层级他们是孤儿初中生最主要的依恋对象（Obokata et al.，2005；金灿灿 et al.，2010；Liu et al.，2015），故师生依恋对孤儿初中生心理健康的发展更为重要。

（二）自我污名负向中介作用大于心理韧性正向中介作用

本研究发现，两种依恋均可通过负向预测自我污名，自我污名负向预测心理健康，进而间接正向预测孤儿初中生心理健康，自我污名在依恋与孤儿初中生心理健康间起负向中介作用，假设3得到验证。这与以往研究结果相一致（Riggs et al.，2007；Gronholm et al.，2017）。按照依恋内部工作模型，依恋质量低的孤儿通常具有消极自我图式，缺乏对他人的信任，生活中与人疏远、封闭自己，容易出现自我污名。孤儿因其生活处境弱势而被集中安置在孤儿学校就读，这虽然可保障其受教育的权利，但却强化了"孤儿"身份特征，以及外群体成员对孤儿"具有孤僻、不易交流、易产生心理问题"的刻板印象，面临群际威胁。这种长期被孤立、被污名，使孤儿学生内化而最终产生自我污名（王江洋 等，2012；王江洋，李昂扬 等，2017；王江洋，王晓娜 等，2017；王江洋 等，2018），这在孤儿进入初中阶段时表现得尤为明显（Corrigan et al.，2005；Koul et al.，2014；王江洋 等，2016）。自我污名化后的孤儿初中生对自己的孤儿身份高度敏感、自我疏离、自我狭隘，甚至出现厌学懈怠等行为，因而对生活有诸多不满意，最终陷入抑郁深渊，心理健康受到损害（Zhao et al.，2015）。

本研究发现，两种依恋均可通过正向预测心理韧性，心理韧性正向预测心理健康，进而间接正向预测孤儿初中生心理健康，心理韧性在依恋与孤儿初中生心理健康间起正向中介作用，假设4得到验证。拥有高质量依恋的孤儿初中生与教师和同伴关系亲密，沟通良好，彼此信任。他们在孤儿学校遇到困难时会积极启动依恋的"安全基地"功能，向老师和孤儿同伴求助，并坚信自己能够得到帮助，可以很快克服困难。久而久之，他们的心理韧性水平也越来越高（李昂扬，2015；Liebenberg et al.，2016）。心理韧性作为个体适应社会的保护性因素，对孤儿个体发展具有积极的生存价值。即使父母缺失，心理韧性高的孤儿初中生仍然能乐观、坚韧并充满力量地解决问题并适应环境，避免被抑郁情绪所困扰，生活满意度较高，心理更健康（Verschueren et al.，2012；Vaughn et al.，2016）。

本研究支持了危险性-保护性因素理论的补偿模型，即作为危险性因素的自我污名和作为保护性因素的心理韧性相互独立地通过并行中介方式在依恋与孤儿初中生心理健康间分别产生负向作用和正向作用，假设5得到验证。这种并行中介机制除了作用方向不一致外，还表现在各自间接效应占总效应比例大小的不同，即自我污名中介效应大于心理韧性中介效应。这说明在通过依恋预测孤儿初中生心理健康的相关机制中，受自我污名负向中介的作用大于心理韧性正向中介的作用。纵然孤儿初中生可在一定程度上拥有心理韧性，但残酷的孤儿身份无法改变，寄宿制孤儿学校就读经历不仅强化了弱势的"孤儿"身份，还增加了群际威胁风险，所以自我污名的负向作用更大。

（三）中介变量在师生依恋与心理健康间起完全中介作用、同伴依恋—心理健康间起部分中介作用

此外，本研究还发现了中介变量在师生依恋与心理健康间起完全中介作用，在同伴依恋与心理健康间起部分中介作用的差别。该结果提示在同伴依恋与孤儿初中生心理健康关系中可能还有诸如基本心理需要和领悟社会支持等其他中介变量在起作用（连帅磊 等，2016；王江洋 等，2019）。而带有

"教师、父母、外群体成员"三重身份的孤儿学校教师对孤儿初中生心理健康的影响则主要取决于自我污名和心理韧性的中介作用，这进一步强调了师生依恋对孤儿初中生心理健康影响的相对重要性（Pettigrew et al., 2006；Zagefka et al., 2017）。

（四）研究蕴含的意义与启示

本研究可为我国福利性集中供养制孤儿学校开展孤儿心理健康教育实践提供理论依据。一方面，本研究启示在培养孤儿初中生内群体同伴友谊的基础上，应重视建立群际间亲密和谐的师生关系或跨群体同伴友谊，这将更有助于孤儿初中生心理健康。建议可通过开展师生共同参与的各类团体互动体验式心理健康教育活动，为孤儿初中生与教师提供心灵沟通的途径，提升师生依恋质量（Green et al., 2013）；可通过创设与校外普通初中生交流接触的机会，使孤儿初中生建立跨群体同伴友谊，提升同伴依恋质量。另一方面，本研究启示在确保孤儿初中生建立高质量师生与同伴依恋的根本前提下，不但要注重培养他们的心理韧性，而且更应重视降低他们的自我污名水平，即强调在去自我污名视域下开展孤儿初中生心理健康教育工作的必要性。已有研究发现，基于接受与实现疗法的团体干预可以有效降低孤儿初中生自我污名水平（王江洋 等，2016），基于心理社会治疗的干预可以有效提升初中生心理韧性水平（Storch et al., 2012），可考虑将这些干预方法与技术移植到孤儿初中生心理健康教育活动中。

（五）局限与展望

本研究亦存在局限。首先，采用横断面相关设计，通过结构方程模型并不能推测因果关系，未来可采用实验或纵向设计开展研究。其次，自我污名和心理韧性在同伴依恋对孤儿初中生心理健康预测关系中起部分中介作用，说明在同伴依恋与心理健康关系中可能还有其他中介变量起作用。限于研究目的，没有对此做更深入研究，这是未来可进一步挖掘之处。最后，本研究把性别作为控制变量，事实上不同性别的孤儿初中生与教师、同伴之间的交往关系可能存在差异进而影响其心理健康，例如有研究表明孤儿群体中，男生比女生更不服从管教，有更多品德问题（张楚 等，2016），未来可考虑建立性别分组模型。

第六节 品格优势与孤儿学生心理健康的关系：自我污名的中介作用及校园人际关系的调节作用

一、研究背景与研究目的

20世纪初，随着积极心理学的兴起，人们逐渐从传统的、消极的心理健康模型观转换为既有主观幸福感的积极指标又有精神病理学的消极指标的心理健康模型观。随后，Greenspoon和Saklofske在2001年首次正式提出心理健康双因素模型。至此，在积极心理学的影响下，心理健康双因素模型突破了以往以精神病理学指标作为心理健康唯一衡量标准的限定，融入了主观幸福感指标（海曼 等，2015）。已有研究主要采用生活满意度作为心理健康双因素模型的积极指标（Eklund et al., 2011），以抑郁作为心理健康双因素模型的消极指标（Doll, 2008；王鑫强 等，2011）。

彼得森和塞利格曼（2004）将品格优势定义为："通过个体的认知、情感和行为反映出来的一组积极人格特质，是解释美德心理构成的过程或者机制。"此外，有学者运用性格优势、积极品质及性格优点等一些词语代替品格优势，但是这些词语都是用以研究彼得森和塞利格曼的24种品格优势。所以，在本质上，这些词语没有差别。随后，王江洋等（2020a，2020b）对24种品格优势进行了本土化的研究，编制了适用于普通学生乃至困境学生（如孤儿学生）心理的《小学生品格优势问卷》与《中学生品格优势问卷》，将品格优势定义为人格中的积极力量和正向特质。其中，小学生品格优势包括理想信念、洞察力、好学、自我管理、公正合作、坚毅勇敢、谦虚、仁善、爱、热情、对美好的领悟及社交能力12种特质，中学生品格优势包括升华自我、慎行、领导者特质、公正合作、好奇心、坚毅勇敢、好学、洞察力及仁善9种特质。

2002年，美国的Corrigan教授首次提出了心理疾病患者自我污名的概念。

在随后的研究中，他认为自我污名是比公众污名更能影响心理疾病患者康复的阻碍因素，当心理疾病患者对公众污名表示赞同，并将这种污名指向自己时，就会产生低自尊和低自我效能，于是就形成了自我污名（Corrigan et al.，2006）。而孤儿作为社会的弱势群体，一直被社会大众贴上身份标签，更易形成自我污名，这种错误的认知会一直伴随着孤儿的成长，对其造成不良的影响。本研究依照王江洋等（2016，2017）的观点，认为孤儿学生自我污名是由于孤儿学生内化了公众的偏见与歧视而产生自我偏见和自我歧视的心理现象，包括自我懈怠、自我狭隘、自我疏离、自我身份敏感。

张灵等（2007）的研究认为，人际关系是人与人之间通过交往和相互作用而形成的心理联系，它反映了人们为寻求某种需要的满足的心理状态。孤儿学校是孤儿学生社会化的一个重要的场所，在学校中除了同伴之外，教师是孤儿学生们在校期间接触最多的人。相较于孤儿学生，同伴属于内群体，而教师属于外群体。所以，在本研究中，孤儿学生与教师、同伴两个不同群体的关系成为孤儿学生校园人际关系（school interpersonal relationship）的主要内容。张野等（2009）将师生关系定义为教师与学生在教育、教学及日常交往过程中形成的，以认知、情感和行为反应等为主要形式的心理关系，并且编制了师生关系问卷，将师生关系分为亲密性、回避性、理解性、反应性及冲突性五个因子。同伴关系（peer relationship）是同龄人之间或心理发展水平相当的个体之间在交往过程中建立和发展起来的一种人际关系，这种人际关系是平行、平等的，不同于个体与家长或与年长个体间交往的垂直关系（周宗奎 等，2005；周宗奎 等，2015），是学生人际关系中最基本的关系，分为肯定与关心、帮助与指导、陪伴与娱乐、亲密袒露与交流、冲突解决策略及冲突与背叛六个因子。

（一）品格优势与心理健康的关系

品格优势不仅是个体全面建设的重要组成部分，也是个体健康发展的重要心理保障，是个体健康成长的保障。品格优势良好的个体，心理健康的状况也呈良好发展的状态，二者存在正向关联。Buschor 等（2013）的研究发现，品格优势在描述一个人的心理健康中扮演重要的角色。彼得森等注意到没有从心理障碍中恢复过来的参与者的品格优势得分最低，所以可以通过建立品格优势来应对心理障碍，并在其研究过程中发现品格优势中的善良特质可以调节心理障碍史和生活满意度（Peterson et al., 2006）。Shimai 等（2006）通过对比美国和日本的青少年，发现品格优势突出的青少年的幸福感和生活满意度水平也相对较高。研究还发现，品格优势对学生的心理健康水平具有提升作用，能有效缓解或预防学生的抑郁等心理症状，增进学生的主观幸福体验。彼得森等在对美国及瑞士的成年人进行线上及线下的品格优势、幸福取向及生活满意度的问卷调查时发现，品格优势中的爱、希望、好奇心及热情特质皆与生活满意度紧密相连（Peterson et al., 2007）。Harzer（2016）的研究表明，心理健康与品格优势中的希望、热情和好奇心的关联最为密切。Duan 等（2017）的研究发现，在不同的情境中，品格优势能够增强心理健康。李婷婷等（2015）对中职生进行问卷测试，结果发现帮助中职生识别并运用自身的品格优势可能有利于提高其心理健康水平。刘衔华（2018）对农村孤儿研究并提出着重针对孤儿较弱的品格优势进行培养，从而可以降低孤儿危险行为发生的风险及消极影响。屈正良等（2018）对中职生进行品格优势及生活满意度问卷调查时发现，品格优势与生活满意度呈显著相关，且品格优势对生活满意度具有显著预测作用。

对品格优势进行干预的同时，被干预者的心理健康的水平也会随之升高，因此二者亦存在正向关联。在国外，Hausmann 等（2014）的研究表明，积极干预可以使患者的病痛有效地减轻。Sin 等（2009）的研究发现，积极心理干预能够有效提升幸福感、降低抑郁情绪。Park 等（2008）的研究发现，如果个体在每天的生活中使用其最为突出的品格优势，那么个体就会体验到更多的满足感和幸福感。而在国内，李敏丽等（2018）对化疗期乳腺癌患者进行品格优势干预，发现干预确实能够在一定程度上提高患者的幸福感水平，缓解其焦虑、抑郁情绪。李婷婷等（2016a）对高中生和中职生的研究发现，干预课程确实有效提高了学生的品格优势。随后，他们二人又对高中生品格优势进行调查，并且发现干预研究不仅使高中生发展出积极的认知方式、应对方式，而且增强了高中生的自信、乐观，培养了他们感恩、善良等美德。

并且，这种干预具有一定的持续性（李婷婷 等，2016b）。除此之外，Duan 等（2017）将品格优势、认知行为疗法、单一干预模型相结合，用于快速提升大学新生的入学适应性。谢丹等（2016）发现，希望思维在改善身心症状、帮助行为矫正等方面具有良好的效果。Fava（2016）发现，幸福疗法对于个体和团体的治疗都有帮助。Farmer 等（2015）针对患有学习障碍和多动症的大学生的需要设计了"个人优势训练"项目，对其进行干预后发现积极干预确实能够有效地帮助这些学生。Niemiec（2013）将品格优势与正念干预相结合，通过正念的方式提高个体对自身品格优势的意识，同时通过品格优势提升个体的正念水平。

（二）自我污名的中介作用

从已有研究中，可以发现拥有品格优势具有减少污名的作用，二者具有负向关联。根据 Tweed 等（2012）的观点，品格优势的研究是通过纠正社会对精神疾病的误解来理解和减少污名的一种手段。Vertilo 等（2014）在对大学生进行研究时发现，通过品格优势这一视角来探讨污名，有助于理解个体差异并且减少与污名相关的各种特征。由班杜拉的自我效能感理论及 Corrigan 等（2006）的研究可以了解到，当个体对公众污名表示赞同，并将这种污名指向自己时，就会产生低自尊和低自我效能，于是就形成了自我污名。由此可推测出，当自尊和自我效能感较低时，会产生自我污名的错误认知。李敏等（2017）在研究中发现自我效能感对品格优势有显著的影响。

自我污名对个体心理健康具有消极影响，且自我污名可以负向预测心理健康。国外有研究表明，污名会导致个体心理健康受到损害（Schmitt et al.，2014；Birtel et al.，2017；Ciciurkaite et al.，2017）。Banga 等（2016）的研究发现，对于患病儿童的父母来说，一系列的病痛折磨使患病儿童的父母产生污名，而污名与心理健康的受损有一定的关系。心理健康障碍儿童的父母都会经历自我污名（Eaton et al.，2016）。污名除了会影响患病儿童的父母，也会影响"学习不良"的中学生学习心理的健康成长和发展（杨思亮，2013）。Lannin 等（2016）在对大学生进行研究时发现，自我污名对寻求心理健康和咨询信息的决策有负向预测作用，自我污名可能会阻碍寻求心理健康和咨询信息的最初决定。来媛（2012）在对孤儿学生进行研究时发现自我污名可作为中介变量对孤儿学生的心理健康产生影响。随后，王江洋、李昂扬等（2017）的研究也发现，孤儿学生自我污名会严重危及他们的心理健康。新进的相关研究发现，自我污名作为依恋与心理健康的中介变量可以负向预测孤儿初中生心理健康（王江洋 等，2020）。

此外，自我污名、品格优势与心理健康这三者的关系还可以从奥地利心理学家阿德勒（1986）提出的"自卑情结"及"追求卓越"两种理论中得出推论，即当自我污名较高时，品格优势就会降低，进而容易产生心理疾病，心理健康水平就会降低。这两种理论的核心思想是认为器官缺陷会引发自卑感，而追求优越可以使人们获得心理补偿。在自卑情绪下，如果个体放弃补偿就会容易形成心理疾病，而人格的健康发展应多依赖于自我追求优越的努力。从"自卑情结"中可以看出，自卑在某种程度上与自我污名相似；在"追求卓越"中，人格的健康发展又与品格优势有着相同之处，即人格中可以被改变的一部分。

（三）校园人际关系的调节作用

1. 校园人际关系对品格优势与心理健康之间关系的调节

Weber等（2016）的研究发现，教师与学生进行互动也可以促进学生品格优势的发展。而品格优势也可以增进人际关系（Quinlan et al.，2015）。Hilliard等（2014）的研究发现，保持较高的同伴地位可能需要这些高品质的美德来努力提升自己，获得或保持自己的地位。由此可以看出同伴关系可以对品格优势起到调节的作用。Whiteman等（2013）的研究发现，同伴支持可以缓冲负面的心理健康的影响。塞利格曼（2012）提出PERMA理论，即实现幸福人生应具有5个元素，其中之一就是要有良好的人际关系。由此可以推测出，良好的人际关系可以调节出积极的情绪，从而形成积极的品格优势，并且能够得到幸福感，进而提高人们心理健康的水平。由此可以推测校园人际关系在品格优势与心理健康之间起调节作用，即随着良好人际关系的升高，品格优势升高，心理健康水平也升高。

2. 校园人际关系对品格优势与自我污名之间关系的调节

根据布朗芬布伦纳提出的生态系统理论（Bronfenbrenner，1979），如果微观系统中有非支持性关系就会导致不良的后果。根据 Tajfel 等（1979）提出的社会身份理论，个体首先通过社会比较、社会群体评价来确定自我的身份，并最终将社会群体划分为内群体和外群体。由于孤儿学生长期住校，所以他们的微观系统中最亲密的人就是教师和同伴；且对于学生来说，教师属于外群体，在身份认同时会更易遭到排外现象；而"孤儿"一词，对于孤儿学生来说就是一种社会"标签"，其产生的不良影响是导致孤儿形成自我污名，不利于孤儿学生人格的健康发展，如品格优势。由此可以说明校园人际关系在品格优势与自我污名之间起调节作用，即良好的校园人际关系在积极正向地影响品格优势的同时，可以缓解自我污名带来的消极影响。

3. 校园人际关系对自我污名与心理健康之间关系的调节

良好的人际关系既可以缓解自我污名带来的消极影响，又可以提高心理健康水平。王江洋和王晓娜等（2017）对孤儿学生进行研究时发现，他们在面对群际交往对象时，处于高自我污名的孤儿学生容易做出与自己身份有关的社交拒绝归因。来媛（2012）在其研究中也发现，高身份拒绝敏感性的孤儿易存在心理问题。随后，王江洋等（2020）对孤儿初中生研究时发现，师生依恋及同伴依恋可以负向预测自我污名，进而间接正向预测其心理健康。当个体不能从同伴那里得到承认时，就会感到沮丧，从而影响其心理健康（江琴，2012）。Peltonen 等（2010）对 10~14 岁的有战争创伤经历儿童的调查研究发现，在危及生命的战争局势中，缺乏亲密的友谊被证明是出现心理症状的一个危险因素。王庆洋（2016）在对大学生宿舍关系进行研究时发现，宿舍人际关系对学生的心理健康有很大影响，只有人际关系和谐，心理健康才会有良好的发展。由此可以说明校园人际关系在自我污名与心理健康之间起调节作用，即随着良好的人际关系的上升，自我污名下降，心理健康水平上升。

"孤儿"一词对于孤儿学生产生的不良影响在于自我污名；社会大多数人认可孤儿很少存在积极的力量，即缺少品格优势；并且孤儿学生由于长期住校，与教师、同伴接触最多，其校园人际关系的优劣也是需要研究的一部分。因此，本研究在考察孤儿学生心理健康（双因素模型）发展现状的基础上，旨在分析孤儿学生品格优势、自我污名、校园人际关系、心理健康四者的关系及内部作用机制，探查自我污名在品格优势与孤儿学生心理健康的中介作用，以及校园人际关系在品格优势、自我污名及心理健康三者中的调节作用，进一步揭示孤儿学生心理健康相关影响机制，为孤儿心理健康教育实践提供理论依据。

依据对以往实证研究文献及相关理论分析，本研究提出以下三方面研究假设。假设1：品格优势对孤儿学生心理健康具有直接预测作用，品格优势水平越高的孤儿小学生/中学生，其生活满意度水平越高，其抑郁水平越低。假设2：品格优势可以通过自我污名的中介作用间接预测孤儿学生心理健康，品格优势水平越高的孤儿小学生/中学生，其自我污名水平越低，生活满意度水平越高，抑郁水平越低。假设3：校园人际关系可以调节品格优势、自我污名及心理健康三者之间的关系，即师生关系/同伴关系可调节品格优势对孤儿小学生/中学生自我污名的预测作用，可调节自我污名对孤儿小学生/中学生生活满意度与抑郁的预测作用，可调节品格优势对孤儿小学生/中学生生活满意度与抑郁的预测作用。

基于上述假设，研究针对孤儿小学生和孤儿中学生分别构建出两个有调节的中介作用假设模型框架，如图3-12和图3-13所示。

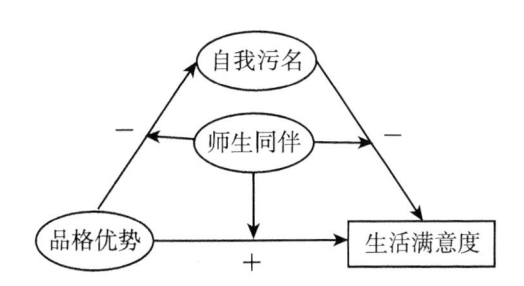

图3-12 品格优势与孤儿学生生活满意度的关系：自我污名的中介作用及校园人际关系的调节作用假设模型

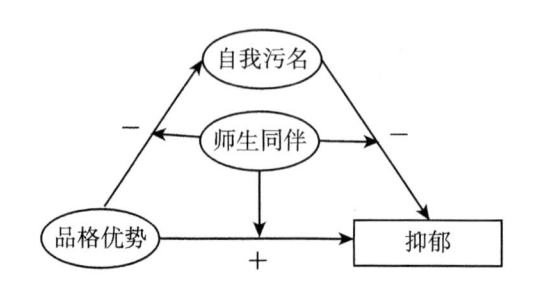

图3-13 品格优势与孤儿学生抑郁的关系：自我污名的
中介作用及校园人际关系的调节作用假设模型

二、研究方法

（一）被试

本研究采用方便取样原则，向 L 省孤儿学校发放纸质版问卷。小学一年级至三年级由于对于题目的理解不清楚，而九年级的学生由于毕业临近学习紧张，均未参加本次的问卷测试。所以，参与本次问卷调查的被试为四至八年级的孤儿学生，共计634人。由专业心理老师以班级为单位集中施测和回收问卷，剔除漏填数据、规律填写数据以及未完成作答的问卷产生的无效数据，共回收有效问卷544份，回收有效率为85.8%。其中，四至六年级小学生242人，七至八年级中学生302人；男生347人，女生197人。

因为以往研究发现，中小学生品格优势的表现不同（王江洋，梁祎婷等，2020a，2020b），不同学龄阶段孤儿学生的校园人际关系具有差异性（中华少年儿童慈善救助基金 等，2013），以及孤儿小学生与孤儿中学生自我污名发展水平存在显著年龄差异（王江洋，李昂扬 等，2017），所以本研究在建构结构方程模型时，又具体分成两个样本分析数据。

样本1为孤儿小学生样本，总计242人；平均年龄为11.50 ± 1.31岁；男生158人，女生84人；四年级60人，五年级77人，六年级105人。同时使用软件 G * Power 3.1 估计本研究设计类型应该选取的最小被试量。根据本研究的结构方程模型将测试种类设定为精确，参数设定为：双尾检验，$H_1\rho^2 =$

0.05，$H_0\rho^2 = 0.2$，I 类错误 $\alpha = 0.05$，II 类错误 $\beta = 0.1$，统计检验力 $(1-\beta) = 0.9$（Cohen，1988；Shieh et al.，2007），根据本研究中孤儿小学生全模型因子数最多的模型设定预测因子数量为 18，得出最小被试量应为 229 人。因此实际样本量可以满足统计检验力需求。

样本 2 为孤儿中学生样本，总计 302 人；平均年龄 13.57±1.06 岁；男生 189 人，中学女生 113 人；七年级 125 人，八年级 177 人。同时使用软件 G*Power 3.1 估计本研究设计类型应该选取的最小被试量。根据本研究的结构方程模型将测试种类设定为精确，参数设定为：双尾检验，$H_1\rho^2 = 0.05$，$H_0\rho^2 = 0.2$，I 类错误 $\alpha = 0.05$，II 类错误 $\beta = 0.1$，统计检验力 $(1-\beta) = 0.9$（Cohen，1988；Shieh et al.，2007），根据本研究中孤儿中学生全模型因子数最多的模型设定预测因子数量为 15，得出最小被试量应为 220 人。因此实际样本量可以满足统计检验力需求。

（二）研究变量与研究工具

1. 心理健康双因素模型

（1）生活满意度。选用由 Diener 等（1985）编制、Wang 等（2009）翻译与修订的生活满意度量表（附录 15），测量孤儿学生的生活满意度水平。该量表共包括 5 个项目（例如"我的生活大致符合我的理想"）。采用 7 点计分，即"非常不同意"计 1 分，"不同意"计 2 分，"有点不同意"计 3 分，"中立"计 4 分，"有点同意"计 5 分，"同意"计 6 分，"非常同意"计 7 分。计算各项目的总分，分数越高，表示个体生活满意度越高。在本研究样本 1 中，该量表同质性信度为 0.70，单因子验证性因素分析结果显示模型拟合良好 [$\chi^2/df = 1.39$，$CFI = 0.99$，$TLI = 0.98$，$SRMR = 0.02$，$RMSEA = 0.04$]。在本研究样本 2 中，该量表同质性信度为 0.75，单因子验证性因素分析结果显示模型拟合良好 [$\chi^2/df = 7.76$，$CFI = 0.92$，$TLI = 0.84$，$SRMR = 0.06$，$RMSEA = 0.15$]。

（2）抑郁。选用由 Achenbach（1991）编制、刘贤臣等（1997）修订的青少年自评量表中的抑郁分量表（附录 16）测量孤儿学生的抑郁水平。该量表可测量现在或近六个月内个体抑郁水平。共 16 个项目（例如"我闷闷不乐，感到悲伤"）。采用 3 点计分，即"没有"计 1 分，"有时"计 2 分，"经常"计 3 分。计算各项目的总分，分数越高，表明个体抑郁程度越高。本研究在此基础上需要检验其对小学生测量的适用性。检验结果表明，可以用来测量孤儿小学生的抑郁。在本研究样本 1 中，该量表同质性信度为 0.84，单因子验证性因素分析结果显示模型拟合良好 $[\chi^2/df = 1.42，CFI = 0.95，TLI = 0.94，SRMR = 0.05，RMSEA = 0.04]$。在本研究样本 2 中，该量表同质性信度为 0.88，单因子验证性因素分析结果显示模型拟合良好 $[\chi^2/df = 2.83，CFI = 0.88，TLI = 0.86，SRMR = 0.05，RMSEA = 0.08]$。

2. 品格优势

选用王江洋等（2020a）编制的小学生品格优势问卷（附录 18）测量孤儿小学生品格优势，共计 65 个项目（例如"在新的环境中，我希望能够尽可能多地了解周围情况"）。该问卷包括理想信念、洞察力、好学、自我管理、公正合作、坚毅勇敢、谦虚、仁善、爱、热情、对美好的领悟及社交能力，共 12 个因子。采用 5 点计分，即"非常不像我"计 1 分，"不太像我"计 2 分，"不确定"计 3 分，"比较像我"计 4 分，"非常像我"计 5 分，计算各因子的平均分，分数越高，表明个体品格优势水平越高。在本研究样本 1 中，该量表同质性信度为 0.98，验证性因素分析结果显示模型拟合良好 $[\chi^2/df = 1.94，CFI = 0.81，TLI = 0.80，SRMR = 0.06，RMSEA = 0.06]$。

选用王江洋等（2020b）编制的中学生品格优势问卷（附录 11）测量孤儿中学生品格优势，共计 41 个项目（例如"我喜欢上课、做题、讨论问题"）。该问卷包括升华自我、慎行、领导者特质、公正合作、好奇心、坚毅勇敢、好学、洞察力及仁善，共 9 个因子。采用 5 点计分，即"非常不像我"计 1 分，"不太像我"计 2 分，"不确定"计 3 分，"比较像我"计 4 分，"非常像我"计 5 分，计算各因子的平均分，分数越高，表明个体品格优势水平越高。在本研究样本 2 中，该量表同质性信度为 0.96，验证性因素分析结果显示模型拟合良好 $[\chi^2/df = 2.33，CFI = 0.83，TLI = 0.81，SRMR = 0.06，RMSEA = 0.07]$。

3. 自我污名

选用王江洋等（2017）编制的孤儿学生自我污名自陈问卷（附录 1），测量孤儿学生的自我污名。该问卷由自我懈怠、自我狭隘、自我疏离、自我身份敏感,共4个分问卷构成,共计25个项目(例如"我因为自己是孤儿而感到孤独")。采用5点计分,即"从不这样"计1分,"偶尔这样"计2分,"有时这样"计3分,"经常这样"计4分,"总是这样"计5分,计算各因子的平均分,分数越高,表明个体自我污名水平越高。在本研究样本1中,该量表同质性信度为0.95,验证性因素分析结果显示模型拟合良好[χ^2/df = 2.31,CFI = 0.90,TLI = 0.89,$SRMR$ = 0.06,$RMSEA$ = 0.07]。在本研究样本2中,该量表同质性信度为0.94,验证性因素分析结果显示模型拟合良好[χ^2/df = 2.82,CFI = 0.90,TLI = 0.88,$SRMR$ = 0.05,$RMSEA$ = 0.08]。

4. 校园人际关系

(1)师生关系。选用张野等(2009)编制的师生日常交往调查问卷(附录19),测量孤儿学生的师生关系。该问卷共计26个项目(例如"老师常会满足学生的合理要求")。该问卷包括亲密性、回避性、理解性、反应性和冲突性,共5个因子。采用5点计分,即"完全不符合"计1分,"大部分不符合"计2分,"有些符合有些不符合"计3分,"大部分符合"计4分,"完全符合"计5分,计算各因子的平均分,分数越高,表明个体师生关系水平越好。由于原问卷编制时测量对象为初中生,故本研究需要在此基础上检验其对小学生测量的适用性。检验结果表明,该问卷可以用来测量孤儿小学生的师生关系。在本研究样本1中,该问卷同质性信度为0.84,验证性因素分析结果显示模型拟合良好[χ^2/df = 1.72,CFI = 0.90,TLI = 0.89,$SRMR$ = 0.08,$RMSEA$ = 0.06]。在本研究样本2中,该量表同质性信度为0.86,验证性因素分析结果显示模型拟合良好[χ^2/df = 2.47,CFI = 0.85,TLI = 0.83,$SRMR$ = 0.09,$RMSEA$ = 0.07]。

(2)同伴关系。选用Parker和Ashe(1993)编制、周宗奎等(2005)曾在其研究中使用过的友谊质量问卷简表(附录20)测量孤儿学生同伴关系的情况,共计18个项目(例如"任何时候,只要有机会我们就总是坐在一起")。该问卷包括肯定与关心、帮助与指导、陪伴与娱乐、亲密袒露与交流、冲突解决策略、冲突与背叛,共6个因子。采用5点计分,即"完全不符"计0分,"不太符合"计1分,"有点符合"计2分,"比较符合"计3

分,"完全符合"计 4 分,计算各因子的平均分,分数越高,表明个体同伴关系水平越好。在本研究样本 1 中,该量表同质性信度为 0.86,验证性因素分析结果显示模型拟合良好 [χ^2/df = 1.75, CFI = 0.93, TLI = 0.90, $SRMR$ = 0.06, $RMSEA$ = 0.06]。在本研究样本 2 中,该量表同质性信度为 0.84,验证性因素分析结果显示模型拟合良好 [χ^2/df = 2.31, CFI = 0.90, TLI = 0.87, $SRMR$ = 0.07, $RMSEA$ = 0.07]。

（三）研究程序

1. 部分问卷的适用性检验

本研究通过验证性因素分析,分别检验了 Achenbach（1991）编制、刘贤臣等（1997）修订的青少年自评量表中的抑郁分量表和张野等（2009）编制的师生日常交往调查问卷对测量小学生的适用性。以确定两份工具在本研究中是否可以测量孤儿小学生的抑郁水平及师生关系。检验结果均表明,两份工具均可以在本研究中使用。

2. 施测过程

在正式发放问卷前,本研究对指导语及所有测量工具的编排顺序进行了深入的讨论与分析,确保在最大程度上降低孤儿学生填写问卷时的抵触情绪以及各种实验者效应。在与 L 省孤儿学校取得联系与合作后,将测量工具印刷成纸质版问卷。之后,在学校心理健康教师的帮助下,以班级为单位向四至八年级的孤儿学生发放问卷,进行施测,并现场将问卷回收。随后,剔除漏填数据、规律填写数据以及未完成作答的问卷产生的无效问卷,其余的问卷组成本次收集的有效数据。

3. 统计分析思路

本研究使用 SPSS 21.0 和 Mplus 7.4 对收集的数据进行整理以及分析。具体统计分析思路如下。

（1）由于本研究数据均采用自我报告法收集,可能会受到共同方法偏差的影响。为了避免其对研究结果造成偏差,使用 SPSS 21.0 和 Mplus 7.4 两种软件检验共同方法偏差。如可以排除共同方法偏差的影响,就能正式开展统计分析。

（2）使用SPSS 21.0对各变量进行描述统计分析，对因变量的性别及年级差异做多因素方差分析，探讨孤儿学生心理健康现状，并考察人口学变量是否对因变量产生影响，以便在后续的结构方程模型中加以控制。

（3）使用SPSS 21.0中的皮尔逊积差相关系数对各变量间的相关性进行检验，以确定模型的可行性。

（4）使用Mplus 7.4编写语句，运用结构方程模型探讨品格优势对孤儿小学生/中学生心理健康中的生活满意度及抑郁的直接预测作用。

（5）使用Mplus 7.4编写语句，运用结构方程模型检验自我污名在品格优势对孤儿小学生/中学生心理健康中的生活满意度及抑郁之间的中介作用。

（6）由于结构方程模型在分析测量误差及潜变量的交互效应中存在诸多显著优势（王孟成，2014），因此使用Mplus 7.4编写语句，运用结构方程模型检验校园人际关系（师生关系、同伴关系）在自我污名及品格优势对孤儿小学生/中学生心理健康中的生活满意度及抑郁之间的调节作用，综合探讨四者之间的内部作用机制。

三、结果与分析

（一）共同方法偏差检验

本研究数据收集的主要方式均来自于问卷测量，研究结果可能存在共同方法偏差效应，因此在进一步数据分析之前首先要检验共同方法因素是否会对研究结果产生影响。本研究采用SPSS 21.0及Mplus 7.4两种统计软件以Harman单因素检验对共同方法偏差进行检验。结果发现，在样本1中，共有38个特征值大于1的因子，且第一个因子解释率为25.52%，低于40%的临界标准；验证性因素分析结果显示，$\chi^2/df = 2.20$，$CFI = 0.43$，$TLI = 0.42$，$RMSEA = 0.07$，$SRMR = 0.09$，该模型拟合程度不好，这均表明研究结果可以排除共同方法偏差的影响，可以开展后续的统计分析。在样本2中，共有31个特征值大于1的因子，且第一个因子解释率为18.50%，低于40%的临界标准；验证性因素分析结果显示，$\chi^2/df = 2.70$，$CFI = 0.33$，$TLI = 0.32$，$RMSEA = 0.08$，$SRMR = 0.11$，该模型拟合程度不好，这均表明研究结果可以排除共同方法偏差的影响，可以开展后续的统计分析。

（二）孤儿学生品格优势、自我污名、校园人际关系及心理健康的描述统计

孤儿学生品格优势、自我污名、校园人际关系及心理健康描述性统计结果见表3-9和表3-10。心理健康双因素模型中的生活满意度问卷分数范围在1~7分之间，抑郁问卷分数在1~3分之间，品格优势、自我污名及校园人际关系中的师生关系问卷分数范围均在1~5分之间，校园人际关系中的同伴关系问卷分数在0~4分之间。并且问卷的各个因子均分的峰度和偏度的绝对值均接近于0，各因子均分的峰度和偏度的绝对值分别小于2和7，表明问卷各变量接近正态分布。

表3-9 孤儿小学生品格优势、自我污名、校园人际关系及心理健康描述性统计（$N=242$）

	变量名称	Min	Max	M	SD	Sk	Kur
品格优势	理想信念	1.00	5.00	3.79	1.05	-0.73	-0.09
	洞察力	1.00	5.00	3.25	0.93	-0.17	-0.24
	好学	1.00	5.00	3.56	1.05	-0.36	-0.35
	自我管理	1.00	5.00	3.47	1.00	-0.39	-0.38
	公正合作	1.00	5.00	3.67	0.97	-0.63	0.14
	坚毅勇敢	1.00	5.00	3.49	1.01	-0.42	-0.36
	谦虚	1.00	5.00	3.67	1.07	-0.55	-0.42
	仁善	1.00	5.00	3.63	0.94	-0.58	0.03
	爱	1.00	5.00	3.87	0.98	-0.78	-0.06
	热情	1.00	5.00	3.56	1.18	-0.49	-0.80
	对美好的领悟	1.00	5.00	3.72	0.98	-0.64	-0.01
	社交能力	1.00	5.00	3.56	0.98	-0.53	-0.20
自我污名	自我懈怠	1.00	5.00	1.91	0.98	1.06	0.30
	自我狭隘	1.00	5.00	2.23	1.03	0.68	-0.21
	自我疏离	1.00	5.00	2.30	1.17	0.66	-0.53
	自我身份敏感	1.00	5.00	2.00	1.07	1.05	0.23

续表

	变量名称	Min	Max	M	SD	Sk	Kur
师生关系	亲密性	1.00	5.00	3.59	1.05	-0.57	-0.29
	回避性	1.00	5.00	2.83	0.80	0.16	0.04
	理解性	1.00	5.00	3.76	1.05	-0.80	-0.03
	反应性	1.00	5.00	3.47	1.00	-0.48	-0.23
	冲突性	1.00	5.00	3.59	0.77	-0.46	0.39
同伴关系	肯定与关心	0.00	4.00	2.32	1.05	-0.25	-0.59
	帮助与指导	0.00	4.00	2.42	1.14	-0.45	-0.63
	陪伴与娱乐	0.00	4.00	2.69	0.97	-0.64	-0.18
	亲密袒露与交流	0.00	4.00	2.46	1.11	-0.48	-0.64
	冲突解决策略	0.00	4.00	2.54	1.09	-0.65	-0.18
	冲突与背叛	0.00	4.00	2.74	0.96	-0.71	0.04
心理健康	生活满意度	1.00	7.00	4.53	1.31	-0.44	-0.20
	抑郁	1.00	2.69	1.62	0.38	0.56	-0.29

表3-10 孤儿中学生品格优势、自我污名、校园人际关系及心理健康描述性统计（$N=302$）

	变量名称	Min	Max	M	SD	Sk	Kur
品格优势	升华自我	1.00	5.00	3.42	0.91	-0.28	-0.25
	慎行	1.00	5.00	2.97	0.88	-0.09	-0.01
	领导者特质	1.00	5.00	3.12	0.89	-0.15	-0.32
	公正合作	1.00	5.00	3.41	0.88	-0.48	0.21
	好奇心	1.00	5.00	3.41	0.93	-0.37	-0.07
	坚毅勇敢	1.00	5.00	3.39	0.93	-0.30	-0.05
	好学	1.00	5.00	2.88	1.04	0.05	-0.56
	洞察力	1.00	5.00	3.48	0.92	-0.39	-0.14
	仁善	1.00	5.00	3.56	0.76	-0.47	0.42

续表

	变量名称	Min	Max	M	SD	Sk	Kur
自我污名	自我懈怠	1.00	5.00	2.40	1.03	0.42	-0.64
	自我狭隘	1.00	5.00	2.35	0.95	0.41	-0.47
	自我疏离	1.00	5.00	2.30	1.06	0.61	-0.44
	自我身份敏感	1.00	5.00	1.86	0.98	1.11	0.50
师生关系	亲密性	1.00	5.00	3.36	0.91	-0.33	-0.28
	回避性	1.00	4.80	2.66	0.75	0.11	0.28
	理解性	1.00	5.00	3.34	0.97	-0.40	-0.36
	反应性	1.00	5.00	3.17	1.02	-0.26	-0.53
	冲突性	1.20	5.00	3.35	0.79	-0.20	-0.16
同伴关系	肯定与关心	0.00	4.00	2.31	0.92	-0.14	-0.41
	帮助与指导	0.00	4.00	2.36	1.04	-0.24	-0.63
	陪伴与娱乐	0.00	4.00	2.69	0.91	-0.49	-0.16
	亲密袒露与交流	0.00	4.00	2.49	1.01	-0.35	-0.48
	冲突解决策略	0.00	4.00	2.62	0.92	-0.40	-0.33
	冲突与背叛	0.00	4.00	2.51	0.94	-0.61	0.02
心理健康	生活满意度	1.00	7.00	4.13	1.26	-0.10	-0.16
	抑郁	1.00	2.88	1.63	0.42	0.51	-0.31

（三）孤儿学生心理健康的人口学差异

因为本研究重点关注自变量品格优势与中介变量自我污名、调节变量校园人际关系与因变量心理健康之间的关系问题，所以需要排除自变量与中介变量及调节变量以外的其他无关因素的干扰，对可能引起因变量变化的无关变量加以控制。在本研究中，人口学特征变量可能对因变量心理健康有一定影响，故首先对其做人口学差异检验，以便在后续分析变量关系的结构方程模型统计分析中对作用显著的人口学变量加以控制。

孤儿中小学生心理健康整体水平的描述性统计结果见表3-11。以孤儿中小学生性别（男、女）和年级（四年级、五年级、六年级、七年级、八年级）为自变量，分别生活满意度和抑郁为因变量，做多因素一元方差分析，考察不同性别、年级的孤儿中小学生的心理健康是否存在显著差异。结果见表3-12和表3-13。由表3-12和表3-13可知，孤儿中小学生生活满意度及抑郁的年级主效应均显著，性别主效应及性别与年级的交互作用均不显著。对年级主效应做事后检验（LSD），结果发现，在生活满意度上，六年级生活满意度显著高于四年级（$MD=0.60$）、五年级（$MD=0.40$）、七年级（$MD=0.62$）和八年级（$MD=0.71$），$ps<0.05$；而四、五、七、八年级之间差异不显著，$ps>0.05$；在抑郁上，五年级显著高于六年级（$MD=0.13$），七年级显著高于六年级（$MD=0.13$）和八年级（$MD=0.10$），$ps<0.05$；而六年级和八年级之间差异不显著。这表明，孤儿学生在心理健康双因素模型指标上总体不存在性别差异，但存在一定年级差异。具体表现为，相较于其他年级，六年级孤儿小学生整体心理健康状况最佳，即生活满意水平最高、抑郁水平最低；而五年级和七年级孤儿学生抑郁水平最高。在孤儿小学生样本内，在生活满意度和抑郁上均表现出年级差异；但在孤儿中学生样本内，只有抑郁呈现出年级差异，而生活满意度不存在年级差异。因此，在本书后续的结构方程模型统计中，针对孤儿小学生将在生活满意度和抑郁模型分析中都控制年级变量，针对孤儿中学生将只在抑郁模型分析中控制年级变量。

表3-11 孤儿中小学生心理健康的描述性统计（$M±SD$）

		生活满意度	抑郁
性别	男	4.28 ± 1.35	1.61 ± 0.40
	女	4.35 ± 1.20	1.65 ± 0.41
年级	四年级	4.21 ± 1.28	1.62 ± 0.30
	五年级	4.40 ± 1.45	1.69 ± 0.40
	六年级	4.80 ± 1.17	1.56 ± 0.40
	七年级	4.18 ± 1.27	1.69 ± 0.44
	八年级	4.09 ± 1.25	1.59 ± 0.40

表 3-12 孤儿中小学生生活满意度在性别、年级上的多因素一元方差分析（$N=544$）

变异来源	SS	df	MS	F	η^2
性别	0.56	1	0.56	0.35	0.00
年级	32.04	4	8.01	4.91**	0.04
性别×年级	4.84	4	1.21	0.74	0.01
误差	870.42	534	1.63		

注：** 表示 $p<0.01$。

表 3-13 孤儿中小学生抑郁在性别、年级上的多因素一元方差分析（$N=544$）

变异来源	SS	df	MS	F	η^2
性别	0.25	1	0.25	1.57	0.00
年级	1.88	4	0.47	2.94*	0.02
性别×年级	0.65	4	0.16	1.01	0.01
误差	85.17	534	0.16		

注：* 表示 $p<0.05$。

（四）品格优势、自我污名、校园人际关系、心理健康的相关分析

为初步探明在孤儿学生群体中品格优势、自我污名、校园人际关系及心理健康之间的关系，本研究采用皮尔逊积差相关系数检验各变量之间的相关性。各变量的总均分的平均数、标准差和皮尔逊积差相关系数结果见表 3-14 和表 3-15。

表 3-14 孤儿小学生品格优势、自我污名、校园人际关系及心理健康的总均分的相关分析

变量名称	M	SD	1	2	3	4	5	6
品格优势	3.59	0.85	1.00					
自我污名	2.10	0.90	-0.53**	1.00				
师生关系	3.45	0.64	0.65**	-0.43**	1.00			
同伴关系	2.53	0.76	0.65**	-0.41**	0.55**	1.00		
生活满意度	4.53	1.31	0.41**	-0.36**	0.36**	0.46**	1.00	
抑郁	1.62	0.38	-0.28**	0.63**	-0.20**	-0.25**	-0.25**	1.00

注：** 表示 $p<0.01$。

由表 3-14 可知，在孤儿小学生中（样本 1），品格优势与生活满意度呈显著正相关，与抑郁呈显著负相关，与自我污名呈显著负相关，与校园人际关系中的师生关系及同伴关系呈显著正相关；心理健康中的生活满意度与自我污名呈显著负相关，与校园人际关系中的师生关系及同伴关系呈显著正相关；心理健康中的抑郁与自我污名呈显著正相关，与校园人际关系中的师生关系及同伴关系呈显著负相关；自我污名与校园人际关系中的师生关系及同伴关系呈显著负相关。

表 3-15 孤儿中学生品格优势、自我污名、校园人际关系及心理健康的总均分的相关分析

变量名称	M	SD	1	2	3	4	5	6
品格优势	3.33	0.73	1.00					
自我污名	2.17	0.81	-0.41**	1.00				
师生关系	3.18	0.62	0.52**	-0.28**	1.00			
同伴关系	2.50	0.66	0.38**	-0.12*	0.26**	1.00		
生活满意度	4.13	1.26	0.36**	-0.26**	0.42**	0.18**	1.00	
抑郁	1.63	0.42	-0.31**	0.59**	-0.12*	-0.02	-0.33**	1.00

注：* 表示 $p<0.05$，** 表示 $p<0.01$。

由表 3-15 可知，在孤儿中学生中（样本 2），品格优势与生活满意度呈显著正相关，与抑郁呈显著负相关，与自我污名呈显著负相关，与校园人际关系中的师生关系及同伴关系呈显著正相关；心理健康中的生活满意度与自我污名呈显著负相关，与校园人际关系中的师生关系及同伴关系呈显著正相关；心理健康中的抑郁与自我污名呈显著正相关，与校园人际关系中的师生关系呈显著负相关，与校园人际关系中的同伴关系不相关；自我污名与校园人际关系中的师生关系及同伴关系呈显著负相关。

（五）品格优势、自我污名、校园人际关系、心理健康关系的结构模型验证

从相关分析的结果可以看出，在孤儿学生群体中，品格优势、自我污名、校园人际关系及心理健康之间均存在不同程度的相关，接下来将进一步探讨这四者之间的关系。为了更好探查品格优势、自我污名及校园人际关系对心

理健康双因素模型中积极与消极指标相关作用的差别,本研究在下述统计分析过程中将针对生活满意度和抑郁两种心理健康指标分别展开。根据中介效应检验程序,一般情况下,只有自变量对因变量的直接效应系数显著时,才会考虑中介变量的存在(Judd et al., 1981; Baron et al., 1986; 温忠麟 等,2012)。因此,本研究首先对品格优势(自变量)与心理健康(因变量)的直接预测关系进行探讨。在此预测关系显著的情况下,加入自我污名变量进行中介效应分析,在此基础上,继续添加校园人际关系作为调节变量,建立四者关系的全模型,进行综合探讨。

1. 品格优势对孤儿学生心理健康的直接预测

分别在样本1(孤儿小学生)和样本2(孤儿中学生)中,以品格优势为预测变量,生活满意度(或抑郁)为结果变量,年级为控制变量,采用软件 Mplus 7.4 编写结构方程语句,分析品格优势对生活满意度(或抑郁)的直接预测力。模型的拟合指数结果见表3-16。在建立模型时,Steiger(1990)认为,RMSEA 低于0.1表示好的拟合;低于0.05表示非常好的拟合;低于0.01表示非常出色的拟合,但这种情形应用上几乎碰不到。温涵等(2015)的研究发现,模型拟合良好只是一个好模型的必要条件,不是充分条件。换句话说,如果模型拟合不好,模型算不上是好模型;但即使模型拟合良好,未必就是好模型。由表3-16可知,本研究中品格优势对心理健康指标直接预测模型的各拟合指标均达到可接受标准,且采用偏差校正百分位 Bootstrap 检验法(抽样次数为5000次)检验各直接预测路径也均显著(ps < 0.01),接下来可以加入中介变量分析。

表3-16 品格优势对孤儿学生心理健康的直接预测模型拟合及 Bootstrap 95%置信区间

样本	心理健康	χ^2/df	CFI	TLI	RMSEA	SRMR	路径系数 β	95%置信区间
孤儿小学生	生活满意度	3.22	0.94	0.93	0.10	0.05	0.40**	[0.28, 0.52]
	抑郁	3.29	0.94	0.93	0.10	0.05	-0.27**	[-0.41, -0.13]
孤儿中学生	生活满意度	5.08	0.93	0.91	0.12	0.04	0.36**	[0.25, 0.48]
	抑郁	4.45	0.93	0.91	0.11	0.04	-0.33**	[-0.44, -0.22]

注:** 表示 p < 0.01。

2. 品格优势对孤儿学生心理健康的间接预测：自我污名的中介作用模型

基于本研究目的，并结合以往理论文献，分别在样本1（孤儿小学生）和样本2（孤儿中学生）中，在控制年级变量的基础上，建立品格优势、自我污名和生活满意度（或抑郁）三者关系的结构方程模型。在此模型中，品格优势为预测变量，自我污名为中介变量，生活满意度（或抑郁）为因变量，使用软件Mplus 7.4编写中介作用结构方程语句，模型的拟合指数结果见表3-17。由表3-17和表3-18可知，本研究中品格优势对心理健康指标间接预测的中介模型各拟合指标均达到可接受标准，可以接受模型以及在相应模型上分析得出的结论。

表3-17 品格优势对孤儿学生心理健康的间接预测全模型拟合、直接效应及Bootstrap 95%置信区间

样本	心理健康	χ^2/df	CFI	TLI	RMSEA	SRMR	直接效应值	95%置信区间
孤儿小学生	生活满意度	3.06	0.92	0.91	0.09	0.07	0.26	[0.10, 0.42]
	抑郁	3.04	0.92	0.91	0.09	0.07	0.18	[0.02, 0.35]
孤儿中学生	生活满意度	5.17	0.88	0.86	0.12	0.07	0.28	[0.15, 0.41]
	抑郁	5.13	0.87	0.85	0.12	0.07	-0.03	[-0.08, 0.06]

表3-18 品格优势对孤儿学生心理健康预测全模型的中介效应及Bootstrap 95%置信区间

样本	路径	间接效应估计值（$a \times b$）	95%置信区间
孤儿小学生	品格优势→自我污名→生活满意度	(-0.59)×(-0.24)=0.14	[0.04, 0.24]
	品格优势→自我污名→抑郁	(-0.58)×0.80=-0.46	[-0.61, -0.31]
孤儿中学生	品格优势→自我污名→生活满意度	(-0.46)×(-0.19)=0.09	[0.02, 0.16]
	品格优势→自我污名→抑郁	(-0.45)×(-0.67)=0.30	[-0.42, -0.18]

注：a为自变量到中介变量的路径系数；b为中介变量到因变量的路径系数。

采用偏差校正百分位 Bootstrap 检验法（抽样次数为 5000 次）检验各个全模型中各路径的显著性，路径系数如图 3-14 和图 3-15 所示。由图 3-14 可知，在生活满意度全模型中，孤儿学生品格优势对自我污名有显著负向预测作用（$\beta_{小} = -0.59$，$p < 0.01$；$\beta_{中} = -0.46$，$p < 0.01$），自我污名对生活满意度有显著负向预测作用（$\beta_{小} = -0.24$，$p < 0.01$；$\beta_{中} = -0.19$，$p < 0.05$），品格优势对生活满意度有显著正向预测作用（$\beta_{小} = 0.26$，$p < 0.01$；$\beta_{中} = 0.28$，$p < 0.01$）。由图 3-15 可知，在抑郁全模型中，孤儿学生品格优势对自我污名有显著负向预测作用（$\beta_{小} = -0.58$，$p < 0.01$；$\beta_{中} = -0.45$，$p < 0.01$），自我污名对抑郁有显著正向预测作用（$\beta_{小} = 0.80$，$p < 0.01$；$\beta_{中} = 0.67$，$p < 0.01$），品格优势对孤儿小学生抑郁有显著正向预测作用（$\beta_{小} = 0.18$，$p < 0.05$），品格优势对孤儿中学生抑郁的预测作用不显著（$\beta_{中} = -0.03$，$p > 0.05$）。

根据图 3-14 可知，孤儿小学生品格优势的直接效应为 0.26，自我污名中介的间接效应为 0.14 [(-0.59) × (-0.24)]，总效应为 0.40（0.26 + 0.14），间接效应在总效应中所占的比例为 0.35（0.14/0.40 × 100%），即在品格优势作用于孤儿小学生生活满意度的效应中有 35% 是通过自我污名的中介作用实现的。根据图 3-14 还可知，孤儿中学生品格优势的直接效应为 0.28，自我污名中介的间接效应为 0.09 [(-0.46) × (-0.19)]，总效应为 0.37（0.28 + 0.09），间接效应在总效应中所占的比例为 0.24（0.09/0.37 × 100%），即在品格优势作用于孤儿中学生生活满意度的效应中有 24% 是通过自我污名的中介作用实现的。

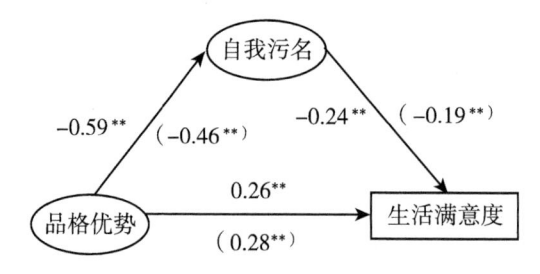

注：** 表示 $p < 0.01$。括号外路径系数为小学生样本结果，括号内路径系数为中学生样本结果。

图 3-14　品格优势与孤儿学生生活满意度的关系：自我污名的中介作用路径图

根据图 3-15 可知，孤儿小学生品格优势的直接效应为 0.18，由于品格优势（自变量）与抑郁（因变量）之间的关系受到自我污名（中介变量）的抑制，因此出现抑制效应，即中介效应与直接效应相反，进而导致本研究中的品格优势的直接效应呈正向（王孟成，2014），虽然这种直接效应是显著的，但明显受到中介效应的抑制。自我污名中介的间接效应为 -0.46 [（-0.58）× 0.80]，总效应为 0.64（0.18 + 0.46），间接效应在总效应中所占的比例为 0.72（0.46/0.64 × 100%），即在品格优势作用于孤儿小学生抑郁的效应中有 72% 是通过自我污名的中介作用实现的，抑制了品格优势对抑郁直接预测作用的发挥。根据图 3-15 还可知，孤儿中学生品格优势仅可以通过自我污名间接预测抑郁，即自我污名在品格优势预测孤儿中学生抑郁的过程中起完全中介作用。

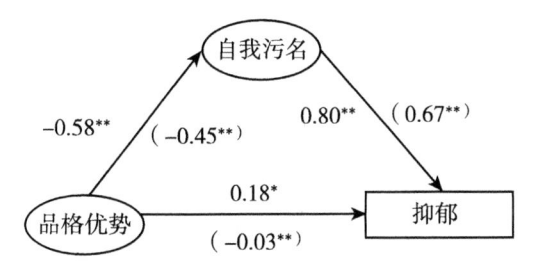

注：* 表示 $p<0.05$，** 表示 $p<0.01$。括号外路径系数为小学生样本结果，括号内路径系数为中学生样本结果。

图 3-15 品格优势与孤儿学生抑郁的关系：自我污名的中介作用路径图

3. 品格优势对孤儿学生心理健康的间接预测：自我污名的中介作用及校园人际关系的调节作用

在统计软件 Mplus 中无论直接路径是否受到调节，皆可建立有调节的中介模型（Edwards et al.，2007）。而在有调节的中介模型中，潜交互项系数的显著性可判断交互作用的存在（刘红云，2019）。在其模型中使用 TYPE IS GENERAL RANDOM 语句可直接看出调节变量在中介模型中作用于哪一条路径，这一方式属于有调节的中介模型检验方法中的依次检验法，而当依次检验法所得结果中的中介效应的两条路径中有一条路径系数显著时，即表明该有调节的中介模型成立。因此，如果运用依次检验法所得中介效应系数显著，那么意味着运用直接检验系数乘积法和中介效应差异检验法两种检验方法检验中介效应系数也必然显著，因此不必再用这两种检验方法进行检验（温忠麟 等，2014）。在本研究中，校园人际关系中的师生关系及同伴关系皆含有积极成分与消极成分。因此，为了具体探查积极与消极校园人际关系调节作用的差别，本研究将采用有调节的中介模型，以师生关系的五个因子及同伴关系的六个因子分别作为调节变量，运用潜交互项系数的依次检验法，分析它们在品格优势、自我污名及心理健康三者关系（中介模型）中的调节作用。

（1）品格优势对孤儿小学生生活满意度的间接预测：自我污名的中介作用及师生关系的调节作用

基于本研究目的，并结合以往理论文献，在样本1中，在控制了年级的基础上，建立了品格优势、自我污名、师生关系和生活满意度四者关系的结构方程模型。在模型中，品格优势为预测变量，自我污名为中介变量，师生关系的五个因子分别作为调节变量，生活满意度为因变量。运用软件 Mplus 7.4 编写品格优势、自我污名、师生关系（亲密性、回避性、理解性、反应性、冲突性）及生活满意度四者的有调节的中介作用结构方程语句，进行运算时发现，师生关系的五个因子与其他三个变量之间均不存在交互作用，即师生关系在品格优势、自我污名及生活满意度中不存在调节作用。

（2）品格优势对孤儿小学生生活满意度的间接预测：自我污名的中介作用及同伴关系的调节作用

基于本研究目的，并结合以往理论文献，在样本1中，在控制了年级的基础上，建立了品格优势、自我污名、同伴关系和生活满意度四者关系的结构方程模型。在模型中，品格优势为预测变量，自我污名为中介变量，同伴关系的六个因子分别作为调节变量，生活满意度为因变量。运用软件 Mplus 7.4 编写品格优势、自我污名、同伴关系（肯定与关心、帮助与指导、陪伴与娱乐、亲密袒露与交流、冲突解决策略、冲突与背叛）及生活满意度四者的有调节的中介作用结构方程语句，进行运算时发现，在同伴关系中只有冲突与背叛因子可以作为调节变量出现在模型中，其余的五种同伴关系因子皆不与这三个变量存在交互作用。

调节效应模型路径系数如图 3-16 所示。由图 3-16 可知，同伴关系中的冲突与背叛因子可调节品格优势对自我污名的预测作用（$\beta=0.08$，$p<0.05$），不能调节品格优势对生活满意度的预测作用（$\beta=0.20$，$p>0.05$），也不能调节自我污名对生活满意度的预测作用（$\beta=0.30$，$p>0.05$）。这表明当品格优势水平一定时，冲突与背叛的同伴关系会促使自我污名水平增加 8 个百分点。

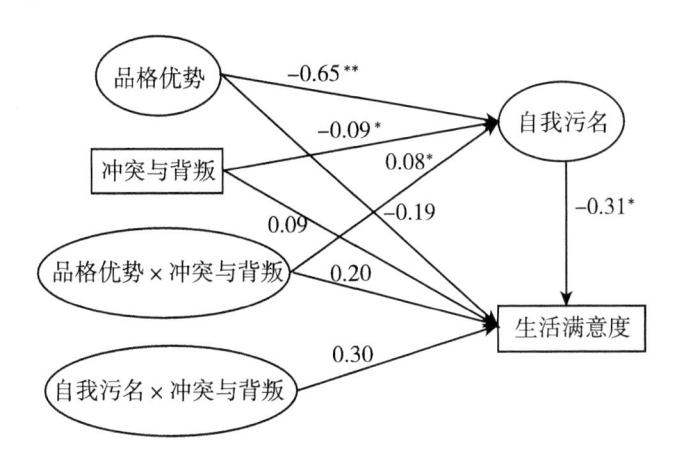

注：* 表示 $p<0.05$，** 表示 $p<0.01$。

图 3-16 孤儿小学生冲突与背叛的同伴关系对品格优势、自我污名、生活满意度三者关系的调节作用路径图

（3）品格优势对孤儿小学生抑郁的间接预测：自我污名的中介作用及师生关系的调节作用

基于本研究目的，并结合以往理论文献，在样本 1 中，在控制了年级的基础上，建立了品格优势、自我污名、师生关系和抑郁四者关系的结构方程模型。在模型中，品格优势为预测变量，自我污名为中介变量，师生关系的五个因子分别作为调节变量，抑郁为因变量。运用软件 Mplus 7.4 编写品格优势、自我污名、师生关系（亲密性、回避性、理解性、反应性、冲突性）及抑郁四者的有调节的中介作用结构方程语句，进行运算时发现，在师生关系中只有冲突性因子可以作为调节变量出现在模型中，其余的四种师生关系因子皆不与这三个变量存在交互作用。

调节效应模型路径系数如图 3-17 所示。由图 3-17 可知，师生关系中的冲突性因子可调节品格优势对抑郁的预测作用（$\beta=0.10$，$p<0.01$），不能调节品格优势对自我污名的预测作用（$\beta=-0.01$，$p>0.05$），也不能调

节自我污名对抑郁的预测作用（$\beta = 0.07$，$p > 0.05$）。这表明当品格优势水平一定时，冲突性师生关系会促使抑郁水平增加 10 个百分点。

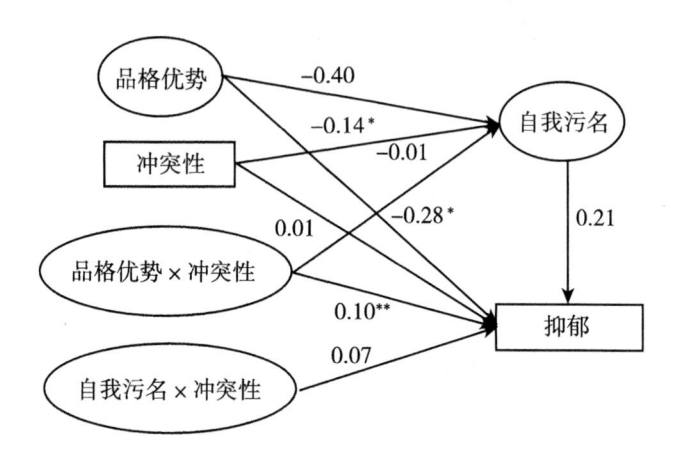

注：* 表示 $p < 0.05$，** 表示 $p < 0.01$。

图 3-17 孤儿小学生冲突性师生关系对品格优势、自我污名、抑郁三者关系的调节作用路径图

（4）品格优势对孤儿小学生抑郁的间接预测：自我污名的中介作用及同伴关系的调节作用

基于本研究目的，并结合以往理论文献，在样本 1 中，在控制了年级的基础上，建立了品格优势、自我污名、同伴关系和抑郁四者关系的结构方程模型。在模型中，品格优势为预测变量，自我污名为中介变量，同伴关系的五个因子分别作为调节变量，抑郁为因变量。运用软件 Mplus 7.4 编写品格优势、自我污名、同伴关系（肯定与关心、帮助与指导、陪伴与娱乐、亲密袒露与交流、冲突解决策略、冲突与背叛）及抑郁四者的有调节的中介作用结构方程语句，进行运算时发现，在同伴关系中只有冲突与背叛因子可以作为调节变量出现在模型中，其余的五种同伴关系因子皆不与这三个变量存在交互作用。

调节效应模型路径系数如图 3-18 所示。由图 3-18 可知，同伴关系中的冲突与背叛因子可调节品格优势对自我污名的预测作用（$\beta = 0.08$，$p < 0.05$），不能调节品格优势对抑郁的预测作用（$\beta = -0.02$，$p > 0.05$），也不能调节自我污名对抑郁的预测作用（$\beta = 0.05$，$p > 0.05$）。这表明当品格优

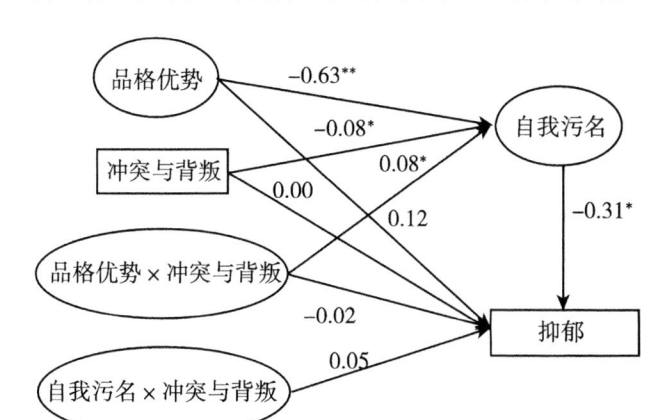

势水平一定时，冲突与背叛的同伴关系会促使自我污名水平增加8个百分点。

注：* 表示 $p<0.05$，** 表示 $p<0.01$。

图3-18 孤儿小学生冲突与背叛的同伴关系对品格优势、自我污名、抑郁三者关系的调节作用路径图

（5）品格优势对孤儿中学生生活满意度的间接预测：自我污名的中介作用及师生关系的调节作用

基于本研究目的，并结合以往理论文献，在样本2中，建立了品格优势、自我污名、师生关系和生活满意度四者关系的结构方程模型。在模型中，品格优势为预测变量，自我污名为中介变量，师生关系的五个因子分别作为调节变量，生活满意度为因变量。运用软件 Mplus 7.4 编写品格优势、自我污名、师生关系（亲密性、回避性、理解性、反应性、冲突性）及生活满意度四者的有调节的中介作用结构方程语句，进行运算时发现，师生关系中的亲密性、回避性、反应性及冲突性四个因子可以作为调节变量出现在模型中，而理解性因子与其他三个变量间不存在交互作用。

其一，亲密性师生关系的调节作用。

调节效应模型路径系数如图3-19所示。由图3-19可知，师生关系中的亲密性因子可调节自我污名对生活满意度的预测作用（$\beta = -0.28$，$p<0.05$），不能调节品格优势对自我污名的预测作用（$\beta = -0.07$，$p>0.05$），也不能调节品格优势对生活满意度的预测作用（$\beta = -0.01$，$p>0.05$）。这表明当自我污名水平一定时，亲密性师生关系促使生活满意度水平增加28个百分点。

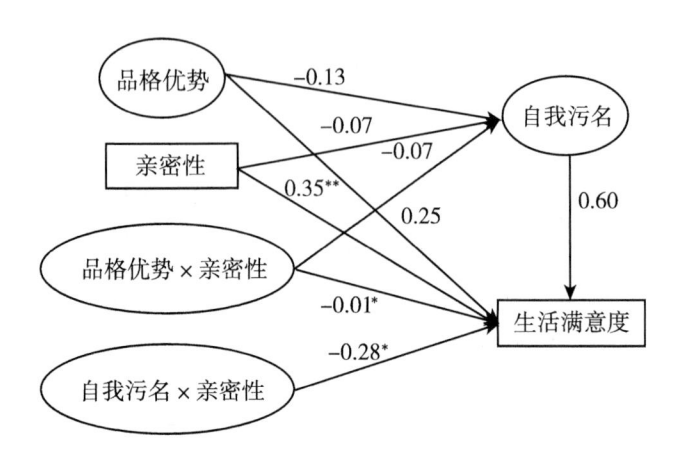

图3-19 孤儿中学生亲密性师生关系对品格优势、自我污名、
生活满意度三者关系的调节作用路径图

其二，回避性师生关系的调节作用。

调节效应模型路径系数如图3-20所示。由图3-20可知，师生关系中的回避性因子可调节品格优势对生活满意度的预测作用（$\beta=0.27$，$p<0.05$），不能调节品格优势对自我污名的预测作用（$\beta=-0.09$，$p>0.05$），也不能调节自我污名对生活满意度的预测作用（$\beta=0.25$，$p>0.05$）。这表明当品格优势水平一定时，回避性师生关系会促使生活满意度水平增加27个百分点。

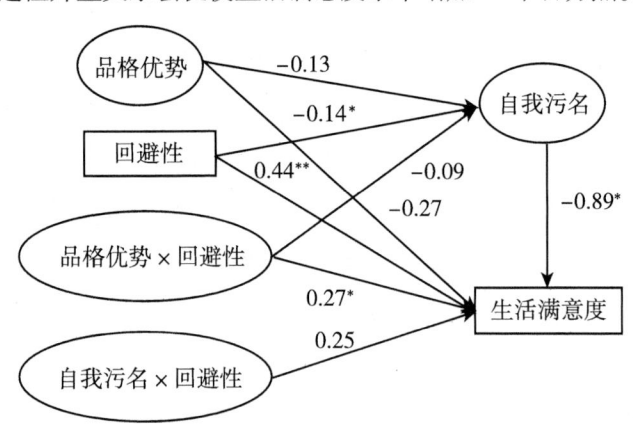

图3-20 孤儿中学生回避性师生关系对品格优势、自我污名、
生活满意度三者关系的调节作用路径图

其三，反应性师生关系的调节作用。

调节效应模型路径系数如图3-21所示。由图3-21可知，师生关系中的反应性因子可调节品格优势对自我污名的预测作用（$\beta = -0.12$，$p < 0.05$），不能调节品格优势对生活满意度的预测作用（$\beta = -0.03$，$p > 0.05$），也不能调节自我污名对生活满意度的预测作用（$\beta = -0.06$，$p > 0.05$）。这表明当品格优势水平一定时，反应性师生关系会抑制自我污名水平增加12个百分点。

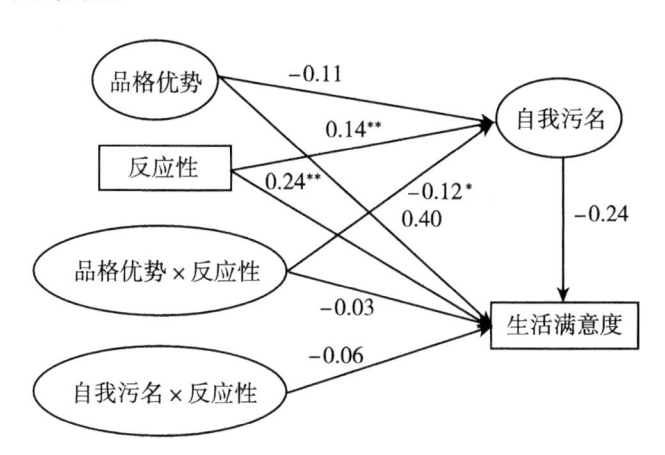

注：* 表示 $p < 0.05$，** 表示 $p < 0.01$。

图3-21 孤儿中学生反应性师生关系对品格优势、自我污名、生活满意度三者关系的调节作用路径图

其四，冲突性师生关系的调节作用。

调节效应模型路径系数如图3-22所示。由图3-22可知，师生关系中的冲突性因子可调节品格优势对自我污名的预测作用（$\beta = 0.23$，$p < 0.01$），不能调节品格优势对生活满意度的预测作用（$\beta = -0.08$，$p > 0.05$），也不能调节自我污名对生活满意度的预测作用（$\beta = 0.18$，$p > 0.05$）。这表明当品格优势水平一定时，冲突性师生关系会促使自我污名水平增加23个百分点。

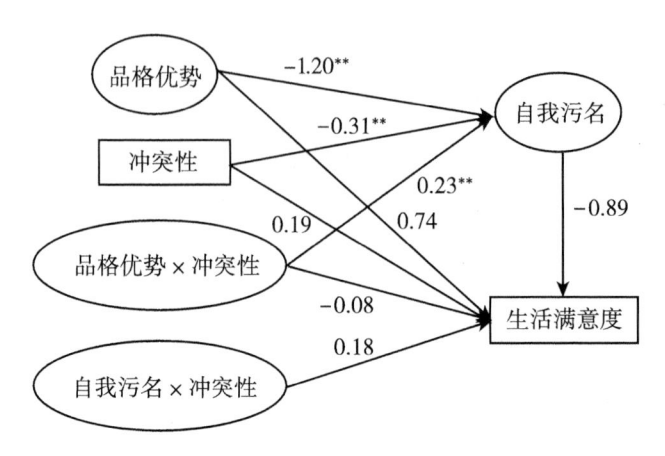

注：** 表示 $p<0.01$。

图3-22　孤儿中学生冲突性师生关系对品格优势、自我污名、
生活满意度三者关系的调节作用路径图

（6）品格优势对孤儿中学生生活满意度的间接预测：自我污名的中介作用及同伴关系的调节作用

基于本研究目的，并结合以往理论文献，在样本2中，建立了品格优势、自我污名、同伴关系和生活满意度四者关系的结构方程模型。在模型中，品格优势为预测变量，自我污名为中介变量，同伴关系的六个因子分别作为调节变量，生活满意度为因变量。运用软件 Mplus 7.4 编写品格优势、自我污名、同伴关系（肯定与关心、帮助与指导、陪伴与娱乐、亲密袒露与交流、冲突解决策略、冲突与背叛）及生活满意度四者的有调节的中介作用结构方程语句，进行运算时发现，同伴关系中的肯定与关心、帮助与指导、亲密袒露与交流及冲突解决策略四个因子可以作为调节变量出现在模型中，而陪伴与娱乐、冲突与背叛两个因子与其他三个变量间均不存在交互作用。

其一，肯定与关心同伴关系的调节作用。

调节效应模型路径系数如图3-23所示。由图3-23可知，同伴关系中的肯定与关心因子可调节品格优势对自我污名的预测作用（$\beta=-0.16$，$p<0.05$），不能调节品格优势对生活满意度的预测作用（$\beta=-0.002$，$p>0.05$），也不能调节自我污名对生活满意度的预测作用（$\beta=-0.01$，$p>0.05$）。这表明当品格优势水平一定时，肯定与关心的同伴关系会抑制自我污名水平增加16个百分点。

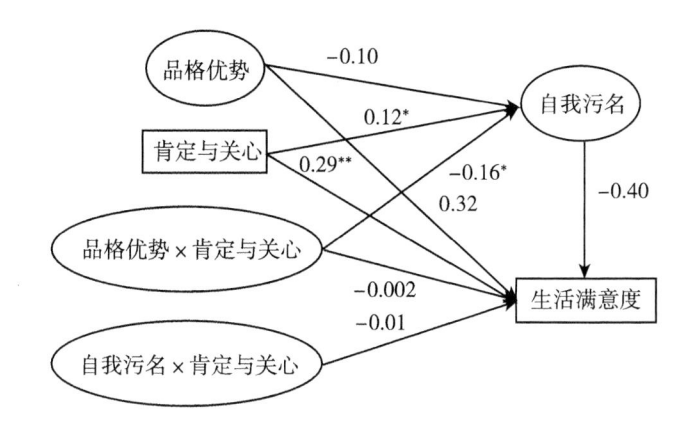

注：* 表示 $p<0.05$，** 表示 $p<0.01$。

图 3-23　孤儿中学生肯定与关心的同伴关系对品格优势、自我污名、生活满意度三者关系的调节作用路径图

其二，帮助与指导同伴关系的调节作用。

调节效应模型路径系数如图 3-24 所示。由图 3-24 可知，同伴关系中的帮助与指导因子可调节品格优势对自我污名的预测作用（$\beta=-0.14$，$p<0.01$），不能调节品格优势对生活满意度的预测作用（$\beta=-0.05$，$p>0.05$），也不能调节自我污名对生活满意度的预测作用（$\beta=-0.17$，$p>0.05$）。这表明当品格优势水平一定时，帮助与指导的同伴关系会抑制自我污名水平增加 14 个百分点。

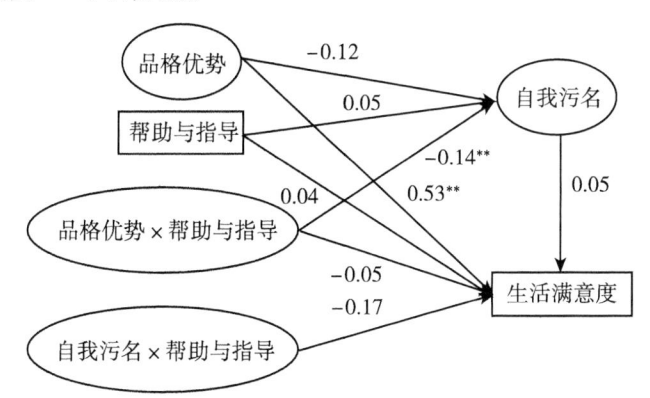

注：** 表示 $p<0.01$。

图 3-24　孤儿中学生帮助与指导的同伴关系对品格优势、自我污名、生活满意度三者关系的调节作用路径图

其三,亲密袒露与交流同伴关系的调节作用。

调节效应模型路径系数如图 3-25 所示。由图 3-25 可知,同伴关系中的亲密袒露与交流因子可调节品格优势对自我污名的预测作用($\beta = -0.13$,$p<0.05$),不能调节品格优势对生活满意度的预测作用($\beta = -0.02$,$p>0.05$),也不能调节自我污名对生活满意度的预测作用($\beta = -0.004$,$p>0.05$)。这表明当品格优势水平一定时,亲密袒露与交流的同伴关系会抑制自我污名水平增加 13 个百分点。

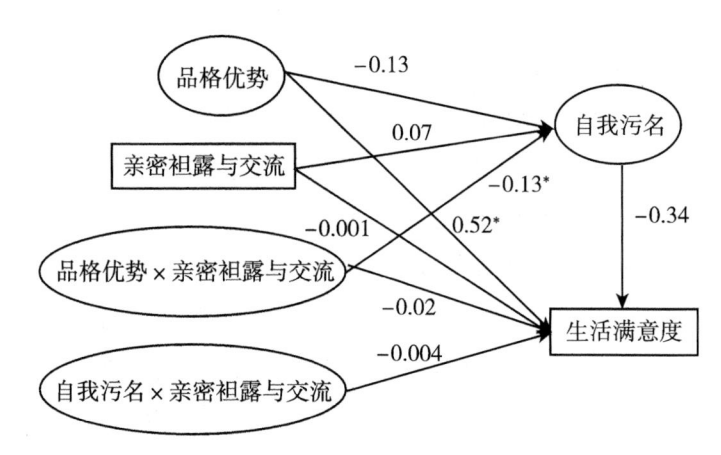

注:*表示 $p<0.05$。

图 3-25 孤儿中学生亲密袒露与交流的同伴关系对品格优势、自我污名、生活满意度三者关系的调节作用路径图

其四,冲突解决策略同伴关系的调节作用。

调节效应模型路径系数如图 3-26 所示。由图 3-26 可知,同伴关系中的冲突解决策略因子可调节品格优势对自我污名的预测作用($\beta = -0.15$,$p<0.05$),不能调节品格优势对生活满意度的预测作用($\beta = -0.01$,$p>0.05$),也不能调节自我污名对生活满意度的预测作用($\beta = -0.22$,$p>0.05$)。这表明当品格优势水平一定时,冲突解决策略的同伴关系会抑制自我污名水平增加 15 个百分点。

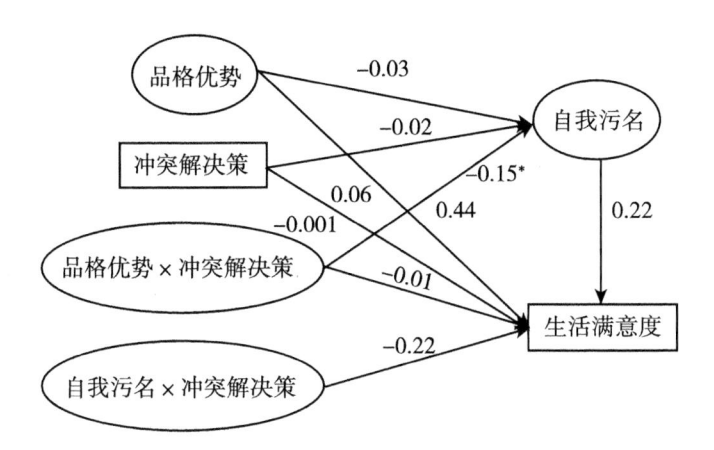

注：*表示 $p<0.05$。

图3-26 孤儿中学生冲突解决策略的同伴关系对品格优势、自我污名、
生活满意度三者关系的调节作用路径图

（7）品格优势对孤儿中学生抑郁的间接预测：自我污名的中介作用及师生关系的调节作用

基于本研究目的，并结合以往理论文献，在样本2中，在控制了年级的基础上，建立了品格优势、自我污名、师生关系和抑郁的结构方程模型。在模型中，品格优势为预测变量，自我污名为中介变量，师生关系的五个因子分别作为调节变量，抑郁为因变量。运用软件 Mplus 7.4 编写品格优势、自我污名、师生关系（亲密性、回避性、理解性、反应性、冲突性）及抑郁四者的有调节的中介作用结构方程语句，进行运算时发现，师生关系的反应性、冲突性两个因子可以作为调节变量出现在模型中，其余三个因子皆不与这三个变量存在交互作用。

其一，反应性师生关系的调节作用。

调节效应模型路径系数如图3-27所示。由图3-27可知，师生关系中的反应性因子可调节品格优势对自我污名的预测作用（$\beta=-0.12$, $p<0.01$），不能调节品格优势对抑郁的预测作用（$\beta=0.001$, $p>0.05$），也不能调节自我污名对抑郁的预测作用（$\beta=0.02$, $p>0.05$）。这表明当品格优势水平一定时，反应性师生关系会抑制自我污名水平增加12个百分点。

图 3-27 孤儿中学生反应性师生关系对品格优势、自我污名、
抑郁三者关系的调节作用路径图

其二，冲突性师生关系的调节作用。

调节效应模型路径系数如图 3-28 所示。由图 3-28 可知，师生关系中的冲突性因子可调节品格优势对自我污名的预测作用（$\beta = 0.22$，$p < 0.01$），不能调节品格优势对抑郁的预测作用（$\beta = 0.01$，$p > 0.05$），也不能调节自我污名对抑郁的预测作用（$\beta = -0.04$，$p > 0.05$）。这表明当品格优势水平一定时，冲突性师生关系会促使自我污名水平增加 22 个百分点。

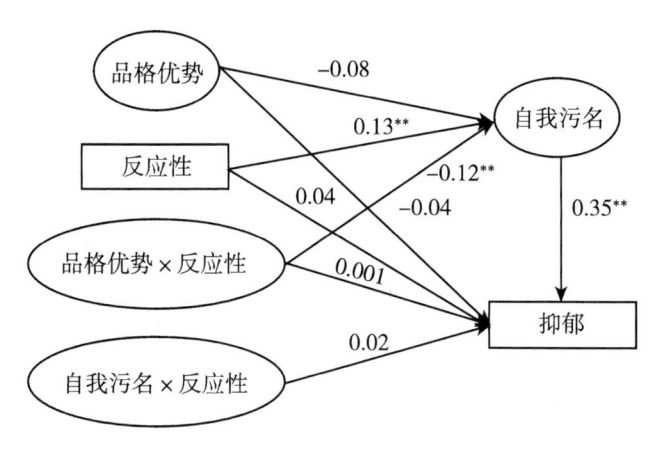

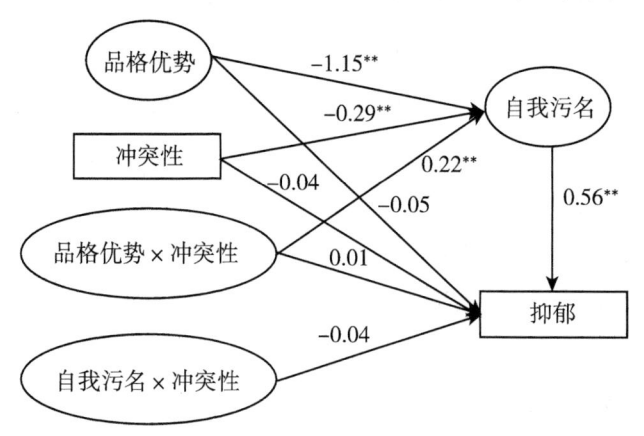

注：** 表示 $p < 0.01$。

图 3-28 孤儿中学生冲突性师生关系对品格优势、自我污名、
抑郁三者关系的调节作用路径图

第三章 孤儿学生自我污名对其心理健康与社会性发展的影响

（8）品格优势对孤儿中学生抑郁的间接预测：自我污名的中介作用及同伴关系的调节作用

基于本研究目的，并结合以往理论文献，在样本2中，在控制了年级的基础上，建立了品格优势、自我污名、同伴关系和抑郁的结构方程模型。在模型中，品格优势为预测变量，自我污名为中介变量，同伴关系的六个因子分别作为调节变量，抑郁为因变量。运用软件 Mplus 7.4 编写品格优势、自我污名、同伴关系（肯定与关心、帮助与指导、陪伴与娱乐、亲密袒露与交流、冲突解决策略、冲突与背叛）及抑郁四者的有调节的中介作用结构方程语句，进行运算时发现，同伴关系中的肯定与关心、帮助与指导、亲密袒露与交流及冲突解决策略四个因子可以作为调节变量出现在模型中，其余两种因子均不与这三个变量存在交互作用。

其一，肯定与关心同伴关系的调节作用。

调节效应模型路径系数如图3-29所示。由图3-29可知，同伴关系中的肯定与关心因子可调节品格优势对自我污名的预测作用（$\beta = -0.15$, $p < 0.05$），不能调节品格优势对抑郁的预测作用（$\beta = 0.03$, $p > 0.05$），也不能调节自我污名对抑郁的预测作用（$\beta = 0.05$, $p > 0.05$）。这表明当品格优势水平一定时，肯定与关心的同伴关系会抑制自我污名水平增加15个百分点。

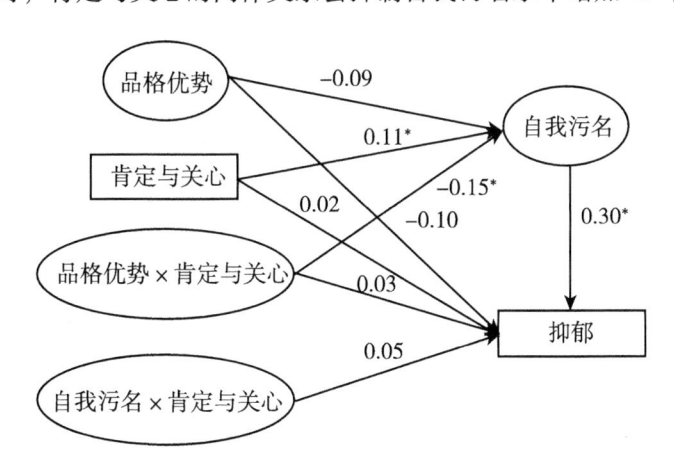

注：*表示 $p < 0.05$。

图3-29 孤儿中学生肯定与关心的同伴关系对品格优势、自我污名、抑郁三者关系的调节作用路径图

其二，帮助与指导同伴关系的调节作用。

调节效应模型路径系数如图 3-30 所示。由图 3-30 可知，同伴关系中的帮助与指导因子可调节品格优势对自我污名的预测作用（$\beta = -0.13$，$p < 0.01$），不能调节品格优势对抑郁的预测作用（$\beta = 0.05$，$p > 0.05$），也不能调节自我污名对抑郁的预测作用（$\beta = 0.06$，$p > 0.05$）。这表明当品格优势水平一定时，帮助与指导的同伴关系会抑制自我污名水平增加 13 个百分点。

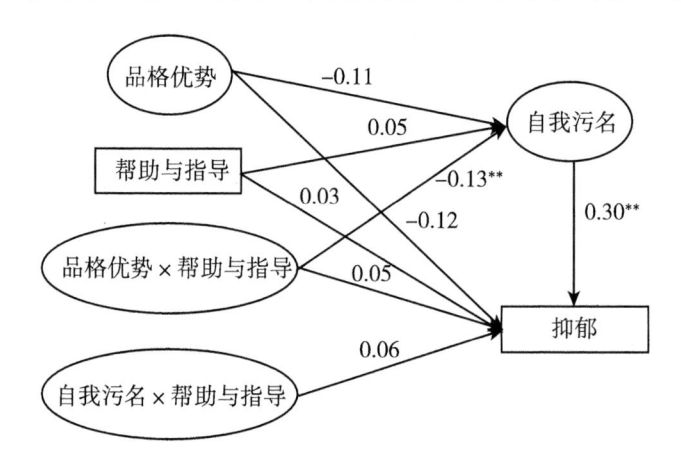

注：** 表示 $p < 0.01$。

图 3-30 孤儿中学生帮助与指导的同伴关系对品格优势、自我污名、抑郁三者关系的调节作用路径图

其三，亲密袒露与交流同伴关系的调节作用。

调节效应模型路径系数如图 3-31 所示。由图 3-31 可知，同伴关系中的亲密袒露与交流因子可调节品格优势对自我污名的预测作用（$\beta = -0.12$，$p < 0.05$），不能调节品格优势对抑郁的预测作用（$\beta = 0.03$，$p > 0.05$），也不能调节自我污名对抑郁的预测作用（$\beta = 0.05$，$p > 0.05$）。这表明当品格优势水平一定时，亲密袒露与交流的同伴关系会抑制自我污名水平增加 12 个百分点。

其四，冲突解决策略同伴关系的调节作用。

调节效应模型路径系数如图 3-32 所示。由图 3-32 可知，同伴关系中的冲突解决策略因子可调节品格优势对自我污名的预测作用（$\beta = -0.14$，$p < 0.05$），不能调节品格优势对抑郁的预测作用（$\beta = 0.04$，$p > 0.05$），也

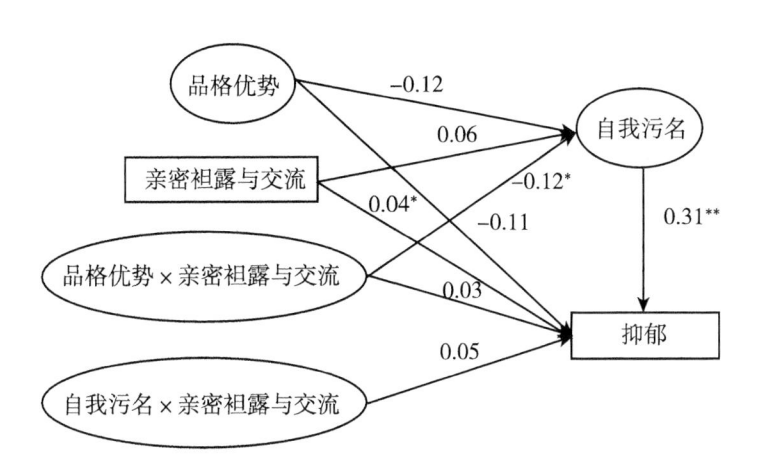

注：*表示 $p<0.05$，**表示 $p<0.01$。

图3-31 孤儿中学生亲密袒露与交流的同伴关系对品格优势、自我污名、抑郁三者关系的调节作用路径图

不能调节自我污名对抑郁的预测作用（$\beta=0.07$，$p>0.05$）。这表明当品格优势水平一定时，冲突解决策略的同伴关系会抑制自我污名水平增加14个百分点。

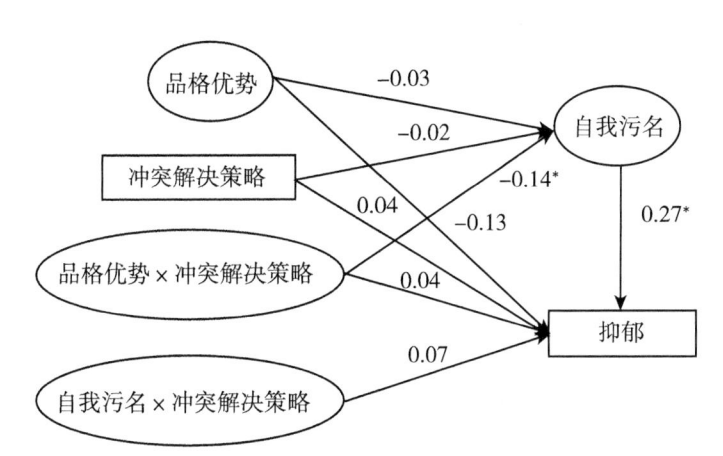

注：*表示 $p<0.05$。

图3-32 孤儿中学生冲突解决策略的同伴关系对品格优势、自我污名、抑郁三者关系的调节作用路径图

四、讨论与小结

（一）品格优势对孤儿学生心理健康的直接预测作用

本研究发现，一方面品格优势可以直接正向预测孤儿学生的生活满意度，即品格优势水平越高的孤儿学生，其生活满意度水平越高；另一方面品格优势可以直接负向预测孤儿小学生的抑郁，即品格优势水平越高的孤儿小学生，其抑郁水平越低；但品格优势却不能直接负向预测孤儿中学生的抑郁，它必须借助自我污名的中介作用才能实现对中学生抑郁的间接预测作用。因此，在孤儿小学生样本中，假设1得到验证；在孤儿中学生样本中，假设1得到部分验证。

这一结果与 Shimai 等（2006）及屈正良和邓巧玲（2018）的研究一致。孟万金（2008）在《积极心理健康教育》一书中提到品格优势是积极心理学的一个核心概念，也是促进个体主观幸福感的良好资源。而主观幸福感的首要成分就是生活满意度，因此其观点与本研究结果一致。这一结果还与李敏丽等（2018）的干预结果一致，即对品格优势进行干预时，可以缓解抑郁、焦虑等一系列消极情绪带来的不良影响，帮助被试提高品格优势的同时，亦可以使其产生积极的情绪。

然而，由于中学生进入青春期，他们的自我同一性得到了迅速的发展，所以他们的价值观、自我概念及自尊都与小学生有着很大的区别（孟万金，2008）。加之"孤儿"这一社会大众给予的标签促使孤儿学生产生自我污名，青春期的孤儿中学生对这一标签会更为敏感（王江洋，王晓娜 等，2017；王江洋，李昂扬 等，2017）。此外，由于孤儿中学生基本都是从孤儿学校的小学部直升中学部，因此孤儿中学生感知"孤儿"这一群体身份标签的时间更长，接触并内化自己归属于"孤儿"这一群体的时间更长，形成自我污名的错误认知时间也更久，因此受到自我污名的影响就会更大，妨碍了品格优势对孤儿中学生心理健康直接建设性作用的发挥。因此，品格优势对抑郁的负向预测作用在孤儿小学生与孤儿中学生中存在明显的差别。

(二) 自我污名在品格优势对孤儿学生心理健康预测关系中的中介作用

本研究发现，自我污名在品格优势对孤儿学生心理健康预测关系中具有中介作用。一方面，品格优势通过负向预测自我污名，自我污名负向预测生活满意度，从而间接正向预测孤儿学生的生活满意度，即品格优势水平越高的孤儿学生，其自我污名水平越低，进而生活满意度水平越高；另一方面，品格优势还可以通过负向预测自我污名，自我污名正向预测抑郁，间接负向预测孤儿学生抑郁，即品格优势水平越高的孤儿学生，其自我污名水平越低，进而抑郁水平也越低。因此，在孤儿中小学生样本中，假设2均得到验证。

本研究结果中，品格优势对自我污名具有负向预测作用与Tweed等（2012）及Vertilo等（2014）研究的观点一致，即认为品格优势是减少污名的一种手段。孤儿学生由于被社会大众贴上身份标签，导致其产生自我污名，而品格优势可以防止或减弱其自我污名表现。自我污名对心理健康中的生活满意度具有负向预测作用，与心理健康中的抑郁具有正向预测作用。这一结果也可以从侧面证明自我污名会损害孤儿学生心理健康，这与前人的研究结果一致（来媛，2012；Schmitt et al.，2014；Birtel et al.，2017；Ciciurkaite et al.，2017；王江洋，李昂扬等，2017）。

同时，根据阿德勒（1986）的"自卑情结"和"追求优越"两个理论可知，人天生具有追求优越的本能冲动，孤儿学生亦不例外。人格中可以被改变的积极力量和正向特质，即品格优势，亦是人们追求优越的目标之一。但大众的不良看法，使孤儿带有了歧视性的身份标签，导致孤儿学生产生自卑心理，进而将自卑进行内化，产生错误的认知，进一步滋生了自我污名。如果孤儿学生长期处于这种自我污名的认知中，就容易产生心理问题，危害其心理健康。

(三) 校园人际关系在孤儿学生品格优势、自我污名及心理健康三者关系中的调节作用

1. 校园人际关系在孤儿小学生品格优势、自我污名及心理健康三者关系中的调节作用

本研究发现，对于孤儿小学生而言，冲突性师生关系可调节品格优势对

抑郁的预测作用,即当品格优势水平一定时,冲突性师生关系会增加孤儿小学生抑郁的风险;冲突与背叛的同伴关系可调节品格优势对自我污名的预测作用,即当品格优势水平一定时,冲突与背叛的同伴关系会增加孤儿小学生自我污名的风险。因此,假设的有调节中介模型1和中介模型2在孤儿小学生样本中得到部分验证。这一结果与王江洋等(2020)的研究结果基本一致。

已有研究结果表明,师生依恋对孤儿学生心理健康的积极指标即生活满意度具有正向预测作用,对心理健康的消极指标即抑郁具有负向预测作用;同伴依恋对孤儿学生自我污名具有负向预测作用,即同伴依恋质量越低,孤儿学生自我污名水平越高(王江洋 等,2020)。这也就是说,师生依恋质量越低,越容易增加孤儿学生的抑郁水平。而冲突性师生关系属于消极的师生关系,它会严重阻碍孤儿小学生与教师之间形成师生依恋。同时,当孤儿小学生与教师之间发生冲突性时,也会妨碍孤儿小学生对人仁善与热情等品格优势特质的发挥。因此,当品格优势与冲突性师生关系发生交互作用时,就会起到增加孤儿小学生抑郁的风险。而冲突与背叛的同伴关系属于消极的同伴关系,它会严重阻碍孤儿小学生之间形成高质量的同伴依恋。因此,可推测同伴之间的冲突与背叛会使得孤儿小学生对自己产生自我否定,进而增加其自我污名。同时,冲突与背叛也会妨碍同伴之间发生合作行为与仁善关爱等品格优势特质的发挥。因此,当品格优势与冲突与背叛的同伴关系发生交互作用时,就会增加孤儿小学生自我污名的风险。

2. 校园人际关系在孤儿中学生品格优势、自我污名及心理健康三者关系中的调节作用

本研究发现,对于孤儿中学生而言,反应性与冲突性师生关系可调节品格优势对自我污名的预测作用,亲密性师生关系可调节自我污名对生活满意度的预测作用,回避性师生关系可调节品格优势对生活满意度的预测作用;肯定与关心、帮助与指导、亲密袒露与交流、冲突解决策略四种积极同伴关系可调节品格优势对自我污名的预测作用。因此,假设的有调节中介模型1和中介模型2在孤儿中学生样本中得到部分验证。

（1）反应性与冲突性师生关系可调节品格优势对自我污名的预测作用

本研究发现，对于孤儿中学生而言，反应性与冲突性师生关系可调节品格优势对自我污名的预测作用，即当品格优势水平一定时，反应性师生关系会抑制孤儿中学生自我污名的风险，冲突性师生关系则增加孤儿中学生自我污名的风险。这一结果与王江洋等（2020）的研究结果基本一致。

首先，反应性师生关系是指学生在认知情感上对于良好师生关系的主动期待。当孤儿中学生具有高水平品格优势时，其社交性水平也较高，因此对人际关系的反应性也会比较敏感。这时如果其表现出对良好师生关系的主动期待，那么就更可能主动与教师去沟通，更信任教师，就更容易与教师之间建立高质量的师生依恋。高质量师生依恋可以降低孤儿中学生的自我污名水平（王江洋 等，2020）。同时，当孤儿中学生对良好师生关系主动期待时，他们也会更愿意与人为善，主动热情，从而促进仁善与热情等品格优势特质的发挥。因此，当品格优势与反应性师生关系发生交互作用时，就会起到抑制孤儿中学生自我污名的作用。

其次，在封闭的孤儿学校中，教师是与孤儿中学生具有不同身份的外群体成员。依据群际威胁理论（Brown，2000），内外群体地位的差别，极易造成内外群体成员之间的冲突，进而对内群体成员心理产生消极影响。由此，可推测师生之间的冲突会强化孤儿中学生认为教师对其有所歧视的刻板印象，从而加剧其自我污名表现。同时，冲突性师生关系属于消极的师生关系，它也会严重阻碍孤儿中学生与教师之间形成高质量的师生依恋。师生依恋对孤儿中学生自我污名具有负向预测作用，即师生依恋质量越低，孤儿中学生自我污名水平越高（王江洋 等，2020）。冲突性师生关系也会妨碍孤儿中学生对他人仁善关爱等品格优势特质的发挥。因此，当品格优势与冲突性师生关系发生交互作用时，就会增加孤儿中学生自我污名的风险。

（2）亲密性师生关系可调节自我污名对生活满意度的预测作用

本研究发现，亲密性师生关系可调节自我污名对生活满意度的预测作用，即当自我污名水平一定时，亲密性师生关系会增加孤儿中学生生活满意度。这一结果与王江洋等（2020）的研究结果基本一致。

亲密性师生关系既是高质量师生依恋形成的前提也是其结果，一旦形成了亲密性师生依恋，那么孤儿中学生就与教师建立了良好的跨群体友谊。这种跨群体友谊是基于师生之间长期的亲密接触才得以产生的，具有降低孤儿中学生自我污名、提高其幸福感和心理健康水平的作用（Benner et al.，2017；Grütter et al.，2017；王江洋 等，2020）。因此，亲密性师生关系可以抑制中学生的自我污名，当其与自我污名发生交互作用时，就可调节自我污名对孤儿中学生生活满意度的消极影响，从而增加孤儿中学生的生活满意度。

（3）回避性师生关系可调节品格优势对生活满意度的预测作用

本研究发现，回避性师生关系可调节品格优势对生活满意度的预测作用，即当品格优势水平一定时，回避性师生关系会增加孤儿中学生生活满意度。

有研究在对孤儿院、孤儿学校等福利机构进行调查时发现，近30%的工作人员表示与孤儿之间没有深入的交流，不了解他们的想法。当问及孤儿在生活中遇到困难后如何解决问题时，在受访的孤儿报告中，36.1%的孤儿表示是自己想办法解决，只有15.5%的孤儿倾向于寻求老师帮助（中华少年儿童慈善救助基金 等，2013）。这表明孤儿中学生在日常生活中更习惯于回避教师，避免与教师接触。这可能是由于在封闭的孤儿学校中，教师是与孤儿中学生具有不同身份的外群体成员。如果教师本身与孤儿中学生没有建立起亲密的依恋关系，那么为了避免内外群体成员之间的冲突，孤儿中学生就会尽量避免与教师接触（王江洋，2020）。某种程度上，孤儿中学生与教师接触得越少，与教师之间发生冲突的机会就会越少，这反而有利于其品格优势的发挥。因此，当其回避性师生关系与品格优势发生交互作用时，这反而会增加孤儿中学生的生活满意度。

（4）四种积极同伴关系可调节品格优势对自我污名的预测作用

本研究发现，肯定与关心、帮助与指导、亲密袒露与交流、冲突解决策略四种积极同伴关系可调节品格优势对自我污名的预测作用，即当品格优势水平一定时，肯定与关心、帮助与指导、亲密袒露与交流、冲突解决策略四种积极同伴关系均会抑制孤儿中学生自我污名的风险。这一结果与王江洋等（2020）的研究结果基本一致。

上述四种积极同伴关系是高信任、高沟通、低疏离的高质量同伴依恋建立的重要表现。高质量的同伴依恋具有降低孤儿中学生自我污名的作用（王

江洋 等，2020）。而且，积极的同伴关系也会促进孤儿中学生公正合作、仁善等品格优势特质的发挥。因此，当四种积极同伴关系与品格优势发生交互作用时，就会起到抑制孤儿中学生自我污名的作用。

（四）局限与展望

1. 关于校园人际关系的整合分析

在本研究中，由于受研究工具的限制，师生关系与同伴关系的测量分别使用了不同的工具，因此只能分开分析，未能将两种校园人际关系同时分析是本研究的一大缺憾。期望未来研究可研发一套相对系统的、可全面测量儿童校园人际关系的综合性测量工具，以助力校园人际关系研究邻域的深化与拓展。

2. 关于孤儿样本类别的选取

在本研究中，只选择了孤儿学校中的孤儿学生作为孤儿样本对象，并未从致孤原因、收养机构差别等其他角度选取不同类别的孤儿被试，因此不能对不同类型孤儿心理健康发展的差别及相关影响因素的作用做出推论。致孤原因及收养机构不同，导致不同类别孤儿生活环境的不同，进而其品格优势发展水平、自我污名发展水平、人际关系状态以及心理健康水平也可能是不相同的。在未来的研究中，希望可以进一步扩充孤儿取样的类别，增大样本容量，针对孤儿的类别差异做进一步的比较分析，以便更深入地探究不同亚类孤儿心理健康发展机制问题。

第四章 去自我污名心理视域下的孤儿学生心理健康教育干预实践

第一节 高自我污名孤儿初中生的团体辅导干预

一、研究背景与研究目的

孤儿作为社会上一种特殊的弱势群体具有与其身份有关的特殊心理问题。由福利院监护、集中在孤儿学校接受教育的孤儿学生，是接受政府集中教养模式安置的典型代表。他们虽然享有和普通儿童同样生活和接受教育的权益，但是却被明显地从普通儿童群体中分离出来，缺失父母、亲人等家庭系统的社会支持，被长期隔离于主流社会之外，带有明显的"孤儿"身份污名化特征。在社会交往中，孤儿学生把来自于公众对他们的负面"身份标签"认同、内化为自我身份理解的一部分时，就会形成自我污名。国外以往研究表明，自我污名会给受污名群体带来诸多消极影响，如降低受污名群体的自尊和自我价值感（Fung et al.，2007；Werner et al.，2008），以及对生活的希望水平（Lysake et al.，2007），增强其抑郁、羞耻情绪（Manos et al.，2009；Kranke et al.，2011）；使其在社会交往中更容易选择逃避、退缩的方式来应对公众的拒绝（Lloyd et al.，2005）等。前述研究已表明，孤儿学生自我污名的测量结构由自我身份敏感、自我懈怠、自我疏离、自我狭隘四种特质构成。四年级至十年级高自我污名孤儿学生在人际交往时更容易做出被他人拒绝的预期，并倾向于把拒绝的原因归结为自己的孤儿身份；且七年级至九年级初中阶段孤儿学生的自我污名水平最高，显著高于其他年级（王江洋 等，2017）。处于青春期的孤儿初中生，正处在自我同一性整合过程中，更加在意他人对自己的评价看法。因此，孤儿初中生在人际交往过程中更害怕由于自己的孤儿身份而遭到其他群体成员的社交拒绝。而这将十分不利于他们社会交往能力的健康发展，故对高自我污名孤儿初中生进行心理脱污干预十分必要。

随着积极心理学兴起，越来越多的学者开始从积极心理视角，采取各种积极心理干预方法来提高人们的心理健康水平，促使人们更加健康幸福和谐发展。其中，由 Hayes 创立的接受与实现疗法（Acceptance and Commitment Therapy，ACT）就是这样一种积极心理干预方法。ACT 的治疗理论框架包括六种核心治疗技术（Hayes et al., 2004；Hayes et al., 2006；Hayes et al., 2012；Hayes et al., 2013）：接纳（acceptance）、认知解离（cognitive defusion）、活在当下（being present）、以己为镜（self as context）、价值观（values）、采取行动（committed action）。国外以往研究表明，运用 ACT 对高自我污名人群的心理脱污干预效果显著。如 Hayes 等（2004）将 90 名药物滥用咨询者随机分配到不同组进行干预，发现只有接受了 ACT 训练的成员在三个月后的污名化态度后测得分更低；Masuda 等（2007，2009）分别对 95 名和 22 名心理健康污名的大学生进行时长为 2.5 小时的 ACT 干预，即时后测和随后一个月延时后测结果均表明 ACT 干预在降低他们的心理健康污名上存在显著效果；Luoma 等（2008）运用 ACT 对 88 名药物滥用者的自我污名进行干预，发现被试的害羞和自我隐瞒的水平显著降低了，自尊和心理健康水平则显著提高了。在国内，仅几个学者对 ACT 进行了理论性介绍（曾祥龙 等，2011；王淑娟 等，2012；祝卓宏，2013），对 ACT 的实证性研究则较少，仅见到在临床精神医学领域运用 ACT 对癌症患者配偶的焦虑和抑郁症状所做的干预研究，结果表明 ACT 能有效缓解癌症患者配偶的焦虑和抑郁水平（周娟 等，2015）。

本研究的目的是以初中阶段孤儿学生为研究对象，依据孤儿学生自我污名心理测量结构表现，结合 ACT 的理论框架，设计出一套高自我污名孤儿初中生心理脱污团体辅导干预方案，依据此方案对高自我污名孤儿初中生开展积极的团体辅导干预，从而促进其社会交往能力的健康发展。研究假设：在高自我污名孤儿初中生心理脱污的团体辅导干预中运用 ACT 的治疗技术可以有效降低其自我污名水平。

二、研究方法

（一）研究对象

对L省孤儿学校初中一、二年级全体孤儿施测孤儿学生自我污名自陈问卷，回收有效问卷370份。按施测所得总体自我污名分数从高到低排列，将前27%定义为高分组，从高分组随机抽取40名具有高自我污名倾向的孤儿初中生作为研究对象，其中男生28人，女生12人。将这40名被试孤儿随机分配成同质的实验组与对照组，每组各20人。其中，实验组男生13人，女生7人，年龄14~16岁（平均年龄15.30±0.98岁）；对照组男生15人，女生5人，年龄14~16岁（平均年龄15.20±0.83岁）。

（二）研究工具

1. 孤儿学生自我污名自陈问卷

研究采用孤儿学生自我污名自陈问卷（附录1），以班级为单位集体施测，现场回收，评估孤儿初中生的自我污名水平。该问卷将孤儿学生的自我污名分为自我身份敏感、自我懈怠、自我疏离、自我狭隘四种特质。该问卷共计25个项目。四个分特质问卷和总问卷的同质性信度在0.70~0.91，分半信度在0.73~0.87，重测信度在0.70~0.80；对问卷结构效度进行的验证性因素分析显示各项目因素载荷较高、误差较小，结构模型拟合指数 $RMSEA$ 为0.04，GFI、$AGFI$、NFI、IFI、TLI、CFI 均在0.92~0.95之间，χ^2/df 为2.78。表明各项信度与效度指标符合心理学测量要求。

2. 高自我污名孤儿初中生心理脱污团体辅导干预方案

采用高自我污名孤儿初中生心理脱污团体辅导干预方案对高自我污名孤儿初中生开展心理脱污团体辅导。干预方案的设计是依据孤儿学生自我污名四种心理测量结构的表现，结合ACT的治疗理论框架，将ACT中包含的6种核心治疗技术运用于高自我污名孤儿初中生心理脱污团体辅导干预活动过程中。其具体设计结构见表4-1。每次活动均根据活动主题与活动目标，使用具体的ACT治疗技术，开展一系列团体辅导活动；每次活动结束后，分享活动感受；同时，训练者要求团体成员在接下来一周的学习生活中练习使用在团体活动中所学到的方法应对自己遇到的不愉快事情，记录自己的成长日记，在下一次活动的开始与其他成员分享。

表4-1 高自我污名孤儿初中生心理脱污团体辅导干预方案设计结构

活动顺序与主题	活动目标	具体活动	ACT治疗技术
1. 相识之初	了解团体所要达到的目标；促使团体成员相互熟悉，帮助成员建立良好关系	1. 团体简介 2. 签订协议 3. 认识朋友 4. 期待再会	开始
2. 积极接纳训练	帮助成员学会采用积极态度和接受的心态对待由于自己孤儿身份所带来的消极影响，更好地接纳自己的孤儿身份，降低自我身份敏感水平	1. 你的痛苦清单 2. 积极接纳 3. 分享活动感受	接纳 认知解离
3. 叙事训练	通过小组成员说出自己在生活学习中发生的事，其他成员给予积极回复，来降低自我身份敏感水平	1. 分享成长日记 2. 说出你的故事 3. 分享活动感受	接纳 认知解离
4. 集中注意力训练	帮助成员建立良好的学习习惯，集中注意力，降低自我懈怠水平	1. 分享成长日记 2. 活在当下 3. 分享活动感受	活在当下
5. 重拾自信训练	帮助成员提高自信，提高自我价值感，降低其自我疏离水平	1. 分享成长日记 2. 寻找闪光点 3. 分享活动感受	以己为镜
6. 价值观训练	帮助成员形成正确的价值观，学会设立目标采取行动，降低自我狭隘的水平	1. 分享成长日记 2. 我的价值观 3. 设立目标，采取行动	价值观 采取行动

续表

活动顺序与主题	活动目标	具体活动	ACT 治疗技术
7. 珍重再见	回顾整个团辅过程，帮助成员更好地接纳自己，分享自己的成长变化，结束团辅	1. 分享成长日记 2. 欢乐时光 3. 赠送礼物	结束

（三）实验设计与程序

研究采用实验组与对照组前后测实验设计考察干预的效果。

在前测阶段，即实施正式团体辅导干预前，运用孤儿学生自我污名自陈问卷对初中一、二年级孤儿学生施测，筛选出高自我污名的孤儿学生作为研究对象。

在团体辅导实验干预阶段，由研究者和另一位孤儿学校心理健康教师担任团体辅导老师，按照自编高自我污名孤儿学生心理脱污团体辅导干预方案开展团体辅导干预。干预时，考虑到团体辅导活动限制的人员规模，又将实验组的20人随机分配成两个团体小组，每组10人，分别实施同样的干预，每组每周一次，每次约70分钟，共7周。为避免被试所在班级和学校其他活动对团体辅导干预可能照成的干扰，两个实验组团体辅导活动的时间安排在每周一和周三的晚自习时间进行。在实验组接受团体辅导干预期间，对照组不接触与本次团体辅导干预内容有关的任何活动，除此之外，在其他学校教学条件、教学课程及生活学习环境上实验组与对照组保持一致。

在后测阶段，即全部团体辅导干预活动结束后，再次运用孤儿学生自我污名自陈问卷对实验组和对照组孤儿学生施测。

全部前、后测问卷数据均采用软件 SPSS 21.0 进行输入、管理与统计分析。通过独立样本 t 检验统计方法分析实验组与对照组孤儿初中生自我污名水平在前测、后测阶段变化的差异。

三、结果与分析

（一）团体辅导干预前，实验组与对照组自我污名前测分数的同质性检验

团体辅导干预实验前，对实验组与对照组的四种自我污名特质与总体自

我污名的前测分数做描述统计及独立样本 t 检验，检验二者的同质性，结果见表4-2。由表4-2可知，实验组与对照组在自我身份敏感、自我懈怠、自我疏离、自我狭隘四种特质及总体自我污名上均无显著性差异。这表明两组被试的自我污名水平是同质的，可以进行下一步的团体辅导干预实验。

表4-2 实验组与对照组自我污名前测分数的描述统计与同质性检验

自我污名	实验组（$n=20$） M	实验组 SD	对照组（$n=20$） M	对照组 SD	$t_{前测}$
自我身份敏感	3.439	0.819	3.011	0.896	1.576
自我懈怠	2.300	0.928	2.650	0.739	-1.319
自我疏离	3.792	0.635	3.725	0.843	0.282
自我狭隘	2.760	0.682	3.200	0.795	-1.879
总体自我污名	3.160	0.502	3.148	0.505	0.075

（二）团体辅导干预后，实验组与对照组自我污名后测分数的差异检验

团体辅导干预结束后，对实验组与对照组的四种自我污名特质与总体自我污名的后测分数做描述统计及独立样本 t 检验，结果见表4-3。由表4-3可知，实验组与对照组在自我身份敏感、自我懈怠、自我疏离、自我狭隘四种特质及总体自我污名上均有显著性差异，且均表现为实验组的分数显著低于对照组的分数。这表明高自我污名孤儿初中生心理脱污团体辅导干预有效降低了实验组孤儿学生的自我身份敏感、自我懈怠、自我疏离、自我狭隘四种特质以及总体自我污名水平。

表4-3 实验组与对照组自我污名后测分数的描述统计与差异检验

自我污名	实验组（$n=20$） M	实验组 SD	对照组（$n=20$） M	对照组 SD	$t_{后测}$
自我身份敏感	2.483	0.633	3.133	0.878	-2.687*
自我懈怠	1.980	0.699	2.730	0.684	-3.429**

续表

自我污名	实验组（$n=20$） M	实验组（$n=20$） SD	对照组（$n=20$） M	对照组（$n=20$） SD	$t_{后测}$
自我疏离	2.483	0.621	3.642	0.876	-4.825***
自我狭隘	2.270	0.520	3.120	0.653	-4.551***
总体自我污名	2.340	0.462	3.172	0.585	-4.988***

注：*表示 $p<0.05$，**表示 $p<0.01$，***表示 $p<0.001$。

（三）团体辅导干预后，实验组与对照组自我污名前后测分数改变量的差异检验

在实施团体辅导干预的7周时间内，对照组孤儿学生虽不接受干预，但其自我污名水平也有可能会发生自发性降低变化。为此，本研究还计算了实验组与对照组自我污名前后测分数的改变量，即后测分数减去前测分数。如果改变量分数为负值，则说明自我污名水平有降低，且绝对值越大，降低幅度越大；如果改变量分数为正值，则说明自我污名水平有升高。对实验组与对照组自我污名前后测分数的改变量做描述统计及独立样本 t 检验，结果见表4-4。由表4-4可知，实验组自我身份敏感、自我懈怠、自我疏离、自我狭隘四种特质及总体自我污名前后测分数的改变量均值均为负值，即自我污名水平有降低；对照组除自我疏离、自我狭隘特质得分为负值外，其余两个特质及总体自我污名均为正值，即除自我疏离、自我狭隘特质有自发性降低外，其余两个特质及总体自我污名有所升高。并且在自我身份敏感、自我懈怠、自我疏离、自我狭隘四种特质及总体自我污名前后测分数的改变量均值上，实验组与对照组之间差异显著，均表现为实验组显著低于对照组。这进一步表明高自我污名孤儿初中生心理脱污团体辅导干预确实有效降低了实验组孤儿学生的自我身份敏感、自我懈怠、自我疏离、自我狭隘四种特质以及总体自我污名水平，而且这种降低改变的幅度要显著大于对照组的自发性降低改变。

表 4-4　实验组与对照组前后测分数改变量的描述统计与差异检验

自我污名	实验组（$n=20$） M	SD	对照组（$n=20$） M	SD	$t_{改变}$
自我身份敏感	-0.956	0.501	0.122	0.549	-6.483***
自我懈怠	-0.320	0.533	0.080	0.669	-2.091*
自我疏离	-1.309	0.578	-0.083	0.618	-6.476***
自我狭隘	-0.490	0.517	-0.080	0.589	-2.340*
总体自我污名	-0.820	0.287	0.024	0.361	-8.174***

注：*表示 $p<0.05$，***表示 $p<0.001$。

四、讨论与小结

本研究结果发现，经过高自我污名孤儿初中生心理脱污团体辅导干预后，与对照组相比，在自我身份敏感、自我懈怠、自我疏离、自我狭隘四种特质以及总体自我污名水平上，实验组均发生了显著性降低改变，且这种降低改变的干预效果要显著大于对照组的自发性降低改变。这说明在高自我污名孤儿初中生心理脱污的团体辅导干预中运用 ACT 的治疗技术可以有效（显著）降低孤儿初中生的自我污名水平。这验证了研究最初的假设。这种干预得以有效的根据可以从分析 ACT 治疗技术对孤儿初中生四种自我污名心理特质的作用机理予以解释。

首先，根据 ACT 心理病理模型（Hayes et al., 2006），人们面对问题时通常会表现出试图改变自身不愿接受事情的频次或形式（包括躯体感觉、记忆、思想、情绪等）的经验性回避和语言对行为过度或不恰当控制的认知融合行为。孤儿学生在失去父母（包括父母离世、离异或服刑不能履行父母监护义务等情况）后，不愿再提及父母，对自己的孤儿身份异常敏感，在社会交往过程中容易刻意隐瞒自己的孤儿身份，表现出对自己身份是孤儿这件事情的经验性回避；并且，他们还会把"在孤儿学校里就读"的话语与"自己就是孤儿（的身份）"联系在一起，出现认知融合，因而会感到很痛苦。Hayes 等（2012）提出克服经验性回避的办法是积极有意识地接纳自己的经验，通过恰当的叙事表达以往经历来帮助个体解离认知融合行为。在本研究团体辅导干预中设计的积极接纳与叙事训练两种活动，正是使用了 ACT 治疗的"接纳"与"认知解离"技术，通过对痛苦事件的形象化练习和叙事的方法将孤儿学生试图回避的无形痛苦事件或情绪变得有形,帮助其接受自己的痛苦,不去回避自己的痛苦事件和情绪,接受自己的过去,接受自己的悲伤和恐惧,从而有效降低了高自我污名孤儿初中生的自我身份敏感水平。

其次,根据 ACT 心理病理模型(Hayes et al.,2006),由于出现经验性回避和认知融合行为,所以人们不断地回想过去的事情和想象可怕的未来,形成对过往的概念化与对未来的恐惧化,从而阻碍人们感受当下,无法关注此时此刻的真实经验,将新建设性行为产生的可能排除在外。孤儿学生往往认为自己的过往人生不幸福,对自己的未来生活消极以待、不思进取,从而在日常生活与学习中表现出各种懈怠行为。Hayes 等(2012)提出克服对痛苦过去的回想、从容面对未来的最好办法是使用正念注意当下。在本研究团体辅导干预中设计的集中注意力训练活动,正是使用了 ACT 治疗的"活在当下"技术,通过训练孤儿将自己注意力焦点集中在当下,积极体会当下的生活和感受,不去批判和评价,更专注于发生在自己身上的各种感知、想法和感觉,帮助孤儿得以积极地面对当下的生活、从容迎接未来,从而有效降低了高自我污名孤儿初中生的自我懈怠水平。

再次,根据 ACT 心理病理模型(Hayes et al.,2006),由于出现对过往概念化、对未来恐惧化行为,所以人们会进一步使用概念化的语言描述自我,如"我是一个无用的人",逐渐形成消极自我概念。孤儿学生往往因为自己的孤儿身份而否认自我价值,贬低自我,认为自己没有什么优点,形成对这种消极自我概念的疏离。Hayes 等(2012)提出克服消极自我概念的最好办法是积极的观察自我,找出自己的优势所在。在本研究团体辅导干预中设计的重拾自信训练活动,正是使用了 ACT 治疗的"以己为镜"技术,让孤儿学生积极地观察自我,寻找自己身上存在的优点,同时也让他人帮助自己指出自己身上存在的优点,尽可能多地使孤儿能更加清楚地认识自己,从而提高其自我价值感以及自信心水平,改变消极的概念自我,从而有效降低了高自我污名孤儿初中生的自我疏离水平。

最后,根据 ACT 心理病理模型(Hayes et al.,2006),由于个体受到各种不良的社会环境和过去历史的影响而最终导致个体无法选择有意义的生活方式,缺乏价值观,缺乏有效投入各种生活领域的行动意愿。孤儿学生由于失去父母，导致他们对未来生活没有信心和希望，不愿与他人交往，不愿融入集体生活，缺乏价值观和行动意愿，最终自我变得狭隘。Hayes等（2012）提出克服缺乏价值观与行动意愿的最好办法是设立可以有意义的价值观与可行的行动目标。在本研究团体辅导干预中设计的价值观训练活动，正是使用了ACT治疗的"价值观"与"采取行动"技术，让孤儿学生自由选择有意义的生活学习方向，以更广阔的视角去构建自己的价值观，设立长期目标和短期目标，并以此制订行动计划，按照计划采取自己的行动，实现自己的目标，以更加积极向上的心态投入自己的生活，从而有效降低了高自我污名孤儿初中生的自我狭隘水平。

综上所述，本研究运用ACT核心技术对高自我污名孤儿初中生开展的心理脱污团体辅导活动是一种积极的心理干预形式。它不是矫正、治疗孤儿学生痛苦的现实性问题，而是从积极接受现实的干预思路出发，转而帮助孤儿学生学会积极接受自己的身份、接受自己的生活，接受自己的痛苦，从自己的内心脱去对自我的污名化，从而以更加积极向上的心态面对自己的人生，更好地活在当下。

本研究虽然取得了较好的团体辅导干预效果，但仍存在一定局限性。受孤儿学校实际工作情况的限制，研究只选取了初中一、二年级两个年级的高自我污名孤儿学生为研究对象。从个体发展特点来看，每个年级阶段个体发展都有其特殊性，对其孤儿身份的理解也不同，而团体辅导干预方案的适用性只在初中一、二年级的孤儿学生群体中得到验证，是否适用于其他年级的孤儿学生仍有待未来研究的进一步验证。

第二节 孤儿初中生品格优势培养的教育干预

一、研究背景与研究目的

自彼得森等提出了品格优势（Peterson et al., 2004）的概念以来，各国研究者对成年人、青少年或儿童群体的品格优势和心理健康水平都进行过相关研究，且研究结果都表明各群体的品格优势水平与其心理健康水平显著相关。

有学者指出青少年品格优势水平与幸福感及生活满意度有关（Park et al.，2006）。Abasimi（2018）对非洲加纳600名高中生的品格优势和主观幸福感进行测评，结果表明，学生所有品格优势特质都与生活和学校满意度、积极情感呈正相关；16项品格优势特质与抑郁呈负相关。Blanca等（2018）对457名西班牙11～14岁青少年的品格优势和生活满意度之间的关系进行研究，结果表明18种特质与生活满意度显著相关，爱和希望特质对生活满意度具有显著正向预测作用。针对无法用问卷测量的儿童群体，Park等（2006）通过开放式父母描述问卷，对父母描述孩子的语句进行编码，从而获得3～9岁儿童的品格优势和幸福感水平，结果表明爱、热情、希望和感恩等特质与幸福感水平显著相关。国内针对青少年品格优势和心理健康之间关系的研究有针对中学生群体的，如李婷婷等（2016a）调查了576名初中一年级至高中三年级学生的品格优势和情感幸福感的关系，结果表明中学生的品格优势和情感幸福感显著正相关，且品格优势对情感幸福感具有正向预测作用。还有针对小学生和初中生群体的，如王美力（2020）对四年级到八年级孤儿学生的品格优势和心理健康的关系进行研究，结果表明，孤儿小学生的品格优势可以正向预测生活满意度并负向预测抑郁水平；孤儿初中生的品格优势可以正向预测生活满意度水平。

进一步而言，对品格优势进行干预除了能够提升品格优势水平以外，是否还能促进心理健康水平的提升成为研究者思考的问题。Bromley等（2006）对688名纽约州北部的16岁左右的青少年和他们的父母进行了访谈，明确了这些青少年所具有的品格优势，六年后，当这些青少年22岁左右时，曾经具有多种品格优势的人存在精神疾病、人际关系障碍、教育问题或犯罪行为的概率更低，这说明对青少年群体的品格优势进行评估和干预或许能够提升其成人之后的心理健康水平。这也促使了研究者利用各种方法对品格优势进行干预，以期提升干预对象的心理健康水平。

塞利格曼等首先进行了通过干预品格优势促进心理健康发展的研究。（Seligman et al.，2005）他们使研究对象明确自身的5种显著优势，之后让研究对象每天以新的方式运用自身的显著优势，干预活动持续了6个月，有效提升了研究对象的幸福感并降低了抑郁水平。Harzer等（2016）也运用了塞利格曼等的研究方法要求员工在 4 周的时间里运用自身 4 种显著优势，研究显著提升了实验组的总体生活满意度和职业满意度，并具有延续效果。Gander 等（2013）还运用"时间礼物"等干预技术对 622 名成年人进行为期半年的品格优势干预，结果有效降低了实验组和安慰剂组的抑郁水平，并提升了生活满意度，且干预具有延续效果。以上是对成年人群体的干预，当然还有对学生群体的干预，如 Proctor 等（2011）通过访谈的方式帮助小学生识别自身品格优势，在为期半年的干预后提升了生活满意度和幸福感；Oppenheimer 等（2014）帮助城市里的八年级初中生识别并运用自身的品格优势，经过 5 天的干预后，学生自我报告幸福感水平有所提高；Koydemir 等（2016）对 92 名大学一年级学生进行为期 8 周的品格优势干预，有效提高了实验组学生的主观幸福感和心理幸福感。

国内也有很多关于干预品格优势促进心理健康水平提升的研究，有针对医疗领域的，如李敏丽等（2018）对 26 名化疗期乳腺癌患者进行为期 3 周的品格优势干预，主要是进行品格优势的书写和表达，结果可有效提升癌症患者的幸福感水平，降低焦虑和抑郁情绪。当然研究最多的还属教育领域，如 Duan 等（2014）对 285 名中国大学本科生进行为期 18 周的品格优势干预，在划分实验组和对照组的基础上还划分了干预知情组和干预不知情组，结果表明，干预提升了实验组学生品格优势和生活满意度水平，且干预知情组的延续效果明显。李婷婷（2016）在证实了品格优势与情感幸福感显著相关的基础上，以长春师范大学某公共课的两个班级为被试，将每个班都随机分成实验组和对照组，并对实验组进行为期 11 周的以中文版长处问卷为基础的品格优势干预，结果表明干预有效提升了实验组的品格优势和情感幸福感水平，并具有延续效果。品格优势中的意志力特质对情感幸福感的提高最具贡献力。同年，李婷婷等（2016b）选取长春、太原、上海、广东的四所中学（两所高中，两所中职），每所学校抽取两个班（一个实验班、一个对照班）共 434 人为被试，以中文版长处问卷为理论依据进行 8 周品格优势干预，结果表明品格优势干预有效提升了实验班的积极情感水平，且干预具有延续效果。同年，李婷婷等（2016c）基于 CVQ 品格优势量表对长春和汕尾 127 名普高生和中职生进行了为期 8 周的优势潜能训练课程，结果很好地提高了中学生的积极情感，且干预效果具有一定的持续性。

综上所述，从近些年国内外的研究成果来看，不论是成年人群体还是大学生或是青少年群体的品格优势干预项目都会同时促进心理健康水平的提升，或是增强幸福感，或是降低抑郁水平，但仍缺少对孤儿这一特殊群体的干预。而且，目前已有以心理健康教育课程的形式对孤儿学生进行品格优势干预的研究主要集中于对孤儿小学生对象群体，其目标是使孤儿小学生能够识别出自身的品格优势（王江洋 等，2019）。但如果是让孤儿初中生参与品格优势教育干预课程，就应在此基础上更加强调对品格优势的运用，目前仍缺乏系统性地从识别到运用品格优势的教育干预课程方案的构建。

本研究的目的是以初中阶段孤儿学生为研究对象，依据初中生品格优势的心理测量结构及孤儿学生群体的特殊性，运用积极心理干预技术，设计出适合初中一年级孤儿学生心理发展特点的品格优势教育干预课程方案，依据此方案开展品格优势培养的教育干预，旨在促进初中一年级孤儿学生识别并运用自身品格优势特质，增强心理潜能，并促进他们心理健康水平的提升，帮助他们在孤儿学校更好地学习、生活。本研究假设：以心理健康教育课为干预途径，运用积极心理干预技术设计的初中一年级孤儿学生品格优势教育干预课程，一方面可以提升实验班孤儿学生的品格优势水平，另一方面可以促进其心理健康水平的提升。

二、研究方法

（一）研究对象

本研究采用整群随机取样法，随机抽取 L 省孤儿学校初中一年级四个班，总计 117 人。随机指定其中两个班为实验班，另两个班为控制班。干预效果追踪阶段被试流失 4 人，再剔除无效问卷后最终有效被试为 92 人，平均年龄为 13.38±0.94 岁。实验班共计 48 人，其中男生 24 人，女生 24 人；控制班共计 44 人，其中男生 29 人，女生 15 人。

（二）研究工具

1. 中学生品格优势问卷

采用王江洋等（2020）编制的中学生品格优势问卷（附录 11）。该问卷对中学生的品格优势水平进行测量，正式问卷分为升华自我、慎行、领导者特质、公正合作、好奇心、坚毅勇敢、好学、洞察力和仁善9种特质。采用5点计分方式，即"非常不像我"计1分，"不太像我"计2分，"不确定"计3分，"比较像我"计4分，"非常像我"计5分。该问卷的同质性信度为0.95，分半信度（斯皮尔曼-布朗分半系数）为0.94，重测信度为0.91，其测量结构的验证性因素分析拟合指数为 $\chi^2/df = 3.69$，$TLI = 0.90$，$CFI = 0.91$，$SRMR = 0.03$，$RMSEA = 0.04$，拟合模型较好，该量表具有良好的信度与效度。在本研究中，前测阶段该问卷的内部一致性信度克伦巴赫 α 系数为0.96，即时后测阶段该问卷的内部一致性信度克伦巴赫 α 系数为0.95，延时后测阶段该问卷的内部一致性信度克伦巴赫 α 系数为0.97。

2. 生活满意度量表

生活满意度量表（附录15）由 Diene 等（1985）编制，并由 Wang 等（2009）翻译与修订，用来评估个体整体的生活满意度。该量表共包括5个项目（例如"我的生活在大多数方面接近我的理想"），采用7点计分，"非常不同意"计1分，"非常同意"计7分。计算各项目的总分，分数越高，表明生活满意度越高。该量表的内部一致性信度克伦巴赫 α 系数为0.84，其测量结构的验证性因素分析拟合指数为 $\chi^2/df = 2.14$，$CFI = 0.98$，$TLI = 0.97$，$SRMR = 0.03$，$RMSEA = 0.05$，拟合模型较好，该量表具有良好的信度与效度。在本研究中，前测阶段该问卷的内部一致性信度为0.83，即时后测阶段该问卷的内部一致性信度为0.81，延时后测阶段该问卷的内部一致性信度为0.87。

3. 抑郁量表

选用青少年自评量表中的抑郁分量表（附录16）测量。该量表由 Achenbach（1991）编制、刘贤臣等（1997）修订，测量现在或近六个月内青少年抑郁水平。该量表共16个项目，采用3点计分，"没有"计1分，"有时"计2分，"经常"计3分，计算各项目的总分，分数越高，表示抑郁程度越高。该量表的内部一致性信度克伦巴赫 α 系数为0.92，其测量结构的验证性因素分析拟合指数为 $\chi^2/df = 3.17$，$CFI = 0.95$，$TLI = 0.94$，$SRMR = 0.04$，$RMSEA = 0.05$，拟合模型较好，该量表具有良好的信度与效度。在本研究中，前测阶段该量表的内部一致性信度克伦巴赫 α 系数为 0.93，即时后测阶段该问卷的内部一致性信度克伦巴赫 α 系数为 0.91，延时后测阶段该量表的内部一致性信度克伦巴赫 α 系数为 0.94。

4. 品格优势教育干预课程方案

本研究中品格优势教育干预的主要目标是培养初中一年级孤儿学生对 9 种品格优势的识别与运用能力，增强心理潜能，促进其心理健康水平的提升。因此，围绕 9 种品格优势，在孤儿学校的心理健康教育课的教学中运用积极心理干预技术有针对性地设计了可以提高孤儿初中生对自身潜在品格优势认识及运用的品格优势教育干预课程方案，并根据特质测量贡献率大小对课程的教学顺序进行排列（王江洋 等，2020）。方案的设计过程是：首先由研究者依据现存积极心理学理论与心理干预技术，针对 9 种中学生品格优势特质的内涵及其在孤儿学生中的实际行为表现，设计了 16 节心理健康教育课（好奇心和坚毅勇敢特质各设计 1 节课，其余特质各设计 2 节课）。然后，请 15 名相关专家（1 名心理学副教授，2 名孤儿学校心理教师，12 名心理学硕士研究生）对方案内容的适当性进行把关与评定，确定最后的教学内容。具体 16 节干预课程大纲见表 4-5。

表 4-5　初中一年级孤儿学生品格优势教育干预课程方案的设计大纲

课节	课程名称	干预目标	干预技术
第一课	我的未来不是梦	认识与运用"升华自我"优势	最好的自己
第二课	积极乐观的我	认识与运用"升华自我"优势	一扇门关闭，另一扇门开启
第三课	做情绪的主人	认识与运用"慎行"优势	三件好事
第四课	我能管理我自己	认识与运用"慎行"优势	运用优势
第五课	我有领导力（一）	认识与运用"领导者特质"优势	认识—探索—运用模型
第六课	我有领导力（二）	认识与运用"领导者特质"优势	认识—探索—运用模型

续表

课节	课程名称	干预目标	干预技术
第七课	我有集体，集体有我	认识与运用"公正合作"优势	积极回应
第八课	学会公正合作	认识与运用"公正合作"优势	目标设置
第九课	我有好奇心	认识与运用"好奇心"优势	运用优势
第十课	我能坚毅勇敢	认识与运用"坚毅勇敢"优势	品味
第十一课	我爱学习	认识与运用"好学"优势	希望疗法
第十二课	我会学习	认识与运用"好学"优势	目标设置、心流
第十三课	灵活运用	认识与运用"洞察力"优势	认识—探索—运用模型
第十四课	我有判断力	认识与运用"洞察力"优势	认识—探索—运用模型
第十五课	尊重他人、体谅他人	认识与运用"仁善"优势	认识—探索—运用模型
第十六课	善良与我同行	认识与运用"仁善"优势	善良行为

（三）实验设计与研究程序

本研究采用实验班与控制班前后测准实验设计模式，通过对实验班进行品格优势教育干预，控制班不接受干预的方法来探讨干预活动对提升孤儿初中生品格优势和心理健康水平的促进作用。具体研究程序如下。

首先，在开始实施干预课程前，对实验班与控制班学生的品格优势和心理健康水平进行前测，分析这两个班被试的同质性水平。

其次，在确保实验班与控制班学生品格优势和心理健康水平同质的前提下，按照研究者设计的品格优势教育干预课程方案，对实验班学生实施教育干预。利用每周一节、每节45分钟的实施计划，在16周内完成所有干预课程。

再次,在所有干预课程结束后,对实验班与控制班的被试分别进行品格优势和心理健康水平即时后测,考察干预效果。在3周以后进行延时后测,考虑干预效果延续性,综合两次测试结果分析干预效果。

在实验班接受品格优势教育干预期间,控制班也同时接受心理健康教育课,但其课程内容均不涉及品格优势相关内容,两个班除了接受的心理健康教育课程内容不一样以外,其他教学条件完全保持一致。

最后,研究使用统计软件 SPSS 22.0 对3个观测时间点所收集到的品格优势和心理健康测量数据进行管理与分析,采用单样本 t 检验、独立样本 t 检验和单因素重复测量方差分析方法检验教育干预的效果。

三、结果与分析

（一）初中一年级孤儿学生品格优势和心理健康现状

初中一年级孤儿学生的品格优势和心理健康的描述性统计及与各变量理想标准值的单样本 t 检验结果见表4-6。由表4-6可知,初中一年级孤儿学生9种品格优势分数均显著低于5分,生活满意度平均分显著低于7分,抑郁水平显著高于1分,且差异大小达到高效应,这表明初中一年级孤儿学生的品格优势水平较低、生活满意度没有达到比较满意的水平、抑郁水平较为严重,十分有必要予以教育干预。

表4-6 初中一年级孤儿学生品格优势和心理健康的描述统计与单样本 t 检验（$N=92$）

变量指标	M	SD	理想标准值	t	Cohen's d
升华自我	3.77	0.85	5	-13.90***	2.05
慎行	3.60	0.85	5	-15.98***	2.33
领导者特质	3.46	0.83	5	-17.84***	2.63
公正合作	3.93	0.83	5	-12.34***	1.83
好奇心	3.58	0.90	5	-15.03***	2.22
坚毅勇敢	3.77	0.97	5	-12.12***	1.79
好学	3.54	0.90	5	-15.58***	2.30

续表

变量指标	M	SD	理想标准值	t	Cohen's d
洞察力	3.69	0.92	5	-13.69***	2.02
仁善	3.89	0.73	5	-14.62***	2.16
生活满意度	4.92	1.45	7	-13.84***	2.04
抑郁	1.51	0.47	1	10.45***	1.54

注：* 表示 $p<0.05$，** 表示 $p<0.01$，*** 表示 $p<0.001$。

(二) 实验班与控制班孤儿初中生品格优势与心理健康的差异比较

实验班与控制班孤儿初中生在3个测量时间点上的品格优势与心理健康分数描述统计与独立样本 t 检验结果见表4-7。由表4-7可知，实验班与控制班在品格优势的 T_1 前测分数上不存在显著差异，二者是同质的。干预后，在 T_2 即时后测分数上，实验班与控制班的慎行特质、领导者特质和洞察力特质，以及生活满意度和抑郁水平均呈现显著差异，且实验班的慎行特质、领导者特质、洞察力特质和生活满意度分数要优于控制班，实验班的抑郁分数低于控制班，这些差异变化的大小达到较大效应。这表明，品格优势教育干预有效提升了实验班的慎行特质、领导者特质、洞察力特质和生活满意度水平，并降低了抑郁水平。在 T_3 延时后测分数上，实验班和控制班的慎行特质、领导者特质、洞察力特质和抑郁水平依然呈现显著差异，且实验班的慎行特质、领导者特质、洞察力特质分数优于控制班，实验班的抑郁分数低于控制班，这些差异变化的大小达到中等效应。这表明实验班的慎行特质、领导者特质、洞察力特质水平持续提升，抑郁水平持续降低，干预具有持续性效果，且时间最少可持续3周。此外，实验班和控制班在 T_2 即时后测时没有显示出显著差异的好奇心特质、坚毅勇敢特质、好学特质在 T_3 延时后测呈现了显著差异，且实验班分数优于控制班，这些差异变化的大小达到中等效应。这表明实验班的好奇心特质、坚毅勇敢特质、好学特质水平提升的干预效果具有延迟性。就生活满意度而言，在 T_2 即时后测时呈现了显著差异但在 T_3 延时后测时并没有显示出显著差异，因此，实验班的生活满意度水平提升没有明显持续效果。实验班与控制班的公正合作特质在 T_2 和 T_3 两个时间点均没有显著差异。

表4-7 实验班与控制班在3个观测时间点上的品格优势、心理健康分数比较

品格优势与心理健康	观测时间点	实验班（$n=48$) M	SD	控制班（$n=44$) M	SD	t	Cohen's d
升华自我	T_1	3.72	0.74	3.82	0.96	-0.54	0.11
	T_2	3.94	0.82	3.91	0.83	0.14	0.03
	T_3	4.05	0.81	3.79	0.77	1.61	0.34
慎行	T_1	3.61	0.67	3.58	1.01	0.16	0.03
	T_2	3.85	0.71	3.33	0.71	3.53**	0.74
	T_3	4.07	0.65	3.65	0.78	2.85**	0.59
领导者特质	T_1	3.47	0.68	3.45	0.98	0.16	0.03
	T_2	4.02	0.63	3.51	0.86	3.27**	0.68
	T_3	4.04	0.71	3.61	0.80	2.73**	0.57
公正合作	T_1	4.00	0.63	3.85	1.00	0.85	0.18
	T_2	4.02	0.64	3.93	0.79	0.61	0.13
	T_3	4.06	0.77	3.87	0.79	1.17	0.24
好奇心	T_1	3.56	0.74	3.61	1.07	-0.21	0.05
	T_2	3.88	0.73	3.82	0.97	0.36	0.08
	T_3	4.10	0.81	3.73	0.82	2.23*	0.47
坚毅勇敢	T_1	3.80	0.71	3.75	1.20	0.24	0.05
	T_2	4.03	0.74	3.92	0.92	0.64	0.13
	T_3	4.15	0.78	3.76	0.96	2.15*	0.45
好学	T_1	3.51	0.83	3.57	0.98	-0.27	0.06
	T_2	3.80	0.65	3.51	0.94	1.74	0.36
	T_3	3.94	0.80	3.50	0.89	2.52*	0.52
洞察力	T_1	3.65	0.86	3.73	0.99	-0.39	0.08
	T_2	4.05	0.66	3.67	0.84	2.43*	0.51
	T_3	4.15	0.70	3.77	0.94	2.17*	0.45
仁善	T_1	3.85	0.63	3.93	0.83	-0.49	0.10
	T_2	4.07	0.68	3.99	0.76	0.55	0.11
	T_3	4.16	0.70	3.85	0.80	1.97	0.41

续表

品格优势与心理健康	观测时间点	实验班（$n=48$） M	SD	控制班（$n=44$） M	SD	t	Cohen's d
生活满意度	T_1	4.98	1.44	4.84	1.46	0.46	0.10
	T_2	5.48	1.11	4.88	1.37	2.31*	0.48
	T_3	5.13	1.56	4.69	1.64	1.34	0.28
抑郁	T_1	1.43	0.37	1.60	0.55	-1.79	0.38
	T_2	1.28	0.34	1.52	0.46	-2.85**	0.59
	T_3	1.34	0.45	1.53	0.47	-2.00*	0.42

注：*表示$p<0.05$，**表示$p<0.01$。T_1为干预前的基线测量时间点，T_2为干预结束后的即时后测时间点，T_3为干预结束3周后的延时后测时间点。

（三）实验班孤儿初中生品格优势与心理健康干预效果的追踪分析

1. 品格优势干预效果的追踪分析

为进一步追踪品格优势教育干预的效果，本研究对实验班的9种品格优势特质分别在时间变量上做了单因素重复测量方差分析。由于实验班品格优势各特质的 Mauchly 球形检验结果均不显著，所以此时的时间变量主效应以假设的球形检验结果为准。在升华自我特质上，时间变量主效应显著，$F(2, 94)=5.01$，$\eta^2=0.10$，$p<0.01$。在慎行特质上，时间变量主效应显著，$F(2, 94)=11.09$，$\eta^2=0.19$，$p<0.001$。在领导者特质上，时间变量主效应显著，$F(2, 94)=26.54$，$\eta^2=0.36$，$p<0.001$。在公正合作特质上，时间变量主效应不显著，$F(2, 94)=0.24$，$\eta^2=0.01$，$p>0.05$。在好奇心特质上，时间变量主效应显著，$F(2, 94)=11.57$，$\eta^2=0.20$，$p<0.001$。在坚毅勇敢特质上，时间变量主效应显著，$F(2, 94)=5.92$，$\eta^2=0.11$，$p<0.01$。在好学特质上，时间变量主效应显著，$F(2, 94)=8.42$，$\eta^2=0.15$，$p<0.001$。在洞察力特质上，时间变量主效应显著，$F(2, 94)=12.53$，$\eta^2=0.21$，$p<0.001$。在仁善特质上，时间变量主效应显著，$F(2, 94)=6.85$，$\eta^2=0.13$，$p<0.01$。由于实验班有8种品格优势特质在时间变量上主效应均显著，因此，对其进行事后多重比较分析（LSD）。结果表明，品格优势的9种特质的前测和即时后测、前测与延时后测均有显著

差异（$ps < 0.05$）。

图4-1显示的是实验班时间变量主效应显著的升华自我、慎行、领导者特质、好奇心、坚毅勇敢、好学、洞察力和仁善特质在3个观测时间点的变化曲线。由图4-1可见，品格优势各特质在前测和即时后测之间呈现陡峭的持续上升的趋势，领导者特质在即时后测和延时后测之间呈现平缓的上升趋势，而除领导者特质之外的其余各特质和总体品格优势水平在即时后测和延时后测之间依然呈现持续上升的趋势。这表明了品格优势教育干预的有效性。

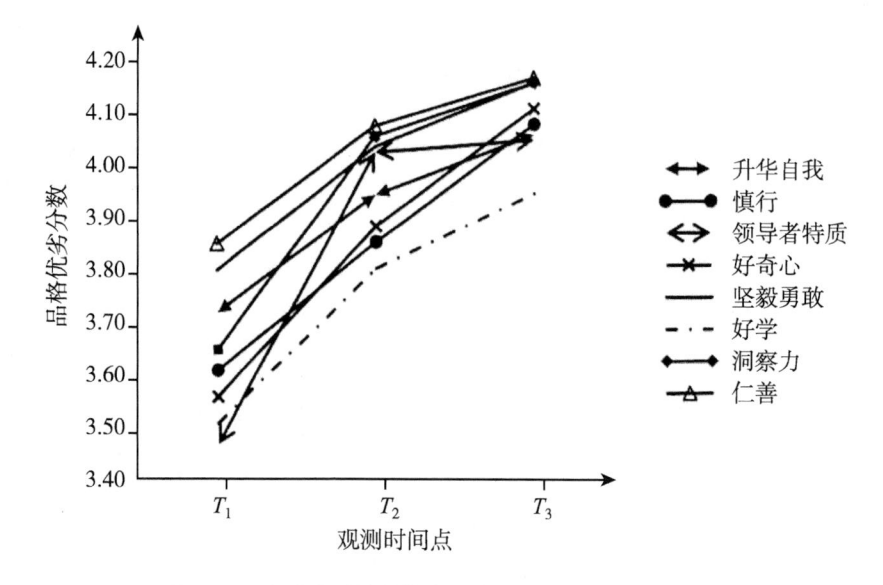

图4-1　实验班品格优势在3个观测时间点变化的趋势

2. 心理健康干预效果的追踪分析

本研究对实验班的心理健康进行了时间变量上的单因素重复测量方差分析，由于实验班生活满意度的Mauchly球形检验结果显著，Mauchly's $W = 0.85$，$\chi^2_{(2)} = 7.66$，$p < 0.05$，所以此时的时间变量主效应以Wilks' λ 多变量检验结果为准，$\lambda = 0.83$，$F(2, 46) = 4.61$，$\eta^2 = 0.17$，$p < 0.05$。同时采用Greenhouse-Geisser校正结果，$F(1.73, 81.50) = 3.56$，$\eta^2 = 0.07$，$p < 0.05$。综合以上结果可知实验班生活满意度的时间变量主效应显著。由于实验班抑郁的Mauchly球形检验结果不显著，所以此时的时间变量主效应以假

第四章　去自我污名心理视域下的孤儿学生心理健康教育干预实践

设的球形检验结果为准，$F(2,94)=7.02$，$\eta^2=0.13$，$p<0.01$。可知实验班抑郁的时间变量主效应显著。由于实验班心理健康在时间变量上主效应均显著。因此，对其进行进一步事后多重比较（LSD），结果表明，实验班的生活满意度的前测和即时后测、即时后测与延时后测有显著差异（$ps<0.05$）；实验班的抑郁水平的前测与即时后测（$p<0.001$）、前测与延时后测（$p<0.05$）有显著差异。

图4-2和图4-3显示的是实验班生活满意度和抑郁在3个观测时间点的变化曲线。由图4-2可见，生活满意度在前测与即时后测之间呈现陡峭的持续上升趋势，在即时后测与延时后测之间呈现下降趋势，但延时后测的生活满意度仍高于前测。由图4-3可见，抑郁在前测与即时后测之间呈现陡峭的持续下降的趋势，在即时后测与延时后测之间呈现上升趋势，但延时后测的抑郁水平仍低于前测。这表明品格优势教育干预有效提升了实验班的心理健康水平。

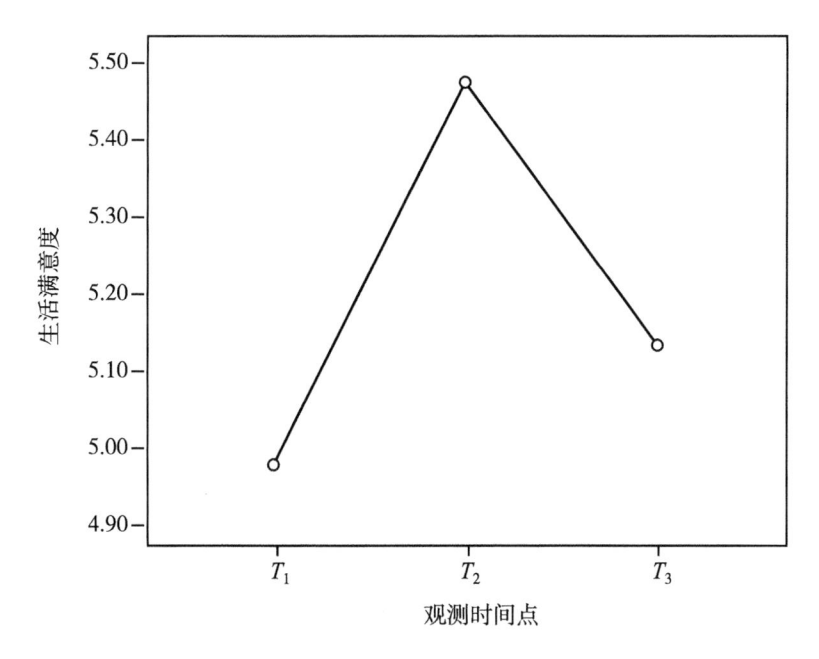

图4-2　实验班生活满意度在3个观测时间点变化的趋势

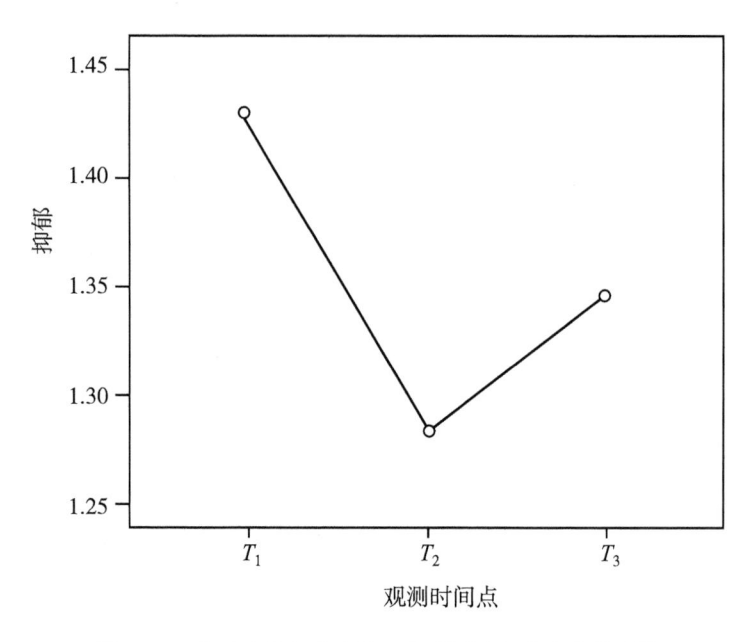

图4-3 实验班抑郁水平在3个观测时间点变化的趋势

（四）孤儿学生品格优势教育干预课后作业分析

为更加客观、全面地分析品格优势教育干预的效果，在收集问卷数据的同时，本研究还将实验班孤儿初中生的课后作业纳入数据收集范围。

1. 升华自我特质干预的课后作业

在第一课"我的未来不是梦"中，布置"成长计划书"作业，使学生愿意通过自身努力改变现状，学会结合自身实际情况树立理想目标，并成功将目标分解为一步步的短期目标。例如，胡××同学写道："我的理想是当美术老师。初一，我要好好学习，打下好基础，交更多的好朋友。初二，我要掌握学习方法，多练习画画。初三，学习上我不能松懈、不能放弃。高中阶段，我更要好好学习，争取考上好大学。大学阶段，我还是要好好学习，多参加社团活动，假期多出去走走，长长见识。工作阶段，就顺其自然吧，最好能回母校当美术老师。如果不能，我就自己开画室教孩子们画画。以前从来没定过这么详细的计划，现在感觉理想离自己更近了。"

在第二课"积极乐观的我"中，布置"凡人、天使和恶魔"作业，使学生能够做到驳斥消极悲观的想法，学会积极乐观地解释生活中的消极事件，有积极乐观的处事态度。例如，有的学生认为："学会了乐观解释之后，感觉自己心情舒畅了，以前心情不好是自己太悲观了，我会继续乐观下去，实现我的理想目标。"

2. 慎行特质干预的课后作业

在第三课"做情绪的主人"中，布置"三件好事"作业，使学生通过记录每天发生在生活中的点滴小事、好事，拥有更多的积极情绪，增强幸福感。例如，刘××同学写道："以前不做记录，没觉得我的生活里还有这么多好事发生，这一周收获还是挺多的，虽然都是很平常的好事，但我依然觉得很幸福。其实每天都有好事发生，只是以前注意不到。"

在第四课"我能管理我自己"中，运用技术设置"合约书"作业，使学生能够发现自身学习或生活上的不良行为，愿意做出改变。例如，王××同学写道："本人署条约于2020年9月25日起，改正上课睡觉、作业留完不写的问题，改正时间一周。"根据老师反馈可知，该同学确实改正了自己列出的不良行为。

3. 领导者特质干预的课后作业

在第五课"我有领导力（一）"中，布置作业，使学生能够在集体中敢于发声，坚定自己的想法，在得到老师和同学的赞扬时也提升了幸福感。例如，胡××同学写道："当班级秩序较乱时，我从不来不说什么。这次听了心理老师的课，我觉得班级纪律不好损害的是整个班级，每个人都有义务管一下。今天班长生病了，班主任去教研了，我班纪律特别乱，我就说：'别说了，别说了，咱班可别做全年级最乱的班。'大家就竟然真的不说话了。真开心，没想到我这么厉害！所以只要是为了班级好，我就要坚持管下去。"

在第六课"我有领导力（二）"中，布置作业，使学生意识到想要起到带头作用就要首先管理好自己的行为，还要对同伴一视同仁，这样才会带动大家一起向好的方向发展，同时也会提升自信心和幸福感。例如，康××同学写道："我的同桌，她学习好，老师让背课文，她就背课文；老师让写作业，她就写作业。我要学习她的品质，好好学习，有不会的问题去问老师或者问同学。以后别的同学看到我的变化也会向我学习。"

4. 公正合作特质干预的课后作业

经过品格优势教育干预之后,虽然实验班的公正合作特质在量化分析时结果不显著,但就课后作业的质性分析来看,实验班部分学生的公正合作特质水平还是有提升的。

在第七课"我有集体,集体有我"中,布置为班级设计班规的作业,使学生能够写出希望集体变得更好的、多种多样切实可行的班规,提升集体责任感和荣誉感。例如,王××同学写道:"以前我一直认为,班级建设靠班长,跟我没什么关系。但今天上了心理课我知道了自己也是班集体的一分子,应该要为班级的发展做贡献,所以和同桌商量了一下,定下4条班规。(1)班级同学互帮互助,团结友爱。(2)上课认真听讲,课后认真完成作业。(3)时刻想着为班级做贡献,不能只想自己。(4)积极参加学校活动,为班级增光。以后我一定会做到这几点。"

在第八课"学会公正合作"中,布置每天与同伴共同公平地完成一项任务的课后作业,使学生能够做到与同学们合作完成老师布置的任务,在完成任务的质和量上都有提升,并在这个过程当中获得愉快的体验。例如,王××同学写道:"学校跳绳比赛,我们班成绩不错,真开心呀,这是大家合作的结果。周六和周日:和朋友一起学习。周一:和同桌玩追人,我们一起抓到了一个人。周二:和朋友一起吃一个面包,一人一半。周三:和朋友一起完成黑板报,我画画、她写字。周四:和朋友一起练舞蹈。周五:和朋友一起写小楷,参加比赛,还得了奖。每次和我这位朋友一起,我们公平合作,我会很开心,她也很开心。以后我也会注意和其他同学公平合作。"

5. 好奇心特质干预的课后作业

在第九课"我有好奇心"中,布置作业,使学生在学习上或生活上都能积极尝试,在尝试过一件新事物之后能够增强自信心,并有兴趣接着去尝试下一件事物。例如,胡××同学写道:"今天尝试了一下以前不爱吃的芹菜,感觉还好,怪味不大。……每天都有新体验的感觉太好了,每天都有新鲜感。"

6. 坚毅勇敢特质干预的课后作业

在第十课"我能坚毅勇敢"中,布置作业,使学生能够尝试突破自己,解决学习上或生活上的难题，在错误面前也能做到自己的责任自己承担。例如，胡××同学写道："以前不爱学英语，更是背不下来英语课文。学了这节心理课，我知道我应该战胜学英语的困难。所以我突破了自己，背了一篇英语作文。做法是先让别人教我读，读熟了之后自然就会背了。背读之后就是背写。任务完成，奖励自己大拇指一枚。"刘××同学写道："前几天上课和同桌说话，被老师批评了，让我俩站到后面去。我知道错在我，我应该承担这个后果，而我的同桌没错。我就和老师说，不赖同桌，是我先和同桌说的话。之后同桌说我够义气，我们的关系更好啦。"

7. 好学特质干预的课后作业

在第十一课"我爱学习"中，布置作业，使学生认识到了想要实现理想就要从现在开始努力学习，认识到了学习的重要性，能够对学习充满希望，做到热爱学习。例如，胡×同学写道："我的理想是当美术老师，但是现在我的学习成绩一般，数学太难了。听了心理老师的话，我觉得为了以后考上美术学院我要好好学数学了。其实我还是挺喜欢思考的，可能还是知识点没记住吧，所以成绩不好。以后我会好好听数学课，一定能提高我的成绩。"

在第十二课"我会学习"中，布置作业，使学生能认识到自己学习态度的问题，比如溜号、抄作业等，也能找到适合自己的学习方法。例如，宋×同学写道："课上听了别人的学习方法感觉都挺好，我也可以试一下。学习目标我一直都有，但就是平时上课控制不住自己，总溜号，还愿意抄作业。我觉得以后，我可以提前预习，上课只听自己不会的部分。这样溜号也不怕啦。作业也争取不抄了，可以检查出自己哪里还不会。"

8. 洞察力特质干预的课后作业

在第十三课"灵活运用"中，布置作业，使学生能够做到在完成作业时灵活运用知识，有意识地思考多种作答方式，并在这个过程中获得自信和满足。例如，张××同学写道："今天数学课做小练习，我把我的非常规思路跟老师说了，老师表扬我聪明动脑了，真开心呀。"

在第十四课"我有判断力"中，布置作业，使学生会站在正确的人生观与价值观之上，帮助自己或同学答疑解惑，并且在这个过程中体会自己的价值和幸福感。例如，阜××同学写道："我的同桌跟我说每天这么生活太没意思了，为什么要活着？因为上了心理课我知道她的人生观不对。我告诉她，心理老师说了生命是很重要的，我们要好好保护自己的生命，好好地活下去，把生命放在第一位，生命只有一次。听了我的话，她也不那么想了。我感觉自己很伟大，还可以帮同学解决思考人生的问题。"

9. 仁善特质干预的课后作业

在第十五课"尊重他人、体谅他人"中，布置作业，使学生可以做到尊重并体谅同学，站在对方的角度帮助同学答疑解惑，并且在这个过程中收获幸福感。例如，胡×同学写道："我和同桌一起做一道数学题，我有两种解答方法，他只有一种解答方法，结果还写错了。他就问我应该怎么做。本来我不想教给他，因为这是我好不容易做出来的。但是我想到心理老师说要换位思考，我知道如果我是他，我一定希望有人能教我做。所以我就把我最简单的解题方法教给他了。我感觉同学之间要多沟通，大家交换意见，就能多学会点知识。现在把我同桌教会了，我也挺有成就感的。"

在第十六课"善良与我同行"中，布置作业，使学生能够做到在日常的学习生活中帮助同学、老师或亲人，并收获幸福的情感体验。例如，康××同学写道："上完心理课这一周我帮助了很多人。我帮家长干活、开大门；同学手机掉水盆里了，我帮他抢救手机；我帮其他舍员打水。这一周我每一次帮助别人，我都很开心。我感到自己是有价值的，是家人和舍员都离不开的人。"

10. 从孤儿学生课后作业表现出的心理健康水平的提升

在品格优势干预课程的课后作业中，实验班学生经常会提到"开心""幸福""成就感""有价值"等词语，这表明学生不但通过完成作业加深了对品格优势的认识，还在实际运用当中肯定了自身价值并对生活充满希望，提高了生活满意度；同时，学生也提到了"热爱生命""好好生活"等词语，改善了消极情绪，变得更乐观，这表明学生通过完成作业也降低了抑郁情绪的水平。因此，从干预效果的质性分析来看，实验班学生的心理健康水平得到了提升。

四、讨论与小结

（一）品格优势教育干预课程实施的效果

1. 升华自我特质干预效果

升华自我优势是指个体与高于其自身的意义和目标信念的联系，努力发现并实现生命中的潜在意义。本研究发现，干预后实验班孤儿学生的升华自我特质水平虽然与控制班相比没有显著差异，但是其自身在3个观测时间点上仍有显著提升，这从课后作业的质化分析结果可以得到佐证。部分验证了研究假设。

运用"最好的自己"干预技术设计的"我的未来不是梦"一课帮助学生树立了理想目标。美国柳博米尔斯基等在持续幸福模型中提出"最好的自己"技术就是让个体通过心理思考、手动书写或者是口头叙述的方式对未来理想的自己进行思考，能够帮助个体意识到现有的自身状态以及未来理想的自己的状态，从内心产生向上的动力，成为更好的自己（Lyubomirsky et al.，2005）。孤儿学生在升华自我特质上的行为表现不足之处在于缺乏理想目标。因此，第一课利用"最好的自己"技术设计了"成长计划书"作业，让学生写下或画出未来的自己最好的样子，也就是理想目标。而为了达成终极理想目标就要计划一个个小目标，这个过程就是成长计划。此活动会让学生对未来生活充满希望，为了实现理想目标会努力过好当下的生活。从"成长计划书"作业可以看出，部分孤儿学生能认识到树立理想目标的重要性，对未来的自己充满期待，并设计了切实可行的实现终极理想的计划。这都说明了基于"最好的自己"干预技术设计的课程可促进孤儿学生升华特质水平的提升。

运用"一扇门关闭，另一扇门开启"干预技术设计的"积极乐观的我"一课，帮助学生学会对生活中的消极事件进行乐观解释。这与Gander等运用该技术对42名社会人士进行为期一周网络在线干预，提升了希望特质水平的研究结果一致。Gander等提出的"一扇门关闭，另一扇门开启"的干预技术，在最初是让个体写下在他们生活中出现的消极事件却产生了不可预见的积极的结果，可以让个体保持积极乐观的生活态度，提升对未来的希望。（Gander et al., 2013）孤儿学生在升华自我特质上的行为表现不足之处还在于缺乏积极乐观的生活态度。因此，第二课利用"一扇门关闭，另一扇门开启"的干预技术，设计了"凡人、天使和恶魔"的作业，让学生驳斥悲观想法、积极乐观解释生活中的消极事件，增强学生对生活的希望感。从"凡人、天使和恶魔"作业中可以看出，部分学生能够很好地对生活中最平常的消极事件进行积极乐观的解释，驳斥了曾经的悲观想法，燃起了对生活的希望。这都说明了基于"一扇门关闭，另一扇门开启"干预技术设计的课程可以促进孤儿学生升华自我特质水平的提升。

2. 慎行特质干预效果

慎行优势是指个体对待事情有审慎的态度，会采用理性的想法进行自我管理，去实现个体目标。本研究发现，干预后实验班孤儿学生慎行特质水平提升具有持续性效果。验证了研究假设。

运用"三件好事"干预技术设计的"做情绪的主人"一课帮助学生控制了消极情绪。这与Gander等运用了该技术进行为期一周在线干预提升了研究对象积极情绪的研究结果一致。Gander等提出的"三件好事"干预技术（Gander et al., 2013），是让个体写下每天发生在他们身上的三件好事，以及为什么会发生，这个过程可以提高个体的积极情绪。初中一年级是刚刚步入青春期的年龄阶段，容易出现情绪不平稳、控制不住消极情绪的情况。孤儿学生在慎行特质上的行为表现不足之处在于控制不住自己的情绪，不能对老师的建议审慎思考。因此，第三课首先通过活动让学生识别并接纳自己的情绪，同时掌握调控消极情绪的方法。再利用"三件好事"技术布置作业，让孤儿学生每天都记录下生活中出现的很平常的三件好事，如吃到了自己爱吃的菜等。从作业内容可以看出，经过"三件好事"技术的训练，学生可以留意到生活中出现的好事，并意识到生活不总是消极的，总会有意想不到的小惊喜出现，控制了消极情绪且提高了积极情感。说明了基于"三件好事"干预技术设计的课程可以促进孤儿学生慎行特质水平的提升。

运用"运用优势"干预技术设计的"我能管理我自己"一课帮助孤儿学生进行良好的自我管理。Buckingham等（2010）提出的"运用优势"干预技术，是通过让个体进行某些日常活动将自身优势完全地发挥并能从中获得自我效能感和积极的情绪体验。孤儿学生在慎行特质上的行为表现不足之处还在于不能进行良好的自我管理。如上课睡觉、说话、吃零食等；不打扫宿舍卫生、乱丢衣物等。但是作为一名初中生是有能力通过活动训练进行良好的自我管理的。因此，第四课首先让学生反思自己的不良行为，向榜样学习良好的行为习惯。再利用"运用优势"技术布置作业，让学生总结出自己在课堂表现方面和生活习惯方面的不良行为，并做出承诺，预计多长时间能够改正。通过该作业可以看出，学生为了兑现承诺会对自己在课堂上的不良行为进行控制，也能够保持良好的生活习惯。同时，在控制课堂上的不良行为时还会总结经验，如提前预习等，有效地管理了自己的行为。这也说明了基于"运用优势"干预技术设计的课程可以促进孤儿学生慎行特质水平的提升。

3. 领导者特质干预效果

领导者特质优势是指个体在与同伴交往中，经常会不自觉地扮演强势角色，会为同伴树立一个共同的目标，并帮助他们易化实现目标的过程。本研究发现，干预后实验班孤儿学生领导者特质水平提升具有持续性效果。验证了研究假设。

运用"认识—探索—运用模型"设计的"我有领导力（一）"和"我有领导力（二）"两节课帮助孤儿学生认识什么是领导者特质，如何发挥自身的领导者特质。这印证了 Niemiec 等（2017）提出的利用该技术对自我管理等需要先合理认识再用活动来加强干预效果的特质进行干预时，会发挥很好效果的观点。Niemiec（2013）提出的"认识—探索—运用模型"干预技术，是指个体通过对具体品格优势从感知到了解，进而达到提升和接触，最终获取幸福感的过程。孤儿学生在领导者特质上的行为表现不足之处在于没有主见、不能坚定立场勇于表达；平等对待每一位同学、以身作则形成积极的秩序或规则，并在实际生活中学会运用。因此，第五课利用"认识—探索—运用模型"技术首先让学生认识到即使不做领导也要具备领导力；布置作业，在一周的时间里做到在集体中有主见坚定想法、勇于表达，并记录下来这一时刻。通过作业可以看出，学生能够在集体中坚定正确的立场，并能为了集体的利益勇于发声。第六课依然利用"认识—探索—运用模型"干预技术布置作业，在一周的时间里做到在集体中平等对待每一位同学，以身作则带动形成良好的秩序规则，并记录下这一时刻。通过作业可以看出，学生能够有意识地通过改善自身行为，使他人学习自己，促进整体的秩序越来越好，也能够平等对待同学，不取笑某些同学。这说明了基于"认识—探索—运用模型"干预技术设计的课程可以促进孤儿学生领导者特质水平的提升。

4. 公正合作特质干预效果

公正合作优势是指个体在进行团队活动时，对自己分内的工作和集体负责，愿意为团队努力，工作时也会秉持公平正义这一理念，推崇团队中的所有人平等。本研究发现，干预后实验班孤儿学生公正合作特质水平没有显著提升。原因可能在于，有些学生在"制定班规"活动中没有认真参与，在"与同伴公平合作"作业中，很多学生没有寻求合作机会，也就更加体验不到合作中的公平性。但根据课后作业的质化分析结果可以看出，实验班部分孤儿学生公正合作特质水平还是有提升的。部分验证了研究假设。

运用"积极回应"干预技术设计的"我有集体，集体有我"一课能够让孤儿学生融入集体，有集体责任感和荣誉感。这与Shankland等（2017）利用该技术设计"But Free Day"活动，改善学生校园人际关系的研究结果一致。Rashid（2015）提出的"积极回应"干预技术，是指个体通过积极地、有建设性地回应他人，能促进个体的人际沟通、改善人际关系。孤儿学生在公正合作特质上的行为表现不足之处在于不能融入集体，没有集体责任感和荣誉感。因此，第七课运用"积极回应"技术设计活动让学生意识到个体不能没有集体，而在集体当中就要为集体着想，要有集体责任感和荣誉感；并布置作业，为班级设计切实可行的班规。通过该作业可以看出，部分学生在设计班规的过程中意识到自己是班级的一分子，并能够设计以班级利益为基准的班规，充分发挥了集体责任感和荣誉感。

运用"目标设置"干预技术设计的"学会公正合作"一课能够让学生学会与他人公平合作，共同完成目标。这与Madden等（2011）运用该技术让青少年学生提高参与课堂活动的质量的研究结果一致。Locke等（1990）提出的"目标设置"干预技术，是指通过让个体在活动过程中始终向着预定目标前进，以预定目标为方向，及时对个人活动进行调整，使其始终保持在朝着目标前进的轨道上，最终实现目标。孤儿学生在领导者特质上的行为表现不足之处还在于不能团结合作共同完成目标、分配工作公平公正。因此，第八课在第七课的基础上，设计活动让学生懂得在集体当中与人合作是非常重要的，学会与人合作有助于自己的成长和集体目标的达成。同时也让学生知道公平是合作的前提，在合作过程中注重公平性；并利用"目标设置"技术布置作业，保证每天与同伴共同完成一项任务，可以是老师布置的作业，也可以是课余的活动，要注意公平合理。通过该作业可以看出，部分学生能够在班级比赛或班级活动中学会与同伴合作，并在合作过程中能够注意到公平性原则。这说明了基于"积极回应"和"目标设置"干预技术设计的课程可促进提升孤儿学生公正合作特质水平的提升。

5. 好奇心特质干预效果

好奇心优势是指个体对新知识或新事物有发自内心的渴望，喜欢探索新事物或解决新问题。本研究发现，干预后实验班孤儿学生好奇心特质水平提升效果表现出延迟性。原因可能在于，学生在完成好奇心特质的课后作业时，最初是为了完成作业而进行体验，但在体验的过程中不断地产生积极情绪，推动学生在课程结束之后继续体验，这是一个特质水平不断上升的过程，因此，干预效果出现了延迟。再结合课后作业质化分析结果可以得出品格优势教育干预方案能够有效提升实验班孤儿学生的好奇心特质水平。验证了研究假设。

运用"运用优势"干预技术设计的"我有好奇心"一课能够让学生对新知识和新事物充满兴趣，提升好奇心特质水平。这与塞利格曼等（2005）让学生分组运用自身显著优势，能够提升好奇心特质水平以及幸福感的研究结果一致。Buckingham等（2010）提出的"运用优势"干预技术，是通过让个体进行某些日常活动将自身优势完全地发挥并能从中获得自我效能感和积极的情绪体验。孤儿学生在好奇心特质上的行为表现不足之处在于没有兴趣体验新事物、获得新知识。因此，第九课利用"运用优势"技术，通过活动激发学生的好奇心特质，并设置作业，利用学生的好奇心特质，在一周的时间里去体验一件从没体验过的事物，促进个体对有意义的人或事抱有更大的热情。通过该作业可以看出，学生能够勇于尝试自己曾经不敢尝试的事物，如尝试了自己不爱吃的菜、尝试学习了曾经不爱学习的学科，并获得了积极体验，愿意在以后的时间里继续尝试新事物。这说明了基于"运用优势"干预技术设计的课程可以促进孤儿学生好奇心特质水平的提升。

6. 坚毅勇敢特质干预效果

坚毅勇敢优势是指个体自觉自发地为达到预定的目标，在遇到困难时仍不退缩，真诚地面对自己，不懈努力地完成目标。本研究发现，干预后实验班孤儿学生坚毅勇敢特质水平提升效果表现出延迟性。原因可能在于，大部分学生在完成作业时会从攻破学习上的困难入手，由于孤儿学生学习基础较差，学习又是一个循序渐进的过程，因此，学生需要较长的甚至是一学期的时间攻破困难，干预效果出现了延迟。再结合课后作业质化分析结果可以得出品格优势教育干预方案能够有效提升实验班孤儿学生的坚毅勇敢特质水平。验证了研究假设。

运用"品味"干预技术设计的"我能坚毅勇敢"一课，能够让学生敢于面对学习生活上的困难，承担个人责任，提升坚毅勇敢特质水平。这与Niemiec（2013）指出的品味活动可以让学生自身的勇敢以及其他特质得到持续加强的研究结果一致。Bryant等（2006）提出的"品味"干预技术，是指关注个体自身积极情绪，通过品味积极的回忆，并进行有意识的加工，来唤起积极情绪的能力。孤儿学生在坚毅勇敢特质上的行为表现不足之处在于不敢面对学习与生活上的困难、不能承担个人责任。因此，第十课首先让学生认识到坚毅勇敢就是要勇于面对学习与生活上的困难，自己的责任自己承担。利用"品味"技术让学生品味过去坚毅勇敢的经历，促进其获得坚毅勇敢的积极体验。最后布置作业，让学生在一周的时间里攻破一件对自己来说困难的事，并记录下攻破的过程。通过作业可以看出，在获得坚毅勇敢的积极品味之后，学生能够做到突破自己，努力学习自己不感兴趣的学科，并摸索学习方法，也能够做到在犯了错误之后承担自己的责任，不逃避，勇于面对，并在这个过程中获得成就感、自豪感等积极体验。这说明基于"品味"干预技术设计的课程可以促进孤儿学生坚毅勇敢特质水平的提升。

7. 好学特质干预效果

好学优势是指个体在学习生活中，渴望学到新知识，会自愿地全身心投入其中。本研究发现，干预后实验班孤儿学生好学特质水平提升效果表现出延迟性。原因可能在于，学生在制定学习目标之后，会利用较长时间摸索适合自己的学习方法。而提升学习成绩，激起学生积极情感又需要一段时间，因此干预效果出现了延迟。再结合课后作业质化分析结果可以得出品格优势教育干预方案能够有效提升实验班孤儿学生的好学特质水平。验证了研究假设。

运用"希望疗法"干预技术设计的"我爱学习"一课能让学生认识到学习的重要性，对学习新知识充满希望。这与 Snyder（1994）的研究结果一致。"希望疗法"是以希望理论为支撑，通过希望的灌输、目标的确立等，从提高个体希望水平来改善个体心理健康状态的治疗方法。孤儿学生在好学特质上的行为表现不足之处在于认识不到学习的重要性，不愿意学习新知识。因此，第十一课运用"希望疗法"技术，首先设计知识竞赛活动，增强学习的趣味性。并回顾第一课学生自己设计的"成长计划书"，重温自己的理想，从理想入手激发学生的学习兴趣；并通过历史故事让学生明白天才出于勤奋的道理，基础差也是可以弥补的，给予学生学习道路的希望。通过课程最后学生的课堂分享内容可知，学生认识到了想要实现理想就要从现在开始努力学习，认识到了学习的重要性，并能够做到对学习充满希望、热爱学习。这说明基于"希望疗法"干预技术设计的课程可以促进孤儿学生好学特质水平的提升。

运用"目标设置"和"心流"干预技术设计的"我会学习"一课能让学生掌握学习的方法，促进好学特质水平的提升。这与 Madden 等（2011）运用该技术让青少年学生积极参与活动以及 Csikszentmihalyi 等（1992）运用该技术让个体通过学习新技能增强自我效能感，提升个人能力研究的结果一致。Locke 等（1990）提出的"目标设置"干预技术，是指通过让个体在活动过程中始终向着预定目标前进，以预定目标为方向，及时对个人活动进行调整，使其始终保持在朝着目标前进的轨道上，最终实现目标。Csikszentmihalyi 等（1992）提出的"心流"干预技术是指个体专注投入一项活动或任务时所展现最愉悦的巅峰的心理状态。当人们在完成某项有明确目标的任务时，就会产生心流体验，并伴随着高度的兴奋和充实感。孤儿学生在好学特质上的行为表现不足之处还在于没有学习目标、学习方法、良好的学习习惯和学习态度。因此，第十二课运用"目标设置"技术，让学生设置短期及长期学习目标，配合目标掌握学习方法。再运用"心流"技术，通过榜样学习，能够在学习过程中专注于保持良好的学习习惯和学习态度，做到会学习并获得满足体验。通过作业内容可知，学生能够主动学习榜样的学习方法，能端正学习态度，并根据自身的学习目标找到适合自己的学习方法和习惯，且在此过程中产生积极体验。这说明基于"目标设置"和"心流"干预技术设计的课程可以促进孤儿学生好学特质水平的提升。

8. 洞察力特质干预效果

洞察力优势是指个体拥有出众的学识、判断力，能为自己或他人提供建议并带来利益。本研究发现，干预后实验班孤儿学生洞察力特质水平提升具有持续性效果。验证了研究假设。

运用"认识—探索—运用模型"设计的"灵活运用"和"我有判断力"两课能让学生灵活运用知识，并运用正确的人生观与价值观为自己或他人做出合理判断，提升洞察力特质水平。这与 Niemiec 等（2017）运用该技术提升了智力发展障碍个体洞察力特质水平的研究结果一致。孤儿学生在洞察力特质上的行为表现不足之处在于缺乏灵活运用知识的能力。因此，第十三课运用"认识—探索—运用模型"技术设计活动，让学生认识到灵活运用知识的重要性，并能灵活运用知识解决实际学习生活中的问题；并布置作业，在完成各科作业的时候，多思考有没有多种思路、多种作答方式，记录下来。通过学生的作业内容可知，学生能够在课堂练习中灵活运用知识，思考并写下多种解题方法，还得到了科任老师表扬，学生在此过程中获得了积极情感体验。另外，孤儿学生在洞察力特质上的行为表现不足之处还在于不能对人生观与价值观有正确的认识，也不能运用正确的人生观与价值观对自己或他人的问题进行合理判断。因此，第十四课依然运用"认识—探索—运用模型"技术设计活动，让学生知道什么是正确人生观与价值观、有正确人生观与价值观是具有良好判断力的基础；并布置作业，让学生为自己和身边同学学习或生活上的问题做出合理判断。通过学生的作业内容可知，学生能够对同伴提出的关于生命的问题进行合理解答。这说明了基于"认识—探索—运用模型"干预技术设计的课程能够促进孤儿学生洞察力特质水平的提升。

9. 仁善特质干预效果

仁善优势是指个体在与他人的交往中，表现出更多的慷慨，对他人经历的体谅，并经常做出一些不求回报的善行。本研究发现，干预后实验班孤儿学生的仁善特质水平虽然与控制班相比没有显著差异，但是其自身在3个观测时间点上仍有显著提升，这从课后作业的质化分析结果可以得到佐证。部分验证了研究假设。

运用"认识—探索—运用模型"干预技术设计的"尊重他人、体谅他人"一课能够让孤儿学生尊重他人、体谅他人，促进仁善特质水平提升。这印证了Niemiec等（2017）提出的利用该技术对自我管理等需要先合理认识再用活动来加强干预效果的特质进行干预时，会发挥很好效果的观点。孤儿学生在仁善特质上的行为表现不足之处在于不能尊重他人、体谅他人。因此，第十五课运用"认识—探索—运用模型"技术，通过活动让学生认识到为什么要尊重他人、体谅他人，并掌握换位思考的方法。最后布置作业，让同桌两人为一组，互相站在对方的角度解决对方学习或生活上的困惑，记录下来解决的过程和心理感受，在实际生活中运用换位思考，从而提升对尊重他人、体谅他人的领悟。通过学生的作业内容可知，部分学生可以做到尊重并体谅同学，站在对方的角度，帮助同学答疑解惑，并且在这个过程中会拥有幸福感。这说明了基于"认识—探索—运用模型"干预技术设计的课程可以促进孤儿学生仁善特质水平的提升。

运用"善良行为"干预技术设计的"善良与我同行"一课能够让孤儿学生在生活中与人慷慨分享，做出不求回报的善行，促进仁善特质水平的提升。这与柳博米尔斯基等（2009）在实验中让学生在一周的时间里秘密地帮助某一位同学，可以有效提升帮助者的幸福感的研究结果一致。柳博米尔斯基等（2009）提出的"善良行为"干预技术是指鼓励和引导个体发现需要被帮助的人，并采取利他行为。这可以是帮他人抬水、拿东西、志愿服务等积极行为。孤儿学生在仁善特质上的行为表现不足之处还在于不能慷慨大方地与人分享、做不求回报的善行。因此，第十六课运用"善良行为"技术设计活动，让学生愿意与人分享，做出不求回报的善良行为，懂得帮助别人就是帮助自己的道理；并布置作业，在一周时间里，帮助三个人，要不求回报，记录帮助他人的经过以及帮助他人的心情，让学生在课后实际操作帮助他人，并获得幸福的情绪体验。通过学生的作业内容可知，部分学生能够做到在日常的学习与生活中帮助同学、老师或亲人，并收获了幸福的情感体验。这说明了基于"善良行为"干预技术设计的课程可以促进孤儿学生仁善特质水平的提升。

（二）品格优势教育干预对孤儿学生心理健康的促进效果

本研究发现，干预后实验班孤儿学生抑郁水平的降低具有持续性效果；生活满意度水平也有显著提升，但持续性较弱；根据实验班心理健康在3个观测时间点变化的趋势图可以看出，心理健康提升有回落现象。这可能是因为品格优势教育干预对心理健康的促进需要配合课后作业练习以达到巩固干预效果的目的，但干预结束后部分学生不再做作业，这可能会影响心理健康的持续提升。但就分数的情况来看，心理健康延时后测分数仍优于前测分数，说明研究假设得到了验证。这与塞利格曼等（2005）利用"运用优势"等干预技术对个体品格优势进行干预可以提高个体的生活满意度和幸福感，并降低抑郁水平的研究结果一致。结合课后作业的质化分析结果可以看出，实验班孤儿学生经常会提到"开心""幸福""有价值""热爱生命""好好生活"等词语。孤儿学生不但通过课堂参与和完成作业提升了品格优势水平，还排解了抑郁等消极情绪，肯定了自身价值并对生活充满希望，提高了生活满意度。这说明了运用多种积极心理干预技术设计的品格优势教育干预课程有效促进了孤儿学生心理健康水平的提升。

（三）局限与展望

1. 关于品格优势教育干预课程方案的适用性

由于受到孤儿学校课程安排的限制，所以本研究只针对初中一年级孤儿初中生进行品格优势干预。因此，被试群体的有限性是否对本次研究结果造成局限以及初中二、三年级是否适用此干预方案还有待进一步考察。此外，本研究所选择的目标学校位于L省，其他地区的孤儿初中生是否适用此干预方案也未知。因此，应该对其他年级和其他地区的孤儿学生品格优势发展进行研究，深化研究成果。

2. 关于品格优势教育干预课程的实际教学

由于受到突然而来的疫情影响，所以研究者不具备与授课教师在干预课程实施的细节方面进行深入线下交流的条件。虽然在正式的品格优势教育课程干预开始之前，研究者对心理教师进行了品格优势和积极心理干预技术理论知识的培训，也向授课教师交代了干预过程中的注意事项，但在实际干预过程中，授课教师会遇到各种突发的、具体的问题，此时授课教师因无法与研究者及时沟通，就会按照自身原有的教学经验去处理。例如，授课教师反映，有些孤儿学生不愿意书写"成长计划书"，那么到底是因为学生通过看未来活动没有找到理想目标还是因为学生有理想目标但不愿意表达，研究者无法准确了解情况。心理教师对这一问题解决并不到位，在一定程度上就会影响干预的效果。因此，建议授课教师在未来的品格优势教育课程教学时，注意积累相关教学经验，以达到理想的干预效果。

3. 关于品格优势教育干预效果的评估

本研究采用了两种分析手段，分别是干预效果数据的量化分析和学生课后作业的质化分析。但是，无论是量化分析还是质化分析，均是被试的自我报告，评价主体单一，对研究结果造成一定局限。因此，在未来的研究中，可以采用多种评估方法，例如让学生的班主任老师对学生每一种品格优势特质水平变化的行为表现进行核查，丰富干预效果评估标准。

4. 关于品格优势教育干预延时后测的检验

由于疫情，孤儿学校提前放假，本研究仅在干预后的第三周便进行了延时后测，未对更长时间的干预效果进行研究。品格优势教育课程干预是否有更长时间的效果、是否对孤儿学生心理健康的促进有更长时间的效果都有待检验。因此，未来研究应延长干预效果检测时间，对教学效果进行更全面的分析。

5. 关于品格优势教育干预课程内容的局限

在对品格优势教育干预效果的量化分析中发现，与控制班相比，实验班孤儿学生的升华自我特质、公正合作特质和仁善特质水平没有显著差异，但课后作业的质化分析说明部分孤儿学生提升了以上特质水平，这就说明干预课程并不是普遍适用于全体孤儿学生。也就是说针对升华自我、公正合作和仁善特质制定的干预目标和具体课程内容可能有不合理之处，还有待进一步完善，以更好地促进孤儿学生三种特质水平的普遍性提升。

第三节 孤儿初中生积极人际关系塑造的教育干预

一、研究背景与研究目的

积极心理学的主要研究领域有三个，即积极的主观情绪和体验、积极的人格特质和积极的社会组织系统。其中，积极的社会组织系统中所拥有的微观组织系统中包含着积极的人际关系（任俊，2010）。积极人际关系是通过人与人之间和谐、融洽的交往而建立的，可观察到的直接而稳定的心理上的关系。这种和谐心理关系包括认知、情感和相应的行为表现，它给人带来稳定的情绪和安全感，反映了个体或群体寻求社会需要的心理状态，表明人们在相互交往的过程中关系的亲密性、融洽性和协调性（周明茹，2016）。

本研究对积极人际关系的定义借鉴周明茹的观点，认为孤儿学生的积极人际关系是通过同伴间和师生间的和谐、融洽的交往而建立起来的可观察到的直接而稳定的心理上的关系，具体包括积极的同伴关系、积极的师生关系两种。其中，同伴关系是同龄人之间或心理发展水平相当的个体之间在交往过程中建立和发展起来的一种人际关系，这种人际关系是平行、平等的，不同于个体与家长或与年长个体间交往的垂直关系，是学生人际关系中最基本的关系，分为肯定与关心、帮助与指导、陪伴与娱乐、亲密袒露与交流、冲突解决策略及冲突与背叛六个因子（周宗奎 等，2005）。师生关系是教师与学生在教育、教学及日常交往过程中形成的，以认知、情感和行为反应等为主要形式的心理关系，分为亲密性、回避性、理解性、反应性及冲突性五个因子（张野 等，2009）。

有众多研究表明，建立良好的同伴关系与师生关系对于学生的身心健康发展益处良多。良好的同伴关系能够帮助青少年获得更多的归属感和社会技能（Rubin et al., 2006），并且对主观幸福感的提升有促进作用（陈少华 等，2007；杜玲玲，2017；金书文，2019）。拥有良好师生关系的中学生，他们的心理健康状况也十分良好，并且在与老师相处时，对老师表现得更加亲密与依赖（胡安阳 等，2016）。亲密的师生关系能够正向影响学生的亲社会行为、同伴关系和社会适应性（刘万伦 等，2005）。良好的师生关系能够引起学生对学校产生积极的认同和情感态度，能够让学生主动参与学校的各项活动，促进他们与自己的同伴也能够建立良好的关系，并且在学校的学习生活中获得更多积极心理品质，进而减少社会适应不良的现象出现的机会（Birch et al., 1998；Fisher et al., 1998；Adelman et al., 2002）。

本研究的目的，是从积极的人际关系出发，通过心理健康教育课的形式，培养孤儿学生的积极人际关系，促进孤儿学生的积极心理品质的成长，从而减少孤儿学生在发展过程中出现的社会适应性问题。通过心理健康教育课的形式将积极心理融入他们的日常生活中，以预防心理问题的发生。研究假设有二。假设1：积极人际关系的教育干预研究能够改善孤儿初中生的同伴关系，并且干预效果具有一定的持续性。假设2：积极人际关系的教育干预研究能够改善孤儿初中生的师生关系，干预效果具有一定的持续性。

二、研究方法

（一）研究对象

本研究采用整群随机取样法，随机抽取L省孤儿学校初中一年级两个班。随机指定一个班为实验班，班级人数为45人，其中女生17人，男生28人；随机指定一个班为控制班，班级人数为44人，其中女生17人，男生27人。

（二）研究工具

1. 友谊质量问卷

本研究采用Parker等（1993）编制、周宗奎等（2005）修订的友谊质量问卷简表（附录20），测量孤儿初中生的同伴关系。该问卷的简表共计18个项目，采用5点计分，其中需要反向计分的题目是第2、10和15个项目。量表包括肯定与关心、帮助与指导、陪伴与娱乐、亲密袒露与交流、冲突解决策略、冲突与背叛 6 个因子。多项对儿童青少年友谊质量的相关研究均表明该问卷的信度与效度良好（莫书亮 等，2010；徐瑜姣 等，2014；苏志强 等，2017；梁英豪 等，2018）。在本研究中，该问卷内部一致性信度克伦巴赫 α 系数为 0.84。

2. 师生日常交往调查问卷

本研究采用张野等（2009）编制的师生日常交往调查问卷（附录 19），测量孤儿初中生的师生关系。该问卷共计 26 个项目，采用 5 点计分，包括亲密性、回避性、理解性、反应性和冲突性 5 个因子。其中需要反向计分的题目是第 5、10、12、15、20、22 和 25 个项目。该问卷测量结构的验证性因素分析拟合指数为 $\chi^2/df = 3.32$，$NFI = 0.94$，$NNFI = 0.96$，$CFI = 0.97$，$IFI = 0.97$，$RMSEA = 0.05$，表明问卷具有良好的结构效度。该问卷的同质性信度为 0.87，分半信度为 0.83，重测信度为 0.80，表明该问卷有良好的信度。在本研究中，该问卷的同质性信度为 0.82。

3. 积极人际关系教育干预方案

孤儿初中生积极人际关系教育干预就是通过研究者实施与积极人际关系相关教育课程，对孤儿初中生的人际关系进行干预。

积极情绪"拓展-构建"理论认为，通过对积极情绪的拓展和构建，能够加强个体对于积极人际关系的发展（Isgett et al.，2004），积极人际关系是积极情绪体验的先决条件，反过来积极情绪的发展也能够增强个体积极人际关系的稳定。本研究中积极人际关系教育干预方案的设计即是在此理论基调下展开的。

社会认同理论认为，个体通过社会分类，对自己的群体产生认同，并产生内群体偏好和外群体偏见。积极的社会认同有助于个体提高认知安全感、归属感和社会信任，提升人际关系和谐度（胡金生，2009）。要建立积极的人际关系，社会认同是重要的影响因素（王力平，2009）。根据社会认同理论，孤儿学生可以通过对同伴群体产生社会认同，发展与同伴间的人际关系。本研究中积极人际关系教育干预方案的设计以社会认同理论作为解释孤儿学生同伴关系问题的理论依据。

第四章　去自我污名心理视域下的孤儿学生心理健康教育干预实践

群际接触理论认为群际接触具有改善群际关系、减少群际偏见的作用。减少群际偏见的主要方式是与外群体在最佳条件下进行接触，最佳条件包括：平等的地位、共同的目标、群际合作以及权威与法律的支持。而跨群体友谊在一定程度上包括了接触的最佳条件，因此，在不同群体之间建立友谊就很重要（Pettigrew，1998；Pettigrew et al.，2006）。根据群际接触理论，孤儿学生积极人际关系中的师生关系可以通过建立跨群体友谊减少师生之间的偏见，建立相互的信任感，从而使孤儿学生的师生关系得到一定的改善。本研究中积极人际关系教育干预方案的设计以群际接触理论作为师生关系问题的理论依据。

在当前心理学及积极心理学领域，有一些人际关系干预方法或技术可运用于孤儿初中生积极人际关系教育干预中。例如，"积极应答"是积极心理学中用于建立和维持积极关系策略中的一种干预方式。积极应答是通过积极的方式，回应他人提出的问题，或在面对他人时，以友好积极的态度去回应对方（段文杰 等，2018）。"感恩日记"是指通过记录值得感恩的事情来感知和体验积极情绪（Shankland et al.，2017）。"幸福档案袋"就是把自己的能与幸福联系起来的事物和纪念品放在一起，装在一个类似档案袋里，例如可以把照片，把他人对你说的话语写成信件，或者对你有意义的物品放在"档案袋"中，还可以不断地向里面添加你觉得有意义的物品，然后将档案袋放在身边，当自己感觉到累了或者面对令自己难过的事情时，可以打开它，从中吸取积极的能量（顾志刚，2014）。"设定自己的复位键"其实也是一种心理仪式技术，是指当人们被负面情绪包围，陷入一个恶性循环的消极情绪状态，无法从中摆脱出来时，把自己想象成一台出现问题的电脑，只要按下复位键，负性情绪就像出现的电脑问题复位一样，从我们的身上消失了。复位键可以是对个体来说有意义、重要、经常带在身边的小东西或者一些事物，可以是小饰品，可以是一段音乐，或者是一个图片。进行复位时，个体需要闭上眼睛想象自己是一台电脑，拿着自己的复位键，对自己说："我重启了"，将所有的负面情绪丢掉（顾志刚，2014）。"合理情绪疗法"又叫ABC理论，认为事情发生的一切根源是我们的认知。错误的思维方式或不合理信念是心理状态、情绪和行为问题的症结。其中，A是指诱发事件，B是指个体在诱发事件后随之产生的信念，C 是指某些特定情境下个体情绪以及行为反应的后果。通过对个体头脑中不合理信念进行分析，通过产婆术式辩论找到产生情绪的根源，再重新树立一个新的信念，由此过程来改变情绪的行为和结果。"故事叙述法"是以故事的开端、发展、逆转、高潮、结局以及留白等情节发展为基础，以角色行为及后果的认知与非认知的融合以及故事的过程与结果的整合，引导学生身心的整体参与，引发学生的感触和体悟。

  本研究依据上述相关理论及干预技术方法设计了积极人际关系教育干预的教学方案。以心理健康教育课的方式进行讲授和干预。在设计方案的过程中，每一次方案的设计都由 4 名专家进行内容的评定，将每一节教案中评定不满意的内容进行更改，直到每一节的教案都得到专家的认可。专家构成由 1 名心理学副教授和 3 名孤儿学校教师构成，另有 11 名应用心理学专业在读研究生协助完成。干预方案设计大纲见表 4-8。

表 4-8 孤儿初中生积极人际关系教育干预方案大纲

课程名称	教学目标	干预维度	干预技术和方法	随堂作业
第一节 你是最棒的	1. 让学生领会到朋友间的肯定与关心的重要性 2. 学生接受并主动表达对朋友的肯定与关心 3. 学生通过活动主动参与，积极反应，对活动表现出较高兴趣	肯定与关心	积极应答	总结互相交流后的感受
第二节 帮助他人，快乐自己	1. 认识到帮助朋友能够让自己开心。加深友谊，建立积极健康的人际关系 2. 学生能够积极主动地在生活中帮助同伴，养成乐于助人的美德 3. 能够体验到与同伴互助对自身的好处，产生愉悦感	帮助与指导、陪伴与娱乐	故事叙述法	回忆一件朋友为你做的让你感动的事，或者你曾经为朋友做过些什么，做完后自己特别开心

续表

课程名称	教学目标	干预维度	干预技术和方法	随堂作业
第三节 学会沟通	1. 学生能够懂得与同伴发生矛盾是可以通过沟通解决的 2. 掌握沟通的方法 3. 让学生体验到积极沟通的好处	亲密袒露与交流、冲突解决策略度、冲突与背叛	设定自己的复位键、幸福档案袋	通过本节课程的学习,你都学到了什么,请写出你的感悟
第四节 走进你的世界	1. 学会理解老师,减少对老师的偏见 2. 用积极的心态去看待与老师的关系 3. 通过学习,能够体验到与老师建立积极健康的师生关系对自身的好处	理解性	合理情绪疗法	写一写你曾经与老师的误会,以及对这个问题想对老师说的话
第五节 老师,我想对您说	1. 学生了解与老师沟通的重要性 2. 行为目标:学会与老师进行积极的沟通 3. 情感目标:通过学习体验,对和老师进行积极沟通表示认同	回避性、冲突性	故事叙述法	尝试与老师进行一次沟通
第六节 感恩有你	1. 学生能够体谅老师的辛苦付出,理解老师 2. 教会学生对老师表达感谢 3. 学生能够尊重、感恩老师的付出	亲密性、反应性	感恩日记、幸福档案袋	写一周的感恩日记

(三) 实验设计与研究程序

本研究采用实验班与控制班前后测准实验设计模式,通过对实验班进行积极人际关系教育干预,控制班不接受干预的方法来探讨干预活动对孤儿学生积极人际关系的教育促进效果。具体研究程序如下。

首先，在开始实施干预课程前，对实验班与控制班学生的积极人际关系水平进行前测，分析这两个班被试的同质性水平。

其次，在确保实验班与控制班学生积极人际关系水平基本同质的前提下，按照研究者设计的积极人际关系教育干预方案，对实验班学生实施教育干预。利用每周一节、每节45分钟的实施计划，在6周内完成所有干预课程。

再次，在所有干预课程结束后，对实验班控制班的被试分别进行积极人际关系水平即时后测，考察干预效果。在3周以后进行延时后测，考虑干预效果延续性，综合两次测试结果分析干预效果。

在实验班接受积极人际关系教育干预期间，控制班也同时接受心理健康教育课，但其课程内容均不涉及积极人际关系相关内容，两个班除了接受的心理健康教育课程内容不一样以外，其他教学条件完全保持一致。

最后，研究使用统计软件 SPSS 22.0 对3个观测时间点所收集到的积极人际关系测量数据进行管理与分析，采用独立样本 t 检验和单因素重复测量方差分析方法检验教育干预的效果。

三、结果与分析

（一）实验班与控制班积极人际关系教育干预效果的差异比较

实验班与控制班孤儿初中生在3个测量时间点上的同伴关系、师生关系描述统计与独立样本 t 检验结果见表4-9和表4-10。由表4-9可知，实验班与控制班在同伴关系的 T_1 前测分数上不存在显著差异，二者是同质的。干预后，同伴关系中的肯定与关心、陪伴与娱乐、亲密袒露与交流三个维度在 T_2 即时后测分数、T_3 延时后测分数上，实验班显著高于控制班，这些差异变化的大小均达到了中等以上效应；帮助与指导、冲突解决策略两个维度在 T_2 即时后测分数上，实验班显著高于控制班，这些差异变化的大小均达到了中等效应，但是在 T_3 延时后测分数上实验班与控制班差异不显著；只有冲突与背叛维度在 T_2 即时后测分数、T_3 延时后测分数上，实验班与控制班差异不显著。这表明积极人际关系教育干预有效改善了实验班孤儿初中生的同伴关系状况，除冲突与背叛维度外，其余维度均效果良好，且在肯定与关心、陪伴与娱乐、亲密袒露与交流上还具有延续效果，时间最少可持续3周。

表4-9 实验班与控制班在3个观测时间点上的同伴关系比较

同伴关系	观测时间点	实验班（$n=45$） M	SD	控制班（$n=44$） M	SD	t	Cohen's d
肯定与关心	T_1	2.53	0.97	2.40	0.70	0.69	0.14
	T_2	2.98	0.88	2.33	0.63	3.97***	0.74
	T_3	2.92	0.84	2.42	0.78	2.88**	0.55
帮助与指导	T_1	2.64	1.16	2.76	0.96	-0.53	-0.12
	T_2	3.07	0.80	2.57	0.76	3.05**	0.57
	T_3	2.84	0.89	2.69	0.85	0.80	0.16
陪伴与娱乐	T_1	3.01	1.00	2.68	0.94	1.58	0.33
	T_2	3.26	0.62	2.56	0.64	5.27***	0.88
	T_3	3.25	0.72	2.59	0.79	4.12***	0.76
亲密袒露与交流	T_1	2.73	1.09	2.74	0.90	-0.08	-0.02
	T_2	2.96	0.96	2.53	0.69	2.45*	0.48
	T_3	3.01	0.90	2.64	0.78	2.03*	0.40
冲突解决策略	T_1	2.71	0.99	2.73	0.81	-0.08	-0.02
	T_2	3.12	0.83	2.64	0.73	2.86**	0.54
	T_3	3.05	0.91	2.841	0.71	1.23	0.24
冲突与背叛	T_1	2.64	0.85	2.41	1.06	1.15	0.24
	T_2	2.53	1.08	2.38	0.83	0.72	0.15
	T_3	2.35	1.13	2.49	1.01	-0.63	-0.14

注：*表示$p<0.05$，**表示$p<0.01$，***表示$p<0.001$。T_1为干预前的基线测量，T_2为干预结束后的即时后测，T_3为干预结束3周后的延时后测。

由表4-10可知，实验班与控制班在师生关系（除亲密性维度外）的T_1前测分数上不存在显著差异，二者是同质的。干预后，师生关系中的理解性维度在T_2即时后测分数、T_3延时后测分数上，实验班高于控制班，且差异变化的大小达到了中等以上效应；亲密性、回避性、反应性三个维度在T_2即时后测分数上，实验班显著高于控制班，这些差异变化的大小均达到了中等效应，但是在T_3延时后测分数上实验班与控制班差异不显著；冲突性维度在

T_2 即时后测分数上实验班与控制班差异不显著,但是在 T_3 延时后测分数上实验班与控制班差异显著,实验效果表现出延迟性。这表明积极人际关系教育干预有效改善了实验班孤儿初中生的师生关系状况,除冲突性维度干预效果的显现有延迟以外,其余维度干预效果良好,特别是在理解性维度上还具有延续效果,时间最少可持续 3 周。

表 4-10 实验班与控制班在 3 个观测时间点上的师生关系比较

师生关系	观测时间点	实验班 ($n=45$) M	实验班 SD	控制班 ($n=44$) M	控制班 SD	t	Cohen's d
亲密性	T_1	3.55	1.15	3.10	0.91	2.02*	0.44
	T_2	3.91	0.85	3.24	0.48	4.61***	0.82
	T_3	3.55	0.97	3.34	0.59	1.24	0.24
回避性	T_1	2.81	0.67	2.89	0.61	-0.53	-0.08
	T_2	3.17	0.63	2.80	0.69	2.71**	0.47
	T_3	2.88	0.78	2.84	0.62	0.32	0.06
理解性	T_1	3.47	0.92	3.13	0.92	1.72	0.35
	T_2	3.82	0.83	3.21	0.60	3.97***	0.72
	T_3	3.39	1.21	3.85	0.83	-2.10*	-0.45
反应性	T_1	3.40	0.96	3.00	0.96	1.96	0.41
	T_2	3.82	0.88	3.32	0.89	2.64*	0.53
	T_3	3.41	1.11	3.31	0.85	0.50	0.11
冲突性	T_1	3.11	0.89	3.09	0.87	0.11	0.02
	T_2	3.02	0.97	2.98	0.52	0.22	0.05
	T_3	3.22	0.91	2.83	0.80	2.07*	0.46

注:* 表示 $p<0.05$,** 表示 $p<0.01$,*** 表示 $p<0.001$。T_1 为干预前的基线测量,T_2 为干预结束后的即时后测,T_3 为干预结束 3 周后的延时后测。

(二) 实验班积极人际关系教育干预效果的追踪分析

为了进一步追踪积极人际关系的干预效果,本研究分别对实验班孤儿初中生的同伴关系、师生关系做了单因素重复测量方差分析,结果见表 4-11 和表 4-12。

由表 4-11 可知,除同伴关系的冲突与背叛维度外,Mauchly 球形检验结果均显著，表明除冲突与背叛维度外其他维度在3个观测时间点上的重复测量值之间互相不独立，此时的时间变量主效应结果以 Willks' Lambda 多变量检验结果和 Greenhouse-Geisser 校正的一元被试内效应结果为准；同伴关系的冲突与背叛维度在3个观测时间点上的重复测量值之间互相独立，满足球形假设，不需要对 F 值进行校正。同伴关系的肯定与关心、冲突解决策略维度的时间变量主效应显著。进一步的事后多重比较（LSD）结果表明，同伴关系的肯定与关心、冲突解决策略维度的前测与即时后测、测与延时后测均呈现显著差异（$ps < 0.05$）。这表明积极人际关系的教育干预改善实验班同伴关系的肯定与关心、冲突解决策略问题的时间效果更明显。

表4-11 实验班同伴关系在3个观测时间点上的重复测量方差分析

同伴关系	Wilks' Lambda 检验			Mauchly 球形检验		Greenhouse-Geisser 校正	
	λ	$F(2, 43)$	η^2	W	$\chi^2_{(2)}$	F	η^2
肯定与关心	0.83	4.56*	0.18	0.83	8.00*	6.04**	0.12
帮助与指导	0.81	5.00*	0.19	0.72	14.41**	3.38	0.07
陪伴与娱乐	0.94	1.40	0.06	0.59	22.98***	2.17	0.08
亲密袒露与交流	0.94	1.36	0.06	0.86	6.59*	1.89	0.04
冲突解决策略	0.84	4.21	0.16	0.85	6.84*	5.33**	0.11
冲突与背叛	0.92	2.02	0.09	1.00	0.22	2.17	0.05

注：* 表示 $p < 0.05$，** 表示 $p < 0.01$，*** 表示 $p < 0.001$。

由表4-12可知，除师生关系的亲密性和冲突性维度外，Mauchly 球形检验结果均不显著，表明除亲密性和冲突性维度外其他维度在3个观测时间点上的重复测量值之间互相独立，此时的时间变量主效应满足球形假设，不需要对 F 值进行校正；师生关系的亲密性和冲突性维度在3个观测时间点上的重复测量值之间互相不独立，此时的时间变量主效应结果以 Willks' Lambda 多变量检验结果和 Greenhouse-Geisser 校正的一元被试内效应结果为准。结果表明，师生关系的亲密性、回避性、理解性和反应性维度的时间变量的主效应显著，冲突性维度上时间变量的主效应不显著。进一步的事后多重比较（LSD）结果表明，亲密性、回避性、理解性和反应性的前测与即时后测呈现显著差异，回避性、理解性和反应性的即时后测与延时后测呈现显著差异（$ps<0.05$）。这表明积极人际关系的教育干预改善实验班师生关系的亲密性、回避性、理解性和反应性问题的时间效果更明显。

表4-12　实验班师生关系在3个观测时间点上的重复测量方差分析

师生关系	Wilks' Lambda 检验			Mauchly 球形检验		Greenhouse-Geisser 校正	
	λ	F (2, 43)	η^2	W	$\chi^2_{(2)}$	F	η^2
亲密性	0.72	8.26**	0.28	0.75	12.45**	4.68**	0.10
回避性	0.67	10.39***	0.33	0.96	1.56	8.69***	0.17
理解性	0.75	7.34**	0.26	0.97	1.17	6.38**	0.13
反应性	0.73	7.83**	0.27	0.94	2.48	6.61**	0.13
冲突性	0.93	1.73	0.08	0.83	8.25*	1.04	0.02

注：* 表示 $p<0.05$，** 表示 $p<0.01$，*** 表示 $p<0.001$。

此外，在控制班师生关系的亲密性维度上做时间变量的单因素重复测量方差分析，结果见表4-13。由表4-13可知，控制班师生关系亲密性Mauchly球形检验结果显著，表明控制班师生关系亲密性维度在3个观测时间点上的重复测量值之间互相不独立，此时的时间变量主效应结果以Wilks' Lambda多变量检验结果和Greenhouse-Geisser校正的一元被试内效应结果为准。结果发现，控制班师生关系亲密性维度的时间变量主效应不显著，这说明在实验班和控制班的前测中，师生关系的亲密性维度的不同质不存在时间纵向上的联系，不会对干预研究产生影响。

表4-13　控制班师生关系亲密性维度在3个观测时间点上的重复测量方差分析

师生关系	Wilks' Lambda 检验			Mauchly 球形检验		Greenhouse-Geisser 校正	
	λ	F (2, 42)	η^2	W	$\chi^2_{(2)}$	F	η^2
亲密性	0.93	1.71	0.08	0.79	9.90**	1.84	0.04

注：** 表示 $p<0.01$。

（三）实验班孤儿初中生参与积极人际关系教育干预的课堂感受

为更加客观、全面地分析孤儿初中生参与积极人际关系教育干预的实际效果,在收集问卷数据的同时,本研究还将实验班孤儿初中生的课堂参与感受及课后作业纳入数据收集范围。

在"你是最棒的"课程中运用"积极应答"干预技术而设计的课堂活动,使学生通过活动体验同学间互相关心和肯定对方的重要性,从开始在课堂上拒绝与他人交流,用否定的或是开玩笑的方式对待同伴,到后来开始尝试着与同学进行交流,对同伴的表达做出友好的回应。例如,顾××同学在课堂活动分享中说:"我对我的同伴说,终于考完试了,特别开心,他对我说,你学得不错,有进步,我很开心。"

在"帮助他人,快乐自己"一课中运用"故事叙述法"干预技术而设计的课堂活动,使学生能够体验到与同伴互助对自身的好处,加深友谊,建立积极健康的人际关系。例如,万××同学在课堂活动分享中说:"在我受欺负的时候,都是她来帮我,并且我受伤的时候,也是她陪我去医务所,给我取药,接水喝,我很感动。"

在"学会沟通"一课中运用"设定自己的复位键"和"幸福档案袋"干预技术而设计的课堂活动,使学生改变了用暴力去解决冲突或者选择完全不理对方的处理问题的态度与方法,学会了与朋友沟通的技巧。例如,杜××同学在课堂活动分享中说:"要会沟通,不能通过表面看对方,要理解情况之后再做决定,不能大打出手。"张××同学在课堂活动分享中说:"与朋友要心交心,遇到事情要沟通,不要吵架。"

在"走进你的世界"一课中运用"合理情绪疗法"干预技术而设计的课堂活动,使学生转变他们固有的或错误的认知,通过分享与老师之间的误会和想对老师表达的话,消除他们对老师的偏见,理性看待与老师的关系。例如,尹××同学在课堂活动分享中说:"有一次旁边的人打架,我去拦着,老师说我打架。我现在也知道了,围着的人太多了,老师也很难分清,说我也是为我好。"

在"老师我想对您说"一课中运用"故事叙述法"设计的课堂活动,学生尝试跟老师敞开心扉地沟通一次,引导孤儿初中生主动学习沟通技巧,能够体谅老师,感恩老师,从而缓解孤儿初中生与老师之间的回避性和冲突性。例如,郭××同学在课堂活动分享中说:"通过跟××老师的谈心,我发现老师也有我们不知道的一面,他们也很辛苦,(我们)应该谢谢老师。"

在"感恩有你"一课中运用"感恩日记"干预技术而设计的课堂活动,使学生通过写日记,回忆起老师对自己的关心与爱护,从而乐于与老师互动,增加与老师的亲密性。例如,胡××同学在日记中写道:"中午吃饭排队的时候,老师告诉我们外面下雪了,把衣服穿好了再出去,别冻着。""今天放假了,生活老师让我们拿回自己的手机,老师还给我的手机充了电。"

四、讨论与小结

(一)积极人际关系教育干预的效果

1. "积极应答"技术改善了孤儿初中生对同伴的肯定与关心

本研究设计的课程基于"积极应答"干预技术改善了孤儿初中生对同伴的肯定与关心,验证了研究假设。积极应答通过与他人建立和维持积极的关系,能够带来更高的生活满意度、希望、感恩和灵性,能够促进人际沟通,改善人际关系(Kern et al., 2014)。例如,国外开展的一项在学校的"没有'但是'的一天"积极干预项目,活动要求老师和学生以积极,主动的方式回应他人(Peterson, 2013; Shankland et al., 2017)。孤儿初中生在生活中失去原生家庭的教导,没有人教导他们如何与他人交朋友,并且和朋友友好相处。因此,孤儿初中生在与朋友交往时更为敏感,却不知道如何去应对。在"你是最棒的!"课程中,通过"积极应答"活动引导孤儿初中生去思考,面对朋友时如何表现得更友好,在活动中让同学们感受到互相表达善意后的体验,主动与同伴进行互动,从而让孤儿初中生领会到朋友间的肯定与关心的重要性。

2. "设定自己的复位键"与"幸福档案袋"技术改善了孤儿初中生同伴间的亲密袒露与交流和冲突解决策略

本研究设计的课程基于"设定自己的复位键"与"幸福档案袋"干预技术改善了孤儿初中生对同伴的亲密袒露与交流和冲突解决策略,验证了研究假设。根据积极情绪的"拓展－构建"理论可知,拓展孤儿学生与同伴的积极情绪产生,能够缓解同伴间的矛盾冲突。"设定自己的复位键"是一种心理调适技术，也是一种仪式性心理技术，这种技术方法能够改善人们的消极情绪（汪小园，2016）。"幸福档案袋"是指通过保存与同伴间的美好记忆唤起学生的积极情绪。Isgett等（2004）甚至建议人们建立10个档案袋以应对积极心理学的10种情绪。因此，这两种技术都可以通过改善情绪状态的方式去解决同伴间的问题。在"学会沟通"课程中，通过"设定自己的复位键"消除自身存在的负面情绪，能够在处理与同伴的矛盾冲突时，通过"幸福档案袋"去回忆自己与朋友间的美好回忆，平复自己的心情，然后再通过与朋友进行积极的沟通去解决问题，就可以让孤儿初中生体会到积极沟通的好处，进而提高孤儿初中生同伴交往的亲密袒露与交流和冲突解决策略。本研究发现，同伴关系中冲突解决策略维度延时后测显示的干预效果的持续性不显著，这可能是因为孤儿初中生不能将课堂所学内容很好地在课后加以练习或付诸实践。

3. "故事叙述法"技术改善了同伴关系的帮助与指导、陪伴与娱乐，改善了师生关系的回避性与冲突性

本研究设计的课程基于"故事叙述法"干预技术改善了孤儿初中生同伴关系中帮助与指导、陪伴与娱乐两个维度，师生关系中的回避性和冲突性两个维度，验证了研究假设。

孤儿学校的学生在与同伴交往时经常表现出拒绝、冷漠，与同伴相处时用讽刺性的言语与同伴沟通，不会主动帮助他人。在"帮助他人，快乐自己"课程中，通过"故事叙述法"的方式让学生了解到帮助他人能够加深同伴间的友谊，体验到与同伴互助的好处，养成助人的美德。本研究发现，同伴关系中帮助与指导维度延时后测显示的干预效果的持续性不显著，这可能是因为孤儿初中生可能只是产生了帮助同伴的意识，但是帮助同伴的实际行为做得不够努力，或者还存在社交退缩行为。

孤儿学校的老师相对于孤儿学生而言是属于外群体，由于需要履行老师的职责，他们对孤儿学生的管束也比较严厉，而这也加剧了孤儿学生与他们之间的群际矛盾。因此，在日常相处中难免会产生师生矛盾和误解，孤儿学生不愿与老师沟通，回避与老师的交流。群际接触理论认为群际接触具有改善群际关系、减少群际偏见的作用。Miller（2002）的研究也表明，随着不同

群体间人际交往的进行,人们会逐渐淡化本来的社会分类,建立起信任感,这种信任感能够减少群际交往中的不适感。在"老师,我想对您说"课程中,通过"故事叙述法"的方式引导孤儿初中生去思考,良好的沟通能够帮助学生化解与老师之间存在的问题与误解,进而去主动学习沟通技巧,并且尝试与老师进行沟通,于是就缓解了孤儿初中生与老师之间的回避性和冲突性。

本研究发现,对师生关系冲突性维度在即时后测上显示的干预效果不显著,但是在延时后测上显示干预效果显著,干预效果表现出延迟性。这可能是因为孤儿初中生对老师认知情感上的转变需要一定的时间,不能立刻产生效果。对师生关系回避性维度在即时后测上显示的干预效果显著,但是在延时后测上显示干预效果不显著,说明干预效果的持续性不确定。这可能是因为师生之间群际信任感的建立需要更长时间的维系,仅仅用3周的时间恐怕难以观测出其长期的效果。

4. "合理情绪疗法"技术改善了师生关系的理解性

本研究设计的课程基于"合理情绪疗法"干预技术改善了孤儿初中生师生关系中的理解性维度,验证了研究假设。合理情绪疗法是较为常见的一种认知疗法技术,被广泛采用改善各种不良情绪。在寄宿制孤儿学校中,老师不仅仅要保证完成教学工作,而且要让班级里的每一个孩子都安全,因此在平时与学生交流时,老师采取的严厉管教方式会引起学生的误解。在"走进你的世界"课程中,通过一些案例,运用合理情绪疗法改变了孤儿初中生对老师的固有认知,减少其对老师的偏见,使他们能用积极的态度去看待与老师的关系,进而能够更加理解老师。

5. "感恩日记"与"幸福档案袋"技术改善了师生关系的亲密性与反应性

本研究设计的课程基于"感恩日记"与"幸福档案袋"干预技术改善了孤儿初中生师生关系的亲密性与反应性维度,验证了研究假设。

"感恩日记"通过记录生活中发生的美好事件来获得积极情绪体验,增加幸福感,降低负面情绪(Davis et al., 2016)。孤儿学校的学生不善于主动对老师表达情感,在"感恩有你"课程中,孤儿初中生通过"感恩日记"和

"幸福档案袋"记录、回忆生活中与老师相处的积极体验,学会理解老师,体谅老师的辛苦,学会对老师感恩,进而增加了与老师的亲密性和反应性。本研究发现,对师生关系亲密性和反应性两个维度在即时后测上均显示干预效果显著,但是在延时后测上显示干预效果不显著,说明干预效果的持续性不确定。这可能是因为部分孤儿初中生还不能坚持长期记录感恩日记,因此不能将在日记中感受到的与老师的情感和行为建立起连接,一旦结束日记,干预对学生的效果就减弱了。

6. 对同伴关系中冲突与背叛维度的干预效果

本研究发现,对于同伴关系的冲突与背叛维度的干预效果在即时后测与延时后测上都没有体现出来,说明本研究中积极人际关系教育干预方案改善同伴关系中的冲突与背叛问题的效果不明显。这说明,关于这部分内容的干预课程的设计及授课方式的恰当性还有待进一步完善。

(二) 局限与展望

1. 关于积极人际关系教育干预方案的适应性

本研究的研究对象只选择了初中一年级的孤儿学生,但由于青春期孤儿心理波动大,本研究设计的积极人际关系教育干预方案是否适合初中二、三年级孤儿学生还有待未来研究的检验。

2. 关于积极人际关系教育干预方案的实施的频次

本研究因客观现实原因,将对孤儿学生积极人际关系的干预方案设计为6课时,每周1节,每节45分钟。其中,针对同伴关系的干预方案为3课时,针对师生关系的干预方案为3课时。但有个别人际关系维度的干预效果较差。可见,6节课时的干预效果十分有限、不够充分。因此,在未来的研究中应考虑扩充教案设计的干预频次,以期得到更好的干预效果。

3. 关于积极人际关系教育干预延时效果的评估

由于受常规教学活动等客观因素的限制,所以本研究在完成即时后测的第三周进行延时后测的效果评估,研究延时后测的有效性仅为3周,有些维度干预的效果可能不会立即显现出来,有延迟性。因此,该研究的干预效果是否能够持续更长时间,是否会发生更长时间的延迟,都需要未来研究进一步考察。

4. 关于积极人际关系教育干预方案的效果评估

本研究的干预效果通过收集前测、后测和延时后测的问卷数据进行量化分析以及在教学干预过程中设计的以随堂作业的形式收集到的质化分析资料来评估。研究中缺少任课老师对于学生干预实施前后的观察记录。因此，在未来研究中可增加更多的评估干预效果的方法。

第四节 孤儿小学生品格优势识别的教育干预

一、研究背景与研究目的

孤儿因其家庭教育的缺失、社会化教育的滞后，在幼年时期极易形成难以纠正的行为偏差，进而使其心理发展处于不利的境况。有研究表明，孤儿学校一至六年级孤儿小学生总体的心理健康状况不佳（张楚 等，2016）；孤儿小学生品格优势发展水平显著低于普通小学生（梁祎婷，2018）；农村孤儿的执行、思考、协作、发展、友爱、自律、领导力和心里触动这8项积极心理品质明显低于普通儿童（刘衔华，2018）。这些研究大多从积极视角发现孤儿小学生心理发展的薄弱之处，但对如何挖掘孤儿自身潜在积极心理资源缺少关注。本研究认为，品格优势是个体积极心理的核心系统，对孤儿小学生开展品格优势教育有利于促进孤儿积极心理品质的良好发展，增进其心理健康。

品格优势是指人格中的积极力量和正向特质（梁祎婷，2018），是通过个体的认知、情感和行为而反映出来的对个体具有积极影响的优势潜能（Peterson et al., 2004）。在本研究中，对品格优势的操作定义采纳梁祎婷的观点。梁祎婷（2018）在塞利格曼的品格优势理论的基础上，对我国儿童开展本土化测量，兼顾普通儿童以及孤儿、留守儿童等特殊儿童心理发展特点编制成信度和效度较为理想的《小学生品格优势问卷》，将品格优势分为理想信念、洞察力、好学、自我管理、公正合作、坚毅勇敢、谦虚、仁善、爱、热情、对美好的领悟、社交能力12种积极人格特质。

有研究者认为，品格优势是促进个体身心健康、缓解抑郁与压力的良好资源（刘美玲 等，2018），是创造美好生活的心理资本（张宁 等，2010）。塞利格曼等最早设计了"识别并运用个人品格优势"的干预方案，通过6个月的实施与测试发现，参与者的幸福感明显增强，抑郁症状有下降的趋势（Seligman et al.，2005）。Duan 等（2014）在塞利格曼等研究的基础上控制了参与者预期，对中国校园内的学生进行了为期18周的干预研究。结果发现，经过品格优势训练的学生能够获得良好的生活满意度，且这种体验会持续并稳定增强。因此，如何培养个体品格优势已成为目前积极心理学研究的热点。国内外均有为提升品格优势而设计的干预方案，如国外的"瑞士品格优势项目""优势健身房""建造未来希望"，国内的"优势潜能训练课程"等（Proctor et al.，2011；Marques et al.，2011；Proyer et al.，2015；李婷婷 等，2016）。

在以往的研究中，研究者主要是以柳博米尔斯基等提出的持续幸福模型、塞利格曼等提出的识别和使用性格优势理论以及 Snyder 等提出的希望理论为理论基础，运用各种积极心理干预技术来培养个体的品格优势。常见的技术有：希望疗法（Snyder，1994）、最好的自己（Drozd et al.，2014）、善良行为（Sin et al.，2009）、感恩表达（Shimai et al.，2006）、积极回应（Rashid，2015）、心流（Mao et al.，2016）、品味（Niemiec，2013）、运用优势（Buckingham et al.，2010）、目标设置（Sheldon et al.，1999）、认识—探索—运用模型（Martinez-Martí et al.，2014）等。随着人们对学校心理健康教育工作的重视，心理健康教育课越来越普及。更多国内研究者和教师以心理健康教育课为途径，通过设计特定的课程方案，对学生各种不良心理与行为问题开展有针对性的矫正，或致力于培养学生的各种积极心理品质。作为教育干预最常见的途径，心理健康教育课具有显著的心理健康促进功能。因此，以心理健康教育课为载体，将多种积极心理干预技术运用于课堂教学，是对孤儿学生开展品格优势教育的有利途径。

综上所述，本研究的目的是从孤儿群体的特殊性出发，运用多种积极心理干预技术，设计出适合于孤儿小学生品格优势发展的教育干预课程方案，旨在使孤儿小学生了解并学会识别自身潜在的品格优势，并在发掘其品格优势的同时，使其在日后的学习与生活中学会运用自身的品格优势，从而促进其心理健康发展；也为今后孤儿学校开展孤儿学生积极心理健康教育实践工作提供了有益参照。研究假设：以心理健康教育课为干预途径，运用积极心理干预技术设计的品格优势识别教育课程可以有效地提升实验班孤儿小学生对理想信念、洞察力、好学、自我管理、公正合作、坚毅勇敢、谦虚、仁善、爱、热情、对美好的领悟、社交能力这12种品格优势的认识，且干预效果有一定持续性。

二、研究方法

（一）研究对象

根据李燕燕等（2006）以及张楚等（2016）对孤儿心理健康状况的调查，我们发现，四年级孤儿小学生心理健康水平低于其他各年级孤儿小学生，这一学龄阶段孤儿小学生的心理发展状况值得关注。同时，四年级小学生的认知理解能力已经明显好于小学低年级学生，可以确保其能够理解心理健康教育课程的教学内容。因此，本研究选择某省孤儿学校四年级小学生作为研究对象，采用整群随机取样法，随机抽取两个班，指定其中一个班为实验班，另一个班为控制班。由于实验班与控制班均有1名因智力较低而留级的学生，其识字能力较差，因此去除这两名学生的问卷。最终有效研究对象为实验班40人，其中男生23人，女生17人；控制班39人，其中男生21人，女生18人。

（二）研究工具

（1）小学生品格优势问卷。采用王江洋等（2020）编制的小学生品格优势问卷（附录18）测量四年级孤儿小学生的品格优势水平。该问卷将小学生品格优势划分为理想信念、洞察力、好学、自我管理、公正合作、坚毅勇敢、谦虚、仁善、爱、热情、对美好的领悟、社交能力12种分特质。采用5点计分，即"非常不像我"计1分，"不太像我"计2分，"不确定"计3分，"比较像我"计4分，"非常像我"计5分。问卷的信度与效度良好：其中，内部一致性信度克伦巴赫α系数为0.97，分半信度斯皮尔曼-布朗分半系数为0.94，重测信度为0.92；其测量结构的验证性因素分析拟合指数

为 $\chi^2/df = 2.05$，$TLI = 0.91$，$CFI = 0.91$，$SRMR = 0.03$，$RMSEA = 0.02$，结构拟合较好。

（2）品格优势识别教育课程方案。本研究中品格优势识别教育干预的主要目标是提升四年级孤儿小学生对12种品格优势的认识。因此，围绕12种品格优势，在孤儿学校的心理健康教育课的教学中运用积极心理干预技术有针对性地设计了可以提高孤儿小学生对自身潜在品格优势认识的品格优势识别教育课程方案，并根据特质测量贡献率大小对课程的教学顺序进行排列（王江洋 等，2020）。品格优势识别教育课程方案的设计过程是：首先由研究者依据现存积极心理学理论与心理干预技术，针对12种小学生品格优势特质的内涵，设计了11节心理健康教育课。其中，考虑到"热情"优势特质的内涵是强调个体做事应饱含活力、激情和积极能量，故干预时本研究将这种优势的培养融入11节课程的教学中，每节课都强调鼓励孤儿小学生积极发言和分享，调动其学习和参与活动的积极性，以此提升他们对这一优势的认识。然后请10名相关专家（1名心理学副教授，2名孤儿学校心理教师，7名心理学硕士研究生）对该方案每节课的教学方法及内容适当性进行把关与评定，确定最后的教学内容。表4-14是四年级孤儿小学生品格优势识别教育课程方案的设计大纲。

表4-14 四年级孤儿小学生品格优势识别教育课程方案的设计大纲

课节	课程名称	干预目标	干预技术
第一课	我的理想	认识"理想信念"与"热情"优势	最好的自己
第二课	我能想得很独特	认识"洞察力"与"热情"优势	认识—探索—运用模型
第三课	学无止境	认识"好学"与"热情"优势	希望疗法
第四课	我能控制我自己	认识"自我管理"与"热情"优势	运用优势
第五课	学会合作	认识"公正合作"与"热情"优势	目标设置

续表

课节	课程名称	干预目标	干预技术
第六课	坚毅勇敢的我	认识"坚毅勇敢"与"热情"优势	心流
第七课	谦虚使人进步	认识"谦虚"与"热情"优势	品味
第八课	他人困难大家帮	认识"仁善"与"热情"优势	善良行为
第九课	感恩的心	认识"爱"与"热情"优势	感恩表达
第十课	发现美的眼睛	认识"对美好的领悟"与"热情"优势	认识—探索—运用模型
第十一课	理解他人	认识"社交能力"与"热情"优势	积极回应

(三) 实验设计与研究程序

本研究采用实验班与控制班前后测准实验设计模式，通过对实验班进行品格优势识别教育课程干预，控制班不接受干预的方法来探讨教育干预活动对提升四年级孤儿小学生品格优势认识的促进作用。具体研究程序如下。

首先，在开始实施干预课程前，对实验班与控制班学生的品格优势水平进行前测，分析这两个班被试的同质性水平。

其次，在确保实验班与控制班学生品格优势水平同质的前提下，按照研究者设计的品格优势识别教育课程方案，对实验班学生实施教育干预。利用每周一节、每节40分钟的品格优势识别教育课程实施计划，在11周内完成所有干预课程。

再次，为更准确地衡量某种干预技术的干预效果，在每节课结束后立即对该节课干预的目标品格优势特质实施即时后测，控制班同步实施后测。为充分评估干预效果的持续性，在3周后继续对实验班与控制班进行延时后测。在实验班接受品格优势识别教育课程干预期间，控制班也同时接受心理健康教育课，但其课程内容均不涉及品格优势相关内容，两个班除了接受的心理健康教育课程内容不一样以外，其他教学条件完全保持一致。

最后，研究使用统计软件 SPSS 22.0 对 3 个观测时间点所收集到的品格优势测量数据进行管理与分析，采用独立样本 t 检验和单因素重复测量方差分析方法检验四年级孤儿小学生品格优势识别教育干预的效果。

三、结果与分析

（一）实验班与控制班孤儿小学生品格优势的差异比较

实验班与控制班孤儿小学生在 3 个测量时间点上的品格优势描述统计与独立样本 t 检验结果见表 4 - 15。由表 4 - 15 可知，实验班与控制班在品格优势的 T_1 前测分数上不存在显著差异，二者是同质的。根据问卷的计分含义可知，四年级孤儿小学生得分基本在"3 分"这一水平上，即他们对自身品格优势的认识尚不确定，因此十分有必要予以教育干预。干预后，12 种品格优势在 T_2 即时后测分数、T_3 延时后测分数上，实验班显著高于控制班（$ps < 0.001$），且 Cohen's d 值均大于 0.8，即这些差异变化的大小均达到了较大效应。这表明品格优势识别教育课程有效提高了实验班孤儿小学生对 12 种品格优势特质识别的能力，且具有延时效果，时间最少可持续 3 周。

表 4 - 15　实验班与控制班孤儿小学生在 3 个观测时间点上的品格优势分数比较

品格优势	观测时间点	实验班（$n=40$）M	SD	控制班（$n=39$）M	SD	t	Cohen's d
理想信念	T_1	3.19	0.78	3.08	0.54	0.78	0.18
	T_2	4.23	0.58	3.17	0.52	8.64***	1.94
	T_3	4.03	0.54	3.22	0.50	6.85***	1.54
洞察力	T_1	2.95	0.64	2.91	0.44	0.33	0.03
	T_2	3.84	0.47	3.14	0.40	7.09***	1.60
	T_3	3.77	0.47	3.30	0.34	5.13***	1.15
好学	T_1	3.17	0.77	3.14	0.66	0.16	0.04
	T_2	4.10	0.49	3.21	0.60	7.24***	1.63
	T_3	3.92	0.45	3.28	0.54	5.72***	1.29

续表

品格优势	观测时间点	实验班（$n=40$） M	SD	控制班（$n=39$） M	SD	t	Cohen's d
自我管理	T_1	3.02	0.73	2.89	0.60	0.90	0.20
	T_2	4.24	0.53	3.12	0.56	9.11***	2.05
	T_3	3.94	0.49	3.32	0.53	5.46***	1.51
公正合作	T_1	3.05	0.66	2.96	0.41	0.74	0.17
	T_2	4.07	0.60	3.14	0.45	7.90***	1.77
	T_3	3.98	0.49	3.22	0.44	7.35***	1.65
坚毅勇敢	T_1	3.10	0.65	2.97	0.47	1.02	0.23
	T_2	4.19	0.54	3.26	0.54	7.67***	1.73
	T_3	3.76	0.52	3.35	0.48	3.60***	0.81
谦虚	T_1	3.08	0.70	2.92	0.52	1.10	0.25
	T_2	4.09	0.55	3.11	0.54	8.04***	1.81
	T_3	4.04	0.52	3.17	0.54	7.30***	1.64
仁善	T_1	3.15	0.63	3.11	0.45	0.34	0.08
	T_2	4.22	0.48	3.23	0.43	9.70***	2.18
	T_3	4.07	0.46	3.30	0.42	7.80***	1.76
爱	T_1	3.08	0.69	3.02	0.40	0.47	0.11
	T_2	4.27	0.58	3.19	0.39	9.77***	2.19
	T_3	4.24	0.50	3.21	0.40	10.15***	2.29
热情	T_1	3.15	0.82	2.99	0.64	0.96	0.21
	T_2	4.36	0.57	3.22	0.72	7.79***	1.75
	T_3	4.26	0.57	3.25	0.67	7.03***	1.62
对美好的领悟	T_1	3.15	0.64	3.02	0.49	1.00	0.23
	T_2	4.20	0.55	3.18	0.43	9.13***	2.05
	T_3	4.05	0.51	3.21	0.45	7.69***	1.73
社交能力	T_1	3.13	0.72	3.02	0.68	0.73	0.17
	T_2	4.14	0.60	3.18	0.66	6.78***	1.53
	T_3	4.21	0.55	3.24	0.66	7.10***	1.60

注：*** 表示 $p<0.001$。T_1 为干预前的基线测量，T_2 为干预结束后的即时后测，T_3 为干预结束3周后的延时后测。

(二) 实验班孤儿小学生品格优势干预效果追踪

为进一步追踪品格优势识别教育课程干预的效果，本研究分别对实验班孤儿小学生的12种品格优势在时间变量上做单因素重复测量方差分析，结果见表4-16。由表4-16可知，Mauchly球形检验结果均显著（$ps<0.001$），表明12种品格优势特质在3个观测时间点上的重复测量值之间相互不独立，此时的时间变量主效应结果以Wilks' Lambda多变量检验结果和Greenhouse-Geisser校正的一元被试内效应结果为准，结果显示12种品格优势的时间变量主效应均显著（$ps<0.001$）。

表4-16 实验班孤儿小学生品格优势在3个观测时间点上的重复测量方差分析

品格优势	Wilks' Lambda 检验			Mauchly 球形检验		Greenhouse-Geisser 校正	
	λ	$F(2, 38)$	η^2	W	$\chi^2_{(2)}$	F	η^2
理想信念	0.40	28.92***	0.60	0.35	40.06***	52.31***	0.57
洞察力	0.36	33.50***	0.64	0.31	45.07***	61.39***	0.61
好学	0.39	30.12***	0.61	0.41	34.21***	45.06***	0.54
自我管理	0.31	42.92***	0.69	0.45	30.80***	76.86***	0.66
公正合作	0.39	29.37***	0.61	0.21	59.53***	55.26***	0.59
坚毅勇敢	0.34	37.43***	0.66	0.63	17.60***	61.65***	0.61
谦虚	0.42	26.69***	0.58	0.21	60.22***	51.54***	0.57
仁善	0.24	59.83***	0.76	0.18	65.32***	98.11***	0.72
爱	0.29	47.53***	0.71	0.23	56.19***	91.32***	0.70
热情	0.41	27.34***	0.59	0.23	56.07***	52.00***	0.57
对美好的领悟	0.32	39.61***	0.68	0.42	33.15***	71.43***	0.65
社交能力	0.33	38.35***	0.67	0.14	74.90***	56.15***	0.59

注：*** 表示 $p<0.001$。

由于品格优势的12种特质在时间变量上主效应均显著，因此对其进行进一步事后多重比较分析（LSD）。结果表明，品格优势的12种特质的前测和即时后测、前测与延时后测均有显著差异（$ps<0.001$）。该结果再次肯定了品格优势识别教育课程在帮助四年级孤儿小学生提升品格优势认识过程中起

到的积极作用，同时证明了该课程的干预效果具有可持续性，最短可持续3周。

(三) 实验班孤儿小学生参与品格优势识别教育课程的感受分享

为更加客观、全面地分析品格优势识别教育课程干预的实际效果，在收集问卷数据的同时，本研究还将实验班孤儿小学生的课堂参与感受及课后作业纳入数据收集范围。

在"我的理想"课程中运用"最好的自己"干预技术而设计的课堂活动，可以使孤儿小学生认识到树立理想的重要性，从最初对自己的理想"无想法"到"对未来充满期待"，从而提升了对"理想信念"优势的认识。例如，王××同学在课堂活动分享中说："之前我都没有想过未来我会是什么样子，但现在我有了自己的想法。未来我想找一份好工作，等有钱了自己创业，我想办一个游戏公司。另外，我想当一名作家，出版一些小孩喜欢的作品。有钱以后，捐给贫困山村的孩子，让他们的生活变得好起来。为了这些，我应该好好学习，听老师的话。"

在"我能想得很独特"课程中运用"认识—探索—运用模型"干预技术而设计的课堂活动，可以使孤儿小学生认识到想法独特的重要性，从而提升了对"洞察力"优势的认识。例如，刘××同学在课堂分享中说："在刚才的'漂流的鲁滨逊'题目上我是班级第一个说留下镜子的，当公布最后答案的时候，我超级开心，没想到自己的想法这么棒，原来我还是挺聪明的。以后我要多动动脑，这样我的学习成绩可能会变得更好。"

在"学无止境"课程中运用"希望疗法"干预技术而设计的课堂活动，可以使孤儿小学生认识到自己学习的优势与劣势，从而提升了对"好学"优势的认识。例如，王××同学在课堂分享中说："以后我要提前看一下书，把老师要讲的新课全都看一遍，这样上课时我就不会听不明白了。我特别喜欢读书，所以我要每天在写完作业或者课后多看一些书。我对英语不太喜欢，但是我以后要好好学。"

在"我能控制我自己"课程中运用"运用优势"干预技术而设计的课后作业，可以使孤儿小学生认识到自己的行为会影响他人，因此要有意识地管理好自己的行为,从而提升了对"自我管理"优势的认识。例如,田××同学在课后作业中写道:"我写作业的时候写一写就不爱写了,就爱溜号或者和同桌讲话,为此经常遭到老师批评。但是我很喜欢看书,所以这一周当我不爱写作业的时候就看书,而不像以前一样在课堂上总讲话。这样既做了自己喜欢的事情,也没有违反课堂纪律,还能克服自己爱讲话的习惯。"

在"学会合作"课程中运用"目标设置"干预技术而设计的合作任务的课后作业,可以使孤儿小学生认识到与人合作的重要性,合作可以使困难的事情变得简单而容易解决,从而提升了对"公正合作"优势的认识。例如,张××同学在课后作业中写道:"今天轮到我为班级换饮用水了。我们教室是在二楼,饮用水的水桶很沉,每一次我抬的时候都很费劲,要浪费好长的时间才能抬到教室。这次我和我的好朋友商量好了,让他帮我一起抬,等到他换水的时候,我也去帮助他。我们抬果然轻松多了,没几分钟就完成了,这样我下课就有更多休息的时间了。原来合作完成一件事会使事情变得很简单。"

在"坚毅勇敢的我"课程中运用"心流"干预技术而设计的课堂活动,可以使孤儿小学生对自己的坚毅勇敢行为有了重新的认识和理解,从而提升了对"坚毅勇敢"优势的认识。例如,张××同学在课堂分享中说:"我自己一个人坐公交车的时候,我会拿着手机假装和我朋友打电话。这样别人就会以为我正在打电话就不会来接近我了。虽然我以前一直没有完成老师布置的任务,但是我还会继续努力,因为我相信没有什么是做不成的。"

在"谦虚使人进步"课堂中运用"品味"干预技术而设计的课堂活动,可以使孤儿小学生认识并懂得谦虚是美德,谦虚可以使人更加进步,从而提升了对"谦虚"优势的认识。例如,杨××同学在课堂分享中说:"今天上课美术老师教我们做南瓜,因为万圣节要到了。以前我就会做这个,但是我并没有炫耀,而是很认真地听完老师讲的所有步骤。这和我以前学过的有点不一样,而且比我会的那种更好看。谦虚使人进步,正因为我的谦虚才没有错过老师讲的新方法,使我比以前更加进步了。"

在"他人困难大家帮"课堂中运用"善良行为"干预技术而设计的课堂活动,可以使孤儿小学生认识到帮助他人是自己应该做的事情,从而提升了对"仁善"优势的认识。例如,冯××同学在课堂分享中说:"我经常帮助别人,同学有不会的题我会教他们,同学有困难我会想办法帮忙,老师需要我的时候我也会跑去帮忙。因为我是班级的班长,帮助别人是我应该做的,同时帮助他们我也很快乐。"

在"感恩的心"课堂中运用"感恩表达"干预技术而设计的课堂活动,可以使孤儿小学生认识到老师对自己的爱,希望以后通过自己的行动可以回报老师,从而提升了对"爱"优势的认识。例如,李××同学在课堂分享中说:"就在上个星期,我晚上睡觉梦见了我的妈妈,我的妈妈是在我十岁那年因病去世的。早上起来,回到教室,我跟杜老师说了我做的梦,杜老师一下子就把我抱在怀里,当时我非常感动。我想对他说:谢谢您,这么长时间一直陪护我,我一定会好好回报您,祝您天天开心、健康长寿。"

在"发现美的眼睛"课堂中运用"认识—探索—运用模型"干预技术而设计的课堂活动,可以使孤儿小学生对什么是美的人有了重新的认识和界定,从而提升了对"对美好的领悟"优势的认识。例如,胡××同学在课堂分享中说:"我以前看过一个新闻报道,讲的是一个没有腿的人,他长得很奇怪,像外星人一样,而且很小很小,行动也不是很方便。但是他却做了许多正常人都做不到的事情,还成了一个伟大的演说家,我觉得他就是一个很美的人。虽然他长得不美,但是他的精神值得我们学习,在我心里他就是很美。"

在"理解他人"课堂中运用"积极回应"干预技术而设计的课后作业,可以使孤儿小学生认识到理解他人在人际交往中的重要性,从而提升了对"社交能力"优势的认识。例如,赵××同学在课后作业中写道:"今天的班级轮值班长在下课的时候让我把我座位和旁边的卫生打扫干净。我本来很不想做,明明是下课时间,可以好好地玩为什么要值日。但是今天心理课上老师讲了要理解他人,我想班长一定需要我的支持,就默默地拿起扫帚把卫生打扫得干干净净。班主任刘老师看到我和其他同学都在打扫卫生时,还表扬了我们。通过这件事我觉得理解他人真的是一件非常重要的事。如果轮到我是班长,我也希望所有的同学都能听我的指挥。这样一想,我心理也舒服多了,也愿意听从班长的指挥去做事情。"

四、讨论与小结

（一）四年级孤儿小学生品格优势识别教育干预的效果

"理想信念"优势是指个体对目标有稳定的信念，这种信念引导个体做出和目标一致的行为。本研究设计的课程基于"最好的自己"干预技术提升了孤儿小学生对"理想信念"优势的认识，验证了研究假设。柳博米尔斯基等（2005）在持续幸福模型中提出"最好的自己"技术就是让个体以积极的认知重新了解自我，深入认识自我动机，重建并发挥自我优势。个体通过对自身优势的发掘与未来自我的构想，可以获得自主权与掌控权，从而对实现未来理想与树立信念起到积极的效果。孤儿小学生因从小失去父母，对自己的生活和未来的规划并不抱有太多憧憬与希望，甚至有些担忧。本研究在课堂教学中基于"最好的自己"干预技术设置出"畅想未来"活动，让孤儿小学生畅想并写下未来自己最好的状态，让他们对自我优势、动机和价值观有更高的认识，对未来树立自信心，从而提升对自身潜在"理想信念"优势的认识。

"洞察力"优势是指个体拥有出众的学识、判断力，在重要问题面前，个体能发表独特见解，能为自己或他人提供建议并带来利益。本研究设计的课程基于"认识—探索—运用模型"干预技术提升了孤儿小学生对"洞察力"优势的认识，验证了研究假设。"认识—探索—运用模型"认为，通过对具体品格优势的感知，再到提升，可使个体最终获得幸福感（Niemiec，2013；Martinez-Martí et al.，2014）。本研究在课堂教学中，播放短片使孤儿小学生对洞察力有重新的认识，然后开展头脑风暴等活动，使孤儿小学生在探索中学会表达自己的想法，从而提升对自身潜在"洞察力"优势的认识。

"好学"优势是指个体在学习生活中，渴望学到新知识，会自愿地全身心投入其中。本研究设计的课程基于"希望疗法"干预技术提升了孤儿小学生对"好学"优势的认识，验证了研究假设。Snyder（1994）在"希望理论"中提出，心理技巧的运用，可以提高个体的希望水平。魏军锋（2015）对留守儿童的研究认为，留守儿童的希望水平可以正向预测其学业水平。故通过希望疗法有助于解决学生的学习问题。孤儿小学生因缺失早期的家庭教育而导致其智力水平较普通儿童偏低，且孤儿学生的学习问题普遍较多，因学习动机不足而出现成绩偏低、学习较吃力、学习适应性较差等现象。因此，本研究在课堂教学中，给孤儿小学生灌输学习的希望目标、教会其解决目标的方法，使学生认识到学习的重要性，并从对学习没有积极性到逐渐产生兴趣，从而提升对自身潜在"好学"优势的认识。

"自我管理"优势是指个人为追求目标、达到特定的标准，而对自己的行为进行控制和调节。本研究设计的课程基于"运用优势"干预技术提升了孤儿小学生对"自我管理"优势的认识，验证了研究假设。Buckingham 等（2010）认为每个人身上都有一定的优势，如何将自身优势完全地发挥出来并能从中获得自我效能感和积极的情绪体验是"运用优势"技术的核心。在对孤儿小学生的日常教育观察中我们发现，孤儿小学生课堂注意力集中的时间较短，且不能很好地控制自己的行为。但在课堂以外的其他活动中，例如坚持跑步运动等方面则能很好地控制和坚持，具有一定优势。因此，本研究通过课堂教学，关注孤儿小学生的"内在力量"优势，要求他们在课后完成规定的三件感兴趣的事情，使其对自己的行为进行控制，让他们认识到自己的行为习惯可以通过自我控制而形成，从而提升对自身潜在"自我管理"优势的认识。

"公正合作"优势是指在进行团队协同作业时，个体能够始终秉持公平理念，认真负责，处理分内工作，同时具有团队服务精神，以自身努力倡导团队平等协作，有序分工。本研究设计的课程基于"目标设置"干预技术提升了孤儿小学生对"公正合作"优势的认识，验证了研究假设。Locke 等（1990）认为，目标本身具有激励作用，可以把人的需要转变为动机，使人们的行为朝着一定的方向努力。通过将自己的行为结果与既定的目标进行对照并调整，最终实现目标。孤儿小学生因为从小一个人生活，自己一个人能够完成的事情不会请求他人帮忙，自立性强，但集体观念相对差，没有形成合作完成任务的意识。因此，本研究通过课堂教学，让孤儿小学生设定每天与同伴共同完成一项任务的目标，在实现每日目标的过程中，强化他们的合作意识。这种目标实现的幸福感体验能够促进孤儿小学生对公正合作行为的理解（Sheldon et al., 1999），从而提升对自身潜在"公正合作"优势的认识。

"坚毅勇敢"优势是指个体自觉自发地为达到预定的目标，在遇到挑战、困难时仍不退缩，怀着坚定的信念，克服障碍和困难，不懈努力地完成目标。本研究设计的课程基于"心流"干预技术提升了孤儿小学生对"坚毅勇敢"优势的认识，验证了研究假设。Mao等（2016）提出，在心流产生的过程中，可以发掘自身的优势，提升个人的能力与技能。孤儿小学生因没有父母的陪伴而缺失安全感，进而形成了胆小怯懦的性格，并且一遇到困难的事情就会因害怕失败和遭受同伴的嘲笑而放弃。因此，本研究通过在课堂教学中运用"心流"技术，让孤儿小学生完全集中注意力，并沉浸到成为一名"勇士"的状态，在完成挑战过程中，促进孤儿小学生获得"心流"的体验，使其认识到自己也可以很勇敢，也能够坚持做自己原本害怕的事情，从而提升对自身潜在"坚毅勇敢"优势的认识。

"谦虚"优势是指个体在生活中，应保持谦虚的态度，能够真实地面对自己。本研究设计的课程基于"品味"干预技术提升了孤儿小学生对"谦虚"优势的认识，验证了研究假设。"品味"技术通过让个体品味积极的回忆，并进行有意识的加工，来唤起个体的积极情绪。在品味的过程中可以使积极品质得以持续（Niemiec, 2013）。谦虚特质的重要基础是安全感的建立，孤儿小学生早期的创伤性经历会影响其安全感的形成，进而影响他们谦虚特质的发展。因此，本研究通过课堂教学使孤儿小学生把注意力放在自己以往谦虚行为的发生上，例如不会因为比同伴多会做几道数学题而到处炫耀等。通过对以往谦虚行为产生的积极体验的回忆和品味，有意识地对谦虚这一特质进行认知加工，从而提升对自身潜在"谦虚"优势的认识。

"仁善"优势是指个体在与他人的交往中，表现出更多的慷慨以及对他人经历的体谅，并经常做一些不求回报的善事。本研究设计的课程基于"善良行为"干预技术提升了孤儿小学生对"仁善"优势的认识，验证了研究假设。Lyubomirsky等（2005）运用"善良行为"对慈善知觉进行培养，他们认为，在善良行为的实施中个体会产生积极情感，这种情感不仅来自帮助他人的具体事件，更源于助人行为的回忆产生的幸福感。孤儿小学生并不是看见他人有困难不帮忙，而是不知道怎么去行动。因此，本研究设计了"善良行为"这一活动，让孤儿小学生认识到帮助他人是正确的，并在帮助他人的过程中产生幸福感，进而激发孤儿小学生帮助他人的仁善意识，从而提升对自身潜在"仁善"优势的认识。

"爱"优势是指个体在与他人交往的过程中，喜欢与他人亲近，并对彼此之间的亲密关系给予重视和珍惜。本研究设计的课程基于"感恩表达"干预技术提升了孤儿小学生对"爱"优势的认识，验证了研究假设。"爱"作为重要的品格优势，既可以促进人与人之间的关系，又可以减少不幸事件对个体生活的影响。孤儿小学生因特殊的身份，从小就会受到来自社会、老师、朋友甚至是陌生人的帮助，但是孤儿小学生并没有认识到自己所得到的关爱，甚至一直抱有对家庭不完整遭遇的埋怨。在塞利格曼等看来，"感恩表达"技术正是个体对他人的仁慈和帮助回馈以示感激的一种个人情感表达，从而使个体仔细体会生活中的经验和情境。（Seligman et al., 2005）因此，本研究设置了让孤儿小学生回想生活中值得感激的人，并给这位为自己提供过帮助的人写一封感谢信的活动，使孤儿小学生在体验中认识到感恩的重要性，学会感恩并表达爱，从而提升对自身潜在"爱"优势的认识。

"对美好的领悟"优势是指个体在心理世界和社会中发现、识别、领悟美好的能力。本研究设计的课程基于"认识—探索—运用模型"干预技术提升了孤儿小学生对"对美好的领悟"优势的认识，验证了研究假设。Martinez-Martí 等（2014）运用"认识—探索—运用模型"设计美丽日记、美丽分享等活动，使个体通过了解美丽逐渐深入感受美丽。因此，本研究通过让孤儿小学生观察身边美的事物和心灵美的人，提升其对美的认知，了解"美"的作用，进而接触"美"的事物，从而提升对自身潜在"对美好的领悟"优势的认识。

"社交能力"优势是指个体在与他人的接触中，善于理解和意识到他人的情感、动机和行为，明白什么会影响他人的情绪。本研究设计的课程基于

"积极回应"干预技术提升了孤儿小学生对"社交能力"优势的认识,验证了研究假设。"积极回应"技术的运用对促进人际沟通、改善人际关系有重要的作用。Rashid(2015)认为,鼓励个体每天至少一次积极回应,会促进个体对有意义的人或事抱有更大的热情。孤儿小学生因从小缺失与他人交往的机会,在情感上会缺乏对人际互动的积极预期,对社会交往感到恐惧,有明显的孤僻、不合群倾向。因此,本研究通过在课堂教学中开展"如果我是你的一天"活动,让孤儿小学生练习积极地回应他人,使其认识到理解他人的重要性,学会人际沟通,改善人际关系,从而提升对自身潜在"社交能力"优势的认识。

"热情"优势是指个体饱含活力、激情和积极能量地面对生活。在每一节课堂教学中各干预活动均提升了孤儿小学生对"热情"优势的认识,验证了研究假设。孤儿小学生性格内向,不愿与外界接触与互动,在课堂或是生活中也独来独往。为提升孤儿小学生对"热情"优势的认识,培养他们的激情和活力,本研究将这一优势特质的培养穿插在每一节的课堂教学中,通过各类活动的开展,以及孤儿小学生积极参与分享,烘托课堂的活跃气氛,让他们体会到积极参与课堂活动乃至课外的文体活动会让自己变得很快乐,从而提升对自身潜在"热情"优势的认识。

(二)局限与展望

本研究虽然取得了较好的干预效果,但仍然存在局限性。首先,考虑到孤儿小学生心理健康水平及知识水平、理解能力等的有限性,本研究只针对四年级孤儿小学生开展了品格优势识别教育干预。因此,此干预方案是否适用于其他年级的孤儿小学生还有待进一步考察。其次,受研究时间限制,针对每一种品格优势仅设计并实施了一堂课。但一课时的干预,只能提升孤儿小学生对自身潜在品格优势的认识,若想进一步培养品格优势,发挥品格优势潜能对孤儿小学生心理健康的促进作用,还需要在更广泛的心理健康教育活动及孤儿日常实际生活中不断运用这些品格优势。最后,本研究从前测到执行完全部干预课程耗时三个半月,但由于受一个学期教学周期的限定,本研究不得不在干预后的第三周便测验了延时效果,延时后测间隔时间较短。

因此，品格优势识别教育干预对孤儿小学生的教育效果是否还可以持续更长时间，仍有待检验。

第五节 孤儿小学生乐观解释风格现状与团体辅导干预

一、研究背景与研究目的

解释风格又称为归因风格或归因方式，是指人们对发生在自己身上的事情的原因所做出的一种持续稳定的解释方式（Seligman et al., 1968）。它是一种习惯性的思维方式，在童年期或青少年期养成。塞利格曼将解释风格分为乐观解释风格和悲观解释风格。乐观解释风格是指个体对已经发生的正性事件解释为永久的、普遍的和内在的原因；对已经发生的坏事解释为暂时的、特定的和外在的原因。悲观解释风格则相反（Abramson et al., 1978）。塞利格曼认为，乐观的解释风格可以通过后天的训练习得，可以让人们有一个弹性的乐观归因，以增强对不利环境的控制力。研究表明，乐观解释风格与心理健康量表得分呈显著负相关，即与心理健康水平呈正相关。这说明具备良好乐观解释风格的个体，能积极地认识和看待与自身相关的事件（刘艳丽等，2009；张楚 等，2016）。严娟（2013）的研究发现，初中生的解释风格与学业成就存在相关，可见乐观的解释风格有利于提高学业成就。乐观的解释风格对一些重大疾病患者也有积极作用。Samuel 等（2011）对 90 名中国乳腺癌患者研究发现，增强对负性事件的乐观解释风格可以减少创伤后应激症状，培养对正性事件的乐观解释风格可能促进乳腺癌诊断和治疗后患者自我感知的积极变化。Steven 等（2018）对 697 名中学生的对照实验发现，改进解释风格对抑郁症状有间接的影响。

孤儿群体在幼年所经历的特殊的、重大的生活事件，不同的成长环境都会对他们的解释风格产生巨大的影响，尤其会对一些不良事件做出永久的、普遍的、内在的解释。一个人的解释风格会决定他的行为及情绪。小学是儿童走向青春早期的过渡阶段,小学儿童的思维形式正处于从具体形象思维过渡到抽象逻辑思维的阶段,到小学五、六年级,学生已经初步具备了辩证思维能力。塞利格曼研究发现,儿童的解释风格大概在七八岁就已基本形成,该阶段形成的解释风格可能会延续到青春期。学生在青春期正经历着生理、心理、社会性等方面的迅速变化,可塑性大,而孤儿的特殊身份及成长背景对他们的解释风格有很大影响,因此这一阶段是培养孤儿小学生形成积极乐观的解释风格、矫正悲观的解释风格的最佳时机。

团体辅导在20世纪初兴起于欧美,90年代传入中国,是指在团体情境下进行的一种心理咨询形式,它是通过团体内人际交互作用,促使个体在交往中通过观察、学习、体验,认识自我、探讨自我、接纳自我,调整、改善与他人的关系,帮助个体确立新的态度与行为方式,从而养成良好适应性行为的助人过程。心理学诸多理论及心理咨询技术都被应用于团体辅导中。塞利格曼在习得性无助的基础上提出了习得性乐观,认为乐观是可以通过后天的训练而习得的。要改变消极的归因方式,培养积极乐观的归因方式,以认知理论为理论基础的团体辅导将发挥重要作用。其中,理性情绪行为疗法(REBT)由阿尔伯特·艾利斯创建。REBT的基本假设在于:是人们自己通过其对事件和情境的解释方式,导致了自己的心理问题和症状。认知、情绪和行为之间存在着交互作用,它们彼此之间还拥有可逆的因果关系,因此,认知的改变将进一步促进情绪和行为改变。艾利斯指出:"人怎么想就会有怎样的感觉。"焦虑、抑郁等情绪困扰反应是由于人们的自我挫败性的信念系统,基于人们创造或内化的不合理信念,所引发并维持的。因此,个体改变不合理信念就可以促进其情绪和行为的变化。

解释风格可以通过后天的干预而改变。研究显示,团体辅导能够有效地提高人们的乐观解释风格水平(王菊红,2018)。白雪(2016)、于蒙蒙(2018)通过对初中一年级学生进行团体辅导发现,现实性乐观干预能够有效提高初中生的乐观解释风格水平,提高了其主观幸福感,也改善了其乐观心理品质,提升了学生整体的心理健康水平。周晨旭(2014)在研究中发现,农村留守儿童不管对正性事件还是负性事件的解释风格都比较悲观，且农村留守初中生的绝望无助感属于中等偏向悲观水平。经过干预，归因训练在一定程度上改善了农村留守初中生对正性/负性事件结果的解释风格。

综观国内关于解释风格的相关研究及干预，研究对象大多集中于中学生，针对小学生的研究很少，尤其是孤儿群体。了解高年级孤儿小学生的解释风格现状并进行乐观解释风格的团体辅导，有助于引导孤儿合理认识身份带给他们的影响，反思自己的认知方式，并从根源上做出改变，使他们逐渐形成乐观的解释风格，最终促使他们的心理向积极健康的方向发展。本研究以六年级孤儿小学生为对象，假设其乐观解释风格水平较低，团体辅导干预可以有效提高其乐观解释风格水平，且干预效果有一定持续性。

二、研究方法

（一）研究对象

随机选取某省孤儿学校六年级小学生138人，发放问卷138份，有效问卷120份（有效率为86.96%）。其中，男生79人，女生41人。从中选取总体水平没有差异且解释风格分数较低的两个班级分别作为团体辅导干预的实验班和控制班，实验班36人，控制班34人。

（二）研究工具

采用由塞利格曼编制、洪兰翻译（1998），适用于8~13岁儿童的儿童解释风格问卷（附录5），测量孤儿小学生的解释风格水平。该问卷的内部一致性信度克伦巴赫α系数为0.71，重测信度为0.66。问卷共包括儿童将正性事件普遍化（PVG）、永久化（PMG）、个人化（PSG）的乐观倾向及将负性事件普遍化（PVB）、永久化（PMB）、个人化（PSB）的悲观倾向6个维度，共计48个项目。问卷具体项目采用0、1计分，问卷总分＝G总分－B总分。其中，G（Good）代表对正性事件的总体反应情况，G总分＝PVG＋PMG＋PSG；B（Bad）代表对负性事件的总体反应情况，B总分＝PVB＋PMB＋PSB；即正性事件的总得分减去负性事件的总得分，总分越高，解释风格越乐观。其中，女生的乐观解释风格总平均分为 6.50，男生为 5.05；女生的极度悲观平均分为 2.27，男生为 0.43；女生的极度乐观平均分为 11.31，男生为 10.30。G 总分和 B 总分标准见表 4-17。

表 4-17 解释风格 B 总分和 G 总分标准

项目	男生			女生		
	乐观	普通	悲观	乐观	普通	悲观
B 总分	<7.26	7.26~10.00	>10.00	<6.25	6.25~8.10	>8.10
G 总分	>15.00	12.50~15.00	<12.50	>15.27	12.84~15.27	<12.84

（三）团体辅导方案

团体辅导的总体目标是让六年级孤儿小学生了解乐观与悲观的不同以及不同的生活态度是如何影响他们的思维、情绪和生活的，进而培养他们乐观的解释风格，让他们以后在面对挫折时能够以积极乐观的心态理性认识和解决问题，从而提升他们的心理健康水平。本研究的团体辅导方案以积极心理学、认知行为疗法等心理学相关理论为主要理论基础，结合对六年级孤儿小学生解释风格的测量结果，有针对性地设计辅导方案，团体辅导大纲见表 4-18。

表 4-18 "幸福的种子"——六年级孤儿小学生乐观解释风格团体辅导大纲

单元名称	单元目标	活动流程
1. 幸福的起点	1. 初步介绍有关主题的知识，引发学生的兴趣 2. 介绍团体辅导的目的、内容及规则	1. 最佳组合 2. 跑得了，跑不了 3. 我的团体我做主 4. 小结
2. 心灵守护者	1. 学生学会捕捉自动化思维 2. 学生学会用 ABC 模式来解释想法和感受之间的联系	1. ABC 2. 心灵守护者 3. 读一读 4. 连连看 5. 小结

续表

单元名称	单元目标	活动流程
3. 是与非	1. 学生了解乐观者与悲观者的不同 2. 让学生了解正确信念的重要性，即避免推卸责任和空洞乐观等错误信念	1. 复习 2. 画中话 3. 情景扮演 4. 原则 5. 小结
4. 寸寸光阴	1. 识别暂时性和永久性的看法 2. 联系生活中的例子，使用 ABC 模式，练习"永久性想法"和"暂时性想法"，比较不同想法带来的结果	1. 复习巩固 2. 永久性讲解 3. 集思广益 4. 漫画练习 5. 巩固小结
5. 你和我	1. 教学生指认自己责怪的风格，即是否总是假设是自己的错 2. 教学生识别将问题归因于自己时，将问题发生的原因解释为是自己的行为所致还是个性所致 3. 结合生活中的例子，让学生全面地考虑问题发生的原因，包括人格化和非人格化的想法	1. 复习巩固 2. 短文训练 3. 漫画练习 4. 小结
6. 福尔摩斯	1. 复习前两次的内容，让学生能从永久性和人格化两个方面来思考自己的解释风格 2. 让学生学会利用可被证实的证据来反驳认知偏差 3. 让学生完整地使用 ABCDE 模式来解释事件	1. 复习巩固 2. ABCDE 3. 我是大侦探 4. 争分夺秒 5. 小结
7. 学会反驳	1. 回顾之前所学习的所有内容，形成系统的方法 2. 让学生学会反驳的技术 3. 学生互相分享学习之后的感受与变化。领导者做总结	1. 情景扮演 2. 化解灾难 3. 争分夺秒 4. 小结
8. 持续的幸福	1. 回顾之前所学习的所有内容，形成系统的方法 2. 学生互相分享学习之后的感受与变化。领导者做总结	1. 乐观者养成记 2. 进步的我 3. 总结 4. 后测

（四）研究程序

第一，采用儿童解释风格问卷测量六年级孤儿小学生的解释风格，分析其发展现状。

第二，干预实验采用实验班与控制班前后测准实验设计模式，通过对实验班进行乐观解释风格团体辅导而控制班不接受干预的方法来探讨团体辅导对提升孤儿小学生乐观解释风格的作用。从六年级选取两个总体水平没有差异且解释风格分数较低的班级分别作为实验班和控制班。对实验班孤儿小学生进行团体辅导，每周一次，每次40分钟，共做8次；对控制班孤儿小学生正常开展心理健康教育课程教学，但是其课程不包括乐观解释风格培养方面的内容，两个班其他教学条件完全一致。

第三，干预结束后，对实验班和控制班孤儿小学生同时进行即时后测，比较测量结果，检验团体辅导是否有效。

第四，实验结束两周后，再用儿童解释风格问卷对实验班进行追踪测试，检验团体辅导干预效果的持续性。

第五，使用SPSS 20.0对收集的数据进行分析。采用描述统计和独立样本t检验分析六年级孤儿小学生乐观解释风格的性别差异，采用独立样本t检验和重复测量方差分析检验乐观解释风格团体辅导的效果。

三、结果与分析

（一）六年级孤儿小学生解释风格的现状分析

孤儿小学生的解释风格得分见表4-19，男生对负性事件的总体反应情况为悲观（B得分大于10.00），对正性事件的总体反应情况为悲观（G得分小于12.50）；解释风格接近极度悲观水平（0.43）。女生对负性事件的总体反应情况为悲观（B得分大于8.10），对正性事件的总体反应情况为普通水平（G得分介于12.84~15.27之间）；解释风格为极度悲观（小于2.27）。对六年级男女孤儿小学生的乐观解释风格得分做独立样本t检验，见表4-19。

表4-19 六年级孤儿小学生解释风格的性别差异

解释风格	男（$n=79$） $M \pm SD$	女（$n=41$） $M \pm SD$	t	Cohen's d
永久性—坏事	3.26±1.70	2.51±1.80	2.98*	0.42
普遍性—坏事	3.34±1.40	3.47±1.25	-0.67	0.09
人格化—坏事	4.44±1.65	4.81±1.32	-1.76	0.24
B总分	11.04±2.82	10.79±2.57	0.64	0.09
永久性-好事	4.23±1.44	4.65±1.62	-1.92	0.27
普遍性-好事	3.65±1.39	3.92±1.43	-1.32	0.19
人格化-好事	4.00±1.35	4.35±1.36	-1.75	0.25
G总分	11.82±2.69	12.92±2.90	-2.71*	0.39
总分	0.69±4.29	1.92±4.30	-1.97	0.22

注：*表示$p<0.05$。

男女生在永久性—坏事、G两个维度上有显著差异，永久性—坏事得分男生显著高于女生（$t=2.98$，$p<0.05$），表明男生对负性事件的解释风格比女生更有永久化的倾向。女生G得分显著高于男生（$t=2.71$，$p<0.05$），说明与男生相比，女生对正性事件的总体反应较好，更倾向于积极解释风格。在总分上，女生高于男生，但没有显著差异。

（二）团体辅导的有效性结果分析

1. 在3个观测时间点上，实验班与控制班解释风格的差异比较

实验班与控制班孤儿学生在前测、即时后测、延时后测3个观测时间点上的解释风格描述统计与独立样本t检验结果见表4-20。

表4-20 实验班后测与控制班后测的差异性检验

解释风格	观测 时间点	实验班（$n=36$） M	SD	控制班（$n=34$） M	SD	t	Cohen's d
永久性— 坏事	T_1	3.39	1.90	2.33	1.72	1.83	0.58
	T_2	3.23	1.53	3.00	1.41	0.64	0.15
	T_3	3.20	1.38				

续表

解释风格	观测时间点	实验班（n=36) M	SD	控制班（n=34) M	SD	t	Cohen's d
普遍性—坏事	T_1	3.28	1.34	3.43	1.30	-0.47	0.11
	T_2	3.77	1.35	3.71	1.38	0.19	0.04
	T_3	3.69	1.30				
人格化—坏事	T_1	4.61	1.60	5.17	1.46	-1.45	0.36
	T_2	3.06	1.13	4.91	1.19	-6.62***	1.59
	T_3	3.03	1.04				
B 总分	T_1	11.28	2.91	10.93	2.13	0.55	0.13
	T_2	10.06	1.71	11.62	1.90	-3.57**	0.86
	T_3	9.91	1.57				
永久性—好事	T_1	4.25	1.36	4.57	1.45	-0.91	0.22
	T_2	4.34	1.41	3.91	1.31	1.31	0.31
	T_3	4.31	1.32				
普遍性—好事	T_1	3.53	1.42	3.20	1.54	0.89	0.22
	T_2	4.31	1.43	3.79	1.27	1.59	0.35
	T_3	4.34	1.30				
人格化—好事	T_1	4.08	1.29	3.80	1.29	0.88	0.21
	T_2	4.49	1.19	3.79	1.51	2.10*	0.51
	T_3	4.43	1.11				
G 总分	T_1	11.81	2.60	11.57	3.01	0.34	0.08
	T_2	13.11	2.50	11.50	2.87	2.48**	0.59
	T_3	13.06	2.10				
总分	T_1	-0.14	3.80	0.63	4.20	-0.78	0.19
	T_2	3.06	3.08	0.06	3.46	3.79***	0.91
	T_3	3.14	2.59				

注：* 表示 $p<0.05$，** 表示 $p<0.01$，*** 表示 $p<0.001$。T_1 为干预前的基线测量，T_2 为干预结束后的即时后测，T_3 为干预结束后两周的延时后测。

由表 4-20 可知，实验班及控制班 T_1 前测的解释风格各维度分数及总分无显著差异（$ps>0.05$），表明两个班是同质的。干预结束后，人格化—坏事、B 维度、人格化—好事、G 维度、总分在 T_2 即时后测分数上，实验班与控制班差异显著，且人格化—坏事、B 维度及总分的 Cohen's d 值均大于 0.80，即这些差异变化均达到了较大效应。这表明团体辅导对培养实验班学生的乐观解释风格起到了一定的作用。

2. 实验班干预效果的追踪分析

为进一步研究团体辅导的干预效果，对实验班解释风格各维度分数在时间变量上做单因素重复测量方差分析，结果见表 4-21。

表 4-21 实验班解释风格前测、后测及延时后测结果的重复测量方差分析

解释风格	Wilks' Lambda 检验			Mauchly 球形检验		Greenhouse-Geisser 校正	
	λ	$F(2, 33)$	η^2	Mauchly's W	$\chi^2_{(2)}$	F	η^2
永久性—坏事	0.97	0.48	0.02	0.01	151.62***	0.07	0.00
普遍性—坏事	0.86	2.54	0.13	0.06	91.40***	1.86	0.05
人格化—坏事	0.56	12.66***	0.43	0.11	72.78***	24.61***	0.42
B 总分	0.83	3.37*	0.17	0.09	78.91***	4.84*	0.12
永久性—好事	0.99	0.16	0.01	0.05	98.28***	0.04	0.00
普遍性—好事	0.80	4.00*	0.19	0.10	73.70***	6.43*	0.15
人格化—好事	0.93	1.21	0.06	0.22	49.68***	1.92	0.05
G 总分	0.86	2.59	0.13	0.13	66.23***	4.99*	0.12
总分	0.59	11.28***	0.40	0.13	66.76***	18.60***	0.35

注：*表示 $p<0.05$，***表示 $p<0.001$。

由表 4-21 可知，Mauchly 球形检验结果均显著（$ps<0.001$），表明解释风格在 3 个观测时间点上的重复测量值之间相互不独立；此时的时间变量主效应结果应以 Wilks' λ 多变量检验结果为准，同时采用 Greenhouse-Geisser 校正一元被试内效应结果，结果显示，人格化—坏事、B 维度、普遍性—好事、G 维度及解释风格总分的时间变量主效应均显著（$ps<0.001$），表明无论是在对正性事件或负性事件的解释上，还是在解释风格的总体水平上，团体辅导都对实验班学生起到了一定的干预作用，并且干预效果具有延时性。

由于 B、G 及解释风格总分的时间变量主效应均显著,因此对各维度及总分进一步进行多重比较(LSD),结果见表 4-22。由表 4-22 可见,人格化—坏事、普遍性—好事、G 总分、B 总分及解释风格总分的前测和后测存在显著差异,且前测和延时后测也存在显著差异,表明实验班学生对正性事件、负性事件及总体的乐观解释风格都有了较大的改变,并且在团体辅导结束一个月后,干预效果依然持续。

表 4-22　实验班解释风格的时间变量的多重比较

解释风格	时间变量（I）	时间变量（J）	MD（I-J）
永久性—坏事	T_1	T_2	0.14
	T_1	T_3	0.11
	T_2	T_3	-0.03
普遍性—坏事	T_1	T_2	-0.49
	T_1	T_3	-0.40
	T_2	T_3	0.09
人格化—坏事	T_1	T_2	1.63***
	T_1	T_3	1.66***
	T_2	T_3	0.03
B 总分	T_1	T_2	1.29*
	T_1	T_3	1.43*
	T_2	T_3	0.14
永久性—好事	T_1	T_2	-0.09
	T_1	T_3	-0.06
	T_2	T_3	0.03
普遍性—好事	T_1	T_2	-0.80*
	T_1	T_3	-0.83*
	T_2	T_3	-0.03
人格化—好事	T_1	T_2	-0.43
	T_1	T_3	-0.37
	T_2	T_3	0.06

续表

解释风格	时间变量 (I)	时间变量 (J)	MD (I－J)
G 总分	T_1	T_2	－1.34*
	T_1	T_3	－1.29*
	T_2	T_3	0.06
总分	T_1	T_2	3.31***
	T_1	T_3	－3.40***
	T_2	T_3	－0.09

注：*表示 $p<0.05$，***表示 $p<0.001$。T_1 为干预前的基线测量，T_2 为干预结束后的即时后测，T_3 为干预结束后两周的延时后测。

四、讨论与小结

（一）六年级孤儿小学生解释风格的现状

本研究发现，六年级孤儿小学生的解释风格水平较低，男生对负性事件的总体反应情况和对正性事件的总体反应情况均为悲观，解释风格整体接近极度悲观水平。女生对负性事件的总体反应情况为悲观，对正性事件的总体反应情况为普通水平。

解释风格的形成与遗传、心理、社会因素有关（温娟娟 等，2011）。遗传因素中（1987年，在瑞士的双生子研究中证明，无论乐观与悲观，一部分是直接由基因决定的），大约有25%的乐观与悲观是可遗传的。

心理因素中，无助感和失控感与解释风格的形成密切相关，尤其是当个体经历重大事件和灾难后的无助感和失控感。家庭和父母的缺失对于儿童来说是人生中的重大创伤事件。这些重大事件的发生，使孤儿失去了正常的家庭生活环境，打破了孩子在幼年时的生活常规，重新塑造了他们的解释风格。孤儿即使有其他长辈及老师的照顾，但在幼年时期，长辈及老师也是无法完全代替孤儿的父母的。孩子在这个时期最需要父母的陪伴与照顾，父母的离去对他们来说是毁灭性的打击，并且是无法改变的事实。在经历这样的挫折后，他们更容易形成悲观的解释风格，对失败解释为永久的、普遍的。并且这种悲观的想法一旦出现，就会得到强化。因为每一次失败都有其永久和普遍的真实原因在其中，所以这些孩子如果只关注悲观的原因，而忽略其中乐观的原因，那么就会强化这种悲观的想法，进而形成悲观的解释风格。

　　社会因素中，长辈的解释风格与儿童解释风格的形成有关，家庭中父母的解释风格会在极大程度上影响孩子的解释风格。在日常交流中，大约平均每一分钟我们都会做出一次解释。孩子会非常注意长辈的言行，会仔细聆听长辈对某件事的解释，尤其是对于一些情绪化事件的解释，孩子会观察长辈的情绪，以此作为标准来判断他们的反应。孩子不仅会听长辈对事件解释的内容，还会学习普遍的解释风格，随着年龄的增长以及受各种挫折的洗礼，会逐渐形成稳定的思维方式。此外，学校因素也是与解释风格相关的重要因素。心理学家卡罗尔·德韦克曾做过一项关于乐观是如何发展的研究，证明了不同的批评方式会影响学生形成不同的解释风格。当孩子做错事时，长辈以及老师对他们的批评会对他们的解释风格产生重要的影响，孩子不仅会听老师批评了什么，还会听老师是如何批评的，并逐渐内化，以后也会按照这种方式去批评自己。久而久之，这种批评方式就变成了学生解释失败的方式，形成悲观的解释风格。孤儿学生不同于普通学生，特殊的生活经历使得他们缺失父母的关爱、陪伴及悉心教导，同时，孤儿的成长环境使他们大多从小没有父母的管束，他们的照料者很难完全替代他们的父母，使他们在性格及行为上可能比普通学生更加大胆、自律性差，照料者和老师对他们的批评与管束可能更加严厉，导致孤儿解释事件的风格过于悲观。

　　本研究发现，在对负性事件进行永久性解释（PMB）这一维度上，女生得分远低于男生，表明女生在对负性事件进行永久性解释时比男生更加乐观，女生会把失败看作是挑战，失败只是暂时的，所以很快会重新振作起来；而男生失败后会变得消沉，认为失败是永久性的，故很难准备重来。在对正性事件进行永久性、普遍性及人格化（PMG、PVG、PSG）解释等维度上，女生得分均高于男生，但在统计学上没有显著差异；在对正性事件进行解释的总分上，男女生有显著差异，女生得分远高于男生，此现象可能是几个维度叠加产生的效果。此结果表明女生更容易受成功所激励，更愿意将胜利解释为永久的、普遍的及内在的原因。

在解释风格的总分上，女生得分高于男生。孙畅（2017）对小学五、六年级孤儿学生做了心理健康素质调查，结果显示，在解释风格这一维度上，男女生没有显著差异。但塞利格曼（2017）在很多研究的基础上提出，青春期以前女生明显比男生乐观。除此之外，贾文静等（2014）通过对2109名8~13岁小学生调查发现，男女生的解释风格除了在PVB、PMB上，其他维度及总分均存在显著差异。这与本研究结果相似。可见，孤儿小学生与普通小学生相比，在解释风格上同样是女生比男生更倾向于乐观。

（二）六年级孤儿小学生乐观解释风格团体辅导

本研究对六年级孤儿小学生进行了乐观解释风格的团体辅导。选取解释风格得分较低的两个班级，在对实验班进行干预之前，对实验班及控制班做同质性检验，两班学生的解释风格总分数和各维度分数无显著差异。进行为期2个月、共8次团体辅导后，实验班孤儿小学生的乐观解释风格水平得到明显的提高，说明团体辅导有一定的效果。

首先，团体辅导结束后，从解释风格的总分上看，实验班后测分数与前测比有了大幅度提升，说明经过团体辅导后，孤儿小学生的解释风格趋向于乐观。从对正性事件解释的总分来看，后测分数显著高于前测分数，且已接近平均水平，表明被试对于正性事件的解释风格正在向乐观的方向发展，在面对胜利时，能够将事件解释为永久的、普遍的以及内在的原因，尤其在普遍性这一维度，实验班被试的分数提高显著，表明他们在某一方面取得成功后，由此带来的喜悦、乐观、自信等积极因素会扩散至其他方面，从而在各个方面都会取得成就。从对负性事件解释的总分来看，经过团体辅导后，实验班后测分数显著低于前测分数，尤其在人格化这一维度，分数下降有明显的差异，表明与过去相比，实验班被试在面对失败时能够从更乐观、理性的角度去看待问题，自责的程度也在降低。

其次，对实验班后测及控制班后测做差异性分析。通过团体辅导，实验班的解释风格明显比控制班更加乐观。第一，实验班总分显著高于控制班，证明实验班解释风格总体上比较乐观；第二，实验班对正性事件进行解释的总分显著高于控制班,对负性事件进行解释的总分显著低于控制班,说明与控制班相比,实验班被试无论看待失败还是成功,都能以更积极的态度面对,面对成功会更自信、乐观,面对失败也不会绝望、气馁。其中变化比较突出的是人格化这一维度,表明无论解释正性事件还是负性事件,实验班被试比控制班被试更加乐观,面对胜利时会归因于自己,面对失败时也不会过度自责和贬低自己。

最后,对实验班进行前测、后测及延时后测的比较。虽然延时后测总分有些许下降,但依然高于前测总分,表明团体辅导的效果具有延时性。培养学生乐观的解释风格本质上是改变学生固有的思维方式,而思维方式确实可通过一些方法来改变且效果稳定。

已有研究证实,团体辅导对改变认知、改善人际关系、培养积极心理品质有积极作用(宋志英,2017;张静,2017;郑艳春,2018)。本研究的团体辅导方案以积极心理学、认知行为疗法等心理学相关理论为理论基础,结合孤儿小学生解释风格问卷的测量结果而制定,在兼顾总体的基础上,对问题突出的维度有所侧重,以期提高高年级孤儿小学生乐观解释风格的总体水平。孤儿小学生的解释风格整体悲观,其中,人格化维度得分最低,解释风格最悲观。因此,本辅导方案的制定对这一维度的设计有所侧重,以解决目前六年级孤儿小学生存在的关键问题。包括以下几个方面。第一,通过两个相反的故事让六年级孤儿小学生理解人格化维度的含义。第二,通过"小雷丢了球"和"小莉丢了球"两个故事,帮助孤儿小学生认识人格特征与想法的关系。面对同样的问题,不同的人有不同的想法,从而带来不同的结果。通过小组成员之间的讨论与合作,孤儿小学生明白了小雷将输球的原因都归罪于自己,因此他对自己非常失望;而小莉不同,她对自己的错误负责,但认为其他队员也有责任。生活中每件负性事件的发生都有其个人的真实的原因存在,但如果学生将这一部分原因看作全部,以偏概全,就会对自己失去信心,慢慢地就会强化自己悲观的解释风格。第三,通过漫画练习帮助孤儿小学生认识永久性与暂时性想法及其对应的不同结果。这个活动比较吸引学生,在轻松愉快的气氛中,小组成员通过紧密合作,共同完成漫画。并且在这个过程中,孤儿小学生能够体会到对同一件事如果想法不同,就会有不同的结果。团体辅导活动使孤儿小学生在人格化维度的乐观水平有了较大的提高。首先，这种直观形象的方式使孤儿小学生更容易理解人格化维度，因此课堂上老师的讲解以及同学间的合作效率更高；其次，辅导方案的设计能够充分考虑孤儿小学生思维方式的特点，使其更感兴趣，再通过课堂上的训练和课后作业，孤儿小学生的乐观水平在人格化维度有显著提高，孤儿小学生的解释风格在这一维度显著改变，趋于更积极、更乐观。悲观的解释风格实际上是一种不合理信念，为改变此类不合理信念，在团体辅导方案设计中大量使用了认知行为疗法的心理咨询技术（Deng et al., 2016）。

在团体辅导中，首先让孤儿小学生掌握解释风格中永久性、普遍性、人格化三个维度的特点以及 ABC 模式，但这还并不能有效地提高当前解释风格的水平。当孤儿小学生意识到自己的自动化思维有错误时，需要反驳从前的想法，而且必须在尊重事实、有理有据的基础上反驳，才能达到良好的效果。因此，这部分内容是团体辅导中的重点，需要进行详细的设计，并分两次进行辅导。

第一次辅导：在孤儿小学生掌握 ABC 的基础上，增加 D、E，并通过伊莲娜的故事来让孤儿小学生进一步理解反驳的含义、重要性、如何反驳以及反驳后产生的新结果。虽然用故事的方式帮助孤儿小学生可以加深理解，但孤儿小学生并不能直观生动地体会反驳及寻找证据的重要性。因此我们采用情景扮演的方式，让孤儿小学生扮演福尔摩斯与福尔摩斯故事中的几个角色，其他学生欣赏表演。这种方式能让孤儿小学生带着兴趣学习，并且能够更加深刻地理解反驳及寻找证据的重要性。最后，小组之间有轮流回答的小活动，每个组必须在最短的时间内用证据反驳老师在大屏幕上呈现的悲观想法。这个活动一方面可以训练孤儿小学生寻找证据反驳悲观想法的能力，另一方面还可以强化孤儿小学生相对乐观的自动化思维。这一次辅导主要让孤儿小学生大致了解反驳及寻找证据的重要性。

第二次辅导：主要教会孤儿小学生反驳的技巧，即化解灾难的方法。首先，通过小雷和小莉的两个故事让孤儿小学生懂得面对挫折时，灾难性想法和化解灾难想法的不同之处。其次，通过伊莲娜化解灾难的故事让孤儿小学生自己总结方法，然后老师讲解方法。孤儿小学生在理解化解灾难的方法后，小组成员之间讨论并在纸上回答老师出的题目，包括故事中主人公有可能发生的最坏的情况、最好的情况、最可能的情况以及反攻计划。这个活动能帮助学生思考化解灾难的方法，学习与以往不同的乐观的思维方式。最后一个小活动依然是小组之间轮流回答，用证据来反驳悲观想法。

（三）局限与展望

本研究对孤儿小学生乐观解释风格的团体辅导效果明显，但仍存在一些不足之处。从辅导方案的设计来看，本次团体辅导方案的设计充分考虑到六年级孤儿小学生的心理发展特点及身份的特殊性对其心理的影响，对其进行了干预，对其他年级学生的干预效果还有待于进一步的研究。从团体辅导的实施过程来看，鉴于孤儿学校环境及条件的限制，本次团体辅导每周一次，共8次。虽然8次团体辅导结束后，实验班解释风格得到了明显的改善，但个人的思维方式并不是在短时间内就能够彻底改变的。因此，在时间、条件允许的情况下，可以尝试增加辅导次数，强化思维方式的训练，团体辅导的效果可能会更显著。

第六节　孤儿小学生主观幸福感的积极心理教育干预

一、研究背景与研究目的

我国除了在全国范围内设立儿童福利院以外，辽宁、吉林等部分省份还采取福利性集中供养的模式安置孤儿，即将学龄期孤儿集中安置在民政部门开设的公立孤儿学校，对孤儿进行集中抚养与教育。因此，在我国，孤儿基本生活和受教育的权益可以得到很好保障。但是，福利院和孤儿学校均不能替代孤儿的父母，孤儿的某些心理需求尚得不到满足，在这种情况下探讨如何提升孤儿的主观幸福感问题对于促进孤儿健康成长具有现实必要性。

我国以往对孤儿心理的研究多聚焦于艾滋病孤儿、地震孤儿以及孤儿学校初中生的消极心理。例如，有研究发现，艾滋病孤儿普遍存在高焦虑、低自尊、低自我接纳问题（王金权 等，2011）；青春期艾滋病孤儿还存在较高实际污名、预期污名、自我污名等问题（陈超然，2012）；可以通过心理干预使地震孤儿经历的创伤得到修复（曲晓英 等，2013）；孤儿学校初中生具有身份拒绝敏感性和自我污名等与孤儿身份有关的特殊心理问题（来媛，2012；王江洋 等，2012；王江洋，尹丽莉 等，2016；王江洋，张楚 等，2016；王江洋，李昂扬 等，2017；王江洋，王晓娜 等，2017；王江洋 等，2018）。由此可见，以往研究鲜有从积极心理视角去关注孤儿群体，特别是小学阶段孤儿的心理健康状态。国内仅有的研究表明，由于缺乏父母亲情的家庭支持，在幸福感水平上，孤儿小学生要低于普通小学生（肖青，2016）。因此，进一步聚焦促进孤儿小学生主观幸福感提升的积极心理教育研究尤为必要。

主观幸福感是指个体依据自定标准对生活质量的总体评价（Diener，1984）。它是反映个体生活质量和心理健康程度的重要指标，是目前积极心理学最为关注的核心领域。主观幸福感由情感和认知两种成分构成，其中情感成分包括积极情感和消极情感两个方面（Diener，2000）；认知成分主要是指个体对其重要生活领域的满意程度，即生活满意度。国内外早期研究主要以主观幸福感测量工具的编制和探讨相关影响因素为主。已有研究发现，人格的内外倾性（Diener et al.，1995）、友谊质量（Moghaddam，2008）、家庭关系亲密度（Wortman et al.，2016）、拥有时间（Whillans et al.，2016）、社会支持（宋佳萌 等，2013）均是影响个体幸福感指数的重要因素。目前的研究焦点则集中于探讨如何提升个体主观幸福感的干预问题。这类干预研究思路主要是以持续幸福模型理论和品格优势理论为基础，运用特定的积极心理干预技术来促进个体主观幸福感的提升。

本书从持续幸福模型理论和品格优势理论出发，主要是在个体生活、工作的现场或网络在线两种研究背景下（Seligman et al.，2005；Layous et al.，2013），使用了以下几种积极心理干预技术，开展提升个体主观幸福感的干预研究，均获得了理想的干预效果。

（1）"最好的自己"是让个体畅想并写下未来自己最好的样子。这种做法可以使个体重新认识自己的优势，深入洞察自己的动机和情感，获得对自

第四章　去自我污名心理视域下的孤儿学生心理健康教育干预实践

我生活的控制感，进而促进个体积极认知和积极情感的提升（Sheldon et al., 2006b; Lyubomirsky et al., 2011; Layous et al., 2013）。

（2）"三件好事"是让个体在一周内写出每天发生的三件好事及其发生的原因，这样连续做若干周。这种方法可以使个体养成乐观积极的思维方式（Seligman et al., 2005; Sheldon et al., 2006b; Diener, 2012; 张巍等，2014）。

（3）"善良行为"是让个体做一些帮助他人的利他行为。这种做法可以培养个体的慈善知觉与合作互依的意识，从而提高自己的能力感等积极情感（Lyubomirsky et al., 2005; Sin et al., 2009; 张巍等，2014）。

（4）"时间礼物"是让个体在一周之内去拜访会见自己最在乎的三个人，并给他们送去一份"时间礼物"。这种做法可以激发个体对"爱"的优势的理解，促进稳定而积极社会关系的维系（Gander et al., 2013）。

（5）"感恩日记"是通过让个体以日记的方式记录每天最值得感激的人或事情，或回想一周之内最想感激的人及其对自己产生的影响是什么，然后给他写一封感谢信，但信不需要寄出。这种方法可以有效提高个体的生活满意度并培养个体懂得感恩的美德（Seligman et al., 2005; Sheldon et al., 2006b; Lyubomirsky et al., 2011; Killen et al., 2015）。

（6）"识别并使用优势"是让个体找出自己的 5 个明显优势，并要求个体一周内每天都采用不同的方式使用自己的优势。这种做法可以重塑个体的自信，提高生活满意度（Seligman et al., 2005）。

（7）"设置目标"是让个体设置短期的人生目标，并努力去实现该目标。通过这种方法个体可获得与实现目标有关的各种技能、积极思维和积极情感，从而提高个体的生活满意度（Sheldon et al., 2010; Coote et al., 2012; 张巍等，2014）。

我国现代中小学心理健康教育的价值趋向已经由关注学生的问题心理为核心，转变为重视发展学生的积极心理潜能为目标。因此，如若能将上述积极心理干预技术与孤儿学校心理健康教育工作相结合，便可以使积极的心理教育成为孤儿学生主观幸福感提升的最有益途径。综上所述，本研究的目的就是借鉴国内外主观幸福感干预的理论与技术，将其与孤儿小学生心理健康教育目标相结合，以学校心理健康教育课为教学途径，通过开展积极心理教育干预提升孤儿小学生主观幸福感水平。研究假设：施行以持续幸福模型理论和品格优势理论为依据、运用多种积极心理干预技术而自行设计的孤儿小学生主观幸福感积极心理教育干预方案可以有效提高实验组孤儿小学生的积极情感和生活满意度水平，使其主观幸福感得到整体提升，且其干预效果具有一定持续性。

二、研究方法

（一）研究对象

以某省孤儿学校的孤儿小学生为研究对象。考虑到小学生对问卷作答的理解程度的限制及该校心理健康教育课开课年级的限制，本研究采用整群随机取样法从该校的五年级和六年级中分别选择两个班的孤儿小学生为研究样本。随机指定每个年级中的一个班为实验组，另一个班为控制组。实验组合计69人，男生46人，女生23人；控制组合计70人，男生46人，女生24人；总人数为139人。

（二）研究工具

1. 情感平衡量表

本研究使用由Bradburn（1969）编制、范肖冬（1999）修订的情感平衡量表（附录21）测查孤儿小学生的积极情感和消极情感。该量表共有10个项目，采用0表示"否"、1表示"是"的计分方式，积极情感（正性情感）分量表与消极情感（负性情感）分量表（需反向计分）各有5个项目，积极情感分数总和减去消极情感分数总和，再加上系数5为情感平衡分数。积极情感分量表得分越高，表示个体的情感越积极；消极情感分量表得分越高，表示个体的消极情感越低；情感平衡分越高，表示个体的情感越平衡。该量表积极情感分量表重测信度为0.83，消极情感分量表重测信度为0.81。

2. 多维学生生活满意度量表

本研究使用田丽丽等（2005）修订的多维学生生活满意度量表（附录22）测查孤儿小学生的生活满意度。该量表共有40个项目，采用1~6级计分方式，包括自我满意度、朋友满意度、家庭满意度、学校满意度四个分量表。各分量表和总量表的平均分越高，表示生活满意度水平越高。其总量表与各分量表的同质性信度在 0.71~0.90，两周后重测信度在 0.73~0.86。

3. 孤儿小学生主观幸福感积极心理教育干预方案

根据持续幸福模型理论和品格优势理论可知，通过建立新的意向性活动和识别并使用自己的品格优势，可提升个体的积极情感和生活满意度等主观幸福感指数。本研究以这两种理论为依据，运用多种积极心理干预技术，设计了孤儿小学生主观幸福感积极心理教育干预方案，具体内容见表4-23。并请9名相关专家（1名心理学副教授、8名心理学硕士研究生）和3名孤儿学校心理教师对该方案的内容及适用性进行评定。该方案通过课堂教学途径，以心理健康教育课的方式加以实施。

表4-23　孤儿小学生主观幸福感积极心理教育干预方案

课节	名称	干预目标	干预技术
第一课	什么是幸福	指明干预活动目的	认识幸福
第二课	我的美好未来	提升积极情感	最好的自己、设置目标
第三课	幸运的我	提升自我满意度	三件好事、识别优势
第四课	做好事	提升朋友满意度	善良行为、使用优势
第五课	爱的礼物	提升家庭满意度	时间礼物、使用优势
第六课	我想对你说声谢谢	提升学校满意度	感恩日记、使用优势

4. 孤儿小学生自我感受开放式调查问卷

为进一步了解参加积极心理教育干预的实验组孤儿小学生的活动感受，并进一步确认干预效果，本研究设计了自我感受开放式调查问卷。该问卷包括6个开放式问题，即"参加积极心理教育活动以来：（1）你对自己有了哪些新的认识？（2）你对自己与朋友之间有了哪些新的认识？（3）你对家人有了哪些新的认识？（4）你对学校生活有了哪些新的认识？（5）以上这些新的认识给你的生活带来了哪些帮助？（6）哪一次活动让你最为难忘，为什么？"请实验组孤儿小学生在干预活动结束后的一个月内填写。

（三）实验设计与程序

本研究采用实验组与控制组前后测时间序列实验设计模式检验孤儿小学

生主观幸福感提升的干预效果。第一个观测时间点是前测,即正式实施干预活动前,分别对所有实验组和控制组实行前测,获得其主观幸福感水平基线。第二个观测时间点是实验干预结束后的即时后测。干预阶段根据自编的孤儿小学生主观幸福感积极心理教育干预方案内容,由一名孤儿学校心理教师,对实验组的孤儿小学生予以干预,每周上一节课,总计上6周。与此同时,控制组照常开展心理健康教育课教学,但其教学内容不包括与主观幸福感相关的内容。实验组与控制组除了心理健康教育课教学内容不同外,其他日常教学条件均相同。干预活动结束后,立即对实验组和控制组开展即时后测,检验干预效果。第三个观测时间点是在干预结束一个月后,再次对实验组和控制组开展的延时后测,检验干预效果的持续性。

对研究过程中的全部测量数据使用软件 SPSS 21.0 做描述与推论统计分析。正式分析前,采用 Harman 单因素检验法检验是否存在共同方法偏差(周浩 等,2004;熊红星 等,2012)。对所有问卷项目探索性因素分析结果显示:从前测问卷中抽取出 16 个因子,第一个因子解释总体变异的 17.71%;从即时后测问卷中抽取出 14 个因子,第一个因子解释总体变异的 24.78%;从延时后测问卷中抽取出 12 个因子,第一个因子解释总体变异的 27.63%。由于三次测量抽取出的因子数量多于 1 个,且第一个因子的方差贡献率均不超过 40%,可见本研究共同方法偏差不严重,对结果影响不大。

三、结果与分析

(一)每个观测时间点上,实验组与控制组孤儿小学生主观幸福感的差异比较

1. 积极情感/消极情感的差异比较

实验组与控制组在 3 个观测时间点上的积极情感/消极情感描述统计与均数独立样本 t 检验结果见表 4-24。由表 4-24 可知,实验组与控制组在积极情感、消极情感及情感平衡的 T_1 前测分数上均不存在显著差异,二者是同质的。在积极情感的 T_2 即时后测分数、T_3 延时后测分数上,均表现为

实验组显著高于控制组（$ps<0.01$），且根据 Cohen's d 值可知，其差异大小均达到了中等效应。但是在消极情感和情感平衡的 T_2 即时后测分数、T_3 延时后测分数上，实验组与控制组之间不存在显著差异（$ps>0.05$）。这表明从横向群组比较来看，干预可以有效提高实验组孤儿小学生的积极情感水平。

表4-24 实验组、控制组3个观测时间点上的积极情感/消极情感分数比较

主观幸福感指标	观测时间点	实验组（$n=69$）$M±SD$	控制组（$n=70$）$M±SD$	t	Cohen's d
积极情感	T_1	3.35±1.07	3.30±1.00	0.27	0.05
	T_2	4.28±0.82	3.87±0.95	2.69**	0.46
	T_3	4.33±0.98	3.89±0.71	3.08**	0.51
消极情感	T_1	2.86±1.60	3.00±1.55	-0.54	0.09
	T_2	3.29±1.52	2.91±1.65	1.40	0.24
	T_3	3.29±1.62	3.07±0.91	0.98	0.17
情感平衡	T_1	5.49±1.60	5.30±1.54	0.72	0.12
	T_2	5.99±1.49	5.96±1.54	0.11	0.02
	T_3	6.04±1.76	5.80±1.28	0.93	0.16

注：** 表示 $p<0.01$。T_1 为干预前的基线测量，T_2 为干预结束后的即时后测，T_3 为干预结束一个月后的延时后测。

2. 生活满意度的差异比较

实验组与控制组在3个观测时间点上的生活满意度描述统计与均数独立样本 t 检验结果见表4-25。由表4-25可知，实验组与控制组在自我、朋友、家庭、学校四种生活满意度及总体生活满意度的 T_1 前测分数上均不存在显著差异，二者是同质的。并且，在四种生活满意度及总体生活满意度上的 T_2 即时后测分数、T_3 延时后测分数上，均表现为实验组显著高于控制组，且根据 Cohen's d 值可知，其差异大小均达到了中等效应。这些结果均表明从横向群组比较来看，干预可以有效提高实验组孤儿小学生的生活满意度水平。

表 4-25 实验组、控制组 3 个观测时间点上的生活满意度分数比较

主观幸福感指标	观测时间点	实验组 ($n=69$) $M \pm SD$	控制组 ($n=70$) $M \pm SD$	t	Cohen's d
自我满意度	T_1	4.03 ± 1.03	4.08 ± 0.88	-0.27	0.05
	T_2	4.73 ± 1.02	4.10 ± 0.96	3.72***	0.64
	T_3	4.49 ± 1.21	4.08 ± 0.96	2.17*	0.38
朋友满意度	T_1	4.36 ± 0.96	4.32 ± 0.88	0.25	0.04
	T_2	4.62 ± 0.79	4.09 ± 0.98	3.50**	0.59
	T_3	4.54 ± 0.93	4.10 ± 0.98	2.73**	0.46
家庭满意度	T_1	4.67 ± 1.00	4.75 ± 0.82	-0.55	0.09
	T_2	5.01 ± 0.94	4.46 ± 0.99	3.34**	0.57
	T_3	4.82 ± 1.13	4.40 ± 0.98	2.28*	0.39
学校满意度	T_1	4.46 ± 0.88	4.47 ± 1.05	-0.03	0.01
	T_2	4.77 ± 0.97	4.27 ± 1.19	2.74**	0.46
	T_3	4.68 ± 1.17	4.26 ± 1.13	2.17**	0.37
总体生活满意度	T_1	4.39 ± 0.75	4.41 ± 0.61	-0.18	0.03
	T_2	4.78 ± 0.79	4.23 ± 0.80	4.07***	0.69
	T_3	4.63 ± 0.97	4.21 ± 0.80	2.77**	0.47

注：* 表示 $p<0.05$，** 表示 $p<0.01$，*** 表示 $p<0.001$。T_1 为干预前的基线测量，T_2 为干预结束后的即时后测，T_3 为干预结束一个月后的延时后测。

（二）实验组孤儿小学生主观幸福感干预效果的追踪

1. 积极情感/消极情感干预效果的追踪

以观测时间点为组内自变量、组别（实验组/控制组）为组间自变量，对实验组和控制组孤儿小学生的积极情感、消极情感以及情感平衡分别做多因素重复测量方差分析。结果显示，在积极情感上，时间变量主效应显著，$F(2, 274) = 40.10$，$\eta^2 = 0.23$，$p < 0.001$，组别主效应显著，$F(1, 137) = 7.77$，$\eta^2 = 0.05$，$p < 0.01$，时间与组别交互作用不显著，$F(2, 274) = 2.45$，$\eta^2 = 0.02$，$p > 0.05$；这表明虽然实验组与控制组的积极情感均随时间变化有显著提高，但是实验组变化的幅度要显著大于控制组。因此，相较于控制组，干预更为有效地提高了实验组孤儿小学生的积极情感水平。在消极

第四章　去自我污名心理视域下的孤儿学生心理健康教育干预实践

情感上，时间变量主效应 [$F(2, 274) = 1.95$, $\eta^2 = 0.01$]，组别主效应 [$F(1, 137) = 0.54$, $\eta^2 = 0.004$]，时间与组别交互作用 [$F(2, 274) = 2.07$, $\eta^2 = 0.02$] 均不显著（$ps > 0.05$）；这表明实验组与控制组的消极情感随时间变化均不显著。在情感平衡上，时间变量主效应显著，$F(2, 274) = 11.10$，$\eta^2 = 0.08$，$p < 0.001$，组别主效应不显著，$F(1, 137) = 0.55$，$\eta^2 = 0.004$，$p > 0.05$，时间与组别交互作用不显著，$F(2, 274) = 0.35$，$\eta^2 = 0.003$，$p > 0.05$；这表明虽然实验组与控制组的情感平衡均随时间变化显著提高，但是两组变化的幅度没有显著差异。

在此结果基础上，进一步做实验组孤儿小学生积极情感、消极情感以及情感平衡3个观测时间点上的单因素重复测量方差分析。结果显示，积极情感 [$F(2, 136) = 27.30$, $\eta^2 = 0.29$, $p < 0.001$]、消极情感 [$F(2, 136) = 3.21$, $\eta^2 = 0.05$, $p < 0.05$]、情感平衡 [$F(2, 136) = 4.46$, $\eta^2 = 0.06$, $p < 0.05$] 时间变量主效应均显著，其在3个观测时间点的变化趋势如图4-4所示。进一步事后多重比较（Bonferroni）结果显示，在积极情感和情感平衡上，T_2即时后测分数、T_3延时后测分数均显著高于T_1前测分数（$ps < 0.05$），T_2即时后测分数与T_3延时后测分数之间差异均不显著（$ps > 0.05$）；在消极情感上，三次测量分数之间均不存在显著差异（$ps > 0.05$）。这表明从纵向时间变化角度来看，干预可以有效提高实验组孤儿小学生的积极情感，改善其情感平衡水平，且这种干预效果至少可持续一个月。

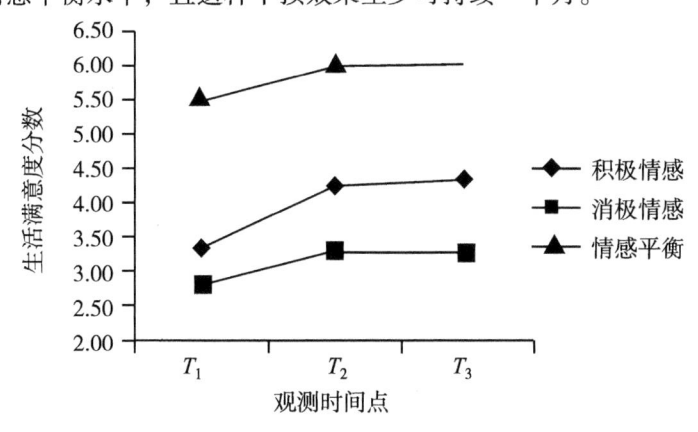

图4-4　实验组积极情感/消极情感在3个观测时间点的变化趋势

2. 生活满意度干预效果的追踪

以观测时间点为组内自变量、组别（实验组/控制组）为组间自变量，对实验组和控制组孤儿小学生的四种生活满意度及总体生活满意度分别做多因素重复测量方差分析。结果显示，在自我满意度上，时间变量主效应显著，$F(2, 274) = 11.68$，$\eta^2 = 0.08$，$p < 0.001$，组别主效应显著，$F(1, 137) = 4.86$，$\eta^2 = 0.03$，$p < 0.05$，时间与组别交互作用显著，$F(2, 274) = 10.02$，$\eta^2 = 0.07$，$p < 0.001$；这表明实验组与控制组自我满意度随时间变化趋势显著不一致，且实验组分数显著高于控制组。简单效应分析结果显示，实验组孤儿小学生自我满意度时间变量主效应显著，$F(2, 136) = 17.26$，$\eta^2 = 0.20$，$p < 0.001$；进一步事后多重比较（Bonferroni）结果显示，T_2即时后测分数显著高于T_1前测分数（$p < 0.01$），T_3延时后测分数也显著高于T_1前测分数（$p < 0.05$），T_3延时后测与T_2即时后测之间差异不显著（$p > 0.05$），其在3个观测时间点的变化趋势如图4-5所示。控制组孤儿小学生自我满意度时间变量主效应不显著，$F(2, 138) = 0.05$，$\eta^2 = 0.001$，$p > 0.05$。这表明，实验组随时间变化呈显著提高趋势，但控制组随时间变化差异不显著。因此，相较于控制组，干预更为有效地提高了实验组孤儿小学生的自我满意度水平，且这种干预效果至少可持续一个月。

在朋友满意度上，时间变量主效应不显著，$F(2, 274) = 0.11$，$\eta^2 = 0.001$，$p > 0.05$，组别主效应显著，$F(1, 137) = 6.22$，$\eta^2 = 0.04$，$p < 0.05$，时间与组别交互作用显著，$F(2, 274) = 7.19$，$\eta^2 = 0.05$，$p < 0.001$；这表明实验组与控制组朋友满意度随时间变化趋势显著不一致，且实验组分数显著高于控制组。简单效应分析结果显示，实验组孤儿小学生朋友满意度时间变量主效应显著，$F(2, 136) = 3.11$，$\eta^2 = 0.04$，$p < 0.05$，进一步事后多重比较（Bonferroni）结果显示，T_2即时后测分数均显著高于T_1前测分数（$p < 0.01$），T_3延时后测分数与T_2即时后测分数之间、T_3延时后测分数与T_1前测分数之间差异均不显著（$ps > 0.05$），其在3个观测时间点的变化趋势如图4-5所示。虽然控制组孤儿小学生朋友满意度时间变量主效应也显著，$F(2, 138) = 4.48$，$\eta^2 = 0.06$，$p < 0.05$，但是事后多重比较（Bonferroni）结果显示，三次测量分数之间均不存在显著差异（$ps > 0.05$）。这表明，实验组随时间变化呈显著提高趋势,但控制组随时间变化差异不显著。因此,相较于控制组,干预更为有效地提高了实验组孤儿小学生的朋友满意度水平。

在家庭满意度上,时间变量主效应不显著,$F(2, 274) = 1.46$,$\eta^2 = 0.01$,$p > 0.05$,组别主效应显著,$F(1, 137) = 4.32$,$\eta^2 = 0.03$,$p < 0.05$,时间与组别交互作用显著,$F(2, 274) = 9.09$,$\eta^2 = 0.06$,$p < 0.001$;这表明实验组与控制组家庭满意度随时间变化趋势显著不一致,且实验组分数显著高于控制组。简单效应分析结果显示,实验组孤儿小学生家庭满意度时间变量主效应显著,$F(2, 136) = 4.06$,$\eta^2 = 0.06$,$p < 0.05$,进一步事后多重比较(Bonferroni)结果显示,T_2即时后测分数均显著高于T_1前测分数($p < 0.01$),T_3延时后测分数与T_2即时后测分数之间、T_3延时后测分数与T_1前测分数之间差异均不显著($ps > 0.05$),其在3个观测时间点的变化趋势如图4-5所示。虽然控制组孤儿小学生家庭满意度时间变量主效应也显著,$F(2, 138) = 7.04$,$\eta^2 = 0.09$,$p < 0.01$,但是事后多重比较(Bonferroni)结果显示,T_1前测分数均显著高于T_3延时后测分数($p < 0.05$),T_2延时后测分数与T_1前测分数之间、T_3延时后测分数与T_2即时后测分数之间差异均不显著($ps > 0.05$)。这表明,实验组随时间变化呈显著提高趋势,但控制组随时间变化呈显著下降趋势。因此,相较于控制组,干预更为有效地提高了实验组孤儿小学生的家庭满意度水平。

在学校满意度上,时间变量主效应不显著,$F(2, 274) = 0.32$,$\eta^2 = 0.002$,$p > 0.05$,组别主效应不显著,$F(1, 137) = 3.82$,$\eta^2 = 0.03$,$p > 0.05$,时间与组别交互作用显著,$F(2, 274) = 6.13$,$\eta^2 = 0.04$,$p < 0.01$;这表明实验组与控制组学校满意度随时间变化趋势显著不一致。简单效应分析结果显示,实验组孤儿小学生学校满意度时间变量主效应显著,$F(2, 136) = 3.67$,$\eta^2 = 0.05$,$p < 0.05$,进一步事后多重比较(Bonferroni)结果显示,T_2即时后测分数显著高于T_1前测分数($p < 0.01$),T_3延时后测分数与T_2即时后测分数之间、T_3延时后测分数与T_1前测分数之间差异均不显著($ps > 0.05$),其在3个观测时间点的变化趋势如图4-5所示。控制组孤儿小学生学校满意度时间变量主效应不显著,$F(2, 138) = 2.60$,$\eta^2 = 0.04$,$p > 0.05$。这表明,实验组随时间变化呈显著提高趋势,但控制组随时间变化差异不显著。因此，相较于控制组，干预更为有效地提高了实验组孤儿小学生的学校满意度水平。

在总体生活满意度上，时间变量主效应不显著，$F(2, 274) = 1.86$，$\eta^2 = 0.01$，$p > 0.05$，组别主效应显著，$F(1, 137) = 7.18$，$\eta^2 = 0.05$，$p < 0.05$，时间与组别交互作用显著，$F(2, 274) = 13.67$，$\eta^2 = 0.09$，$p < 0.01$；这表明实验组与控制组总体满意度随时间变化趋势显著不一致，且实验组分数显著高于控制组。简单效应分析结果显示，实验组孤儿小学生总体生活满意度时间变量主效应显著，$F(2, 136) = 9.21$，$\eta^2 = 0.12$，$p < 0.001$，进一步事后多重比较（Bonferroni）结果显示，T_2即时后测分数显著高于T_1前测分数（$p < 0.01$），T_3延时后测分数也显著高于T_1前测分数（$p < 0.05$），T_3延时后测与T_2即时后测之间差异不显著（$p > 0.05$），其在3个观测时间点的变化趋势如图4-5所示。虽然控制组孤儿小学生总体生活满意度时间变量主效应显著，$F(2, 138) = 5.60$，$\eta^2 = 0.07$，$p < 0.05$，但是事后多重比较（Bonferroni）结果显示，三次测量分数之间均不存在显著差异（$ps > 0.05$）。这表明，实验组随时间变化呈显著提高趋势，但控制组随时间变化差异不显著。因此，相较于控制组，干预更为有效地提高了实验组孤儿小学生的总体生活满意度水平，且这种干预效果至少可持续一个月。

上述结果分析表明从纵向时间变化角度来看，干预可以有效增强实验组孤儿小学生的四种生活满意度及总体生活满意度水平，且这种干预效果在自我满意度和总体生活满意度上具有持续性。

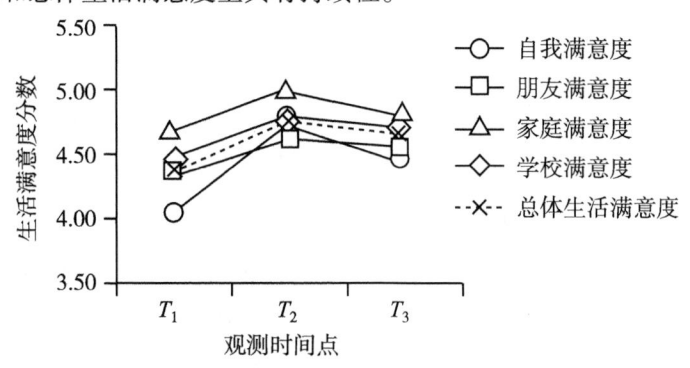

图4-5 实验组生活满意度在3个观测时间点的变化趋势

(三) 实验组孤儿小学生参加积极心理教育干预活动的自我感受报告

对实验组孤儿小学生自我感受开放式调查问卷前五个题的统计结果显示：总69人中有58人报告对自我有了新的认识（约占84%）。例如，有代表性的回答是："虽然我不聪明，但是我力气大，虽然我很黑，但是我很坚强"；"我虽然学习不怎么好，但是我乐于助人，我很善良"；"我长得很黑，学习也不好，但是我体育很好"。

总69人中有57人报告对朋友有了新的认识（约占83%）。例如，有代表性的回答是："朋友之间要互相帮助，友谊才能长存"；"朋友之间要互相信任，互相关心"；"朋友就是要有福同享，有难同当，当他们做错事的时候要包容"。

总69人中有59人报告对家人有了新的认识（约占86%）。例如，有代表性的回答是："爷爷虽然不能常来看我，但我相信他是爱我的"；"虽然不能每天吃到奶奶做的饭，但是我知道奶奶一直惦记我"；"虽然没有爸爸、妈妈，但是爷爷、奶奶很疼爱我，我爱他们"。

总69人中有52人报告对学校有了新的认识（约占75%）。例如，有代表性的回答是："虽然学校给不了我们真的家庭，但是给我们提供了很好的学习条件"；"学校虽然管理很严格，有很多限制，但这是为了我们的安全"；"学校虽然不能满足我们所有的要求，但是它已经为我们提供了很多，我们吃的、穿的都是学校给的"。

总69人中有57人认为这些新的认识使自己有了改变（约占83%）。例如，有代表性的回答是："我觉得我变得乐观了"；"我变得更自信了"；"我觉得我变得更快乐了"；"我觉得我更大胆了，上课敢于发言了"；"我能够更自信和友爱了，也更体谅家人了，更加明白家人朋友的重要性"；"我更能理解什么是幸福，也觉得自己是很幸福的"。

对实验组孤儿小学生自我感受开放式调查问卷最后一题的统计结果显示：总69人中有80%以上的学生能说出自己最难忘的活动是什么。例如，有代表性的回答是："'爱的礼物'让我最难忘，因为在这次活动中我表达了我对家人的爱"；"'我想对你说声谢谢'让我最难忘，因为我在学校的时间最长，都是老师们关心照顾我，能对我爱的老师说声谢谢我很开心"；"'什么是幸福'这次活动让我最难忘，因为看了老师给播放的视频后，觉得与视频里的人比较自己原来是很幸福的";"'幸运的我'让我最难忘,因为这次活动让我懂得了要多看自己的长处,那样才能更快乐和自信"。

实验组孤儿学生的上述自我感受报告说明,本研究中的干预课程使他们对自己生活的世界有了全新的认识,自己的某些行为也发生了积极的改变,这都是他们主观幸福感提升的反映。

四、讨论与小结

(一)对积极情感/消极情感的干预效果

本研究认为,孤儿小学生因缺失父母关爱,所以对自己的未来充满忧虑,生活中很少表现出积极情感。因此要提升其主观幸福感,应使其学会体验更多的积极情感。根据持续幸福模型理论,本研究基于"最好的自己"与"设置目标"干预技术设置了"我的美好未来"一课,其干预就是通过让孤儿小学生在课堂活动中畅想未来十年后自己的最好状态,促使其抛弃基于孤儿身份的痛苦经历所建立的消极认知和情感,形成对未来的积极认知和情感;并且在怎样才能达到自己最好状态的思考中,设置积极的生活目标,乐观面对未来。最终通过建立新意向性活动的过程有效提高孤儿小学生的积极情感,改善其情感平衡水平,从而使其主观幸福感得到有效提升。

(二)对生活满意度的干预效果

首先,本研究认为孤儿学生具有的自我污名问题(王江洋,王晓娜 等,2017;王江洋,李昂扬 等,2017)实则是对自己生活不满意的消极自我评价结果。因此要提升其主观幸福感应使其通过学会识别并使用自己的品格优势来提高其对生活的满意度。根据品格优势理论和持续幸福模型理论,本研究基于"三件好事"与"识别优势"干预技术设置了"幸运的我"一课,其干预就是通过让孤儿小学生在课堂活动中与教学案例提及的有悲惨生活经历的人物相比较,寻找自己的幸运之处,促使其学会识别自己的优势,形成对自我的客观、积极评价。最终通过建立新意向性活动的过程有效增强了对自我的满意度,从而使其主观幸福感得到有效提升。

其次,本研究认为孤儿学生具有的敌对心理问题主要表现在人际交往过程中,他们对朋友满意度较差(来嫒,2012)。根据持续幸福模型理论和品格优势理论，本研究基于"善良行为"与"使用优势"干预技术设置了"做好事"一课，其干预就是通过让孤儿小学生在课堂活动中回忆自己曾经帮助朋友做了什么事情以及朋友帮助自己做了什么事情，激发其慈善知觉，在回忆中看到自己与朋友曾经使用的"善良"优势，加深自己与朋友之间的积极情感联结。最终通过建立新意向性活动的过程有效增强了对朋友的满意度，从而使其主观幸福感得到有效提升。

再次，本研究认为孤儿学生由于缺乏父母之爱所以羞于对家人表达"爱"。根据品格优势理论，本研究基于"时间礼物"与"使用优势"干预技术设置了"爱的礼物"一课，其干预就是通过让孤儿小学生在课堂活动中回忆自己与父母、亲人等家人之间的相互关爱经历，识别出自己具有的"爱"这一品格优势，并借由想象的方式使用"爱"这一品格优势为家人送去一份"爱的礼物"以表达自己对家人的爱。最终通过在回忆中体验并稳固与亲人的"爱"与"被爱"关系有效增强了对家人的满意度，从而使其主观幸福感得到有效提升。

最后，本研究认为高年级孤儿小学生由于即将进入青春叛逆期，所以对孤儿学校的封闭式校园管理非常抵触，缺乏对学校和老师的感恩之心，校园满意度很差。根据品格优势理论，本研究基于"感恩表达"与"使用优势"干预技术设置了"我想对你说声谢谢"一课，其干预就是通过让孤儿小学生在课堂活动中回忆曾经给予过自己帮助的老师或学校管理者是如何帮助自己的，加深其对学校和老师工作的理解，激发其"感恩"优势，并通过给他们写一封感谢信练习表达自己的感激之情。最终通过表达感恩之心的方式有效增强了对学校的满意度，从而使其主观幸福感得到有效提升。

（三）干预效果的持续性

本研究通过学校心理健康教育课有目的地将"认识幸福""最好的自己""三件好事""善良行为""时间礼物""感恩日记""识别优势""使用优势"等积极心理干预技术教授给孤儿小学生，有效发挥了教育对行为塑造的持续性作用，使其懂得了什么是幸福，建立起新的、积极的意向性活动，学会识别并使用自己的品格优势，从而能够体验到更多主观幸福感。因此，本次干预的总体效果通过追踪测量显现出较好的持续性。

（四）研究蕴含的意义与启示

一方面，本研究根据持续幸福模型和品格优势理论，将目前积极心理学研究提出的多种积极心理干预技术有机整合于孤儿学校课堂教学中，不仅突破了以往主观幸福感干预研究多是只采用单一方法干预的模式，而且还转变了孤儿心理教育与研究的消极价值取向，倡导对孤儿学生开展积极心理教育，把主观幸福感积极心理干预引入学校心理健康教育中，将促进孤儿学生主观幸福感提升作为孤儿学校心理健康教育的重要目标。另一方面，当前在普通学校中，也存在大量父母外出务工的留守学生、父母离婚的离异家庭学生等家庭处境不利者，他们与孤儿学生相似，都是缺少完整家庭教育支持的弱势学生群体，其心理健康及主观幸福感问题也是国家、政府和学校的重要关注点。故本研究开发出的孤儿小学生主观幸福感积极心理教育干预方案，不仅可以在国内其他孤儿学校中推广使用，而且对普通学校开展提升各类学生主观幸福感的积极心理健康教育同样具有较为实用的借鉴价值。

（五）局限与展望

本研究虽然取得较好干预效果，但仍然存在局限性。首先，受低年级小学生认知理解能力限制，本研究只干预了五、六年级孤儿小学生。未来研究可依据此次研究开发出的干预方案在低龄及高龄学段延伸，进一步检验干预方案的适用性及有效性。其次，本研究选择的是某省孤儿学校中的孤儿学生，不能代表孤儿学生总体。我国绝大多数省份孤儿学生是在普通学校就读，未来研究可考虑进一步考察干预方案对普通学校学生的适用性及有效性。再次，由于孤儿学校客观条件限制，本研究只能对干预效果追踪一个月，因此仅能证明持续一个月时长的干预效果。未来研究可延长追踪时间，深入考察为期6周的干预是否可以有更长久的干预效果。最后，本研究设计的干预方案在每节课中综合运用了多种积极心理干预技术，这种综合干预具有促使干预效果最大化的优势，但是也存在局限性，即很难说明具体是哪一种或哪几种干预技术起了作用，哪一种或哪几种干预技术起的作用更大。未来研究可在一个较长的教学周期内，在每一节干预课程中只运用一种积极心理干预技术，同时设置多个实验组与控制组来分别检验每一种积极心理干预技术的作用效果，进而比较哪一种或哪几种干预技术起的作用更大。

第五章 孤儿学校教师心理健康教育实践性知识与学生心理健康教育对策

第一节 中小学教师心理健康教育实践性知识的构成

一、研究背景与目的

2018年1月20日，中共中央、国务院印发《关于全面深化新时代教师队伍建设改革的意见》，该意见明确指出，到2035年，教师综合素质、专业化水平和创新能力大幅提升。由此可见，国家在深入推进教育工作的思路和措施方面高度重视教师个人及工作队伍的质量建设与发展。教师个人工作质量的考核维度不仅包含教师在课堂上传递学科知识的教学质量，还包含教师在课上、课下各类教育教学情境中处理有关学生问题的教育管理质量。而后者所指的就是教师实践性知识。20世纪80年代初，国外开启对教师实践性知识研究序幕（Connelly et al.，1984），90年代教师实践性知识的概念及其相关理论传入我国（林崇德 等，1996；陈向明，2003；曹正善，2004；姜美玲，2010；林一钢 等，2013；程凤农，2014），并日益成为我国教育学科与心理学科关注的热点。

当前，上至国家、下至中小学校教师以及家长均逐渐意识到学生心理健康发展的重要性，认识到教师在教育教学实践过程中能否有效解决学生心理问题和对学生开展必要的心理健康教育工作的迫切性。本研究尝试从教师实践性知识视角出发，结合中小学心理健康教育实践工作情境，探究中小学教师心理健康教育实践性知识的内容构成。依据教师实践性知识的概念内涵，将中小学教师心理健康教育实践性知识界定为：中小学教师在教育教学实践中生成并不断建构形成的心理健康教育知识。它本质上是中小学教师在教育教学实践中生成并不断建构形成的教育经验体系与教学智慧素养，来源于实践，应用于实践。它受到中小学教师工作性质和教育对象特点的影响，指引和规范着教师的言行，使教师可以根据当前遇见的心理健康教育问题情境灵活组合，在复杂且动态的实践场景中采取行为，通过教师的不断反思、提炼使之可以在教学实践中得到不断检验和发展，具有个体性、情境性。

本研究将使用概念构图法（Concept Mapping Method）分析中小学教师心理健康教育实践性知识包含的具体内容。概念构图法最早由 Trochim（1989）提出，是一种将定性与定量分析方法相结合，通过生成可视化的结果，深入探讨概念内涵的一种分析方法。这种方法将定性的内容在进行分类以后，生成理论和实证上都有意义的类别（Trochim，1989；Trochim et al.，1994；Jackson et al.，2002；Trochim et al.，2005）。例如，Jackon 等（2002）用概念构图法研究了群体规范的内容，王颂等（2014）用概念构图法研究了中国员工组织自尊的内容。本研究是以教师实践性知识内涵的理论研究为基础，采用质性研究设计，首先通过半结构访谈法收集中小学教师对心理健康教育实践性知识概念理解的一手数据，然后通过概念构图法分析数据，揭示中小学教师的心理健康教育实践性知识内容构成，为更好地理解与评价中小学教师心理健康教育实践性知识掌握程度提供理论支持。

二、研究方法

（一）研究对象

为保证研究的信度与效度，按照访谈法的要求，采用目的性取样方法选择被试。进行心理健康教育实践性知识访谈研究时，为了保证知识的全面性，研究首先从 34 所中小学随机选择了学校里的 48 名小学至高中不同学科的教师；再以这 48 名教师为起点，从其所在学校再随机选择另外两位不同学科的教师，以3个人作为一组进行访谈。并且，保证每所学校接受访谈的3位教师中，一位是班主任教师，一位是心理教师，一位是科任教师。其中有部分学校选择教师人数超过3人，最终共有34所学校128位教师参与了此次访谈。按照取样顺序访谈，当访谈到第128位教师时，发现其与第127位教师的谈话内容相近，且与之前访谈内容比较没有发现"新增加"的内容，说明访谈数据已经基本达到饱和（Lewis-Beck et al.，2004），故在访谈完第128位教师后停止了访谈。被试具体构成情况为：小学教师65人，初中教师33人，高中教师31人；班主任教师48人，心理学科教师63人，其他学科教师32人；男教师13人，女教师128人；教龄10年以下教师64人，教龄10年以上教师64人。

（二）访谈提纲

本研究使用的中小学教师心理健康教育实践性知识内容访谈提纲，包括以下四个部分。第一部分是关于访谈对象个人基本信息的提问（包括姓名、性别、授课年级、所教科目、教龄、受教育水平等）。第二部分是关于"教师实践性知识"和"教师心理健康教育实践性"两个概念基本内涵的简介。第三部分是事先根据教师实践性知识、心理健康教育知识的概念与内容理论推导而编制的教师心理健康教育实践性知识内容条目表格，共计47个条目。设计该表格，一方面是由于部分教师从未了解教师实践性知识相关内容，所以访谈时往往表述不清楚；另一方面是由于通过与部分中小学教师提前沟通，发现部分教师出于保护学生或是学校规定，不愿意过多透漏关于学校或学生的内容，而访谈条目表格的设立能够保证在教师不方便回答访谈问题的情况下有效完成此次访谈。第四部分是关于访谈对象个人对心理健康教育实践性知识内容理解的补充及其自身所拥有的心理健康教育实践性知识描述的提问。总共有两个问题"（1）经过对表格的填写，您认为心理健康教育实践性知识是什么？还有哪些内容需要补充？（2）请结合您自身经历，谈谈您自己目前具备了哪些心理健康教育实践性知识？"

（三）访谈程序

为了提升对访谈提纲的熟悉程度和保障正式访谈的效果，本研究的访谈均由一名经过培训的应用心理学硕士研究生完成。在正式访谈之前，进行了多次的预访谈，并且与具有访谈经验的专家和教师进行多次交谈，以保证访谈的合理性以及被试能够更好地配合。

正式访谈时研究者需要花费时间与被试进行交谈以获得被试的支持，将访谈地点、所花费时间以及访谈形式详细说明，对每位教师的参与表示感谢，最重要的是保证研究的保密性。首先，向访谈对象讲明研究目的，询问其个人基本信息，然后向其呈现"教师实践性知识"和"教师心理健康教育实践性"两个概念的基本内涵，并发放事先编制的教师心理健康教育实践性知识内容条目表格。请其"在您认为是属于教师心理健康教育实践性知识内容的条目后面打'√'"。待表格填答结束后，提问最后两个开放式的问题，请访谈对象将自己的回答内容写下来。

为了控制无关变量对访谈的影响，访谈地点均选在学校内的安静教室或会议室进行，访谈时间均安排在下午时间段。访谈的平均时长为30分钟。被试的人口统计学变量与其提出的相关条目的个数没有显著关系。最后，对每位访谈者进行编号，整理访谈条目。

（四）访谈数据的整理与统计分析：概念构图过程

第一步，创造分析单元。概念构图的分析单元是指从访谈资料中提取的只包含一个概念的句子或短语（Jackson et al., 2002）。例如，本研究中的一个被访者这样讲："在处理教学问题时，教师运用到的实践性知识我首先想到的是自我认知。"便从这个回答中抽取出"自我认知"作为分析单元。每个分析单元由一个概念组成，可以是一个词语或是带有修饰成分的一句话，均是对于这个分析单元的解释。无论对于这个分析单元的描述内容是多少，最终一个分析单元只能表达一个含义，具体描述的程度由研究者根据访谈过程中被试的回答来解释。如果一个分析单元有一个以上的概念，容易出现一个陈述语句包含两个意义的情况，这会使后续归类分析过程中出现不同单元表达了相同概念的问题，造成统计误差。因此，在这一步确保一个分析单元只表达一个含义极其重要。

本研究在统一了抽取分析单元的标准后，从128名教师被试的回答中

第五章 孤儿学校教师心理健康教育实践性知识与学生心理健康教育对策

一共得到了若干个分析单元。将意思相同的分析单元合并,只保留一个具有代表性的分析单元,最后得到了33个在含义上相互独立的分析单元。研究中,为了避免被试将位置相近的单元分为一类,研究者打乱分析单元的顺序,对于33个分析单元进行随机编号,并最终得到标记为1~33的分析单元。

第二步,将分析单元归类。概念构图需要至少10名归类者完成分析单元的分类工作(Jackson et al., 2002)。本研究选择了12名应用心理学硕士研究生充当归类者。在对这12名归类者讲解概念构图程序后,请其将内容相近的条目分为一类。最终,12名归类者分别将这些分析单元划分成了3~6个类别。

第三步,多维尺度分析。将每一名归类者的分类结果转换成一个 $N \times N$ 的对称矩阵,列与行都是从1到N的分析单元。矩阵的每一行与每一列交叉点的值代表两个分析单元之间的"距离"或相似程度,即表示分析单元是否一类。"距离"值用0和1表示,如果交叉点的值为0,表示两者无距离,是同一类;如果交叉点的值为1,表示两者有距离,不在同一类。最终将若干个矩阵叠加得出一个加总的矩阵。在这个加总矩阵中,每一个值代表了两个分析单元在若干名归类者心理上的"距离",即若干名归类者中有多少个归类者将两者放到了不同的类别。叠加后的矩阵构成了多维尺度分析的输入数据,最终形成的状态是一个二维的具有N个点的标度图。图中的每一个点表示一个分析单元,点与点的距离表示两个分析单元的相似程度,如果两个点较近,表示若干名归类者认为这两个分析单元解释了同一类别;如果两个点较远,表示若干名归类者认为这两个分析单元解释了不同类别。另外,图中点的位置没有特定含义,并且它们是在左侧、右侧还是顶部或底部并不重要,研究只关注图中点与点的距离,只有距离表达了分析单元的联系性(王颂等,2014)。多维尺度的分析标准是应力值(Stress),应力值反映了所得到的视图与原始矩阵的相似程度的拟合程度。Trochim等(1994)在其已有研究报告中的概念构图的平均应力值为0.285,在建立心理测量模型时需要的更为严格的应力值标准为0.1(娄虎 等,2014),且应力值越小,表示拟合程度越高，反之则越低。本研究通过软件 SPSS 21.0 完成多维尺度分析的应力值计算，在二维空间内展现了中小学教师心理健康教育实践性知识内容 33 个分析单元之间的关系。

第四步，聚类分析。由于多维尺度分析还不能完全解释研究内容的具体分类数量和题目，因此要根据多维尺度分析出的点的坐标来进行聚类分析。当聚类分析的类别结构并不十分清晰的时候，最有效的分析方法是按 Ward 法则进行计算（娄虎 等，2014）。因为本研究的理论假设并不完全确定，所以采用 Ward 方法，根据得出的聚类树形图确定分析单元的类别维度数量。

第五步，完成概念构图并命名。概念构图的最后一步是采用科学的方法确定每个类别包含的题目内容，并对每个类别进行命名。这一步常采用的方法是质心分析。质心（Centroid）的含义是指聚类分析中确定的每类中所有已知点的平均值。质心分析的过程首先是计算每一类中的质心；其次是将每个点经过多维尺度分析的坐标列出来；最后计算质心和各个类别之间的距离。使用最接近质心的一点（题目）的含义来指定其所在类别的名称。概念构图中，如果类和类距离越近，那么就表明分类单位中包含的分析单元被归类者越多地分在一个类别。在最终的概念构图中，每一类在左边、右边或上方、下方等位置没有特别的意义，只有类和类之间的距离是研究的焦点。另外，图中分类的空间大小或类分析单元的接近程度一般来说可以表示这个类的概念覆盖范围相对宽广还是相对集中（Jackson et al.，2002）。

三、结果与分析

(一) 中小学教师心理健康教育实践性知识内容的多维尺度分析

本研究在访谈中共产生 33 个分析单元，由 12 名归类者进行分类，共得到 3～6 个类别。对 33×33 矩阵进行多维尺度分析结果的应力值为 0.075。0.075 低于 0.1 的标准，表明每个分析单元之间的相似性与多维定标视图拟合较好，可以进行概念构图的多维定标，其结果输出在一个维度

1（X）—维度2（Y）轴构成的空间图中，所有的分析单元都以点的形式出现（见图5-1）。

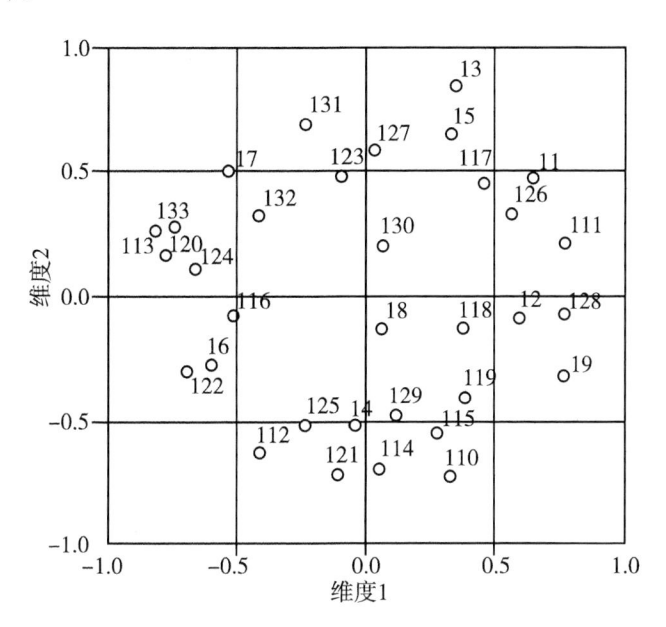

图5-1 中小学教师心理健康教育实践性知识内容分析单元的点图

（二）中小学教师心理健康教育实践性知识内容的聚类分析

目前为止，没有以某种系数为基础的正确数学方法来准确确定聚类的类别的数量，研究者一般是根据研究假设、研究需要和其他统计方法综合确定聚类的类别数量。根据已经得到的3~6个类别数目对应的分析单元以及类别的聚类过程，分析过程满足本研究水平的要求，其内容具有意义的层次是3和4。另外，采用Ward方法得出的聚类树形图，横线（一条线就是一个类别）被第一条虚线截断，端点的个数就是该相对距离下的类别数目，第一个水平总共有4个维度，参照图5-2，第二个虚线是一样的。3个类别和4个类别的相对距离虽然都在5以内，但考虑该研究的假设时，本研究接受4个类别的结果。

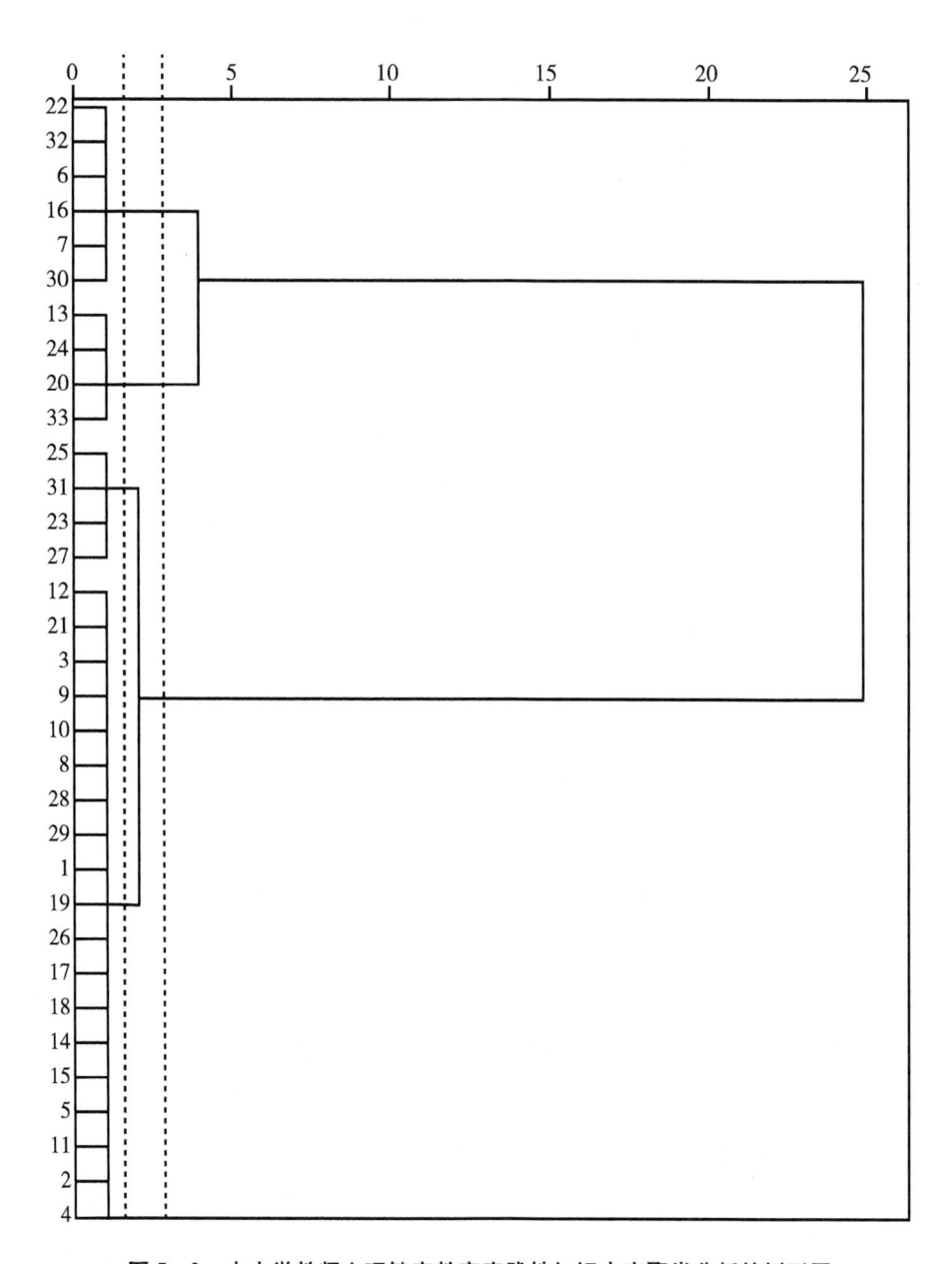

图 5-2 中小学教师心理健康教育实践性知识内容聚类分析的树形图

(三) 中小学教师心理健康教育实践性知识内容的概念构图与命名

通过计算每个分析单元的坐标值（见表 5-1）求出该类别的质心，并寻找距离质心最近的点，从这个点的内容出发，结合该类别的其他分析单元的内容，对该类别命名。

表5-1 中小学教师心理健康教育实践性知识内容分析单元的坐标值一览表

类别	分析单元	横坐标值	纵坐标值
A	I13 教师控制情绪、调节自己心态	-0.779	0.161
	I24 教师做事有原则	-0.666	0.115
	I20 教师有强烈的职业敏感度、高度的责任心	-0.750	0.268
	I33 教师永葆对教育的激情、信念和热忱	-0.816	0.264
B	I22 教师需要认真备课	-0.697	-0.289
	I32 教师根据自己孩子的成长经历去不断完善自己的心理技巧	-0.426	0.326
	I6 教师需要在工作中不断总结、反思与提高	-0.599	-0.271
	I16 教师能够认识学生教育活动本质、目的和意义	-0.512	-0.069
	I7 教师有责任心和宽厚真诚的爱心是开展健康教育的基础	-0.529	0.501
	I30 教师认识到心理健康比学习成绩重要，心理健康工作预防重于矫治	0.060	0.206
C	I25 教师善于运用心理学理论和方法帮助学生	-0.232	-0.526
	I31 教师觉察和注意、感知当前时期青少年学生发展的新特点和新问题	-0.240	0.686
	I23 教师平等地对待每一位学生，关注每一位学生	-0.100	0.487
	I27 教师对学生要尊重	0.026	0.596
D	I12 对教材的挖掘要有深度也要有宽度	-0.407	-0.627
	I21 教师根据学生的个性特征来有针对性地开展教学和教育	-0.097	-0.723
	I3 教师关注家庭对学生的影响	0.337	0.851
	I9 教师注重给学生普及积极心理学知识	0.764	-0.318
	I10 教师与学生进行积极的沟通以找到学生积极学习的动力来源	0.322	-0.727
	I8 教师不仅要按成绩分层教学，还应考虑学生的学习习惯、心理特点等方面因素	0.061	-0.124

孤儿学生心理健康教育研究

续表

类别	分析单元	横坐标值	纵坐标值
D	I28 教师提倡学生注重体验	0.758	-0.080
	I29 教师培养学生能力	0.120	-0.480
	I1 教师掌握每位同学的思想变化、学生情绪状态以及心理特征	0.646	0.484
	I19 教师从学生擅长的东西鼓励并培养学习兴趣	0.373	-0.400
	I26 不能忽视学生对教师的态度	0.568	0.341
	I17 教师捕捉在学生生活中教育的机会	0.452	0.449
	I18 教师正面引导，以欣赏的目光看待学生	0.383	-0.115
	I14 教师在学科教学时或根据学生的反应和一些活动契机渗透对学生正确价值观的培养以及教师引导学生树立健康的心理观念	0.057	-0.703
	I15 教育学生方面应该有张有弛	0.277	-0.551
	I5 教师自己或者通过班主任了解学情，与其他科任教师多交流、沟通，尽量了解每一个同学的特点	0.319	0.654
	I11 教师对"特殊生"（孤儿、留守儿童、单亲家庭儿童）的处理成熟	0.775	0.215
	I2 教师发现学生问题及时去用适当的方法去避免或者去解决	0.597	-0.076
	I4 教师在传授知识的过程中用学生的语言融入学生的生活实际	-0.045	-0.524

注：本表中每个分析单元中所提及的"学生"均指包含普通学生与孤儿、留守儿童、单亲家庭儿童等特殊学生在内的所有学生。

由表5-1可知，第1个类别A（I13、I24、I20、I33）的质心坐标为（-0.7527，0.202），距离最近的点为I24（内容为"教师做事有原则"），结合类别内的其他分析单元内容，将此类命名为"教师自我知识"。第2个类别B（I22、I32、I6、I16、I7、I30）的质心坐标为（-0.4505，0.0673），距离最近的点为I30（内容为"教师认识到心理健康比学习成绩重要，心理健康工作预防重于矫治"），结合类别内的其他分析单元内容，将此类命名为"心理健康教育信念知识"。第3个类别C（I25、I31、I23、I27）的质心坐标为（-0.1365，0.3107），距离最近的点为I25（内容为"教师善于运用心理学理论和方法帮助学生"），结合类别内的其他分析单元内容，将此类命名为"学生心理健康教育知识"。第 4 个类别 D（I12、I21、I3、I9、I10、I8、I28、I29、I1、I19、I26、I17、I18、I14、I15、I5、I11、I2、I4）的质心坐标为（0.3294，-0.1291），距离最近的点为 I17（内容为"教师捕捉在学生生活中教育的机会"），结合类别内的其他分析单元内容，将此类命名为"心理健康教育方法与策略知识"。

从概念构图的结果（图 5-3）可见，4 个类别集中在 A、B、C、D 四个区域。A 区域表示"教师自我知识"；B 区域表示"心理健康教育信念知识"；C 区域表示"学生心理健康教育知识"；D 区域表示"心理健康教育方法与策略知识"。根据图中分类的空间大小可知，这四类概念内容的覆盖范围按照 A→C→B→D 的顺序逐渐宽广，其中 A "教师自我知识"最为集中，D "心理健康教育方法与策略知识"最为宽广。

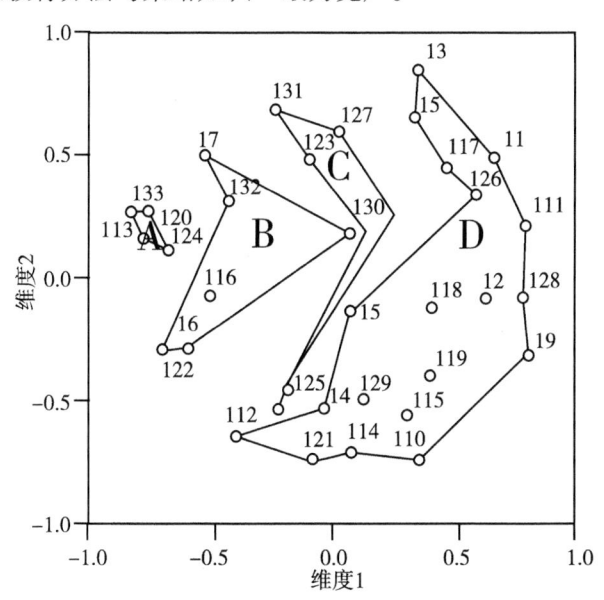

图 5-3 中小学教师心理健康教育实践性知识内容的概念构图

四、讨论与小结

（一）中小学教师心理健康教育实践性知识的内容构成

本研究发现，中小学教师心理健康教育实践性知识内容包括以下四个方面。

教师自我知识是指教师对自己的个人特点（人格）与心理状况予以要求的一种实践性认识。例如，"教师能够控制情绪、调节自己心态""教师做事有原则""教师有强烈的职业敏感度、高度的责任心""教师永葆对教育的激情、信念和热忱"。它体现着教师对自我的具体要求，与陈向明（2003）和程凤农等（2018）研究中所指的教师自我知识是相似的，即都强调教师的个人特点，以及教师是否能及时接收到外界信息并依据其个人的特点调整自己的态度和行为等。由概念构图结果可知，这种知识概念涵盖范围很集中，它本质上是教师能够开展心理健康教育实践工作、掌握心理健康教育实践性知识的前提与媒介，如果教师自身不具备这些自我认识就很容易被各类外界信息所左右，甚至还会影响教师自身的心理健康状况。

心理健康教育信念知识是指教师个人对包含心理健康教育在内的教育工作所持的基本观念与态度性知识。例如，"教师需要认真备课""教师根据自己孩子的成长经历去不断完善自己的心理技巧""教师需要在工作中不断总结、反思与提高""教师能够认识学生教育活动本质、目的和意义""教师有责任心和宽厚真诚的爱心是开展健康教育的基础""教师认识到心理健康比学习成绩重要，心理健康工作预防重于矫治"等。教师的信念是积淀于教师个人心智中的价值观念，通常作为一种无意识的经验假设支配着教师的行动，并通过教师的行动得以实现和表现，教师的不经意行为往往最能体现其教育信念（陈向明，2003）。因此这种信念性知识使教师将自己的教育主张渗透到具体的心理健康教育实践中，使学生可以获得教师对其开展心理健康教育的可能性。

学生心理健康教育知识是指教师能够依据学生的心理健康状态对学生实施教育的一种实践性知识。例如，"教师平等地对待每一位学生，关注每一位学生""教师对学生要尊重""教师善于运用心理学理论和方法帮助学生""教师觉察和注意、感知当前时期青少年学生发展的新特点和新问题"。教师的教学对象是学生，掌握学生心理健康教育知识才能使师生在心理健康方面共同成长。这种知识强调教师对于学生的心理健康状态的认知水平，强调教师要能够通过心理学方法处理与学生的关系。因此这与陈向明所说的教师与学生之间的人际知识的内涵不同（陈向明，2003）。

第五章 孤儿学校教师心理健康教育实践性知识与学生心理健康教育对策

心理健康教育方法与策略知识是指教师对不同类型的学生实施心理健康教育及教学过程中运用的各种教育技巧与方法性实践知识。例如，"教师在学科教学时或根据学生的反应和一些活动契机渗透对学生正确价值观的培养以及教师引导学生树立健康的心理观念""教师与学生进行积极的沟通以找到学生积极学习的动力来源""教师根据学生的个性特征来有针对性地开展教学和教育""教师对'特殊生'（包括孤儿、留守儿童、单亲家庭儿童等）的处理成熟"。Dudley（2013）的研究发现，教师在课堂内外通过与学生互动层面的话语表达可以揭示教师在教学中运用到的隐性知识。可见教师的心理健康教育方法与策略能够体现教师的实践性知识，并且这种知识是操作性和运用性较强的知识，是教师心理健康教育经验最直接的体现，是教师心理健康教育实践性知识表达的主体，其涵盖及应用范围最广。

（二）四种心理健康教育实践性知识内容之间的关系

这四种教师心理健康教育实践性知识内容的构成关系与赵鑫等对教师实践性知识构成逻辑的研究观点相一致。赵鑫等认为教师实践性知识可分为观念性知识、事实性知识、方法性知识三部分：观念性知识是教师关于自身教育信念、理想等领域的知识；事实性知识是教师在教育教学实践中亲自经历和确证的知识，强调各类客体对自己的影响进而形成自己的教学特点；方法性知识是教师在长期教学实践中形成的了解学生特点、组织教材内容等操作性和运用性较强的知识。三种知识之间是一种相互影响的共生关系：观念性知识可转化成事实性知识，事实性知识可推动方法性知识，方法性知识升华成观念性知识；反过来，方法性知识可激发事实性知识，事实性知识可巩固观念性知识，观念性知识可引导方法性知识（赵鑫 等，2018）。本研究中的教师心理健康教育信念知识符合观念性知识特点，属于一种观念性知识，它可通过教师不断学习和教学实践持续发展成教师自我知识。本研究中的教师自我知识具有事实性知识特点，属于事实性知识的范畴，它反过来能够不断巩固或者扩展成教师的心理健康教育信念知识。本研究中的学生心理健康教育知识与心理健康教育方法与策略知识均符合方法性知识特点，属于方法性知识的范畴。教师的心理健康教育信念知识会引导其学生心理健康教育知识和心理健康教育方法与策略知识的生成；反过来，学生心理健康教育知识和心理健康教育方法与策略知识的深化又能够升华和完善教师的心理健康教育信念知识。同时，教师关于学生心理健康教育知识和心理健康教育方法与策略知识的优化还有助于激发教师自我知识；反过来，当教师自我知识积累到一定程度后又有助于教师更新其学生心理健康教育知识和心理健康教育方法与策略知识。可见，本研究关涉的教师心理健康教育实践性知识的各部分内容之间同样具有相互影响的共生关系。

（三）局限与展望

本研究虽然提出了中小学教师心理健康教育实践性知识的具体构成内容，但仍无法将其具体应用于教师实践性工作水平的测量。因此，未来研究可以此概念构图的结论为理论构想，收集教师在心理健康教育情境中的关键性教育生活事件编制测验，以进一步评估中小学教师心理健康教育实践性知识显现与运用情况。

第二节　孤儿学校教师心理健康教育实践性知识的转化

一、研究背景与研究目的

教师实践性知识转化是一种动态过程，是把教师的具有个体性、经验性、缄默性、实践性、情境性、反思性的实践性知识扩散成为能够在教师之间沟通、共享的知识，除了需要教师不断地在教学实践中检验，更需要教师能够通过一定方式传递给其他教师。由此可以推出中小学教师心理健康教育实践性知识转化就是通过寻找某种方式来使教师个体隐藏的心理健康教育知识升华、抽象和扩散，经历这种动态过程后，其结果就是形成了显然可见的、能够容易沟通和转移的、能够共享的中小学教师心理健康教育实践性知识。

第五章 孤儿学校教师心理健康教育实践性知识与学生心理健康教育对策

中小学教师心理健康教育实践性知识只有进行转化,才能够在教育中得到更好的应用,才能够更好地体现其教学价值。通过转化的过程,可以达到教师心理健康教育实践性知识得以显现并加以运用的目的。而这一过程对于教师个体而言,其结果是可以更好地了解学生的心理发展特点;对于学生教育而言,其结果是可以更好地促进学生身心健康的成长。

教师实践性知识的转化离不开教师之间的知识共享。Nonaka等(1995)以Polanyi的知识两分法为基础,进行了显性知识和隐性知识之间的转换研究,并建立了知识管理的SECI模型。Nonaka认为知识的管理过程是知识经过不停的转化得到了扩展、创新、学习、共享以及应用。首先,隐性知识经过个体的内隐学习成为个人的隐性知识;其次,隐性知识经过某种途径被传递成外显知识;接着显性知识经过个体的再融合成为显性的知识体系;最终显性知识再经过个体内化成为隐性知识。由此可见,隐性知识转化成隐性知识、显性知识转化成显性知识以及显性知识转化成隐性知识是通过自我内部刺激发生转化,而隐性知识到显性知识需要通过外部刺激才能转化,关键一步就是如何把隐性知识共享出来。教师心理健康教育实践性知识作为教师实践性知识的一种,具有隐性知识的特点,其从隐性到显性的转化过程需要教师之间的共享。

教师实践性知识的转化也脱离不开教师知识生成的过程。陈向明等(2011)对教师实践性知识的生成过程进行了总结(见图5-4),其将教师实践性知识称为Practical Knowledge(统称PK)。具体过程如下:教师本身具有教师实践性知识(PK),它通过意象、比喻、故事、案例等形式表征,具有缄默性、个人性、身体化、使用理论等特征,具体包含的内容有关于学科的、关于学生的、关于教学的、关于人际的以及关于自我的,它能够被教师表述出来或者通过行动表达出来。当教师面临一个令其困惑的情境时,教师实践性知识(PK)被激活,成为显性化状态的知识,教师开始在情境中对话、通过学生、同事、书籍等媒介重构问题,反思自身的教学行为,改进和调整原来的教师实践性知识(PK)。经过一系列的变化,教师的实践性知识生成为了新的形态PK′。教师实践性知识PK′是教师奉为"真"的信念,而这些知识仍然是教师自身的知识,而我们的目的就是把PK′转变成所有教师能够运用的知识,从生成到转化不断重复使得教师实践性转化水平得到提高。

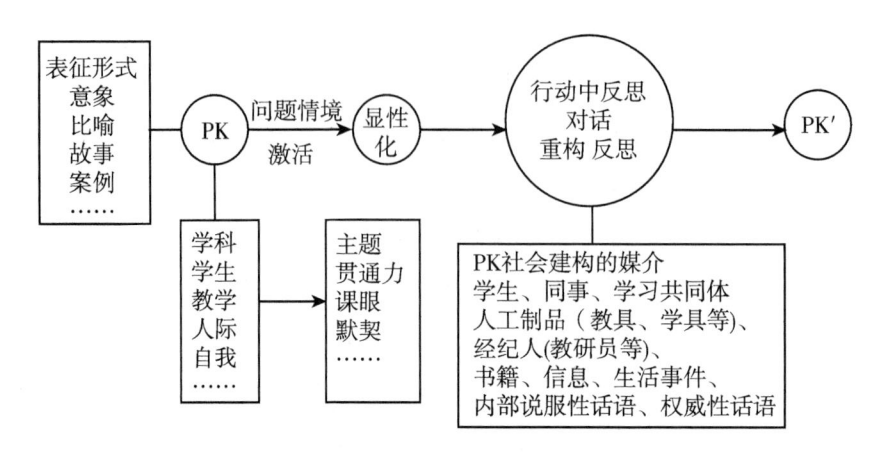

图 5-4 陈向明的教师实践性知识（PK）生成图

以往研究认为，教师实践性知识"转化"的具体途径有说课、集体备课、隐喻、反思日记、叙事、校本教研、进修培训等等（邓友超，2006；王鉴等，2008；林琼，2016）。心理健康教育知识除了心理专业教师能够意识到或者能够表达一些专业方法，其余学科的教师在与学生相处的过程中也会运用心理健康教育实践性知识，但却不一定能够意识到。同时，教师不仅仅需要在课堂上运用心理健康教育实践性知识，在课后与学生交流的时候，甚至在每一次与学生沟通对话时都可能运用这方面知识，如果只是从课堂观察角度乃至任何一个从第二人角度观察的方式都不能够真正了解教师心中真正要表达的心理健康教育知识。通常情况下，一些特殊儿童（如家庭离异儿童、留守儿童、孤儿等）会出现心理健康问题，那么当教师面对这些孩子时，教师经验所支配的行为又有哪些？因此，本研究选择反思日记作为转化的途径。教师将这种从自身角度不断的反思，从个人角度不断深化并且挖掘出的心理健康教育实践性知识呈现在文字上，保证了教师能够表达最真实的想法，在思考的同时还能够不断加工建构，形成了整体的实践知识体系。

综上所述，本研究的目的是以 L 省孤儿学校心理教师为对象，通过反思日记拟要实现教师心理健康教育实践性知识的转化，使教师心理健康教育实践性知识转化的显现水平有所提高。通过分析、比较新手、熟手教师心理健康教育实践性知识转化的共性与差异，从新手、熟手角度对转化提出合理的建议。研究提出三点假设。假设 1：通过教师撰写反思日记这一途径对心理教师心理健康教育实践性知识进行转化，可以使心理教师心理健康教育实践性知识显现的水平得到提高。反思过程以"问题情境"作为反思日记的起点，与问题情境不断对话，行动中反思，最终实现心理健康教育实践性知识的转化。假设2：新手、熟手教师心理健康教育实践性知识转化的过程及结果存在差异。假设3：不同教师心理健康教育实践性知识转化的过程及结果在个体间存在差异。

二、研究方法

（一）研究对象

考虑到中小学教师在教龄上存在显著差异（娄悦，2019），本研究从L省孤儿学校选择了2名教龄两年以下的新手教师，2名教龄十年以上的熟手教师，为本研究的个案样本，她们均为女性，均为心理教师。个案教师的个人背景情况如下。

J教师，女，42岁，某师范大学心理健康教育专业硕士研究生毕业，教龄18年，主要教授初中年级以及小学年级心理健康教育课。

F教师，女，42岁，某师范大学教育经济与管理在职硕士研究生毕业，教龄19年，主要教授初中年级以及小学年级心理健康教育课。

L教师，女，25岁，某师范大学应用心理学专业硕士研究生在读，主要教授小学年级心理健康教育课，实习阶段。

W教师，女，25岁，某师范大学应用心理学专业硕士研究生在读，主要教授小学年级心理健康教育课，实习阶段。

（二）研究工具

本书采用的工具为"反思日记"。反思日记是许多中小学、幼儿教师在长期实践探索中形成的将潜隐的实践性知识显性化的基本方法。反思日记的优点是可观察、可测量、方便易行，可以成为一种被广泛采纳培养反思能力的工具。撰写教学反思日记是教师进行教学反思时最常用的一种方式。反思日记是教师对教学中出现的事件进行总结和分析，并积极寻求解决方案，可用纸笔或者相应的打字软件记录下来。在本研究中，反思日记主要是详细记录中小学教师心理健康教育实践性知识的转化过程,帮助教师将反思过程以及反思结果呈现出来,其记录表格见表 5-2。

表 5-2 反思日记记录表

姓名		时间	
班级		地点	
1. 对教学中包含心理健康教育问题的教学事件进行详细、忠实的描述			
2. 谈谈你的看法和体验,提出问题			
3. 解决问题的思路			
4. 提出改进的教学建议			
5. 教学心得			
6. 实施后学生反馈			
属于教师心理健康教育实践性知识哪类、哪些条目			

(三)研究过程

本研究中反思日记设计思路根据的是陈向明等(2011)的教师实践性知识生成机制,具体如图 5-5 所示。

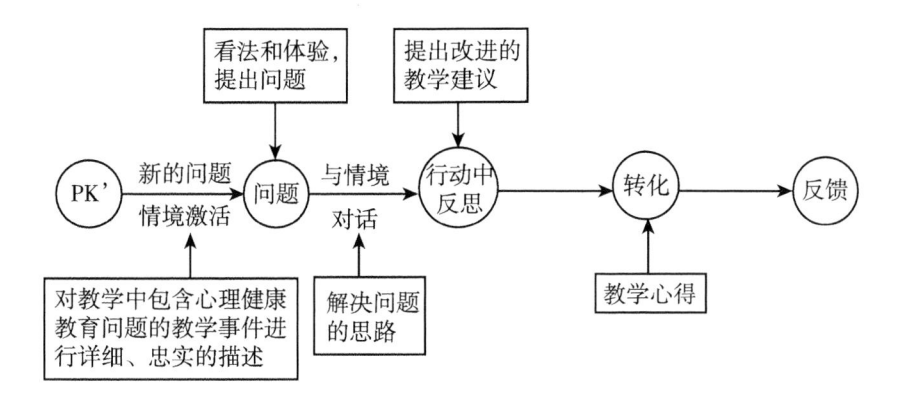

图 5-5 通过反思日记使教师心理健康教育实践性知识转化的过程

展开正式的研究之前,笔者曾对 4 位教师进行了一次访谈,以此作为正式研究的先导。要求 4 位教师根据实际情况撰写反思日记,每周 2 篇,一共 8 篇。

反思日记撰写要求如下:反思日记时间、班级以及地点部分不仅限于课堂上,也可以是学生课后来咨询,按照真实情况填写即可。反思日记除基本信息填写部分其余共分为六部分。

在第一部分,只需要客观描述问题,可以包含对话、事件发生经过,越详细越好,可以是在教学活动中或者教学活动后的反思。在第二部分,谈谈你自己对待这件事的看法,可以从心理健康角度分析一下,提出问题指的是你针对这个事件有什么问题。在第三部分,你可以描述是如何解决这些问题的,如果能具体描述某些心理学方法也可以。在第四部分,总结一下类似的情况再发生时你可以怎样做或者如何做得更好。在第五部分,教学心得是指教师的感受和感悟。在第六部分,教师可以在解决问题后观察学生的反应或者学生给自己的口头反馈,也可以是今后学生在课堂上的表现。最后一个栏目是根据教师心理健康教育实践性知识的内容,把这类问题进行归类,不限制总类别个数。

回收反思日记时,对日记进行整理分析。首先,结合图 5-5 整体分析中小学教师心理健康教育实践性知识转化过程;其次,分析已有的中小学教师心理健康教育实践性知识与转化后的中小学教师心理健康教育实践性知识的差异;最后,分析新手、熟手教师在中小学教师心理健康教育实践性知识转化过程以及结果的个人特点。

三、结果与分析

（一）通过反思日记分析得到教师心理健康教育实践性知识转化的过程

1. 以"问题情境"作为反思日记的起点

对4位老师反思日记结果的呈现显示，4位老师首先通过描述一个自身经历过的案例或者是一个问题情境开始。这里的"问题"是能够引起教师思考、探究的，是在现实教学生活中遇到的挑战或阻碍。如果没有"问题"，反思就无从所起。例如L教师描述问题部分：

在今天的心理健康教育课堂上，发现平时很外向、积极主动发言的学生突然变得容易溜号，注意力不是很集中，课下也是闷闷不乐地一个人发呆。通过询问她身边的好朋友了解到，这位同学在期中考试中没有取得好成绩，并且这种状态已经持续很长一段时间了，严重地影响她正常的学习。（选自L教师的反思日记1）

2. 与"问题情境"不断对话

在与"问题情境"对话之前，本研究要求教师谈谈对提出问题情境的看法和体验，并且提出一个问题，这个问题可以是关于这个情境的任何问题，根据这个问题进行思考。结果显示，在提出问题这个环节，L教师和W教师完成得比较好，每篇日记中都提出了一个问题，而F教师和J教师在提出问题部分几乎没有，通过对这种差异进行分析发现，提出问题的L教师和W教师在与"问题情境"的对话中能够围绕一个问题进行论述、反思，而较少提出问题的F教师和J教师在与"问题情境"对话中出现了感受与反思有偏差的部分。以L教师的案例为例，L教师提出的问题以及解决思路：

如何解决学生不完成作业的习惯问题？问题应出在学生第一次没完成作业时我没有及时做出一定的惩罚。作为一名教师，无论是主科还是科任教师，做事都要有原则。应根据常规的教育教学管理，对学生进行合理的批评和教育。教师对学生提出的要求必须做到，学生做不到，教师不应该迁就。（选自L教师的反思日记2）

第五章　孤儿学校教师心理健康教育实践性知识与学生心理健康教育对策

L教师的解决思路是从回忆以往的教学行为开始，针对解决学生不完成作业的习惯，L教师从自身找到了问题的根源，进而提出了所有教师针对此种状况应该采取的方法。可见，与"问题情境"不断对话，是要求教师不要遗漏重要细节和主要因素，以日记的形式记录下来。如果L教师发现学生不完成作业的问题还是没有解决，那么可以再进行新的反思，当以后有学生再一次出现不完成作业的习惯时，教师就可以从反思日记中找到问题根源再进行解决。

3. 行动中反思

4位教师在反思日记中提出教学思路后，要求老师们提出改进的教学建议。这个教学建议是教师结合问题情境、深入思考得出的教学建议。以W教师的案例为例，提出的教学建议如下：

上课时心态应该调整好，作为老师没办法讲述课程，那学生也没办法去接受，在课程中多添加一些青春期心理变化的知识，让学生理解他们的一些变化是青春期正常的转变。（选自W教师的反思日记1）

W教师遇到的教学问题是：

对于男生的生理卫生课应该用什么方式更好去表达？（选自W教师的反思日记1）

本研究中的教学建议更多指的是采取何种行为去解决未来发生这样的问题，也可以指在已经处理的教学问题中得出的经验。这样教师会不断重塑教育信念，透过现象看到本质，更好地指导教学行为。

4. 实现心理健康教育实践性知识的转化

在最后的环节要求教师填写教学心得，让教师面对自己的心理。这个心得就是转化后教师对其自身的第一次检验。例如，F教师反思日记的教学心得：

心理健康教育活动对儿童来说是新颖和必要的。因此，每节课结束后，我会反思自己的方法和想法，因为我觉得肩负责任。（选自F教师的反思日记1）

这是F教师对自己这堂课的肯定，作为教师正视自己的责任。又如，J教师反思日记的教学心得：

孤儿虽然身份都差不多，但成长背景千差万别，教育过程中不能一概而论。（选自J教师的反思日记4）

这是 J 教师对于孤儿问题的总结，更是对自己的忠告。

(二) 教师心理健康教育实践性知识转化的结果

中小学教师心理健康教育实践性知识的内容在研究中可以看作是中小学教师们的集体智慧，可以代表目前中小学教师心理健康教育实践性知识的整体水平，但是针对个人来说，不是每个教师的知识体系都能够包含每一条内容，因此每位教师转化前后的差异有区别，在这里探讨的是从整体效果上分析中小学教师心理健康教育实践性知识转化前后的差异。

教师在实践情境中生成的实践性知识通过情节记忆存储后会分离，其中一部分可以转化为外显的，而一部分会保持缄默状态，当遇到类似情境时，教师产生无意识反应影响教师的行为，同时外显的知识以及缄默状态的知识形成连接，共同作用于问题，进而形成新的实践性知识。如果实践经验与教师内在的知识体系相同，该种知识更容易纳入教师内隐学习的路径，产生缄默性知识。也就是说，教师的实践性知识在生成过程中如果与自身原来的体系相同易生成缄默性知识。本研究在分析转化的结果时也与教师本身原有的知识体系做比较，具体如下。

1. "同化"已有心理健康教育实践性知识内容

"同化"是指把新信息吸收到个人已有知识系统中，在本研究中是指教师将自己转化后的知识纳入已有的知识体系直至融合。在 4 位教师的反思日记中，中小学心理健康教育实践性知识内容"同化"结果均有显现。

例如，L 教师布置作业后，有的同学不能按时完成，经常用各种原因和理由作为不完成作业的托词，L 教师转化后的知识如下：

在常规教学中，对于没有完成任务的情况，教师要有自己的原则，根据学生的实际情况做出相应的奖惩措施。只有这样，教师在学生中才能树立威信，并能使其听从教师讲的每一句话，布置的每一项任务，久而久之，培养成良好的行为、学习习惯。（选自 L 教师的反思日记 2）

L 教师用到的中小学心理健康教育实践性知识内容是有关教师自我知识的转化。原有的体系是指教师做事有原则，教师根据常规的教育教学管理，对学生进行合理的批评和教育，教师提出的要求必须做到，学生做不到，教

第五章　孤儿学校教师心理健康教育实践性知识与学生心理健康教育对策

师不迁就。L教师根据学生情况完善了具体方法"奖惩措施"和"教师树立威信",教育目标也更清晰"培养良好的行为、学习习惯",这样原有的知识就能够巩固在教师心中,慢慢达到娴熟的水平,融入的知识不断创新,螺旋上升。又如,F教师在讲授与情绪有关的内容,与学生有着密切的联系。F教师转化后的知识如下:

学生们的感情以冲动性、未成熟、不稳定性和低自制力为特点。这个课堂的内容是学生正确理解自己的感情,掌握自己感情变化的特征,合理调节感情,把学生自己作为感情的主人,形成乐观的思维方式,维持健康的思考。(选自F教师的反思日记3)

F教师用到的中小学心理健康教育实践性知识内容是有关学生的心理健康教育知识的转化。原有的项目是指教师觉察和注意、感知当前时期学生发展的新特点和新问题。F教师在结束课程后总结出小学生情绪的特点以及教学目标,感知学生情绪问题、提前预防,补充了具体学生特点和学生重点问题。

2. "顺应"已有心理健康教育实践性知识内容

"顺应"是指当新信息不能被个人已有知识系统所接受时产生的结构重组,在本研究中是指教师原有的知识不能够被教师自己认可,包括自己的教学方法、态度、目标等各个方面,或者是产生的新的实践性知识,主要强调能够反思自己的不足,主动建构自己的知识体系。

例如,W教师在讲授有关生理方面的敏感内容时,有些课程内容就讲得比较含糊其辞。对于学生的提问也没办法给他们明白地讲解。W教师转化后的知识如下:

上课时心态应该调整好,作为老师没办法讲述的课程,那学生也没办法去接受,在课程中多添加一些青春期心理变化的知识,让学生理解他们的一些变化是青春期正常的转变。我觉得自己这节课上得并不太成功,虽然该讲述给学生的内容讲给了他们,但是应该能有更好的方式来教学。课程设计不够成熟,需要进一步的修改。(选自W教师的反思日记1)

W教师用到的中小学心理健康教育实践性知识内容是有关心理健康教育信念知识的转化,原有的体系是指教师需要在工作中不断总结、反思与提高,教师能充分地了解自己,并对自己的能力做出适当评价。W教师主动反思提出自己课程的不足并且未运用合适的方法,虽然没有提出具体的改善方法,但是教师注意到自己的力不从心,缺少具体可行的策略,意识到自己原有知识体系不能解决此问题,因此,重新构建自己在面对生理课的态度以及授课方法。又如,J教师在讲解关于男女生情感问题时,J教师转化后的知识如下:

不能碰到敏感的课题就逃避,现在学生需要正确的渠道疏导,以后多设计这方面的活动。学生能够由胆怯到袒露心声,我感到很欣慰。(选自J教师的反思日记2)

J教师用到的中小学心理健康教育实践性知识内容是有关教师自我知识的转化,原有的体系是指教师控制情绪、调节自己心态,以健康乐观的心态面对教育教学中出现的突发事件。J教师提出涉及敏感话题的新的实践方法。本节课是由于学生提问引起了教师的注意,教师能够以良好心态面对、处理问题,在此之后提出了新的心理健康教育实践性知识,意识到了自身这方面知识的欠缺,主动建构这方面的相关内容。

(三) 新手教师、熟手教师反思日记的特点

本研究选取的4位教师中,每位教师针对心理健康教育实践性知识4个维度的4篇日记作为分析,通过4位教师撰写的16篇反思日记,笔者发现新手教师与熟手教师存在差异。其中,L教师与W教师为新手教师,F教师与J教师为熟手教师。

1. 熟手教师围绕授课内容展开反思日记

通过对反思日记的分析,笔者发现,熟手教师注重授课内容与课堂教学行为的关系。F教师的反思日记在描述教学实践部分分别指出了每堂课的教学主题:《学会鼓励》《我的自画像》《学会调控情绪》《学会合作》。J教师的反思日记在描述教学实践部分分别指出了每堂课的主题:《十年后的我》《你心目中的男生、女生》《怎样和异性同学进行交往》。在陈述教学问题时,熟手教师关注这堂课与学生之间的关系,而不是单纯地描述学生事件。熟手教师能够把每堂课的主题列出,并且在反思中能够清晰论述出课程目的,说明熟手教师对于课程掌握程度较高,未将学生行为或者教学行为脱离课堂,对反思日记细节描述清晰。这种描述形式有助于心理健康教育实践性知识的

转化，反思的过程主要就是结合教育过程的基本框架，这样才能够不遗漏细节，如果只是描述课程中事件的一部分，而没有整体反思，那么教师对学生心理的掌控和变化很容易判断偏差。

但是，熟手教师的反思日记整体呈现一种形态，类似于教案、教学日志。本研究中并未说明一定要求反思日记脱离教案、教学日志，但是不难发现，虽然熟手教师能够完整描述事件并且提出合适的教学建议，但是对于教师自我的反思确实不够全面，往往忽视了作为教师在这堂课中的感受。

2. 新手教师关注教师自身展开反思日记

通过对反思日记的分析，笔者发现新手教师善于从教师自身角度改善问题。新手教师缺乏良好的教学效能感和教学监控能力，在教学过程中会存在较多的无效行为、低效行为或者无关行为，通常在发生教学情景变化时，不能灵活地采取行为，所以新手教师反思过程中会在第一时间去反思自己的问题，这点在 L 教师和 W 教师的反思日记中都有体现。例如，L 教师的反思日记中提到：

每个学生身上都有潜在的积极品质，这就需要教师帮助学生发现并利用自己的积极品质。(选自 L 教师的反思日记 4)

又如，W 教师的反思日记中提到：

在下一次教学中，应该多提出一些生活中的案例，贴近学生的生活，引起学生的共鸣，更好地帮助她们解决问题。(选自 W 教师的反思日记 4)

新手教师的教学激情、热忱在反思日记中体现，这是熟手教师所缺少的。

(四) 教师个体反思日记的差别

1. L 教师反思日记的特点

分析 L 教师的反思日记，L 教师对于每一个环节都记录得详细具体，如 L 教师描述问题部分：

在今天的心理健康教育课堂上，发现平时很外向、积极主动发言的学生突然变得容易溜号，注意力不是很集中，课下也是闷闷不乐地一个人发呆。通过询问她身边的好朋友了解到，这位同学在期中考试中没有取得好成绩，并且这种状态已经持续很长一段时间了，严重影响她正常的学习。(选自 L

教师的反思日记1)

L 教师在解决问题部分写道：

首先，对学生进行正确的引导，完成作业并不是为了应付差事，而是通过作业更好地理解课堂的内容，吸收课上的知识，是一个自我提升的过程。其次，对屡教不改的学生应给予一定的惩罚，让学生知道完成作业是学生的本职工作，是对自己负责任的表现。最后，对完成作业情况较好的同学给予奖励，为其他人树立榜样。（选自 L 教师的反思日记2）

2. W 教师反思日记的特点

W 教师反思日记的特点是善于从"自我"角度进行反思。日记内容显示，W 教师在课上也是通过"自我"去教学，这说明 W 教师了解自己的教学风格，清楚自己的不足。W 教师反思日记部分内容一：

设计能吸引学生的课程内容，学校有大的团体活动室，多弄一些团体活动的内容。对待学生应该一视同仁，不应该区别对待，不应该因为自己的一些看法来否定学生。（选自 W 教师的反思日记2）

内容二：

对于性格内向和有消极思想的学生应多加关注，多引导学生与老师交流。与学生相处不能太急，需要长时间地与他们相处，无论课上还是课下都应该有耐心，去包容他们。（选自 W 教师的反思日记3）

内容三：

在下一次教学中，应该多提出一些生活中的案例，贴近学生的生活，引起学生的共鸣，更好地帮助她们解决问题。在这种封闭的环境中成长，没有大人或者家长能够告诉孩子们如何学会与同伴相处，老师能做到的就是传授她们知识，生活老师也是保证她们的安全健康，但是孩子们青春期的生理变化，和同伴间的交往问题，还没有得到注意。希望以后在心理课程上多一些有关的知识，能够更好地保护学生。（选自 W 教师的反思日记4）

不难发现，W 教师接受外界信息的敏感度较强，能够多次注意到学生的变化或者从学生视角看待问题，这样能够更加促进自我概念的形成，提高自我效能感。通过笔者访谈或者反思日记，可以发现，W 教师有时对自己的评价较低，有些不自信。例如，W 教师的反思日记中提到：

我觉得我犯了一个很低级的错误,对学生的刻板印象……(选自 W 教师的反思日记2)

……

首先,应该端正自己的教学态度,作为一个老师应该怎样去讲述内容。(选自 W 教师的反思日记1)

……

我觉得自己这节课上得并不太成功。(选自 W 教师的反思日记1)

3. F 教师反思日记的特点

F 教师重视课上每个教学环节的设计,这可能与其本身学的是教育学类专业有关,从提出问题到解决方案能够详细补充内容,说明其反思深刻,能从宏观角度改善教学策略。

在教学过程中,我教导和鼓励学生,培养学生的创造力,例如,"你争我辩""请让我帮助你"等,通过最大限度地提高积极性,学生将在活动中体验进而实现成长,培养健康的人格,并建立和谐的人际关系。(选自 F 教师的反思日记3)

笔者发现,F 教师根据教学问题提出的改善教学环节的建议都是清晰的,具体到设置该环节的目的。但是 F 教师的反思日记形式类似于教案,如:

合作精神是学生形成良好人际关系所必需的心理品质,也是教师塑造良好的班风必须加以训练的必要内容,是小学生发展性心理教育的重要内容。我发现学生对"合作"的概念并非不了解,也知道遇到难题时应该合作解决,但是却找不到有效的合作方法,不知道具体该怎样实施合作,出现了说和做"两张皮"的现象。为了让学生发现自身在合作中存在的问题,形成善于与人合作的优秀心理品质,所以很有必要学习《学会合作》这节课。(选自 F 教师的反思日记4)

这部分类似于教案中对于教学目的的介绍,具体问题描述不够详细。

4. J 教师反思日记的特点

J 教师在描述问题环节以及包括自己的看法方面描述得更为具体,能够具体复述每个同学的当时状态以及情境,并为此提出自己的看法。J 教师反思日记部分内容如下:

某同学是这学期新来的,班主任说她学习成绩很好,但今天上课发现她和往日不一样,眼里含着泪水,没有了往日课上的活跃。不再举手回答问题,提问她也不吱声,说没想好。这一反常行为引起了我的注意,课下我把她叫了出来。她今年9月份才来到孤儿学校,父母早已过世,一直和爷爷在一起生活,曾就读过几所学校,不断有好心人资助她。在原来的每所学校,她都担任班长一职,她学习成绩优异,是一名很有名气的学生,来到孤儿学校,还曾代表新生发表了演讲,自己也感到骄傲自豪,在班级平时的小测验中成绩也不错。但这次考试成绩不理想,虽然也能进入前五名,但想到和第一名同学的成绩相差很远,她心理很不舒服。她性格比较直爽,说话直来直去,来到孤儿学校之前,老师重用她,学生拥护她,而来到这里以后,同学们不像她想象的那样对她那么有好,她很失落。她想用考试成绩来证明自己,所以这次的成绩对她来说很重要。我问她:"你听说过'先入为主'这个词吗?"她说没听过,我对她进行一番解释,然后告诉她这种现象是正常的,要想在别人心目中留下好印象,作为后插入班级的同学,学习是一方面,另外还要学会怎样说话,怎样办事,这才是更重要的。除此之外,要想得到别人的拥护,首先自己也要主动对他人有爱,不要等待着。(选自J教师的反思日记4)

但是J教师每篇日记的后面几个环节相较于前面几个部分描写得并不是很详细,在部分反思日记中,J教师的方案或者心得过于简略,如:

对学生进行心理辅导。不能碰到敏感的课题就逃避,现在学生需要正确的渠道疏导,以后多设计这方面的活动。(选自J教师的反思日记2)

四、讨论与小结

(一)借助反思日记实现教师心理健康教育实践性知识的转化过程

通过对结果的整理发现,教师的反思日记包含着隐性的教育信念、策略以及技能,显示着教师的教学智慧,但是这些通常没有被教师意识到,更不可能通过言语表达与传递。邢春娥(2009)通过反思日记提升了幼儿教师实践性知识水平,这是已有对教师实践性知识的策略研究中完成了隐性知识显性化的研究之一。也就是说,通过反思日记这一方式可以使教师意识到自己的这种实践性知识,并有意识、有目的地对之加以管理和提升,进而使其反过来影响教师的教育教学观念与行为。本研究发现,借助反思日记可以实现教师心理健康教育实践性知识的转化,即教师首先是以"问题情境"作为反思日记的起点,其次与"问题情境"不断对话,然后在行动中反思,以完成转化过程,其最终的转化结果是实现新、旧心理健康教育实践性知识之间的"同化"与"顺应"。

1. 以"问题情境"作为反思日记的起点

张学民等(2009)的研究表明,教师的教学反思过程,本质上是教师持续积累知识和经验的过程,也是能够解决课堂问题和决策能力持续提升、改善的过程。反思是在意识的引导下在自我意识中出现的,对于教师来说,反思的无限动力是反思意识和强烈的发展需求。也就是说,如果教师想提高自己的能力,就有必要进行反思。但如果只是理论上的反思,那就不能认为是反思而是思考。问题是反思的出发点也是基础。教师在复杂混乱的教育活动中发现了符合深入思考和讨论的问题,反思的内容是教育和教学的脉络中矛盾背后的真正问题,这才能够体现反思日记的价值。本研究要求4位教师根据心理健康教育实践性知识内容结合具体情境进行反思,将问题情境进行一个归类,使之更系统、更清晰,与内容呼应。结果显示,每位教师在描述一个问题后,在反思日记末尾处进行了归类。

2. 与"问题情境"不断对话

反思日记要有一个明确的主题进行分析,所用到的心理健康教育实践性知识内容可能不止一项,但是要解决的问题可以是同一个,这也是为什么在反思日记的结尾处要求教师选择心理健康教师实践性知识内容,而不是在一开始时要求教师选择,因为这样教师就会按照既定的内容进行反思,不能够全面分析问题。

教师写反思日记,反思是重要的部分,教师需要从提出问题开始并陈述个人的反思。教师反思需要考虑反思深度,并且要深入挖掘和思考。在提出问题后,教师会在脑海中组织解决的方案,在不断追求教育案例发生原因的过程中,获得反思的灵感,例如,这种情况是否普遍存在?还是特例?这是常见的事吗?还是偶然的事件?这个事件如何解决?解决的根源是什么?是什么原因导致你这样做？在这些问题中，教师逐渐扩大了反思空间。Méndez等（2017）认为，未来教师学习的关键部分是培养教师面对问题的能力，尝试解决问题、从自己的实践中产生有价值的知识，那么未来教师的发展方向就在于如何产生有价值的实践性知识，而与问题不断"对话"的过程能够获得这种知识。

3. 行动中反思

传统的教师传递知识给学生时的教学模式注重"讲授"，而传统的教师教育培养模式注重的也是"讲授"，教师们常常强调要关注学生个体的需要，重视学生获得知识的主动建构性，而忽略了教师自身在知识获取方面是否重视主动建构性。教师在行动中反思就是教师实际上具有的知识在应然状态下是如何反应的。这种知识不能够自动呈现，需要通过反思去不断整理。如果教师未能够及时深入挖掘，这个知识可能就会在教师体系中呈隐性状态。

4. 实现心理健康教育实践性知识的转化

通过以上环节已经实现了教师心理健康教育实践性知识的转化，直接将那些能够意识到，但无法言传的教师心理健康教育实践性知识进行系统化的整理，形成了自身的教学智慧。但是心理健康知识不同于其他知识，心理本身就是一个复杂的知识，因此在最后的环节要求教师填写教学心得，让教师面对自己的心理。教学心得是从教师角度出发去谈谈自己的感受，实践性知识需要不断地检验，这个心得就是转化后教师对其自身的第一次检验。这所有的教学心得最终都体现了反思日记的价值与意义。综上所述，假设1得到了验证。

5. 心理健康教育实践性转化的结果

中小学教师"同化"后的心理健康教育实践性知识，是将自己转化后的知识纳入自己已有的知识体系直至融合，在结果中通过举例呈现。因为教师心理健康教育实践性知识的转化并不能脱离教师原有的心理健康教育实践性知识，所以教师在经历教学事件后，原有的知识体系能够处理这样的情境，只是教师没有意识到。在转化后教师将其梳理，再一次融合到自己的知识体系，这样的"同化"就符合本书中提到的转化。也就是说，教师本身具备的心理健康教育实践性知识的内容可以直接融合到教师本身的知识体系中。

中小学教师"顺应"后的心理健康教育实践性知识，是教师反思不能够被自己认可的实践性知识,包括教学方法、态度、目标等各个方面,或者是产生的新的实践性知识,主要强调反思自己的不足,主动将其建构成自己的知识体系,在结果中通过举例呈现。教师心理健康教育实践性知识强调反思,而反思的目的除了能够得到合适的解决方案,更是让教师在此过程中发现自身的不足,发现自身心理健康教育实践性知识缺少的部分,进而在反思后主动完善。也就是说,教师本身具备的心理健康教育实践性知识的内容可以完善到教师本身的知识体系中。

(二) 新手、熟手教师心理健康教育实践性知识转化的差异

本研究发现,新手教师与熟手教师心理健康教育实践性知识的转化存在差异:其差异的关键内容在于心理学方法与策略知识的掌握不同,熟手教师围绕授课内容展开反思日记,而新手教师从关注教师自身展开反思日记。

通过分别对新手、熟手教师撰写的反思日记特点的分析可知,熟手教师注重将反思内容与授课内容相结合,在课程进行的过程中采用心理健康教育实践性知识,使其融会贯通,未脱离课堂。而新手教师在技巧方面并未熟练,会过多关注对自身的反思,但当教学经验积累到一定程度,教师在自身方面的关注度会逐渐减少,能够从课堂总体把握,到达熟手教师的水平。由于关键内容的差异导致了新手教师和熟手教师在转化方面也存在了一定的差异。

在教师心理健康教育实践性知识中,教师作为主体,教师的教学信念以及教师自我方面的转化不能被忽略。虽然在反思日记中,在最后针对维度选择时,教师们通常只选择了本堂课主要转化的内容,但其实在这一次教学事件中,发生转化的实践性知识可能不只有一类,实践性知识具有整体性,这种整体性就是要教师们关注实践性知识动态过程中的所有部分,包括自身。这是熟手教师欠缺的部分。

而新手教师更愿意去学习。新手教师在撰写反思日记时,能够严格按照本研究提出的规范和模式,很少去改变。因为新手教师实际上运用的心理健康教育实践性知识不完善,因此对每一次学习的过程都比较重视,善于从教师自身角度改善问题,以期提高自己的教师水平。综上所述,假设2得到了验证。

(三) 教师心理健康教育实践性知识转化的个体差异

本研究发现,教师心理健康教育实践性知识的转化也存在个体差异:有

的教师对反思日记的每一个环节都记录得详细具体，有的教师善于从"自我"角度进行反思，有的教师重视课上每个教学环节的设计，有的教师能够复述出具体的学生状态和教学情境。

L教师是在读的应用心理学硕士研究生，在此孤儿学校进行实习，至今一年。L教师从本科时期学习的就是应用心理学专业，心理学专业水平扎实。L教师在求学期间成绩优异，本人工作踏实，仔细认真，这能够在反思日记写作上完全体现——每一篇日记尽可能完善，而且符合本研究提出的要求，L教师提到："我期待从反思日记中寻找学生在课上或生活中出现问题行为的解决方法，并通过实施和改进，看到学生们的进步和改变。我也通过运用一些心理学的理论或技巧，对课堂的教学方法或与学生的沟通方式等方面进行改变，也看到了学生们的进步。"正是L教师的新手身份以及她对于教育的热情，所以她并不把反思日记当作任务，而是时时刻刻当作学习、进步的工具，所以才能完成尽善尽美的日记。

W教师目前是在读的应用心理学硕士研究生，在此孤儿学校进行实习，至今一年。W教师从本科时期学习的就是应用心理学专业，心理学专业水平扎实。正是由于W教师是新手教师，接触课堂时间较短，所以对学生问题所采取的应对措施不能够灵活选择，处于学习、补充、完善阶段，愿意从自身角度反思、向熟手教师学习。除了客观因素，W教师的性格气质类型属于多血质类型，为人活泼、好动、爱交际。从实际情况来看，学生喜欢这样的老师，并且熟手教师也喜欢帮带这种类型的新手教师。因此，无论是周围学生环境还是教师自身特点都促使W教师能够从自身角度去反思，发现自身的不足。其实对于师范专业学生来说，专业素养是能够在本科时期或者研究生阶段培养出来的，在实践中不能灵活解决的问题可能是由于学生时期只接触了理论知识，实际操作经验较少，但是对于自己课上的评价不应该总是着眼于错误的一点，自己在课上出现好的想法和好的经验都可以记录在反思日记中。这样的自我评价也导致了W教师更多地是从自身角度去找原因。W教师应该注重的是扬长避短，既关注自身又不全归责于自身。

F教师是某师范大学教育经济与管理在职硕士研究生毕业，教龄达19年，在本学校一直从事各个年级的心理健康教育课教学。作为经验丰富的优秀教师，F教师在学校内带过多届新手教师，在理论与实际经验结合这一点上更加熟练，对将原理知识运用到教学中的具体策略掌握较强，对于教学目标的把握也较强，这都是新手教师需要学习的地方。但是，有可能是F教师不愿意过多透露关于具体学生的相关事件，也可能是F教师将近20年的教学经验使得他的思维模式形成习惯化，很难通过这种新设计的方式去改变、去反思，他的反思日记完成得一般。

J教师是某师范大学心理健康教育专业硕士研究生毕业，教龄达18年，在本学校一直从事各个年级的心理健康教育课教学。J教师情感细腻、为人温和，所以学生出现一些心理上的小疑惑时，会主动找J教师，因此，J教师的反思日记完成得很好，无论是教师自身进行回顾还是其他教师在阅读时，都能够有助于了解整体事件的来龙去脉，在以后也方便二次阅读并找到新的看法、新的解决方法。描述问题的标准应该以J教师的反思日记为准。但J教师在"透过现象看本质"这一环节需要加强。综上所述，假设3得到了验证。

（四）局限与展望

由于研究时间、研究精力以及研究被试等方面的有限性，本研究只选择了通过反思日记这一种途径实现教师心理健康教育实践性知识的转化。在实际教育教学实践中，说课、集体备课、隐喻、叙事、校本教研、进修培训等方式也是实现教师心理健康教育实践性知识转化的重要途径。那么究竟哪一种或哪些转化途径的转化效果最好，未来研究可以检验不同转化途径之间的转化效果差异。

第三节 孤儿学校学生心理健康教育对策

孤儿学校的职能相较于普通学校而言存在着特殊性。孤儿学校是我国本土化学龄孤儿福利性集中养育模式实施的典型代表，承担着对学龄孤儿救助、基本生活养护及知识与技能教育等福利性政府职能。对于孤儿学生而言，孤儿学校既是他们接受教育的学习场所，也是他们成长发育的生活场所，孤儿学校肩负着学校和家庭的双重教育功能。孤儿学校的每一项工作决策都可能影响着孤儿学生发展。为此，孤儿学校应重视并加强对孤儿学生开展具有孤儿学校特色的心理健康教育工作。

根据研究发现，孤儿学校应在去自我污名心理视域下，通过培养孤儿学生的品格优势，帮助孤儿学生建立和维系积极的校园人际关系，适当增加校园管理开放性，积极开展孤儿学生心理健康教育实践工作；与此同时，要重视并加强孤儿学校教师心理健康教育实践性知识的转化。由此，为了增进孤儿学生心理健康水平，提升孤儿学校心理健康教育质量，对孤儿学校提出以下教育对策。

一、帮助孤儿学生祛除自我污名的心理禁锢是保证心理健康教育效果的根本前提

研究发现，自我污名在品格优势对孤儿学生心理健康的预测关系中起着部分中介或完全中介的作用。因此，只有祛除自我污名对孤儿学生的禁锢，才能更好地保证品格优势教育对孤儿学生心理健康发展的促进效果。孤儿学校可以运用特定的心理干预技术先行祛除自我污名对孤儿学生的影响，进而再广泛开展品格优势教育，从而可以确保促进孤儿学生心理健康的效果。

由于孤儿学生具有"孤儿"弱势社会身份，因此其特殊心理问题即在于由其身份污名化引发的自我污名心理倾向，这也是危害孤儿学生心理健康与社会性发展的危险性因素。学校是孤儿学生学习和生活的主要场所，但不经意之间也成为了孤儿学生自我污名产生的重要场所。为此，孤儿学校对孤儿学生开展的心理健康教育实践工作应以帮助孤儿学生祛除自我污名问题为根本出发点，在心理健康教育理念上将素质教育落到实处，在关心孤儿学生物质需要的同时，也关心孤儿学生的精神需要，加强对孤儿学生的自我污名问题的关注与干预。为了减少在学校范围内的公众污名，教师首先需要对孤儿学生的内心感受进行深刻理解，消除对他们的歧视和偏见，公平地对待所有学生。其次，为了让社会对孤儿有更加深入的了解，避免由媒体对个别孤儿学生的描述或主观臆断产生对整个孤儿学生群体的消极刻板印象，孤儿学校可以采用开放或半开放的管理模式，而不是对孤儿学生进行封闭管理。半开

第五章 孤儿学校教师心理健康教育实践性知识与学生心理健康教育对策

放或者开放的管理模式既可以使大众有更多机会接触孤儿学生，多为孤儿学生提供丰富的、可以建立高亲密性跨群体友谊的群际接触条件，也可以使孤儿学生走出校园，有更多机会和时间与主流社会中各类人群接触，建立跨群体友谊，这将会有助于解决孤儿的自我污名问题，提高他们社会交往的质量，促进孤儿学生的社会化发展。

孤儿对其身份的认知是孤儿自我污名表现的核心问题。因此若想祛除孤儿学生的自我污名，改变其对孤儿身份的认知是其中最重要的一环。在具体的心理健康教育课程实施环节上，孤儿学校需要重视并加强直接关于孤儿学生自我污名心理问题干预的具体教育内容。九年级以下的孤儿学生，其自我身份敏感水平普遍较高，所以孤儿学校可以根据孤儿学生自我污名发展的年级特点，针对四至八年级的孤儿学生集中开展基于孤儿身份认知的心理健康教育，帮助他们正视自己的孤儿身份，建立对于其孤儿身份的正确认知。受认识水平的限制，孤儿学生还不能完全正确、客观地评价自我，他们往往由于自己的孤儿身份而对自我评价较低，无法满足自己的内心需求，于是带来一系列问题。因此，教师有必要帮助孤儿学生在日常生活和学习过程中，学会正确认识和客观评价自我，形成积极的自我概念。由于孤儿学生普遍存在自我懈怠问题，且随着年级的升高，自我懈怠水平显著升高，所以在孤儿学校中，应制定与中学和小学阶段相互衔接的学习制度，帮助孤儿学生顺利地从小学阶段过渡到初中阶段，克服学习适应的问题。并且建立更多合适的激励学习制度，完善符合孤儿学生成长需要的作息、学习时间安排，消除他们消极的学习心态，帮助他们树立正确、积极的学习目标，营造良好的学习氛围。针对自我狭隘水平高的孤儿学生更容易表现出与教师、同伴的人际交往问题，孤儿老师应该加强与这部分学生的沟通，与他们建立信任的关系，帮助他们形成开阔的心胸，塑造良好的品性，学会接纳别人对自己善意的批评，以建立良好的人际关系。

二、对孤儿学生开展系统化品格优势教育，将相关培养内容纳入心理健康教育课程与日常生活中

培养品格优势对孤儿学生健康人格发展具有积极意义，这也应是孤儿学

校开展特色化孤儿学生心理健康教育工作的核心,是促进孤儿学生心理健康的重要途径。一方面,在平时的心理健康教育课程中,要多多关注孤儿学生的品格优势的发展状况,帮助他们正确认识自己的积极正向的人格力量——品格优势。另一方面,为提高孤儿学生的品格优势水平,学校可以开展品格优势教育活动,设计培养以不同优势特质为主要内容的品格优势教育方案。因此,各孤儿学校应该增设品格优势教育课程,将品格优势教育纳入心理健康教育课程中。在设计品格优势教育培养方案时,应考虑到孤儿学生的学龄差异,编制出适合各个学龄阶段孤儿学生的品格优势培养方案。

同时,加强对孤儿学校心理教师及班主任教师、生活教师的品格优势理论知识培训,让各类教师熟知品格优势的概念、积极心理干预技术的概念等,方便教师针对各年级孤儿学生不同心理特点自行设计、完善、动态调整品格优势教育课程的具体教学内容。心理教师要注重自身品格优势课程教学经验的积累,包括要熟练掌握品格优势理论知识、各种积极心理干预技术运用的教学方法与策略,提升自身在品格优势课程教学过程中对突发问题的解决能力,以确保品格优势教育课程发挥最佳的教学效果。

另外,品格优势教育除了要融入心理健康教育课程中之外,在日常生活中教师也要注重对孤儿学生品格优势的教育培养。在小学阶段要重视孤儿小学生对自身品格优势的发掘与识别,在中学阶段要重视孤儿中学生在对自身品格优势发掘与识别的基础上能够合理运用和发挥自身的品格优势。将学习与生活相结合,时刻关注孤儿学生品格优势的发展状况。通过上述系统化品格优势教育提升孤儿学生对个人品格优势的认知度与认同感,消除孤儿学生心中的阴霾,帮助孤儿学生增强个人自信心,拥有健全人格与健康心理,促进其与他人的情感交流,使孤儿学生能够以乐观的心态直面波折困难,以包容、谦让、友好之心参与人际互动和社会交往。

三、学校管理者应与师生共同努力,建立和维系积极校园人际关系

积极的校园人际关系对孤儿学生具有积极的影响(如抑制自我污名的风险,增加生活满意度);反之,消极的校园人际关系会产生消极的影响(如

增加自我污名和抑郁的风险)。因此,在孤儿学校中,尤其要把建立并且维系积极的校园人际关系作为学校管理的重要任务。而这一工作任务不仅需要教师的努力,更需要学校管理者的全方位参与。对孤儿学校的班主任及生活教师的管理而言,学校管理者可以开展相关工作培训,使教师可以用科学的方式与孤儿学生建立并维系积极性师生关系;对孤儿学生的管理而言,学校管理者应营造出鼓励孤儿学生在同伴之间建立和维系积极性同伴关系的校园文化氛围,这样才能促进孤儿学生更好地发挥品格优势对其自我污名的防御作用。

在同伴关系方面,孤儿学生渴望拥有一个良好的同伴关系,但因其失去父母的爱护与教导,没有人教他们如何与他人建立良好的友谊,所以孤儿学生只能靠自己去摸索。因此,班主任可以在平时的学习与生活中注意去发现并及时纠正本班孤儿学生间出现的消极性同伴关系。在心理健康教育课程中,心理教师也可以专门开展以建立并维系积极校园人际关系为教学内容的相关课程,帮助孤儿学生学会建立积极的校园人际关系。例如,在心理健康教育课程中增加孤儿学生间的积极互动,通过课堂上的接触,设立教学情境,让孤儿学生模拟与人交往时应该如何正确表达,让孤儿学生学会与同伴交流的合理方式。

在师生关系方面,孤儿学校的老师与普通学校的老师相比,需要付出更多的辛劳,也要承担更多的责任。他们的生活中不仅有学校的学生,也有自己的家庭,对于孤儿学生的照顾不能够做到面面俱到。而对于孤儿学生来说,孤儿学校的老师不仅是具有教师的身份,也是他们的"父母",因此,孤儿学生与老师之间也会存在着一些问题。孤儿学生能够理解老师,也渴望与老师的关系更加亲近,但没有机会和老师进行互动。因此,孤儿学校可以通过举办一些师生互动活动,让学生有机会和老师相处,增进彼此的联系。例如,像"少年说"节目一样,给学生机会去表达自己的想法,也让老师有机会去解释误会;并且,孤儿学校的老师也应主动与孤儿学生进行互动,打破与孤儿学生的隔阂;孤儿学校也可在安全范围内,多让老师和学生一起进行一些师生类的团建活动。

四、孤儿学校可适当增加校园管理开放性,淡化孤儿的身份标签,为其提供更多与主流社会接触的机会

孤儿自我污名的形成主要源于外社会群体对孤儿身份的污名化,即社会

群体对孤儿存在的消极刻板印象继而产生偏见与歧视。孤儿这一特殊弱势群体除了需要学校、老师、监护人的关注外,还需要社会大众的关爱。因此,首先,应消除社会各界对孤儿的偏见、歧视,淡化孤儿身份的社会标签。为此,孤儿学校可以采取开放或半开放的管理模式,使孤儿学生的生活、学习和其他儿童一样与社会有更广的接触面。这样可以增加孤儿学生与社会大众接触的机会,促进双方的了解,减少彼此以往的刻板印象、偏见,从而降低孤儿学生的自我污名水平,促进其心理健康发展

孤儿学校中的孤儿是以寄宿的形式生活于管理相对封闭的学校之中,对于外界的人和物的接触机会少,信息的接收途径相对于普通学校的学生也更为稀少。这样的好处是便于管理,安全性好,但也存在一定局限性,即加剧了孤儿与外群体之间的距离,孤儿被进一步孤立化。社会公众对于孤儿学生的关注往往表现在物质的满足上,而缺少对其心理的关注。因此,孤儿学校应与社会各界建立广泛联系,为孤儿学生提供走出校园与主流社会群体接触交流的机会。例如,组织学生外出郊游、观看有教育意义的影片、与普通学校的同龄学生之间开展联谊、邀请优秀大学生以及社会精英人士为孤儿学生做演讲、为孤儿学生提供参观大学校园的机会等丰富多彩的社交活动,使孤儿学生可以充分地与外界进行交流,在平等、自由、接纳的环境下更加了解公众对他们的态度,改变孤儿学生自身存在的群际偏见,降低其自我污名,实现真正意义上的心理健康发展。除此之外,这种与主流社会的沟通和交流将更有利于激发孤儿学生的积极心理品质,促进其社会交往能力的发展,为孤儿学生在未来更好地融入主流社会奠定基础。

五、重视发展孤儿学校教师心理健康教育实践性知识水平,积极促进其转化过程的发生

提升孤儿学校心理健康教育教学工作质量,离不开广大教师的努力。孤儿学校应注重对班主任、任课教师以及生活教师开展心理健康教育理论性知识与实践性知识的提升训练。在与孤儿学生的实际接触中,研究者发现,包括那些明显具有高自我污名的孤儿学生在内,孤儿学生都极其渴望教师能够给自己更多的认可与关注。有的孤儿学生在与教师交往中,甚至会有关于类

似老师是不是喜欢自己、自己是不是老师所喜欢的学生、自己的某些做法是不是会被老师讨厌这样的心理担忧。这些不合理的心理认知正是致使孤儿学生产生自我污名心理问题的导火线。因此，一名合格的孤儿学校教师在向孤儿学生传播各种知识与技能的同时，应更加重视与孤儿学生之间开展各种心灵沟通。这就需要对孤儿学校内的班主任、任课教师以及生活教师等各类教师开展孤儿学生心理健康教育理论性知识与实践性知识的提升训练。

（一）借助教师培训促进教师心理健康教育实践性知识内容的获得与转化

孤儿学校可以定期通过校内外专家讲座、团体素质拓展训练等丰富的培训活动形式，组织各类教师接受相关心理健康教育理论与实践工作培训；也可以在学校管理政策上给予支持，鼓励教师走出校园到外面接受国内外先进的心理健康教育与心理治疗理论和实践的研修与学习。借助各种形式的教师培训就可以帮助孤儿学校教师了解心理健康教育实践性知识，理论知识与实践知识相结合才能有助于教师全面发展，促进其各种实践性知识的转化。

（二）创建教师交流平台，实现新手教师、熟手教师之间互相学习

以往研究中普遍认为熟手教师更了解学生、有更多的授课技巧，但是本书通过对新手教师以及熟手教师的比较，发现熟手教师虽然有更多的知识应用于教学，解决问题的效率高，富有洞察力，但是反省方面较差，只有问题与预期结果不一致才会思考。而新手教师虽然不能在较短的时间内解决问题，但是正是这种不熟练、不了解，才使其在教学初期反省自身以提高自身水平。因此，只有新手向熟手学习的时代应该发生转变，教师之间应该互相学习、共同发展。本书通过对一线教师的访谈研究发现，大部分教师能够配合访谈，愿意分享自己的教学经历，能够提供专业的建议，但是教师们日常却缺少一个这样的交流平台。因此，孤儿学校应有意为教师创建日常交流平台，交流可以是教师之间的探讨，可以是学科之间的互相借鉴，可以是有经验的熟手教师与新手教师之间的互相学习。这样才能提高全体教师的参与度，提高整体的教师心理健康教育实践性知识水平。

（三）在孤儿学校中推广教师撰写反思日记，鼓励采用多种实践性知识转化的途径与方法

本书研究发现，通过撰写反思日记可以实现学校教师心理健康教育实践性知识的转化，教师心理健康教育实践性知识显现的水平都得到了提高。因此，可以将此方法在孤儿学校中进行推广，从而促进孤儿学校教师对其心理健康教育实践性知识的运用。同时，孤儿学校还可以自己定期组织教师进行集体学习、集体备课来为教师提供相互交流、相互学习的机会，鼓励教师参加社会上举办的系列专业讲座、培训，参与区、市举办的各类教学比赛，通过经验的分享与积累，促进教师心理健康教育实践性知识的转化。

六、转变政府对孤儿学生救助管理的职能，将民政管理与教育管理相结合，为孤儿学校提供政策支持

在我国，如何在解决孤儿学生的安置与教育问题上做出中国特色，是政府十分关心的问题。基于本书的研究发现，以及目前 L 省孤儿学校心理健康教育管理现状的了解，若想切实改善孤儿学生的特殊心理问题，全面促进孤儿学生心理健康发展，离不开政府提供的相关福利关爱政策的导向与支持。

孤儿学校与普通学校性质不同，主要体现在国家民政政策上，即孤儿学校的教育管理风格带有很强的民政救助色彩，重视对孤儿学生衣、食、住、行等基本生活保障问题的管理，相对忽视对孤儿学生心理健康发展问题的关注。孤儿学校的孤儿学生虽然享受在学校免费接受教育和生活的福利，衣食无忧，但同时也忍受着校园封闭式生活管理带来的心理压抑。这也是导致并强化孤儿学生形成自我污名等特殊心理问题的主要外在环境刺激因素之一。因此，我国应该从根本上改变孤儿学校学生的生存状态。在这一点上，可以参照我国对残障儿童特殊教育管理的经验及国外孤儿教育安置的经验，使孤儿学校可以同盲聋学校、启智学校一样也纳入国家教育部管理范围，从而转变政府对孤儿学生救助管理的职能，将民政管理与教育管理相结合，制定专门的孤儿学生心理健康福利关爱政策，以此引领孤儿学校管理的导向，为孤儿学校切实开展有孤儿学校特色的心理健康教育工作提供政策上的引导与支持。

附　录

附录1　孤儿学生自我污名自陈问卷

指导语：请认真阅读下面的句子，对照你自己的情况，指出每句话对你的适合程度。回答没有对错之分。如果你的情况"总是这样"，就在句子右边的"5"上画"○"；如果你的情况"经常这样"，就在句子右边的"4"上画"○"；如果你的情况"有时这样"，就在句子右边的"3"上画"○"；如果你的情况"偶尔这样"，就在句子右边的"2"上画"○"；如果你的情况"从不这样"，就在句子右边的"1"上画"○"。

表1-1　孤儿学生自我污名自陈问卷

序号	题目	从不这样	偶尔这样	有时这样	经常这样	总是这样
1	我因为自己是孤儿而感到孤独	1	2	3	4	5
2	因为我是孤儿，所以担心被别人疏远	1	2	3	4	5
3	我很少主动写作业	1	2	3	4	5
4	我上课爱睡觉	1	2	3	4	5
5	我觉得自己是个不重要的人	1	2	3	4	5
6	我觉得自己一事无成，将来不会有什么大成就	1	2	3	4	5
7	我嫉妒老师对别的同学比对我好	1	2	3	4	5
8	我无法容忍其他人对我的批评	1	2	3	4	5
9	我因为自己是孤儿而感到尴尬	1	2	3	4	5
10	我因为自己是孤儿而感到郁闷	1	2	3	4	5
11	我上课爱溜号	1	2	3	4	5

续表

序号	题目	从不这样	偶尔这样	有时这样	经常这样	总是这样
12	我不愿意听课	1	2	3	4	5
13	我觉得自己是个没用的人	1	2	3	4	5
14	我不知道自己是个什么样的人	1	2	3	4	5
15	我时常因为某些人或某些事而心情不快	1	2	3	4	5
16	我对于自己所受的委屈一直耿耿于怀	1	2	3	4	5
17	因为我是孤儿，所以担心遭到不公平的对待	1	2	3	4	5
18	因为我是孤儿，所以担心被别人嘲笑	1	2	3	4	5
19	我讨厌学习	1	2	3	4	5
20	我因为自己是孤儿而感到自卑	1	2	3	4	5
21	我不太相信自己的能力	1	2	3	4	5
22	我看不到自己身上有什么优点	1	2	3	4	5
23	我容易因为别人的一句话、一个举动而生闷气	1	2	3	4	5
24	我因为自己是孤儿而感到悲伤	1	2	3	4	5
25	因为我是孤儿，所以担心被别人瞧不起	1	2	3	4	5

附录2 学业延迟满足问卷

指导语：下面是一系列行为描述，每种情况都提供了A和B两种选择。请仔细阅读并做出你的选择。选择无正确与错误之分，请按照你的真实想法选择而不是你认为你应该这样做，即告诉我们在这些情况下你真正会怎样去做，并在这个选项后面的括号中画"√"。

1. A. 考试的前一天晚上仍然会做自己喜欢做的事情，尽管这可能会影响考试成绩。

   B. 会认真复习以增加取得好成绩的机会。

   肯定选择A（   ） 可能选择A（   ） 可能选择B（   ） 肯定选择B（   ）

2. A. 一有时间就和伙伴们一起玩，考试前临阵磨枪。

B. 只有在完成学习任务后，有时间才和伙伴们玩。

肯定选择 A （ ）　　可能选择 A （ ）　　可能选择 B （ ）　　肯定选择 B （ ）

3. A. 为了取得好成绩，把全部精力都用在了学习上。

B. 一有机会我就上网聊天或打游戏，尽管这样做会影响学习成绩。

肯定选择 A （ ）　　可能选择 A （ ）　　可能选择 B （ ）　　肯定选择 B （ ）

4. A. 上课时，自己感兴趣就听，不感兴趣就做别的事情。

B. 上课时总是集中精神，以防错过了老师讲的教学内容。

肯定选择 A （ ）　　可能选择 A （ ）　　可能选择 B （ ）　　肯定选择 B （ ）

5. A. 下课或放学后仍会留下来向老师请教不懂的问题。

B. 一下课就去做自己喜欢做的事，尽管对老师讲的内容并没有完全理解。

肯定选择 A （ ）　　可能选择 A （ ）　　可能选择 B （ ）　　肯定选择 B （ ）

6. A. 如果没有老师的监督，有好玩儿的事做时，会把学习放在最后来做。

B. 为了取得好成绩，我总是先完成作业，然后再做其他事情。

肯定选择 A （ ）　　可能选择 A （ ）　　可能选择 B （ ）　　肯定选择 B （ ）

7. A. 为了防止自己分心，我会在安静、没有干扰的地方学习。

B. 我喜欢边写作业，边玩儿。

肯定选择 A （ ）　　可能选择 A （ ）　　可能选择 B （ ）　　肯定选择 B （ ）

8. A. 为了能跟亲人一起外出旅行或串门，会跟老师请假，等外出回来再补课。

B. 为了不耽误课，会放弃外出旅行或串门。

肯定选择 A （ ）　　可能选择 A （ ）　　可能选择 B （ ）　　肯定选择 B （ ）

9. A. 考试临近，仍会参加各种活动，有时间再复习。

B. 首先是学习，有时间才会去参加各种活动。

肯定选择 A （ ）　　可能选择 A （ ）　　可能选择 B （ ）　　肯定选择 B （ ）

附录3　孤儿身份拒绝敏感性自陈问卷

指导语：想象一下，假如你正处于如下所描述的每种情境之中，请告诉我们你在每种情境下的感受。每个题目后都根据对心理感受的强烈程度提供六个等级选项供你选择，由低至高分别用1、2、3、4、5、6来表示，请在适合你自己感受的选项数字上画"○"。

注意：请不要漏掉任何题目，答题时应凭自己的第一反应作答，不要在一个题目上停留时间过久，每个题目只能选择一个答案，答案没有对错之分，仅供科学研究参考所用，我们将会对您的回答保密，所以请您放心作答！

非常感谢您的支持与合作！

1. 在公交车上，你被一位同学认出你是福利院的。这时你感觉车上的人都在看你，并议论纷纷。

在那一刻，你是否认为他们正在议论你，议论你们福利院的孩子，你会担忧吗？

不担忧　　　　　　　　　　　　　　　　　　非常非常担忧
　　1　　　　2　　　　3　　　　4　　　　5　　　　6

在那一刻，如果他们正在议论你，你会生气吗？

不会生气　　　　　　　　　　　　　　　　　非常非常生气
　　1　　　　2　　　　3　　　　4　　　　5　　　　6

你认为他们会在背后对你指指点点吗？

　　会！！！　　　　　　　　　　　　　　　　不会！！！
　　1　　　　2　　　　3　　　　4　　　　5　　　　6

2. 一天，电视台到福利院来采访并且你在采访中发言了。第二天，你的同学在电视上看到你，并且都笑着说"我在电视上看到你了"。

在那一刻，你是否认为他们正在嘲笑你，并拒绝承认那个人是你，你会担忧吗？

不担忧　　　　　　　　　　　　　　　　　　非常非常担忧
　　1　　　　2　　　　3　　　　4　　　　5　　　　6

在那一刻，如果他们正在嘲笑你，你会生气吗？

不会生气　　　　　　　　　　　　　　　　　非常非常生气
　　1　　　　2　　　　3　　　　4　　　　5　　　　6

你会认为他们是在嘲笑你吗？

　　会！！！　　　　　　　　　　　　　　　　不会！！！
　　1　　　　2　　　　3　　　　4　　　　5　　　　6

3. 一次，你坐着出租车回福利院，司机问你到福利院做什么。

在那一刻，对于告诉司机你是福利院的孤儿，他会戴着有色眼镜看待你，你会担忧吗？

不担忧　　　　　　　　　　　　　　　　　　非常非常担忧
　　1　　　　2　　　　3　　　　4　　　　5　　　　6

在那一刻，如果司机戴着有色眼镜看待你，你会生气吗？

不会生气　　　　　　　　　　　　　　　　　非常非常生气
　　1　　　　2　　　　3　　　　4　　　　5　　　　6

你认为司机会戴着有色眼镜看待你吗？

  会！！！   不会！！！
  1   2   3   4   5   6

4. 你在学校刚结识了一位新朋友，他知道了你是福利院的孩子。

社会上的很多人对福利院孩子的印象是福利院习气不好、福利院的孩子都爱打架、福利院的孩子学习不好、福利院的孩子多数身体上有缺陷。在那一刻，对于新朋友是否对你也有同样的印象，你会担忧吗？

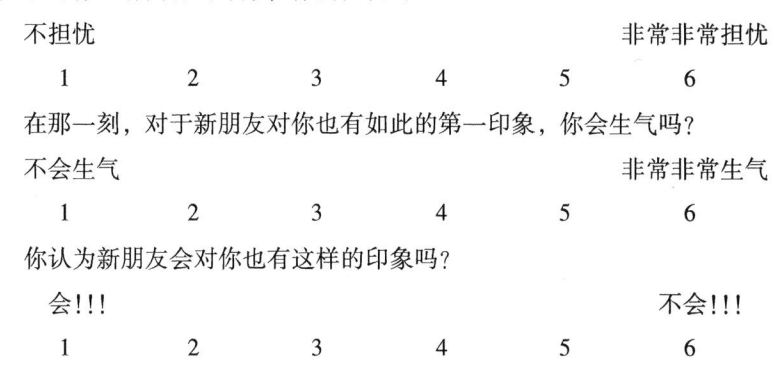

  不担忧   非常非常担忧
  1   2   3   4   5   6

在那一刻，对于新朋友对你也有如此的第一印象，你会生气吗？

  不会生气   非常非常生气
  1   2   3   4   5   6

你认为新朋友会对你也有这样的印象吗？

  会！！！   不会！！！
  1   2   3   4   5   6

5. 一次，你同桌的钱包丢了，这时教室里只有你们两个人。

在那一刻，对于你的同桌是否会因为你是福利院的孩子而怀疑你偷了钱包，你会担忧吗？

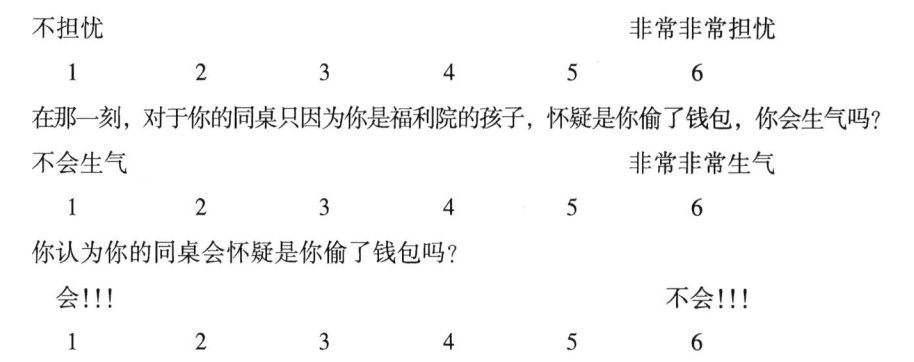

  不担忧   非常非常担忧
  1   2   3   4   5   6

在那一刻，对于你的同桌只因为你是福利院的孩子，怀疑是你偷了钱包，你会生气吗？

  不会生气   非常非常生气
  1   2   3   4   5   6

你认为你的同桌会怀疑是你偷了钱包吗？

  会！！！   不会！！！
  1   2   3   4   5   6

附录4　儿童社交焦虑量表

指导语：请认真阅读下面的句子，对照你自己的情况，指出每句话对你的适合程度。回答没有对错之分。如果你的情况"从不这样"，就在句子右边的"0"上画

"○"；如果你的情况"有时这样"，就在句子右边的"1"上画"○"；如果你的情况"总是这样"，就在句子右边的"2"上画"○"。

表4-1 儿童社交焦虑量表

序号	题目	从不这样	有时这样	总是这样
1	我害怕在小伙伴面前做没做过的事情	0	1	2
2	我担心被别人取笑	0	1	2
3	我周围都是我不认识的小伙伴时，我觉得害羞	0	1	2
4	我和小伙伴在一起时很少说话	0	1	2
5	我在意小伙伴们会怎样看待我	0	1	2
6	我觉得朋友们取笑我	0	1	2
7	我和陌生的朋友说话时感到紧张	0	1	2
8	我在意小伙伴们会怎样说我	0	1	2
9	我只同我很熟悉的朋友说话	0	1	2
10	我担心别的小伙伴会不喜欢我	0	1	2

附录5 儿童解释风格问卷

指导语：这里有一些假设的情境。请你努力去想象这些情境好像刚发生在你身上。每一个情境呈现之后，会有两个可能的原因（选项A和选项B）解释这个情境为什么会发生在你身上。请你选择那个对你来说最可能的原因。有的时候这两个原因可能听起来都像是正确的，但有的时候可能听起来也都像是错误的，并且你可能从来没有处在其中的一些情境中。即使是这样，还是请你选出一个似乎能解释这个情境会发生在你身上的原因。答案没有对错之分，请在每个问题的选项A或选项B后画上"√"。

1. 假设你某次考试得了满分。是因为：

　　A. 我很聪明　　　　　　　　B. 我这门课学得很好

2. 假设和朋友们一起玩某个游戏时，你赢了。是因为：

　　A. 和我一起玩的那些人不怎么会玩这个游戏

　　B. 我很会玩这个游戏

3. 假设你在朋友家度过了一个愉快的夜晚。是因为：

　　A. 我的朋友那天晚上很友善　　B. 我朋友家的每个人那天晚上都很友善

4. 假设你和一群人去度假，你玩得很开心。是因为：

A. 我当时心情很好　　　　　　　B. 和我一起玩的那群人心情都很好

5. 假设你所有的朋友都感冒了，唯独你没有。是因为：

A. 我最近很健康　　　　　　　　B. 我是一个很健康的人

6. 假设你的宠物被车子压死了。是因为：

A. 我没有照顾好我的宠物　　　　B. 开车的司机太不小心了

7. 假设一些你认识的人说他们不喜欢你。是因为：

A. 有时他们对我很不好　　　　　B. 有时我对他们很不好

8. 假设你的学习成绩很好。是因为：

A. 学校功课很简单　　　　　　　B. 我学习很用功

9. 假设你遇到一个朋友，他/她说你看起来很好。是因为：

A. 那天我的朋友喜欢赞美别人的外表。

B. 我的朋友总喜欢赞美别人的外表。

10. 假设你的一个好朋友告诉你他恨你。是因为：

A. 我朋友那天心情不好　　　　　B. 那天我对我的朋友不好

11. 假设你说了一个笑话，可是没有一个人笑。是因为：

A. 我不太会说笑话　　　　　　　B. 那个笑话大家都听过了，所以就不再好笑了

12. 假设你听不懂老师所上的某一堂课。是因为：

A. 我那天做什么事都没用心　　　B. 老师在上那堂课时，我没有集中注意力

13. 假设你某次考试不及格。是因为：

A. 这次考试老师出的题目很难　　B. 过去几个星期，老师出的题目都很难

14. 假设你的体重增加了许多，看起来很胖。是因为：

A. 我所必需的食物都是会使人发胖的

B. 我喜欢吃会使人发胖的食物

15. 假设有个人偷了你的钱。是因为：

A. 那个人不诚实　　　　　　　　B. 人们都不诚实

16. 假设你的父母表扬你所做的东西。是因为：

A. 我很擅长做一些东西　　　　　B. 我的父母喜欢我所做的东西

17. 假设你玩一个游戏时赢了钱。是因为：

A. 我是一个幸运的人　　　　　　B. 当我玩游戏时，我很幸运

18. 假设你在河里游泳时差点儿就淹死了。是因为：

A. 我是一个粗心的人　　　　　　B. 有的时候，我不太小心

19. 假设你受邀去参加很多聚会。是因为：

   A. 最近很多人对我都很友善　　　B. 最近我对很多人都很友善

20. 假设有个成年人对你大喊大叫。是因为：

   A. 那个人对他那天所看到的第一个人大喊大叫

   B. 那个人那天对他所看到的许多人都大喊大叫

21. 假设你和同学合作完成小组作业，但结果并不理想。是因为：

   A. 我和那组同学合作得不好　　　B. 我和任何小组的同学合作得都不好

22. 假设你交了一个新朋友。是因为：

   A. 我是一个友好的人　　　B. 我遇见的那个人很友好

23. 假设你和自己的家人相处得很好。是因为：

   A. 当我和家人在一起时，我很容易相处

   B. 有的时候我很容易和我的家人相处

24. 假设你试着向别人出售糖果，但是没有人买。是因为：

   A. 最近有很多孩子都在卖东西，所以人们不想买小孩子出售的东西

   B. 人们不喜欢买小孩子出售的东西

25. 假设你赢了一场游戏。是因为：

   A. 我玩游戏很尽心　　　B. 我做事很尽心

26. 假设你在学校的成绩不好。是因为：

   A. 我很笨　　　B. 老师打分不公平

27. 假设你走路撞到门，鼻子流血了。是因为：

   A. 我当时走路时没注意看　　　B. 我最近做事总是很粗心

28. 假设你漏接一个球，你的球队因此输了比赛。是因为：

   A. 那天打球时我没有尽力　　　B. 我平常打球都没有尽力

29. 假设上体育课时，你扭伤了脚。是因为：

   A. 过去几周，我们所上的体育课都比较危险

   B. 过去几周，我上体育课都很不小心

30. 假设你父母带你去海滩上玩，你玩得很开心。是因为：

   A. 那天在海滩上所做的每一件事都很好

   B. 那天海边的天气很好

31. 假设你坐的火车晚点了，结果你没有赶上看电影。是因为：

   A. 过去几天的火车都不准时　　　B. 火车几乎从来没有准时过

32. 假设你妈妈给你做了一顿你最喜欢的晚饭。是因为：

   A. 我妈妈会做一些让我高兴的事情　B. 我妈妈喜欢使我高兴

33. 假设你所在的球队输了一场比赛。是因为：
A. 队友们的合作向来不好　　　　B. 那天比赛队友们合作不佳

34. 假设你很快就完成了家庭作业。是因为：
A. 最近我做什么事都很快　　　　B. 最近我功课都做得很快

35. 假设老师让你回答一个问题，你答错了。是因为：
A. 我每次回答问题都很紧张　　　B. 那天我回答问题时很紧张

36. 假设因为上错公交车，你迷路了。是因为：
A. 那天我做什么事都不上心　　　B. 我做事通常都不上心

37. 假设你去游乐场玩得很开心。是因为：
A. 我在游乐场通常都玩得很开心　B. 我通常都会玩得很开心

38. 假设一个大孩子打了你一个耳光。是因为：
A. 我欺负了他的弟弟　　　　　　B. 他的弟弟告诉他我欺负了他

39. 假设你在生日时得到了所有你想要的玩具。是因为：
A. 人们总是能猜到我想要什么生日玩具
B. 这次生日，人们猜对了我想要的生日玩具

40. 假设你去乡下度假，过得很愉快。是因为：
A. 乡下非常漂亮　　　　　　　　B. 我们去的这个季节是个很美的季节

41. 假设你的邻居邀请你去他们家吃饭。是因为：
A. 有时候他们很友善　　　　　　B. 他们总是很友善

42. 假设你的一个代课老师很喜欢你。是因为：
A. 我那天在她的课上表现得很好　B. 我在所有的课上都表现得很好

43. 假设你逗乐了你的朋友。是因为：
A. 和我在一起总是有许多欢乐　　B. 有时候和我在一起会很欢乐

44. 假设你得到了一个免费的冰激凌甜筒。是因为：
A. 我那天对卖冰激凌的人很友善　B. 卖冰激凌的人那天很友善

45. 假设在朋友的聚会上，魔术师让你做他的助手。是因为：
A. 我被选中纯粹是运气好　　　　B. 我对那个魔术表现出非常有兴趣的样子

46. 假设你劝说一个朋友同你一起去看电影，但是他不愿意去。是因为：
A. 那天他什么事都不想做　　　　B. 那天他不想去看电影

47. 假设你的父母离婚了。是因为：
A. 结了婚的人很难相处得很好　　B. 我父母结婚后相处得不好

48. 假设你想加入一个社团，却进不去。是因为：

A. 我和别人相处得不好　　　　　　B. 我和这个社团的人相处得不好

附录6　领悟社会支持量表

指导语：请认真阅读下面的题目，根据你的实际情况在相应的题目上选择适合自己的数字等级，并在这个数字等级上画"√"。例如，选择1表示你"极不同意"，即说明你的实际情况与这个句子极不相符；选择7表示你"极同意"，即说明你的实际情况与这个句子极相符；以此类推。每题务必填答。

表6-1　领悟社会支持量表

序号	题目	极不同意	很不同意	稍不同意	中立	稍同意	很同意	极同意
1	在我遇到问题时有些人（老师、同学、亲戚）会出现在我的身旁	1	2	3	4	5	6	7
2	我能够与有些人（老师、同学、亲戚）共享快乐与忧伤	1	2	3	4	5	6	7
3	我的家庭能够切实具体地给我帮助	1	2	3	4	5	6	7
4	在需要时我能够从家庭获得感情上的帮助和支持	1	2	3	4	5	6	7
5	我有困难时有些人（老师、同学、亲戚）是安慰我的真正源泉	1	2	3	4	5	6	7
6	我的朋友们能真正的帮助我	1	2	3	4	5	6	7
7	在发生困难时我可以依靠我的朋友们	1	2	3	4	5	6	7
8	我能与自己的家庭谈论我的难题	1	2	3	4	5	6	7
9	我的朋友们能与我分享快乐与忧伤	1	2	3	4	5	6	7
10	在我的生活中有某些人（老师、同学、亲戚）关心着我的感情	1	2	3	4	5	6	7
11	我的家庭能心甘情愿协助我做出各种决定	1	2	3	4	5	6	7
12	我能与朋友们讨论自己的难题	1	2	3	4	5	6	7

附录7　消极情感量表

指导语：下面的句子描述了你日常生活中可能有的一些情绪。每个题目后面的数字1~4分别代表："没有""很少有""有时有""经常有"，请根据你"过去一个月内"的实际情况进行评定，在符合实际情况的数字上画"√"（数字越大，说明该事情发生的次数越多）。

表7-1　消极情感量表

序号	题目	没有	很少有	有时有	经常有
1	觉得心烦意乱	1	2	3	4
2	觉得坐立不安	1	2	3	4
3	不知道因为什么而烦躁	1	2	3	4
4	感到灰心失望	1	2	3	4
5	在情感方面，我觉得孤独或与别人有很大的距离	1	2	3	4
6	在兴趣方面，我无法融入其他人中	1	2	3	4
7	会为一些明明不用烦恼的事情而生气	1	2	3	4

附录8　儿童孤独量表

请认真阅读下面的句子，对照你自己的情况，指出每句话对你的适用程度。回答没有对错之分。如果你的情况"绝非如此"，就在句子右边的"5"上画"○"；如果你的情况"基本如此"，就在句子右边的"4"上画"○"；如果你的情况"不一定"，就在句子右边的"3"上画"○"；如果你的情况"很少如此"，就在句子右边的"2"上画"○"；如果你的情况"一直如此"，就在句子右边的"1"上画"○"。

表8-1 儿童孤独量表

序号	题目	一直如此	很少如此	不一定	基本如此	绝非如此
1	在学校交新朋友对我来说很容易	1	2	3	4	5
2	我喜欢阅读*	1	2	3	4	5
3	没有人跟我说话	1	2	3	4	5
4	我跟别的孩子一块时相处很好	1	2	3	4	5
5	我常看电视*	1	2	3	4	5
6	我很难交朋友	1	2	3	4	5
7	我喜欢学校*	1	2	3	4	5
8	我有许多朋友	1	2	3	4	5
9	我感到寂寞	1	2	3	4	5
10	有需要时我可以找到朋友	1	2	3	4	5
11	我常常锻炼身体*	1	2	3	4	5
12	我很难让别的孩子喜欢我	1	2	3	4	5
13	我喜欢科学*	1	2	3	4	5
14	没有人跟我一块玩	1	2	3	4	5
15	我喜欢音乐*	1	2	3	4	5
16	我能跟别的孩子很好地相处	1	2	3	4	5
17	我觉得在有些活动中受冷落	1	2	3	4	5
18	在需要人帮助时我无人可找	1	2	3	4	5
19	我喜欢画画*	1	2	3	4	5
20	我不能跟别的小朋友相处	1	2	3	4	5
21	我孤独	1	2	3	4	5
22	班上的同学很喜欢我	1	2	3	4	5
23	我很喜欢下棋*	1	2	3	4	5
24	我没有任何朋友	1	2	3	4	5

注：标记*的题目为插入性题目，统计时不计分。

附录9　儿童自尊量表

指导语：请认真阅读下面的句子，对照你自己的情况，指出每句话与你自己相符合的程度。回答没有对错之分。如果"非常符合"你，就在句子右边的"4"上画"○"；如果"符合"你，就在句子右边的"3"上画"○"；如果"不符合"你，就在句子右边的"2"上画"○"；如果"很不符合"你，就在句子右边的"1"上画"○"。

表9-1　儿童自尊量表

序号	题目	很不符合	不符合	符合	非常符合
1	我感到我是一个有价值的人，至少与其他人在同一水平上	1	2	3	4
2	我感到我有许多好的品质	1	2	3	4
3	归根结底，我倾向于觉得自己是一个失败者	1	2	3	4
4	我能像大多数人一样把事情做好	1	2	3	4
5	我感到自己值得自豪的地方不多	1	2	3	4
6	我对自己持肯定态度	1	2	3	4
7	总的来说，我对自己是满意的	1	2	3	4
8	我希望我能为自己赢得更多尊重	1	2	3	4
9	我确实时常感到自己毫无用处	1	2	3	4
10	我时常认为自己一无是处	1	2	3	4

附录10　初中生拒绝敏感性自陈问卷（节选）

指导语：想象一下，假如你正处于如下所描述的每种情境之中，请告诉我们你在每种情境下的感受。每个题目都根据心理感受的强烈程度提供6个等级选项供你选择，由低至高分别用1、2、3、4、5、6来表示，请在适合你自己感受的选项数字上画"○"。

1. 想象你正在做数学练习题，但是有一个题目你思考了很长时间还是不知道怎么答，所以你准备请教一位班里数学学得好的同学。你想知道他/她是否会帮你解答。

在那一刻，对于他/她是否愿意帮助你解答，你会担忧吗？

不担忧　　　　　　　　　　　　　　　　　　非常非常担忧
　1　　　　2　　　　3　　　　4　　　　5　　　　6

在那一刻，如果他/她不愿意帮助你解答，你会生气吗？

不会生气　　　　　　　　　　　　　　　　　非常非常生气
　1　　　　2　　　　3　　　　4　　　　5　　　　6

你觉得他/她是否会帮助你解答呢？

会！！！　　　　　　　　　　　　　　　　　　不会！！！
　1　　　　2　　　　3　　　　4　　　　5　　　　6

2. 想象再过几天就要期中考试了，但是前不久因为你生病而漏上了一堂语文课，所以你想向班里的一位同学借那堂课的听课笔记。你想知道他/她是否会把笔记借给你。

在那一刻，对于他/她是否愿意把笔记借给你，你会担忧吗？

不担忧　　　　　　　　　　　　　　　　　　非常非常担忧
　1　　　　2　　　　3　　　　4　　　　5　　　　6

在那一刻，如果他/她不愿意把笔记借给你，你会生气吗？

不会生气　　　　　　　　　　　　　　　　　非常非常生气
　1　　　　2　　　　3　　　　4　　　　5　　　　6

你觉得他/她会把笔记借给你吗？

会！！！　　　　　　　　　　　　　　　　　　不会！！！
　1　　　　2　　　　3　　　　4　　　　5　　　　6

3. 想象课间的时候老师走进教室，通知要进行班干部选举了，请有意向做班委的同学放学后去老师办公室报名登记。当你走在去办公室的路上，你想知道老师是否支持你当班干部。

在那一刻，对于老师是否支持你当班干部，你会担忧吗？

不担忧　　　　　　　　　　　　　　　　　　非常非常担忧
　1　　　　2　　　　3　　　　4　　　　5　　　　6

在那一刻，如果老师不支持你当班干部，你会生气吗？

不会生气　　　　　　　　　　　　　　　　　非常非常生气
　1　　　　2　　　　3　　　　4　　　　5　　　　6

你觉得老师会支持你当班干部吗？

会！！！　　　　　　　　　　　　　　　　　　不会！！！
　1　　　　2　　　　3　　　　4　　　　5　　　　6

4. 想象学校就要开运动会了，你很想参加。现在有一项比赛要求男女生搭配来完成，于是你走到班里的一位异性同学面前，你打算找他/她与你搭档参赛。你想知道他/她是否愿意和你搭档参加这项比赛。

在那一刻，对于他/她是否愿意和你搭档参加这项比赛，你会担忧吗？
不担忧　　　　　　　　　　　　　　　　　　非常非常担忧
　1　　　　2　　　　3　　　　4　　　　5　　　　6

在那一刻，如果他/她不愿意和你搭档参加这项比赛，你会生气吗？
不会生气　　　　　　　　　　　　　　　　　非常非常生气
　1　　　　2　　　　3　　　　4　　　　5　　　　6

你觉得他/她会和你搭档参加这项比赛吗？
会！！！　　　　　　　　　　　　　　　　　不会！！！
　1　　　　2　　　　3　　　　4　　　　5　　　　6

5. 想象在班级的元旦联欢晚会上，每个同学都要现场找班里的一位异性同学表演一个小节目。你想知道是否会有异性同学来找你一起表演节目。

在那一刻，对于是否会有异性同学来找你一起表演节目，你会担忧吗？
不担忧　　　　　　　　　　　　　　　　　　非常非常担忧
　1　　　　2　　　　3　　　　4　　　　5　　　　6

在那一刻，如果没有异性同学来找你一起表演节目，你会生气吗？
不会生气　　　　　　　　　　　　　　　　　非常非常生气
　1　　　　2　　　　3　　　　4　　　　5　　　　6

你觉得会有异性同学来找你一起表演节目吗？
会！！！　　　　　　　　　　　　　　　　　不会！！！
　1　　　　2　　　　3　　　　4　　　　5　　　　6

6. 想象在上课的时候，老师安排大家自愿与同学组成小组一起讨论问题，同学们纷纷都有了各自的小组。你想知道会不会有同学愿意与你组成一个小组。

在那一刻，对于同学是否愿意与你一起讨论问题，你会担忧吗？
不担忧　　　　　　　　　　　　　　　　　　非常非常担忧
　1　　　　2　　　　3　　　　4　　　　5　　　　6

在那一刻，如果别的同学不愿意与你组成一个小组，你会生气吗？
不会生气　　　　　　　　　　　　　　　　　非常非常生气
　1　　　　2　　　　3　　　　4　　　　5　　　　6

你觉得会有同学愿意与你同组吗？
会！！！　　　　　　　　　　　　　　　　　不会！！！

　　　　1　　　　2　　　　3　　　　4　　　　5　　　　6

7. 想象在课间休息的时候，班里一些同学聚在一起聊天，你听到他们谈论的话题是你也感兴趣的，所以你也想加入讨论。你想知道他们是否愿意和你一起聊天。

在那一刻，对于同学们是否愿意让你加入讨论，你会担忧吗？

不担忧　　　　　　　　　　　　　　　　　　　　非常非常担忧

　　　　1　　　　2　　　　3　　　　4　　　　5　　　　6

在那一刻，如果同学们不愿意和你一起聊天，你会生气吗？

不会生气　　　　　　　　　　　　　　　　　　　非常非常生气

　　　　1　　　　2　　　　3　　　　4　　　　5　　　　6

你觉得大家会让你加入他们的讨论吗？

　　　会！！！　　　　　　　　　　　　　　　不会！！！

　　　　1　　　　2　　　　3　　　　4　　　　5　　　　6

8. 想象在一次班会中，老师安排大家讨论怎样才能提高学习效率。有很多同学都发表了自己的观点。当轮到你发言时，你想知道老师是否赞成你的观点。

在那一刻，对于老师是否赞成你的观点，你会担忧吗？

不担忧　　　　　　　　　　　　　　　　　　　　非常非常担忧

　　　　1　　　　2　　　　3　　　　4　　　　5　　　　6

在那一刻，如果老师不赞成你的观点，你会生气吗？

不会生气　　　　　　　　　　　　　　　　　　　非常非常生气

　　　　1　　　　2　　　　3　　　　4　　　　5　　　　6

你觉得老师会赞成你的观点吗？

　　　会！！！　　　　　　　　　　　　　　　不会！！！

　　　　1　　　　2　　　　3　　　　4　　　　5　　　　6

9. 想象星期天你与一位好朋友约好一起打乒乓球，可是等了很久你的朋友都没有来。这时，你看到乒乓球馆里正好有一位年纪与你相仿的异性同学也是一个人。你想知道他/她是否愿意与你搭档打乒乓球。

在那一刻，对于他/她是否愿意与你搭档打乒乓球，你会担忧吗？

不担忧　　　　　　　　　　　　　　　　　　　　非常非常担忧

　　　　1　　　　2　　　　3　　　　4　　　　5　　　　6

在那一刻，如果他/她不愿意与你搭档打乒乓球，你会生气吗？

不会生气　　　　　　　　　　　　　　　　　　　非常非常生气

　　　　1　　　　2　　　　3　　　　4　　　　5　　　　6

你觉得他/她会与你搭档打乒乓球吗？

会！！！ 不会！！！
1　　　　2　　　　3　　　　4　　　　5　　　　6

10. 想象圣诞节快要到了，你看到很多同学都收到了异性同学送的圣诞礼物。你想知道是否会有异性同学送你礼物。

在那一刻，对于是否会有异性同学送你圣诞礼物，你会担忧吗？
不担忧 非常非常担忧
1　　　　2　　　　3　　　　4　　　　5　　　　6

在那一刻，如果没有异性同学送你圣诞礼物，你会生气吗？
不会生气 非常非常生气
1　　　　2　　　　3　　　　4　　　　5　　　　6

你觉得会有异性同学送你圣诞礼物吗？
会！！！ 不会！！！
1　　　　2　　　　3　　　　4　　　　5　　　　6

11. 想象你的同桌在上课的时候经常打扰你，影响了你的听课效率。所以你决定向老师说明，希望老师能帮你调座位。你想知道老师是否同意给你调座位。

在那一刻，对于老师是否同意给你调座位，你会担忧吗？
不担忧 非常非常担忧
1　　　　2　　　　3　　　　4　　　　5　　　　6

在那一刻，如果老师不同意给你调座位，你会生气吗？
不会生气 非常非常生气
1　　　　2　　　　3　　　　4　　　　5　　　　6

你觉得老师会给你调座位吗？
会！！！ 不会！！！
1　　　　2　　　　3　　　　4　　　　5　　　　6

12. 想象你们班要制作一个班级相册，今天下午要安排大家拍照。拍完集体照后，每个同学都可以自愿与其他同学合影。你看到很多异性同学之间都在一起拍照合影了，你想知道是否有异性同学愿意与你合影。

在那一刻，对于是否有异性同学愿意与你合影，你会担忧吗？
不担忧 非常非常担忧
1　　　　2　　　　3　　　　4　　　　5　　　　6

在那一刻，如果没有异性同学愿意与你合影，你会生气吗？
不会生气 非常非常生气
1　　　　2　　　　3　　　　4　　　　5　　　　6

你觉得会有异性同学与你合影吗？					续表	
会！！！					不会！！！	
1	2	3	4	5	6	

附录11　中学生品格优势问卷

指导语：请认真阅读下面的句子，对照你自己的情况，指出每句话对你的适合程度，用"○"将相对应的数字圈起来。"非常不像我"选1，"不太像我"选2，"不确定"选3，"比较像我"选4，"非常像我"选5，请认真作答！

表11-1　中学生品格优势问卷

序号	题目	非常不像我	不太像我	不确定	比较像我	非常像我
1	我喜欢上课、做题、讨论问题	1	2	3	4	5
2	当看到同学被欺负时，我会伸出援手	1	2	3	4	5
3	订下锻炼或学习计划后，我会坚决执行	1	2	3	4	5
4	同学生病时，我会为他/她担心	1	2	3	4	5
5	班级选举时，我觉得每个同学提的意见都要受到重视	1	2	3	4	5
6	我曾经被其他同学推荐过负责小组活动	1	2	3	4	5
7	无论事情有多糟糕，我都会充满希望	1	2	3	4	5
8	遇到问题时，我会从正反两方面去思考	1	2	3	4	5
9	同学发生矛盾时，我善于帮他们找到解决冲突的办法	1	2	3	4	5
10	当我遇到困难时，身边会有人帮助我	1	2	3	4	5
11	我会尽我所能的帮助有困难的同学	1	2	3	4	5
12	如果我是组长，我会要求我的朋友和其他小组成员一样遵守小组规则	1	2	3	4	5
13	我相信，只要我努力学习就能提高我的成绩	1	2	3	4	5
14	做数学题时，我愿意寻找多种解法	1	2	3	4	5
15	我的兴趣爱好比一般同学多	1	2	3	4	5

续表

序号	题目	非常不像我	不太像我	不确定	比较像我	非常像我
16	当我遇到不明白的问题时，我会主动请教老师或同学	1	2	3	4	5
17	我会积极主动地参加各种集体活动	1	2	3	4	5
18	看到陌生人需要帮助时，我会尽力而为	1	2	3	4	5
19	小组成员意见不一样时，我也会和他们一起合作下去	1	2	3	4	5
20	即使我们小组面临失败，我也会遵守规则，公平比赛	1	2	3	4	5
21	我善于组织集体活动并且确保他们成功	1	2	3	4	5
22	当别人跟我说对不起时，我会再给他/她一次机会	1	2	3	4	5
23	当我的朋友心情不好时，我能够通过各种方式逗乐他们	1	2	3	4	5
24	老师教我们新知识时，我总想知道更多	1	2	3	4	5
25	我知道当下什么事情是重要的	1	2	3	4	5
26	我敢于公开讲述一个跟别人不一样的观点	1	2	3	4	5
27	小组合作时，我会认真完成组长分配的任务	1	2	3	4	5
28	无论是考试还是作业，我都会反复检查无误后才上交	1	2	3	4	5
29	我相信自己会变得越来越好	1	2	3	4	5
30	我认为，生活的每一天都是有意义和价值的	1	2	3	4	5
31	当同学提到我不了解的人或事时，我很想去一探究竟	1	2	3	4	5
32	做题时，我会读完题目的所有内容后，再写出答案	1	2	3	4	5
33	只要我做的事情正确，就算有人取笑，我仍然会继续做	1	2	3	4	5
34	我决定的事，不管多累，都会坚持到底	1	2	3	4	5
35	我不会为了掩盖我犯的错误而去撒谎	1	2	3	4	5
36	我觉得帮助别人是一件很快乐的事情	1	2	3	4	5

续表

序号	题目	非常不像我	不太像我	不确定	比较像我	非常像我
37	我对未来感到一片光明	1	2	3	4	5
38	我可以乐观地面对发生在我身上的糟糕事情	1	2	3	4	5
39	我认为每个人都有自己的理想目标	1	2	3	4	5
40	上课前,我会主动预习新内容	1	2	3	4	5
41	我能比较准确地感受到自己和他人的情绪变化	1	2	3	4	5

附录12 孤儿学校初中生校园心理适应自陈问卷

指导语:同学,你好!下面列出了一些关于你个人情况的句子。请你仔细阅读每一个句子,并根据你自己最近一段时间内的实际情况,在适当的位置选出你同意或者不同意的程度画上"√"。"不同意"选1,"不太同意"选2,"不确定"选3,"比较同意"选4,"同意"选5。

表12-1 孤儿学校初中生校园心理适应自陈问卷

序号	题目	不同意	不太同意	不确定	比较同意	同意
1	我讨厌一切与学习有关的事物	1	2	3	4	5
2	我能找到很多人陪我聊天	1	2	3	4	5
3	我有一些要好的朋友	1	2	3	4	5
4	很多不好吃的饭菜都有营养,我会尝试去吃	1	2	3	4	5
5	无论饭菜多难吃,我都会吃几口	1	2	3	4	5
6	很多同学都找我和他们一起玩	1	2	3	4	5
7	我和寝室同学相处得不错	1	2	3	4	5
8	我是一个不挑食的人	1	2	3	4	5
9	我非常厌烦现在的学习	1	2	3	4	5
10	上完课后,我无所事事	1	2	3	4	5

续表

序号	题目	不同意	不太同意	不确定	比较同意	同意
11	当我有困难时,有很多人愿意帮助我	1	2	3	4	5
12	一拿起书本,我就觉得累、想睡觉	1	2	3	4	5
13	我很少主动学习	1	2	3	4	5
14	我有明确的学习目标	1	2	3	4	5
15	我认为经常多读、多看、多记,什么都能背下来	1	2	3	4	5
16	学习可以实现我的理想	1	2	3	4	5
17	现在的学习对将来很重要	1	2	3	4	5

附录13 同伴依恋问卷

指导语:请思考每句话在多大程度上符合你与同学或好朋友之间关系的实际情况,在题后选择一个恰当的数字画"√"。数字的含义为:1 = 完全不符合;2 = 比较不符合;3 = 不确定;4 = 比较符合;5 = 完全符合。

表13 – 1 同伴依恋问卷

序号	题目	完全不符合	比较不符合	不确定	比较符合	完全符合
1	我会把自己遇到的问题和困难告诉同学(或好朋友)	1	2	3	4	5
2	如果同学(或好朋友)知道有事情困扰我,他/她会询问我	1	2	3	4	5
3	我没有从同学(或好朋友)那里得到什么关注	1	2	3	4	5
4	同学(或好朋友)接受我现在的样子	1	2	3	4	5
5	我对同学(或好朋友)感到生气	1	2	3	4	5
6	当我为某事生气时,同学(或好朋友)能理解我	1	2	3	4	5
7	与同学(或好朋友)讨论我的问题让我感到羞愧或愚蠢	1	2	3	4	5
8	我很容易因为同学(或好朋友)感到心烦	1	2	3	4	5
9	同学(或好朋友)帮助我更好地了解我自己	1	2	3	4	5
10	同学(或好朋友)会尊重我的感受	1	2	3	4	5

附录14　师生依恋问卷

指导语：请思考每句话在多大程度上符合你与老师之间关系的实际情况，在题后选择一个恰当的数字画"√"。数字的含义为：1 = 完全不符合；2 = 比较不符合；3 = 不确定；4 = 比较符合；5 = 完全符合。

表14 –1　师生依恋问卷

序号	题目	完全不符合	比较不符合	不确定	比较符合	完全符合
1	我会把自己遇到的问题和困难告诉老师	1	2	3	4	5
2	如果老师知道有事情困扰我，他/她会询问我	1	2	3	4	5
3	我没有从老师那里得到什么关注	1	2	3	4	5
4	老师接受我现在的样子	1	2	3	4	5
5	我对老师感到生气	1	2	3	4	5
6	当我为某事生气时，老师能理解我	1	2	3	4	5
7	与老师讨论我的问题让我感到羞愧或愚蠢	1	2	3	4	5
8	我很容易因为老师感到心烦	1	2	3	4	5
9	老师帮助我更好地了解我自己	1	2	3	4	5
10	老师会尊重我的感受	1	2	3	4	5

附录15　生活满意度量表

指导语：请仔细阅读每个条目，决定你同意或不同意的程度，并在相应的答案数字上画"√"。

表 15-1 生活满意度量表

序号	题目	非常不同意	不同意	有点不同意	中立	有点同意	同意	非常同意
1	我的生活大致符合我的理想	1	2	3	4	5	6	7
2	我的生活状态是很好的	1	2	3	4	5	6	7
3	我对自己的生活感到满意	1	2	3	4	5	6	7
4	迄今为止，我在生活中得到了我想得到的重要东西	1	2	3	4	5	6	7
5	如果我能回头重走人生之路，我几乎不想改变任何东西	1	2	3	4	5	6	7

附录 16 青少年自评量表——抑郁分量表

指导语：以下条目是其他中学生对生活的描述，请根据你自己现在或近六个月的实际情况，在符合你的选项上画"√"。观点无对错之分，我们会对结果严格保密，请放心填写。

表 16-1 青少年自评量表——抑郁分量表

序号	题目	没有	有时	经常
1	我感到寂寞	1	2	3
2	我常常会大哭	1	2	3
3	我故意伤害自己或企图自杀	1	2	3
4	我怕自己有坏想法或做坏事	1	2	3
5	我觉得我必须十全十美	1	2	3
6	我觉得没有人喜欢我	1	2	3
7	我觉得别人存心捉弄我	1	2	3
8	我觉得我有自卑感	1	2	3
9	我遇到事情容易紧张	1	2	3
10	我感到非常恐惧或焦虑	1	2	3
11	我觉得非常内疚	1	2	3

续表

序号	题目	没有	有时	经常
12	我容易感到尴尬	1	2	3
13	我多疑	1	2	3
14	我想到过自杀	1	2	3
15	我闷闷不乐，感到悲伤	1	2	3
16	我忧虑重重	1	2	3

附录17 Connor-Davidson 心理韧性量表

指导语：请根据过去一个月你的情况，对下面每个阐述，选出最符合你的一项画"○"。注意回答这些问题没有对错之分。

表17-1 Connor-Davidson 心理韧性量表

序号	题目	从来不	很少	有时	经常	一直如此
1	我能适应变化	1	2	3	4	5
2	我有亲密、安全的关系	1	2	3	4	5
3	有时，命运能帮忙	1	2	3	4	5
4	无论发生什么我都能应付	1	2	3	4	5
5	过去的成功让我有信心面对挑战	1	2	3	4	5
6	我能看到事情幽默的一面	1	2	3	4	5
7	应对压力使我感到有力量	1	2	3	4	5
8	经历艰难或疾病后，我往往会很快恢复	1	2	3	4	5
9	事情发生总是有原因的	1	2	3	4	5
10	无论结果怎样，我都会尽自己最大努力	1	2	3	4	5
11	我能实现自己的目标	1	2	3	4	5
12	当事情看起来没什么希望时，我不会轻易放弃	1	2	3	4	5
13	我知道去哪里寻求帮助	1	2	3	4	5
14	在压力下，我能够集中注意力并清晰思考	1	2	3	4	5

续表

序号	题目	从来不	很少	有时	经常	一直如此
15	我喜欢在解决问题时起带头作用	1	2	3	4	5
16	我不会因失败而气馁	1	2	3	4	5
17	我认为自己是个强有力的人	1	2	3	4	5
18	我能做出不寻常的或艰难的决定	1	2	3	4	5
19	我能处理不快乐的情绪	1	2	3	4	5
20	我不得不按照预感行事	1	2	3	4	5
21	我有强烈的目的感	1	2	3	4	5
22	我感觉能掌控自己的生活	1	2	3	4	5
23	我喜欢挑战	1	2	3	4	5
24	我努力学习以达到目标	1	2	3	4	5
25	我对自己的成绩感到骄傲	1	2	3	4	5

附录18 小学生品格优势问卷

指导语：请认真阅读下面的句子，对照你自己的情况，指出每句话对你的适合程度，用"○"将相对应的数字圈起来。"非常不像我"选1，"不太像我"选2，"不确定"选3，"比较像我"选4，"非常像我"选5，请认真作答！

表18-1 小学生品格优势问卷

序号	题目	非常不像我	不太像我	不确定	比较像我	非常像我
1	在新的环境中，我希望能够尽可能多地了解周围情况	1	2	3	4	5
2	上课前，我会主动预习新内容	1	2	3	4	5
3	朋友采用过我提的建议，并顺利解决了问题	1	2	3	4	5
4	面对困难的时候，我不会选择退缩	1	2	3	4	5
5	无论做任何事，我都会坚持到底	1	2	3	4	5

续表

序号	题目	非常不像我	不太像我	不确定	比较像我	非常像我
6	有好东西时，我会与大家一起分享	1	2	3	4	5
7	如果朋友跟我吵架了，我愿意跟他/她和好如初	1	2	3	4	5
8	做作业或练习时，我能按照老师要求的格式书写	1	2	3	4	5
9	无论事情有多糟糕，我都会充满希望	1	2	3	4	5
10	遇到困难时，有一种力量在指引我前进	1	2	3	4	5
11	为了擦干净教室高处的玻璃，我能想到多种安全又有效的方法	1	2	3	4	5
12	当学校举办新活动时，我很感兴趣	1	2	3	4	5
13	遇到问题时，我会从正反两个方面去思考	1	2	3	4	5
14	跟朋友在一起时，我提出的建议经常被采纳	1	2	3	4	5
15	我敢于公开讲述一个跟别人不一样的观点	1	2	3	4	5
16	和朋友或家人在一起时，我内心感觉很满足	1	2	3	4	5
17	我乐意把自己的东西借给同学	1	2	3	4	5
18	班级选举时，我觉得每个同学提的意见都要受到重视	1	2	3	4	5
19	做了好事后，我不会到处去张扬	1	2	3	4	5
20	即使老师不在教室，我也会在课堂上保持安静	1	2	3	4	5
21	看到或听到美妙的美术或音乐作品，我会感到心情舒畅	1	2	3	4	5
22	我很感谢我的父母或老师	1	2	3	4	5
23	我相信，只要我努力学习就能提高我的成绩	1	2	3	4	5
24	课堂讨论时，我会发表出跟别人不同的想法	1	2	3	4	5
25	做最后决定前，我会考虑事情发生的所有可能性	1	2	3	4	5
26	同学发生矛盾时，我善于帮他们找到解决冲突的办法	1	2	3	4	5
27	当看到同学被欺负时，我会伸出援手	1	2	3	4	5
28	自我介绍时，我不会夸大自己的能力	1	2	3	4	5
29	参加学校的活动时，我表现得很活跃	1	2	3	4	5

续表

序号	题目	非常不像我	不太像我	不确定	比较像我	非常像我
30	同学生病时，我会为他/她担心	1	2	3	4	5
31	小组成员意见不一样时，我也会和他们一起合作下去	1	2	3	4	5
32	如果我是组长，我会要求我的朋友和其他小组成员一样遵守小组规则	1	2	3	4	5
33	如果我是组长，我能让小组成员很好地合作，哪怕他们之间存在不同的意见	1	2	3	4	5
34	当我的朋友心情不好时，我能够通过各种方式逗乐他们	1	2	3	4	5
35	我认为，生活的每一天都是有意义和价值的	1	2	3	4	5
36	我喜欢阅读各种各样的书	1	2	3	4	5
37	同学们遇到困难或问题时，通常会找我帮他们出主意	1	2	3	4	5
38	我会积极主动地参加各种集体活动	1	2	3	4	5
39	我会尽我所能帮助有困难的同学	1	2	3	4	5
40	我很少惹别人生气	1	2	3	4	5
41	小组合作时，我会认真完成组长分配的任务	1	2	3	4	5
42	即使我们小组面临失败，我也会遵守规则，公平比赛	1	2	3	4	5
43	我不会在同学面前炫耀自己的成绩	1	2	3	4	5
44	我基本不违反学校或班级的规定	1	2	3	4	5
45	见到优美的风景时，我会忍不住停下来欣赏一会儿	1	2	3	4	5
46	当我取得好成绩时，我会想起帮助过我的老师或同学	1	2	3	4	5
47	我相信自己会变得越来越好	1	2	3	4	5
48	我认为每个人都有自己的理想目标	1	2	3	4	5
49	做数学题时，我愿意寻找多种解法	1	2	3	4	5
50	老师教我们新知识时，我总想知道更多	1	2	3	4	5

续表

序号	题目	非常不像我	不太像我	不确定	比较像我	非常像我
51	做题时，我会读完题目的所有内容后，再写出答案	1	2	3	4	5
52	当我遇到不明白的问题时，我会主动请教老师或同学	1	2	3	4	5
53	朋友不开心的时候，我会聆听和安慰他们	1	2	3	4	5
54	看到陌生人需要帮助时，我会尽力而为	1	2	3	4	5
55	跟朋友聊天时，我会考虑朋友的感受	1	2	3	4	5
56	我愿意为我的班集体多做点事情	1	2	3	4	5
57	如果我是班长或者组长，我会对每个同学一视同仁	1	2	3	4	5
58	我认为犯了错误的人只要真心道歉就可以得到原谅	1	2	3	4	5
59	与同学相比，我认为自己身上还有很多需要提高的地方	1	2	3	4	5
60	我会向帮助过我的同学表达感谢	1	2	3	4	5
61	长大后，我会实现自己的理想	1	2	3	4	5
62	我觉得我的生命是有意义的	1	2	3	4	5
63	教师节时，我会为老师送上祝福或者礼物	1	2	3	4	5
64	为了实现理想，我会努力向上	1	2	3	4	5
65	即使我很生气，我也不会向周围人乱发脾气	1	2	3	4	5

附录19 师生日常交往调查问卷

指导语：这份问卷主要是用来了解学生在学校日常生活、学习中与老师交往的情况。每个问题后面都有5个选项，分别代表该题目与你的实际情况相符合的程度。1表示"完全不符合"，2表示"大部分不符合"，3表示"有些符合、有些不符合"，4表示"大部分符合"，5表示"完全符合"。符合程度由低到高排列。仔细阅读每个题目，在最能反映你与老师交往实际情况的那个数字上画一个"○"。

表 19－1 师生日常交往调查问卷

序号	题目	完全不符合	大部分不符合	有些符合有些不符合	大部分符合	完全符合
1	老师常会满足学生的合理要求	1	2	3	4	5
2	我经常和老师谈心	1	2	3	4	5
3	我希望和老师成为好朋友	1	2	3	4	5
4	我渴望老师的关注	1	2	3	4	5
5	老师总是找家长解决学生的问题	1	2	3	4	5
6	我对老师有种信任感	1	2	3	4	5
7	我经常找老师聊天	1	2	3	4	5
8	我非常敬佩老师	1	2	3	4	5
9	我总是希望得到老师的赞扬	1	2	3	4	5
10	我常屈服于老师的命令和权威	1	2	3	4	5
11	在生活上，老师很关心我	1	2	3	4	5
12	我不愿意和老师说心事	1	2	3	4	5
13	老师像母亲一样亲切	1	2	3	4	5
14	我羡慕和老师关系好的同学	1	2	3	4	5
15	学生经常给老师起带贬义的外号	1	2	3	4	5
16	我很崇拜老师	1	2	3	4	5
17	我和老师无话不说	1	2	3	4	5
18	老师很信任我	1	2	3	4	5
19	我希望老师喜欢我	1	2	3	4	5
20	老师经常和我们生气	1	2	3	4	5
21	老师允许我有自己的见解	1	2	3	4	5
22	当我遇到困难时，很少寻求老师的帮助	1	2	3	4	5
23	我很关心我的老师	1	2	3	4	5
24	我喜欢在老师面前表现自己的优点和长处	1	2	3	4	5
25	老师常误解我的行为而斥责我	1	2	3	4	5
26	当我犯错时老师愿意听我的解释	1	2	3	4	5

附录20 友谊质量问卷简表

指导语：这个问卷是想了解你与班上最要好朋友的实际情况，请放心如实填写即可。下面每道题皆有5个选项，分别代表5种情况，请根据你和最好的朋友之间的实际情况，选择一个最符合的选项，并在代表该选项的数字上画"〇"。请注意不要漏答或错行。

请记住下面评论的始终是你与你最好的朋友的关系。

表20-1 友谊质量问卷简表

序号	题目	完全不符	不太符合	有点符合	比较符合	完全符合
1	任何时候，只要有机会我们就总是坐在一起	0	1	2	3	4
2	我们常常互相生气	0	1	2	3	4
3	他/她告诉我，我很能干	0	1	2	3	4
4	这个朋友和我都使对方觉得自己很重要、很特别	0	1	2	3	4
5	做事情时，我们总把对方作为同伴	0	1	2	3	4
6	如果我们互相生气，会在一起商量如何使大家都消气	0	1	2	3	4
7	我们总在一起讨论我们所遇到的问题	0	1	2	3	4
8	这个朋友让我觉得自己的一些想法很好	0	1	2	3	4
9	当我遇到生气的事情时，我会告诉他/她	0	1	2	3	4
10	我们常常争论	0	1	2	3	4
11	这个朋友和我在课间总是一起玩	0	1	2	3	4
12	这个朋友常给我一些解决问题的建议	0	1	2	3	4
13	我们一起谈论使我们感到难过的事	0	1	2	3	4
14	我们发生争执时，很容易和解	0	1	2	3	4
15	我们常常打架	0	1	2	3	4
16	他/她常常帮助我，所以我能够更快完成任务	0	1	2	3	4
17	我们能够很快地停止争吵	0	1	2	3	4
18	我们做作业时常常互相帮助	0	1	2	3	4

附录21　情感平衡量表

指导语：下面这些问题是用来了解你最近的感受的，请在符合你实际情况的选项数字上画"√"。在过去几周里，你是否感到：

表21-1　情感平衡量表

序号	题目	是	否
1	你是否对某些事情特别感兴趣？	1	0
2	你是否有时候感到坐立不安？	1	0
3	你是否会因为别人对你的赞扬而感到骄傲？	1	0
4	你是否不愿意与他人接触？	1	0
5	你是否会因为完成了某件事而感到愉快？	1	0
6	你是否感到心里很烦？	1	0
7	你是否有过心理美滋滋的时候？	1	0
8	你是否觉得很郁闷？	1	0
9	你想做的事情是否在按你的意愿发展？	1	0
10	你是否会因为别人的批评而感到不安？	1	0

附录22　多维学生生活满意度量表

指导语：我们想了解你对过去几周生活的看法。仔细地想一想，在这段时间里，你是如何度过每一天的，过得怎么样。下面有一些问题，要求你对自己的整个生活状况做出评价。每一个问题都有六个选项，请根据你的实际情况在符合的选项上画"√"。对我们来说，知道你真实的想法很重要，请你务必根据你最真实的想法来回答问题，而不是根据"我应该怎样"来回答问题，因为这不是考试，答案也没有对错之分，更不会影响你的成绩。结果只用于心理科学研究，绝不对外公布。谢谢大家的配合！

表22-1 多维学生生活满意度量表

序号	题目	非常不同意	比较不同意	基本不同意	基本同意	比较同意	非常同意
1	我的朋友对我都很好	1	2	3	4	5	6
2	被他人围绕我感到很开心	1	2	3	4	5	6
3	在学校我感到很糟糕	1	2	3	4	5	6
4	我和朋友们相处得很不愉快	1	2	3	4	5	6
5	有很多事情我都能做得很好	1	2	3	4	5	6
6	在学校我学到了很多东西	1	2	3	4	5	6
7	我喜欢和父母待在一起	1	2	3	4	5	6
8	我的家庭要比其他大多数家庭好	1	2	3	4	5	6
9	学校的很多事情我都不喜欢	1	2	3	4	5	6
10	我认为自己长得不错	1	2	3	4	5	6
11	我的朋友都很了不起	1	2	3	4	5	6
12	如果我需要帮助的话，我的朋友一定会帮助我	1	2	3	4	5	6
13	我真希望不用上学	1	2	3	4	5	6
14	我喜欢我自己	1	2	3	4	5	6
15	我居住的地方有很多有趣的事情可做	1	2	3	4	5	6
16	我的朋友都很友好	1	2	3	4	5	6
17	大多数人都喜欢我	1	2	3	4	5	6
18	我很愿意与家人一起待在家中	1	2	3	4	5	6
19	我的家人能够和睦相处	1	2	3	4	5	6
20	我很渴望上学	1	2	3	4	5	6
21	我的父母对我很公正	1	2	3	4	5	6
22	我喜欢待在学校	1	2	3	4	5	6
23	我的朋友对我很小气	1	2	3	4	5	6
24	我真希望拥有不同的朋友	1	2	3	4	5	6
25	学校真让人感到有趣	1	2	3	4	5	6
26	我喜欢参加学校的各种活动	1	2	3	4	5	6
27	我真希望住在另一个房子里	1	2	3	4	5	6

续表

序号	题目	非常不同意	比较不同意	基本不同意	基本同意	比较同意	非常同意
28	我的家人彼此能友好地沟通	1	2	3	4	5	6
29	和朋友在一起我感到很快乐	1	2	3	4	5	6
30	我和我的父母常常一起做有趣的事情	1	2	3	4	5	6
31	我喜欢我家附近的那些地方	1	2	3	4	5	6
32	我真希望生活在其他地方	1	2	3	4	5	6
33	我是一个不错的人	1	2	3	4	5	6
34	我生活的地方到处都是小气的人	1	2	3	4	5	6
35	我喜欢尝试新事物	1	2	3	4	5	6
36	我家的房子真棒	1	2	3	4	5	6
37	我喜欢我的邻居	1	2	3	4	5	6
38	我有足够多的朋友	1	2	3	4	5	6
39	我真希望我家附近能够住些不同的人	1	2	3	4	5	6
40	我喜欢我居住的地方	1	2	3	4	5	6

主要参考文献

一、中文文献

阿德勒,1986.自卑与超越[M].黄光国译.北京:作家出版社.

白雪,2016.积极心理学视野下初中生现实性乐观的干预研究[D].西安:陕西师范大学.

柏文娜,2014.初中生学校人际关系对心理适应的影响——领悟社会支持的中介作用[D].西安:陕西师范大学.

陈向明,2003.实践性知识:教师专业发展的知识基础[J].北京大学教育评论,1(1):104-112.

陈向明,等,2011.搭建实践与理论之桥:教师实践性知识研究[M].北京:教育科学出版社.

曹素玲,2014.不同解释风格对大学生人际关系与主观幸福感的影响[J].玉林师范学院学报(哲学社会科学版),35(1):108-112.

曹正善,2004.论教师的实践知识[J].江西教育科研(9):3-6.

陈超然,2012.青春期艾滋病孤儿污名应对与创伤后成长研究[D].上海:华东师范大学.

陈昌惠,1999.症状自评量表[M]//汪向东,王希林,马弘.心理卫生评定量表手册.增订版.北京:中国心理卫生杂志社:31-35.

陈福侠,张福娟,2010.国外残疾污名研究及对我国特殊教育的启示[J].中国特殊教育(5):3-7.

陈会昌,张红梅,2007.对中学生的人格建构与学校适应的相关分析[J].心理学报,39(1):129-134.

陈少华,周宗奎,2007.同伴关系对青少年心理健康的影响[J].湖南师范大学教育科学学报,6(4):76-79.

陈舜蓬,陈美芬,2010.研究生归因风格及其与自尊关系的研究[J].心理科学,33(1):201-203.

陈晓晨,蒋薇,时勘,2016.青少年跨群体友谊与群际态度的关系研究[J].心理发展与教育,32(3):285-293.

陈文锋,张建新,2004.积极/消极情感量表中文版的结构和效度[J].中国心理卫生杂志,18(11):763-765.

陈衍.2003.56名福利院儿童人格特征及社会交往状况[J].中国心理卫生杂志,17(7):450.

陈衍,陈庆良.2002.福利院儿童与普通儿童孤独感和人格特征的比较研究[J].贵州师范大学大学学报(社会科学版),(1):105-108.

程凤农,2014.教师实践性知识管理研究[D].济南:山东师范大学.

程凤农,王念强,2018.教师实践性知识管理的探索与反思——以济南市胜利大街小学的实践经验为例[J].当代教育科学,(7):66-71.

成彦,胡艳霞,朱凤玲.2003.福利院儿童自尊与情绪适应性研究[J].社会福利,(6):49-54.

丁雪辰,叶贝,万旋傲,等,2018.儿童拒绝敏感性问卷在中国小学生中的初步应用[J].中国临床心理学杂志,26(3):512-516.

邓琳双,郑雪,杨帮琰,等,2012.人格与青少年疏离感的关系:社会支持的中介作用[J].中国临床心理学杂志,20(5):692-696.

邓友超,2006.论教师实践知识管理[J].教育科学,22(3):58-61.

玲玲,2017.北京市青少年主观幸福感及其影响因素——基于两层线性模型的分析[J].教育测量与评价(7):56-64.

文杰,卜禾,2018.积极心理干预是"新瓶装旧酒"吗?[J]心理科学进展,26(10):1831-1843.

范肖冬,1999.情感量表:正性情感、负性情感、情感平衡[M]//汪向东,姜长青,马弘.心理卫生评定量表手册.增订版.北京:中国心理卫生杂志社:79-80.

范兴华,方晓义,刘杨,等,2012.流动儿童歧视知觉与社会文化适应:社会支持和社会认同的作用[J].心理学报,44(5):647-663.

盖笑松,2013.青少年积极品质的发展规律与培养途径[J].人民教育(2):9-12.

高涛,高博,赵俊峰,2011.艾滋孤儿一般自我效能感和自尊特点[J].中国健康心理学杂志,19(5):578-580.

顾志刚,2014.浅议运用积极心理学技术在心理康复中的作用[J].科技世界(35):361.

关荐,王志强.2011.儿童福利机构中孤儿的心理健康状况[J].中国健康心理学杂志,19(3):325-326.

管健,2006.身份污名的建构与社会表征——以天津N辖域的农民工为例[J].青年研究(3): 21 - 27.

管健, 2007. 污名的概念发展与多维度模型建构[J]. 南开学报(哲学社会科学版)(5): 126 - 134.

海曼, 熊俊梅, 段晓明. 2013. 心理健康双因素模型在教育中的应用[J]. 中小学心理健康教育, (9): 4 - 6.

海曼, 熊俊梅, 龚少英, 等. 2015. 心理健康双因素模型指标的再探讨及稳定性研究[J]. 心理科学, 38(6): 1404 - 1410.

侯杰泰, 温忠麟, 成子娟, 2004. 结构方程模型及其应用[M]. 北京: 教育科学出版社.

侯静, 2013. 高中生学校适应量表的编制[J]. 中国临床心理学杂志, 21(3): 385 - 388.

侯珂, 刘艳, 屈智勇, 等, 2015. 班级结构对留守儿童心理健康的影响: 同化还是对比效应?[J]. 心理发展与教育, 31(2): 220 - 229.

胡安阳, 王祈然, 2016. 初中生心理健康及其与师生关系的相关性研究[J]. 教育测量与评价(4): 36 - 41.

胡金生, 2009. 自我认同确定性与心理和行为问题[J]. 中国健康心理学杂志, 17(12): 1461 - 1463.

季益富, 于欣, 1999. 儿童自尊量表[M]//汪向东, 王希林, 马弘. 心理卫生评定量表手册. 增订版. 北京: 中国心理卫生杂志社: 318 - 320.

贾文静, 郑维廉, 冯胜囡, 2014. 8~13 岁儿童的归因风格特点初探[J]. 中国健康心理学杂志, 22(12): 1884 - 1887.

姜美玲, 2010. 论教师实践性知识的本质属性与衍生特征[J]. 教育理论与实践, 30(19): 32 - 35.

江琴, 2012. 威廉·詹姆斯的自我理论解析[J]. 商丘师范学院学报, 28(5): 30 - 32.

金灿灿, 邹泓, 曾荣, 等, 2010. 中学生亲子依恋的特点及其对社会适应的影响: 父母亲密的调节作用[J]. 心理发展与教育, 26(6): 577 - 583.

金书文, 2019. 同伴关系与青少年主观幸福感的关系研究[J]. 现代商贸工业(6): 76 - 79.

金云霞, 曹连元. 1994. 93 名孤残儿童适应行为评定量表测验结果分析[J]. 中国行为医学科学, 3(1): 24 - 29.

金云霞, 宋秀, 王晨光. 1998. 66 名孤残儿童适应行为评定[J]. 中国行为医学科学, 7(2): 124 - 125.

金云霞, 王晨光, 宋秀, 等. 2001. 农村家庭寄养儿童与福利院儿童适应行为评定量表测验结果分析[J]. 中国行为医学科学, 10(3): 236 - 237.

金云霞, 周焕龙, 周琼, 等. 2003. 245 名农村家庭寄养与福利机构孤残儿童的适应行为评价[J]. 中国民康医学杂志, 15(5): 311 - 312.

晓燕,刘宣文,方晓义,2011.青少年父母、同伴依恋与社会适应性的关系[J].心理发展与教育,27(2):174-180.

来媛,2012.孤儿身份拒绝敏感性对其心理健康问题的预测及自我污名的中介作用[D].沈阳:沈阳师范大学.

李昂扬,2016.留守儿童依恋对其主观幸福感的预测:自我污名与心理弹性的并行中介作用[D].沈阳:沈阳师范大学.

李昂扬,2015.依恋对大学生心理弹性的影响[C]//中国心理学会发展心理专业委员会.中国心理学会发展心理专业委员会第十三届学术年会摘要集.长春:东北师范大学:69.

李国强,郑力.2004.120名在校孤儿影响学习的心理因素调查研究[J].心理科学,27(2):402-403.

李利敏,2009.学习不良中学生内化污名与人际归因的关系研究[D].开封:河南大学.

李敏,汤雅婷,刘文沃,等,2017.护理大专生性格优势与学习投入度关系研究[J].校园心理,15(1):25-28.

李敏丽,孙慧敏,邵雨娜,等,2018.基于品格优势的干预对化疗期乳腺癌患者幸福感、焦虑及抑郁情绪的影响[J].解放军护理杂志,35(9):1-6.

李婷婷,2016.品格优势对情感幸福感的影响[D].长春:东北师范大学.

李婷婷,刘晓明,2015.中职生性格优势在应激状态下对心理健康的影响——基于优势潜能视角的现状分析及教育干预对策[J].职业技术教育,36(26):51-55.

李婷婷,刘晓明,2016a.对普高生和中职生品格优势的纵向干预研究[J].应用心理学,22(3):245-254.

李婷婷,刘晓明,2016b.关于高中生品格优势的调查与实验:基于优势潜能理论的研究[J].教育科学研究(11):42-48.

李婷婷,刘晓明,2016c.品格优势、应激生活事件与中学生情感幸福感的关系[J].中国心理卫生杂志,30(7):527-533.

李婷婷,刘晓明,2016d.对普高生和中职生品格优势的纵向干预研究[J].应用心理学,22(3):245-254.

李文道,邹泓,赵霞,2003.初中生的社会支持与学校适应的关系[J].心理发展与教育,19(3):73-81.

李晓东,2005.初中学生学业延迟满足[J].心理学报,37(4):491-496.

李强,高文珺,龙鲸,等,2010.心理疾病患者自我污名及影响初探[J].中国临床心理学杂志,18(3):323-325.

李雅.2008.对4~5岁孤残儿童语言表达能力训练的研究[C].第三届全国儿童康复学术会第十届全国小儿脑瘫学术研讨会论文汇编,332-334.

李艳兰,刘丽娟,杨军,2019.有留守经历大学生问题行为与消极情绪和积极人格品质的关系[J].中国心理卫生杂志,33(4):318-320.

李燕燕,刘开琼,2006.孤儿心理健康状况调查[J].中国健康心理学杂志,14(2):194-196.

李媛,景庆虹,2010.大学生人际关系缺失引发的危机及对策的调查报告[J].北京电力高等专科学校学报(9):284-285.

连帅磊,孙晓军,田媛,等,2016.青少年同伴依恋对抑郁的影响:朋友社会支持和自尊的中介作用[J].心理科学,39(5):1116-1122.

梁祎婷,2018.中小学生品格优势的测量结构与发展特点研究[D].沈阳:沈阳师范大学.

梁英豪,张大均,胡天强,等,2018.家庭功能对中高年级小学生心理素质的影响:友谊质量的中介作用[J].西南大学学报(社会科学版),44(5):98-104.

廖明英,2018.特殊儿童心理健康现状研究——兼论《特殊儿童心理健康教育》[J].染整技术(12):117-118.

刘艳丽,林乃磊,张小明,等,2009.初中生乐观人格、解释风格与心理健康的相关研究[J].中国健康心理学杂志,17(9):1092-1093.

刘方芳,祝卓宏,2014.心理疾病患者自我污名对自尊和社会支持的影响[J].中华行为医学与脑科学杂志,23(8):701-703.

刘红云,2019.高级心理统计[M].北京:中国人民大学出版社.

林崇德,申继亮,辛涛,1996.教师素质的构成及其培养途径[J].中国教育学刊(6):16-22.

林琼,2016.小学语文教师实践性知识发展研究[D].重庆:西南大学.

林一钢,潘国文,2013.探析教师实践性知识及其生成机制[J].全球教育展望,42(10):42-48.

刘美玲,田喜洲,郭小东,2018.品格优势及其影响结果[J].心理科学进展,26(12):2180-2191.

刘平,1999.儿童孤独量表[M]//汪向东,王希林,马弘.心理卫生评定量表手册.增订版.北京:中国心理卫生杂志社:303-305.

刘万伦,2004.中小学学生学校适应性的发展特点调查[J].中国心理卫生杂志,18(2):113-114.

刘万伦,沃建中,2005.师生关系与中小学生学校适应性的关系[J].心理发展与教育,21(1):87-90.

刘贤臣,郭传琴,刘连启,等,1997.Achenbach青少年行为自评量表的信度和效度研究[J].中国心理卫生杂志,11(4):200-203.

刘衔华,2018.农村孤儿积极心理品质的状况及其对健康危险行为的影响[J].中国儿童保健杂志,26(4):365-367.

刘晓宇,张婉莹,许郡婷,等,2018.生活事件对大学生焦虑和抑郁的影响[J].中国健康心理学杂志,26(12):1906-1912.

刘颖,时勘,2010.艾滋病污名的形成机制、负面影响与干预[J].心理科学进展,18(1):123-131.

娄虎,王进,刘萍,2014."Clutch"运动员特征的概念构图[J].体育科学,34(6):49-58+82.

娄悦,2019.中小学教师心理健康教育实践性知识的内容及其转化[D].沈阳:沈阳师范大学.

马弘,1999.儿童社交焦虑量表[M]//汪向东,王希林,马弘.心理卫生评定量表手册.增订版.北京:中国心理卫生杂志社:248-249.

孟万金,2008.积极心理健康教育[M].北京:中国轻工业出版社.

莫书亮,段蕾,金琼,等,2010.小学儿童的友谊质量:社会交往技能、心理理论和语言的影响[J].心理科学,33(2):353-356.

牟均,白春玉,张迪,2013.流动儿童家庭环境特征分析[J].中国儿童保健杂志,21(9):983-984.

齐玲,2014.听力障碍中学生残疾自我污名量表修订及流行病学调查研究[D].武汉:华中科技大学.

秦山云,2011.初中生拒绝敏感性的测量及其发展特点[D].沈阳:沈阳师范大学.

屈正良,邓巧玲,2018.中职生性格优势与生活满意度的关系——以湖南省安仁县职业中专学校为例[J].岳阳职业技术学院学报,33(1):6-10.

曲晓英,刘豫鑫,廖金敏,等,2013.汶川震后孤儿创伤后应激障碍认知行为治疗的初步观察[J].中国心理卫生杂志,27(7):502-507.

任俊,2010.写给教育者的积极心理学[M].北京:中国轻工业出版社.

任美葳,2015.农民工与城市人内隐身份认同、自我污名和攻击性的关系研究[D].沈阳:沈阳师范大学.

任运昌,2008.高度警惕留守儿童的污名化——基于系列田野调查和文献研究的呼吁[J].教育理论与实践(32):3-5.

塞利格曼,1998.学习乐观——成功人生的第3个要素[M].洪兰译.北京:新华出版社.

塞利格曼,2012.持续的幸福[M].赵昱鲲译.杭州:浙江人民出版社.

塞利格曼,等,2017.教出乐观的孩子:让孩子受用一生的幸福经典[M].洪莉译.北京:北京联合出版公司.

石国兴,林乃磊,2011.班级辅导对改善初中生乐观心理品质的实验研究[J].心理与行为研究,9(3):190-193.

宋佳萌,范会勇,2013.社会支持与主观幸福感关系的元分析[J].心理科学进展,21(8):1357-1370.

宋志英,2017.团体辅导干预大学生解释风格的效果[J].中国学校卫生,38(9):1404-1406.

苏英.2011.北京某福利院儿童心理健康状况及其与人格特点的关系[J].中国健康心理学杂志,19(2):199-202.

苏志强,邵景进,张大均,等,2017.童年中晚期友谊质量与抑郁的关系:一项纵向研究[J].心理发展与教育,33(4):449-456.

孙畅,2017.孤儿学校五六年级学生心理健康素质调查——以某省孤儿学校为例[D].沈阳:沈阳师范大学.

谭亚菲,2016.品格优势与大学生心理健康发展研究[J].高教学刊(6):48-49.

陶鹏,2014.公众污名、自我污名和媒介污名:虚拟社会泛污名化现象的三维解读[J].广东行政学院学报,26(1):39-44.

丽丽,刘旺,2005.多维学生生活满意度量表中文版的初步测试报告[J].中国心理卫生杂志,19(5):301-303.

汪艳,张兴利,朱明婧,等.2009.自尊在四川地震孤儿的同伴关系和心理健康之间的调节作用[J].心理科学进展,17(3):562-566.

汪小园,2016.团体辅导对恋爱受挫大学生的干预研究——基于仪式心理治疗技术与理性情绪疗法[D].南昌:江西师范大学.

王晖,熊昱可,刘霞,2018.亲子关系和朋友支持对流动儿童情绪和行为适应的保护作用[J].心理发展与教育,34(5):614-624.

王鉴,徐立波,2008.教师专业发展的内涵与途径——以实践性知识为核心[J].华中师范大学学报(人文社会科学版),47(3):125-129.

王江洋,来媛,2015.孤儿身份拒绝敏感性对其心理健康问题的预测:自我污名的中介作用[C]//中国心理学会.第十八届全国心理学学术会议摘要集——心理学与社会发展.天津:天津师范大学:171-172.

王江洋,李昂扬,聂家昕,2020.依恋与孤儿初中生心理健康的关系:自我污名和心理韧性的并行中介作用[J].心理发展与教育,36(2):228-239.

王江洋,李昂扬,孙琪,等,2017.辽宁省孤儿学生特殊心理问题表现与干预[J].沈阳师范大学学报(社会科学版),41(3):125-131.

王江洋,李骋诗,高亚华,等,2018.孤儿身份拒绝敏感性的阈下启动研究[J].辽宁师范大学学报(社会科学版),41(2):37-43.

王江洋,梁祎婷,关强,等,2020a.小学生品格优势问卷的编制与应用[J].辽宁师范大学学报(社会科学版),43(4):59-68.

王江洋,梁祎婷,关强,等,2020b.中学生品格优势问卷的编制与应用[J].沈阳师范大学学报(社会科学版),44(2):96-103.

王江洋,王晓娜,李昂扬,等,2017.孤儿学生的自我污名及其对社交拒绝归因的影响[J].辽宁师范大学学报(社会科学版),40(4):6-17.

王江洋,杨薇,申继亮,2012.12~18岁福利院孤儿身份拒绝敏感性的测量及发展特点[J].中国特殊教育(6):11-17.

王江洋,尹丽莉,周铁民,等,2016.高亲密性跨群体友谊降低孤儿身份拒绝敏感性分析[J].沈阳师范大学学报(社会科学版),40(2):22-28.

王江洋,于子洋,2019.基本心理需要、领悟社会支持与弱势初中生心理健康关系[J].沈阳师范大学学报(社会科学版),43(3):125-131.

王江洋,李媛媛,高亚华,等,2019.四年级孤儿小学生品格优势识别的教育干预[J].辽宁师范大学学报(社会科学版),42(5):54-64.

王江洋,张楚,高亚华,等,2016.基于接受与实现疗法技术对高自我污名初中孤儿的团体干预[J].中国特殊教育(4):84-89.

王津,2013.孤儿恐惧心理发展特点研究[D].沈阳:沈阳师范大学.

王金权,金岳龙,姚应水,2011.中国艾滋病孤儿心理健康的研究现状[J].中华疾病控制杂志,15(6):524-526.

王菊红,2018.积极心理学视野下儿童乐观解释风格的训练方法[J].江苏教育(16):61-62,65.

王力平,2009.关系与身份:中国人社会认同的结构与动机[J].长春工业大学学报(社会科学版),21(1):50-52.

王美力.2020.品格优势与孤儿学生心理健康的关系:自我污名的中介作用及校园人际关系的调节作用[D].沈阳:沈阳师范大学.

孟成,2014.潜变量建模与Mplus应用·基础篇[M].重庆:重庆大学出版社.

庆洋,2016.大学生宿舍人际关系归因与对策性分析——以心理健康为视角[J].兰州教育学院学报,32(2):147-148+152.

王淑娟,张婍,祝卓宏,2012.关系框架理论:接纳与承诺治疗的理论基础(述评)[J].中国心理卫生杂志,26(11):877-880.

王书荃.2005.一体化教育中对发展迟缓儿童早期干预的初步研究[J].幼儿教育,2005(Z2):10-11.

王颂,解蕴慧,马力,2014.中国员工基于组织自尊的内容探析:概念构图法的应用[J].心理科学,37(1):146-149.

王鑫强,张大均.2011.心理健康双因素模型述评及其研究展望[J].中国特殊教育,(10):68-73.

王鑫强,谢倩,张大均,等,2016.心理健康双因素模型在大学生及其心理素质中的有效性研究[J].心理科学,39(6):1296-1301.

王雁,蔡练.2003.福利院与普通家庭儿童学校社会行为的对比研究[J].中国心理卫生杂志,17(3):185-188.

王英芊,邹泓,侯珂,等,2016.亲子依恋、同伴依恋与青少年消极情感的关系:有调节的中介模型[J].心理发展与教育,32(2):226-235.

王盈,2017.流动儿童歧视知觉、心理弹性与学校适应的关系研究[D].聊城:聊城大学.

王征宇,1984.症状自评量表(SCL-90)[J].上海精神医学,2(2):68-70.

韦芳.2006.浅谈孤残儿童心理问题产生的原因及矫正措施[C]//二零零六年度全国第五次护理专业学术会议论文汇编[C].167-170.

军锋,2015.留守儿童希望特质及其与学业成绩的关系[J].中国儿童保健杂志,23(9):959-961.

温涵,梁韵斯,2015.结构方程模型常用拟合指数检验的实质[J].心理科学,38(4):987-994.

温娟娟,郑雪,2011.大学生气质性乐观、解释风格与主观幸福感的关系研究[J].心理研究,4(5):90-96.

温忠麟,刘红云,侯杰泰,2012.调节效应和中介效应分析[M].北京:教育科学出版社.

温文娟,2013.孤儿学校学生校园心理适应研究——以辽宁省孤儿学校为例[D].沈阳:沈阳师范大学.

温忠麟,叶宝娟,2014.有调节的中介模型检验方法:竞争还是替补?[J].心理学报,46(5):714-726.

温忠麟,叶宝娟,2014.中介效应分析:方法和模型发展[J].心理科学进展,22(5):731-745.

习红兵.2009.试论福利院孤残儿童心理问题及其疏导[J].湖南冶金职业技术学院学报,9(2):69-71.

肖青,2016.小学高年级孤儿学生主观幸福感的积极心理教育干预研究[D].沈阳:沈阳师范大学.

谢丹,赵竹青,段文杰,等,2016.希望思维在临床与实践领域的应用、特点与启示[J].心理科学,39(3):741-747.

自强,郭素然,池丽萍,2007.青少年自尊与攻击的关系:中介变量和调节变量的作用

[J].心理学报,39(5):845-851.

邢春娥,2009.通过反思日记提升幼儿教师实践性知识的策略研究[D].长春:东北师范大学.

熊红星,张璟,叶宝娟,等,2012.共同方法变异的影响及其统计控制途径的模型分析[J].心理科学进展,20(5):757-769.

徐明津,杨新国,2017.家庭经济困难对青少年不良适应的影响:父母支持与心理韧性的链式中介效应[J].中国特殊教育(2):72-77.

徐瑜姣,马世超,刘秀丽,2014.初中生性别角色类型特点及其与友谊质量的关系[J].中小学心理健康教育(10):23-26.

许文青,王云生,季成叶,等.2006.项目县6~14岁艾滋病致孤儿童社会心理问题浅析[J].中国艾滋病性病,12(3):210-211.

严标宾,郑雪,2006.大学生社会支持、自尊和主观幸福感的关系研究[J].心理发展与教育,22(3):60-64.

严娟,2013.初中生解释风格对学业成就的影响及团体心理干预研究——以新余一中初二学生为例[D].长沙:湖南师范大学.

杨思亮,2013.污名视角下学习不良中学生的学习心理健康教育[J].成都师范学院学报,29(12):34-36.

杨生勇,杨洪芹,2013."污名"和"去污":农村艾滋孤儿受损身份的生成和消解——基于J镇艾滋孤儿社会化过程的历史性考察[J].中国青年研究(7):66-71.

杨卫卫,2013.农村艾滋孤儿污名化的后果及矫正[D].武汉:华中师范大学.

杨薇,2011.12~18岁福利院孤儿身份拒绝敏感性的测量及其个案心理干预[D].沈阳:沈阳师范大学.

叶宝娟,朱黎君,方小婷,等,2018.压力知觉对大学生抑郁的影响:有调节的中介模型[J].心理发展与教育,34(4):497-503.

青青,刘洁,王新柳,2012.大学生的感戴与归因方式、领悟社会支持[J].中国心理卫生杂志,26(4):315-318.

尹丽莉,2013.跨群体友谊对降低孤儿身份拒绝敏感性的促进作用[D].沈阳:沈阳师范大学.

于蒙蒙,2018.心理资本之乐观水平培养方案——学生乐观型解释风格团体心理辅导设计[J].教育,13(3):68-73.

于萍,2016.初中孤儿共情能力与亲社会行为倾向关系的研究[D].沈阳:沈阳师范大学.

张本,王学义,孙贺祥,等.2000a.唐山大地震所致孤儿心理创伤后应激障碍的调查[J].中华精神科杂志,33(2):111-114.

张本,王学义,孙贺祥,等.2000b.唐山大地震孤儿远期心身健康的调查研究[J].中国心理卫生杂志,14(1):17-19.

张本,张凤阁,王丽萍,等.2008.30年后唐山地震所致孤儿创伤后应激障碍现患率调查[J].中国心理卫生杂志,22(6):469-473.

张楚,王江洋,高亚华,等.2016.1~6年级孤儿学生心理健康状况调查[J].中国健康心理学杂志,24(11):1706-1709.

张光珍,王娟娟,梁宗保,等,2017.初中生心理弹性与学校适应的关系[J].心理发展与教育,33(1):11-20.

张静,2017.基于积极团体心理辅导的大学生人际交往实验研究——以信阳农林学院为例[J].教育与教学研究,31(3):11-14+70.

张俊丽,2011.抑郁自我污名、自我效能感与社交回避的关系[D].开封:河南大学.

张林,2004.青少年自尊结构、发展特点及其影响因素的研究[D].长春:东北师范大学.

张灵,郑雪,严标宾,等.2007.大学生人际关系困扰与主观幸福感的关系研究[J].心理发展与教育,20(2):116-121.

张宁,张雨青,2010.性格优点:创造美好生活的心理资本[J].心理科学进展,18(7):1161-1167.

张婷,张大均,2019.中学新生心理素质与社交焦虑的关系:自尊和领悟社会支持的中介作用[J].西南大学学报(自然科学版),41(2):39-45.

张巍,朱泽,陈萌萌,等.2014.工作场所中的主观幸福感干预研究[J].心理与行为研究,12(6):831-839.

张学民,申继亮,林崇德,2009.中小学教师教学反思对教学能力的促进[J].外国教育研究,36(9):7-11.

张学伟.2009.地震对丧亲青少年的心理影响及其心理援助[J].西南交通大学学报(社会科学版),10(2),20-24.

张莹瑞,佐斌,2006.社会认同理论及其发展[J].心理科学进展,14(3):475-480.

张莹瑞,肖英霞,2018.拒绝敏感的心理机制及其相关研究进展[J].中国健康心理学杂志,26(8):1273-1277.

张野,李其维,张珊珊,2009.初中生师生关系的结构与类型研究[J].心理科学,32(4):804-807.

章志光,1998.社会心理学[M].北京:人民教育出版社.

赵景欣,杨萍,马金玲,等,2016.歧视知觉与农村留守儿童积极/消极情绪的关系:亲子亲合的保护作用[J].心理发展与教育,32(3):369-376.

赵鑫,谢小蓉,2018.优秀教师实践性知识的构成逻辑与显化路径[J].教师发展研究,

2(3): 59-65.

曾祥龙,刘翔平,于是,2011.接纳与承诺疗法的理论背景、实证研究与未来发展[J].心理科学进展,19(7):1020-1026.

郑艳春,2018.积极心理取向团体心理辅导对高中生人际关系影响的实践研究[J].现代交际(8):156-157.

中华少年儿童慈善救助基金,中国青少年研究会,2013.中国孤儿基本状况及救助保护研究报告[M].北京:中国人民公安大学出版社.

周晨旭,2014.归因风格对农村留守初中生应对方式的影响及干预研究[D].昆明:云南师范大学.

周浩,龙立荣,2004.共同方法偏差的统计检验与控制方法[J].心理科学进展,12(6):942-950.

周娟,蒋维连,2015.接受与实现疗法对癌症患者配偶焦虑和抑郁情绪的影响[J].现代临床护理,14(10):5-8.

周明茹,2016.学生积极人际关系的构建[J].当代教育评论(4):14-16.

周宗奎,孙晓军,赵冬梅,等,2005.童年中期同伴关系与孤独感的中介变量检验[J].心理学报,37(6):776-783.

周宗奎,孙晓军,赵冬梅,等,2015.同伴关系的发展研究[J].心理发展与教育,31(1):62-70.

邹泓,屈智勇,叶苑,2007.中小学生的师生关系与其学校适应[J].心理发展与教育,23(4):77-82.

朱蕾,卓美红,2015.积极归因与大学生感戴:领悟社会支持的中介作用[J].中国特殊教育(11):79-82.

祝卓宏,2013.接纳与承诺疗法在残疾人心理康复中的作用分析[J].残疾人研究(4):24-28.

庄严.2010.苏州市福利院儿童社会适应行为的心理评估研究[D].苏州:苏州大学.

二、英文文献

ATWOOL N, 2006. Attachment and resilience: implications for children in care[J]. Child care in practice, 12(4): 315-330.

AYDUK O, GYURAK A, LUERSSEN A, 2008. Individual differences in the rejection-aggression link in the hot sauce paradigm: the case of rejection sensitivity[J]. Journal of experimental social psychology, 44(3): 775-782.

AYDUK O, MAY D, DOWNEY G, et al., 2003. Tactical differences in coping with rejection sensitivity: the role of prevention pride[J]. Personality and social psychology bulletin, 29

(4): 435-448.

AYDUK O, MENDOZA-DENTON R, MISCHEL W, et al., 2000. Regulating the interpersonal self: strategic self-regulation for coping with rejection sensitivity[J]. Journal of personality and social psychology, 79(5): 776-792.

AYDUK O, ZAYAS V, DOWNEY G, et al., 2008. Rejection sensitivity and executive control: joint predictors of borderline personality features[J]. Journal of research in personality, 42(1): 151-168.

BANGA G, GHOSH S, 2016. The impact of affiliate stigma on the psychological well-being of mothers of children with specific learning disabilities in India: the mediating role of subjective burden[J]. Journal of applied research in intellectual disabilities, 30(5): 958-969.

BATHJE G, PRYOR J, 2011. The relationships of public and self-stigma to seeking mental health services[J]. Journal of mental health counseling, 33(2): 161-176.

BENNER A D, WANG Y, 2017. Racial/ethnic discrimination and adolescents' well-being: The role of cross-ethnic friendships and friends' experiences of discrimination [J]. Child development, 88(2): 493-504.

BEN-ZEEV D, YOUNG M A, CORRIGAN P W, 2010. DSM-V and the stigma of mental illness[J]. Journal of mental health, 19(4): 318-327.

BERGER B E, FERRANS C E, LASHLEY F R, 2001. Measuring stigma in people with HIV: psychometric assessment of the HIV stigma scale[J]. Research in nursing & health, 24(6): 518-529.

BHARAT S, AGGLETON P, TYRER P, 2001. India: HIV and AIDS-related discrimination, stigmatization and denial, UNAIDS best practice collection [G]. Geneva: UNAIDS.

BIRTEL M D, WOOD L, KEMPA N J, 2017. Stigma and social support in substance abuse: implications for mental health and well-being[J]. Psychiatry research, 252: 1-8.

BLANCA M J, FERRAGUT M, ORTIZ-TALLO M, et al., 2018. Life satisfaction and character strengths in Spanish early adolescents[J]. Journal of happiness studies, 19(5): 1247-1260.

BROHAN E, GAUCI D, SARTORIUS N, et al., 2011. Self-stigma, empowerment and perceived discrimination among people with bipolar disorder or depression in 13 European countries: the GAMIAN-Europe study[J]. Journal of affective disorders, 129(1—3): 56-63.

BROWNE J, ESTROFF, S E, LUDWIG K, et al., 2018. Character strengths of individuals with first episode psychosis in individual resiliency training[J]. Schizophrenia research, 195: 448-454.

BUNN J Y, SOLOMON S E, MILLER C, et al., 2007. Measurement of stigma in people with HIV: a reexamination of the HIV stigma scale[J]. AIDS Education and prevention, 19(3): 198-208.

BUSCHOR C, PROYER R T, RUCH W, 2013. Self - and peer - rated character strengths: how do they relate to satisfaction with life and orientations to happiness? [J]. The journal of positive psychology, 8(2): 116-127.

BRUNWASSER S M, FRERES D R, GILLHAM J E, 2018. Youth cognitive - behavioral depression prevention: testing theory in a randomized controlled trial[J]. Cognitive therapy and research, 42(4): 468-482.

CHEN J, CHOE M K, CHEN S, et al., 2005. Community environment and HIV/AIDS - related stigma in China[J]. AIDS Education and prevention, 17(1): 1-11.

CHESNEY M A, SMITH A W, 1999. Critical delays in HIV testing and care: the potential role of stigma[J]. American behavioral scientist, 42(7): 1162-1174.

CIARROCHI J, HEAVEN P C L, DAVIES F, 2007. The impact of hope, self - esteem, and attributional style on adolescents' school grades and emotional well - being: a longitudinal study [J]. Journal of research in personality, 41(6): 1161-1178.

CICIURKAITE G, PERRY B L, 2017. Body weight, perceived weight stigma and mental health among women at the intersection of race/ethnicity and socioeconomic status: insights from the modified labelling approach[J]. Sociology of health & illness, 40(1): 18-37.

CLUVER L, GARDNER F, 2007. Risk and protective factors for psychological well - being of children orphaned by AIDS in Cape Town: a qualitative study of children and caregivers' perspectives[J]. AIDS Care, 19(3): 318-325.

CLUVER L, GARDNER F, OPERARIO D, 2007. Psychological distress amongst AIDS - orphaned children in urban South Africa[J]. Journal of child psychology & psychiatry, 48(8): 755-763.

CLYMAN J A, PACHANKIS J E, 2014. The relationship between objectively coded explanatory style and mental health in the stigma - related narratives of young gay men[J]. Psychology of men and masculinity, 15(1): 110-115.

COLLISHAW S, GARDNER F, ABER J L, et al., 2016. Predictors of mental health resilience in children who have been parentally bereaved by AIDS in urban South Africa[J]. Journal of abnormal child psychology, 44(4): 719-730.

CONNELY F M, CLANDININ D J, 1984. The role of teachers' personal practical knowledge in effecting board policy[M]//CONNELY F M, CLANDININ D J. Teachers' personal practical knowledge and race relations. Administrative Policy. Toronto: Ontario Inst, 1984(3): 76-82.

COOTE H M J, MACLEOD A K, 2012. A self - help, positive goal - focused intervention to increase well - being in people with depression[J]. Clinical psychology and psychotherapy, 19(4): 305 - 315.

CORRIGAN P W, 2004. Target - specific stigma change: a strategy for impacting mental illness stigma[J]. Psychiatric rehabilitation journal, 28(2): 113 - 121.

CORRIGAN P W, KERR A, KNUDSEN L, 2005. The stigma of mental illness: explanatory models and methods for change[J]. Applied and preventive psychology, 11(3): 179 - 190.

CORRIGAN P W, KOSYLUK K A, RSCH N, 2013. Reducing self - stigma by coming out proud[J]. American journal of public health, 103(5): 794 - 800.

CORRIGAN P W, LARSON J E, RSCH N, 2009. Self - stigma and the "why try" effect: impact on life goals and evidence - based practices[J]. World psychiatry, 8(2): 75 - 81.

CORRIGAN P W, RAFACZ J, RSCH N, 2011. Examining a progressive model of self - stigma and its impact on people with serious mental illness[J]. Psychiatry research, 189(3): 339 - 343.

CORRIGAN P W, WATSON A C, BARR L, 2006. The self - stigma of mental illness: implications for self - esteem and self - efficacy[J]. Journal of social and clinical psychology, 25(8): 875 - 884.

CORRIGAN P W, WATSON A C, 2002. The paradox of self - stigma and mental illness[J]. Clinical psychology: science and practice, 9(1): 35 - 53.

CROCKER J, CORNWELL B, MAJOR B, 1993. The stigma of overweight: affective consequences of attributional ambiguity[J]. Journal of personality and social psychology, 64(1): 60 - 70.

CROCKER J, MAJOR B, 1989. Social stigma and self - esteem: the self - protective properties of stigma[J]. Psychological review, 96(4): 608 - 630.

CROCKER J, VOELKL K, TESTA M, et al., 1991. Social stigma: the affective consequences of attributional ambiguity[J]. Journal of personality and social psychology, 60(2): 218 - 228.

CURHAN K B, SIMS T, MARKUS H R, et al., 2014. Just how bad negative affect is for your health depends on culture[J]. Psychological science, 25(12): 2277 - 2280.

DAVIS D E, CHOE E, MEYERS J, et al., 2016. Thankful for the little things: a meta - analysis of gratitude interventions[J]. Journal of counseling psychology, 63(1): 20 - 31.

DENG Y, YAN M, CHEN H, et al., 2016. Attachment security balances perspectives: effects of security priming on highly optimistic and pessimistic explanatory styles[J]. Frontiers in psychology, 7: 1269.

DICKERSON F B, SOMMERVILLE J, ORIGONI A E, et al., 2002. Experiences of stigma among outpatients with schizophrenia[J]. Schizophrenia bulletin, 28(1): 143-155.

DIENER E, 2000. Subjective well-being: The science of happiness and a proposal for a national index[J]. American psychologist, 55(1): 34-43.

DIENER E, 2012. New findings and future directions for subjective well-being research [J]. American psychologist, 67(8): 590-597.

DOLL B, 2008. The dual-factor model of mental health in youth[J]. School psychology review, 37(1): 69-73.

DOWNEY G, FELDMAN S I, 1996. Implications of rejection sensitivity for intimate relationships[J]. Journal of personality and social psychology, 70(6): 1327-1343.

DOWNEY G, FREITAS A L, MICHAELIS B, et al., 1998. The self-fulfilling prophecy in close relationships: rejection sensitivity and rejection by romantic partners [J]. Journal of personality and social psychology, 75(2): 545-560.

DOWNEY G, KHOURI H, FELDMAN S I, 1997. Early interpersonal trauma and later adjustment: the mediational role rejection sensitivity [J]. Developmental perspectives trauma: Rochester symposium on developmental psychopathology, 8: 85-144.

DOWNEY G, LEBOLT A, RINCÓN C, et al., 1998. Rejection sensitivity and children's interpersonal difficulties[J]. Child development, 69(4): 1074-1091.

DUAN W, BU H, 2017. Randomized trial investigating of a single-session character-strength-based cognitive intervention on freshman's adaptability[J]. Research on social work practice, 29(1): 82-92.

DUAN W, HO S M Y, 2017. Does being mindful of your character strengths enhance psychological wellbeing? A longitudinal mediation analysis[J]. Journal of happiness studies, 19 (4): 1045-1066.

DUAN W, HO S, TANG X, et al., 2014. Character strengths-based intervention to promote satisfaction with life in the Chinese university context[J]. Journal of happiness studies, 15 (6): 1347-1361.

DUDLEY P, 2013. Teacher learning in lesson study: what interaction level discourse analysis revealed about how teachers utilized imagination, tacit knowledge of teaching and fresh evidence of pupils learning, to develop practice knowledge and so enhance their pupils' learning[J]. Teaching and teacher education, 34: 107-121.

DURSO L E, LATNER J D, 2008. Understanding self-directed stigma: development of the weight bias internalization scale[J]. obesity, 16(2): 80-86.

EATON K, OHAN J L, STRITZKE W G K, et al., 2016. Failing to meet the good parent ideal: self - stigma in parents of children with mental health disorders[J]. Journal of child and family studies, 25(10): 3109 - 3123.

EKLUND K, DOWDY E, JONES C, et al., 2011. Applicability of the dual - factor model of mental health for college students[J]. Journal of college student psychotherapy, 25(1): 79 - 92.

EVANS - LACKO S, LONDON J, JAPHET S, et al., 2012. Mass social contact interventions and their effect on mental health related stigma and intended discrimination[J]. BMC Public health, 12: 489.

FELDMAN D B, CRANDALL C S, 2007. Dimensions of mental illness stigma: what about mental illness causes social rejection? [J] Journal of social and clinical psychology, 26(2): 137 - 154.

FRANKE M F, MUNOZ M, FINNEGAN K, et al., 2010. Validation and abbreviation of an HIV stigma scale in an adult Spanish - Speaking population in urban Peru[J]. AIDS and behavior, 14(1): 189 - 199.

FREDRICKSON B L, 2001. The role of positive emotions in positive psychology. The broaden - and - build theory of positive emotions[J]. American Psychologist, 56(3): 218 - 226.

FRIEDMAN K E, ASHMORE J A, APPLEGATE K L, 2008. Recent experiences of weight - based stigmatization in a weight loss surgery population: psychological and behavioral correlates [J]. Obesity, 16(2): 69 - 74.

FUNG K M, TSANG H W, CORRIGAN P W, 2008. Self - stigma of people with schizophrenia as predictor of their adherence to psychosocial treatment [J]. Psychiatric rehabilitation journal, 32(2): 95 - 104.

FUNG K M, TSANG H W, CORRIGAN P W, et al., 2007. Measuring self - stigma of mental illness in China and its implications for recovery[J]. International journal of social psychiatry, 53 (5): 408 - 418.

GANDER F, PROYER R T, RUCHW, et al., 2013. Strength - based positive interventions: further evidence for their potential in enhancing well - being and alleviating depression[J]. Journal of happiness studies, 14(4): 1241 - 1259.

GOODMAN F R, DISABATO D J, KASHDAN T B, et al., 2017. Personality strengths as resilience: a one - year multiwave study[J]. Journal of personality, 85(3): 423 - 434.

GREENSPOON P J, SAKLOFSKE D H, 2001. Toward an integration of subjective well - being and psychopathology[J]. Social indicators research, 54(1): 81 - 108.

GRENVILLE - CLEAVE B, 2012. Introducing positive psychology: a practical guide[M]. Icon Books Ltd.

GRONHOLM P C, THORNICROFT G, LAURENS K R, et al., 2017. Mental health -

related stigma and pathways to care for people at risk of psychotic disorders or experiencing first-episode psychosis: a systematic review[J]. Psychological medicine, 47(11): 1867-1879.

GRTTER J, GASSER L, MALTI T, 2017. The role of cross-group friendship and emotions in adolescents' attitudes towards inclusion [J]. Research in developmental disabilities, 62: 137-147.

HARPER M S, DICKSON J W, WELSH D P, 2006. Self-silencing and rejection sensitivity in adolescent romantic relationships[J]. Journal of youth and adolescence, 35(3): 435-443.

HARZER C, RUCH W, 2016. Your strengths are calling: preliminary results of a web-based strengths intervention to increase calling[J]. Journal of happiness studies, 17(6): 2237-2256.

HATZENBUEHLER M L, 2009. How does sexual minority stigma "get under the skin"? A psychological mediation framework[J]. Psychological bulletin, 135(5): 707-730.

HATZENBUEHLER M L, KEYES K M, HASIN D S, 2009. Associations between perceived weight discrimination and the prevalence of psychiatric disorders in the general population[J]. Obesity, 17(11): 2033-2039.

HAUSMANN L R M, PARKS A, YOUK A O, et al., 2014. Reduction of bodily pain in response to an online positive activities intervention[J]. Journal of pain, 15(5): 560-567.

HAYWARD P, BRIGHT J A, 1997. Stigma and mental illness: a review and critique[J]. Journal of mental health, 6(4): 345-354.

HAYES S C, BISSETT R, ROGET N, et al., 2004. The impact of acceptance and commitment training and multicultural training on the stigmatizing attitudes and professional burnout of substance abuse counselors[J]. Behavior therapy, 35(4): 821-835.

HAYES S C, LUOMA J, BOND F, et al., 2006. Acceptance and Commitment Therapy: model, processes, and outcomes[J]. Behaviour research and therapy, 44(1): 1-25.

HAYES S C, MASUDA A, BISSETT R, et al., 2004. DBT, FAP, and ACT: How empirically oriented are the new behavior therapy technologies? [J] Behavior therapy, 35(1): 35-54.

HAYES S C, PISTORELLO J, LEVIN M E, 2012. Acceptance and Commitment Therapy as a unified model of behavior change[J]. The counseling psychologist, 40(7): 976-1002.

HAYES S C, STROSAHL K D, WILSON K G, 2013. Acceptance and Commitment Therapy: an experiential approach to behavior change[M]. New York: The Guilford Press: 49-80.

HOFER A, MIZUNO Y, FRAJO-APOR B, et al., 2016. Resilience, internalized stigma, self-esteem, and hopelessness among people with schizophrenia: cultural comparison in Austria and Japan[J]. Schizophrenia research, 171(1-3): 86-91.

JACKSON K M, TROCHIM W M K, 2002. Concept mapping as an alternative approach for the analysis of open - ended survey responses[J]. Organizational research methods, 5(4): 307 - 336.

JONZON E, LINDBLAD F, 2006. Risk factors and protective factors in relation to subjective health among adult female victims of child sexual abuse [J]. Child abuse and neglect, 30 (2): 127 - 143.

KALOMO E N, 2017. Associations between HIV - related stigma, self - esteem, social support, and depressive symptoms in Namibia [J]. Aging & mental health, 22 (12): 1570 - 1576.

KERN M L, WATERS L E, ADLER A, et al., 2014. A multidimensional approach to measuring well - being in students: application of the PERMA framework [J]. The journal of positive psychology, 10(3): 262 - 271.

KILLEN A, MACASKILL A, 2015. Using a gratitude intervention to enhance well - being in older adults[J]. Journal of happiness studies, 16(4): 947 - 964.

KLASEN F, OTTO C, KRISTON L, et al., 2015. Risk and protective factors for the development of depressive symptoms in children and adolescents: results of the longitudinal BELLA study[J]. European child and adolescent psychiatry, 24(6): 695 - 703.

KOUL P, SHAKHER C, 2014. Orphanhood in the context of mental health and difficulty in emotion regulation of children[J]. Indian journal of health and wellbeing, 5(8): 927 - 930.

KRANKE D A, FLOERSCH J, KRANKE B O, et al., 2011. A qualitative investigation of self - stigma among adolescents taking psychiatric medication[J]. Psychiatric services, 62(8): 893 - 899.

LANNIN D G, VOGEL D L, BRENNER R E, et al., 2016. Does self - stigma reduce the probability of seeking mental health information? [J] Journal of counseling psychology, 63(3): 351 - 358.

LAROUCHE M, GALAND B, BOUFFARD T, 2008. The illusion of scholastic incompetence and peer acceptance in primary school[J]. European journal of psychology of education, 23(1): 25 - 39.

LAYOUS K, NELSON S N, LYUBOMIRSKY S, 2013. What is the optimal way to deliver a positive activity intervention? The case of writing about one's best possible selves[J]. Journal of happiness studies, 14(2): 635 - 654.

LEARY M R, TWENGE J M, QUINLIVAN E, 2006. Interpersonal rejection as a determinant of anger and aggression[J]. Personality & social psychology review, 10(2): 111 - 132.

LEARY M R, KOWALSKI R M, 1993. The interaction anxiousness scale: construct and criterion - related validity[J]. Journal of personality assessment, 61(1): 136 - 146.

LEE A, HANKIN B L, 2009. Insecure attachment, dysfunctional attitudes, and low self-esteem predicting prospective symptoms of depression and anxiety during adolescence[J]. Journal of clinical child and adolescent psychology, 38(2): 219 - 231.

LEWIS - BECK M, BRYMAN A, LIAO T, 2004. Encyclopedia of social science research method[M]. Thousand Oaks, CA: SAGE Publication: 1123.

LI J, MO P K H, WU A M S, et al., 2017. Roles of self - stigma, social support, and positive and negative affects as determinants of depressive symptoms among HIV infected men who have sex with men in China[J]. AIDS and behavior, 21(1): 261 - 273.

LIBBEY H P, STORY M T, NEUMARK - SZTAINER D R, et al., 2008. Teasing, disordered eating behaviors, and psychological morbidities among overweight adolescents [J]. Obesity, 16(2): 24 - 29.

LIEBENBERG L, THERON L, SANDERS J, et al., 2016. Bolstering resilience through teacher - student interaction: lessons for school psychologists[J]. School psychology international, 37(2): 140 - 154.

LILLIS J, LUOMA J B, LEVIN M E, et al., 2010. Measuring weight self - stigma: the weight self - stigma questionnaire[J]. Obesity, 18(5): 971 - 976.

LINK B G, 1982. Mental patient status, work and income: an examination of the effects of a psychiatric label[J]. American sociological review, 47(2): 202 - 215.

LINK B G, CULLEN F T, STRUENING E L, et al., 1989. A modified labeling theory approach to mental disorders: an empirical assessment[J]. American sociological review, 54(3): 400 - 423.

LINK B G, PHELAN J C, 2001. Conceptualizing stigma[J]. Annual review of sociology, 27(1): 363 - 385.

LIU Y, LI X, CHEN L, et al., 2015. Perceived positive teacher - student relationship as a protective factor for Chinese left - behind children's emotional and behavioural adjustment[J]. International journal of psychology, 50(5): 354 - 362.

LIVINGSTON J D, BOYD J E, 2010. Correlates and consequences of internalized stigma for people living with mental illness: a systematic review and meta - analysis[J]. Social science & medicine, 71(12): 2150 - 2161.

LLOYD C, SULLIVAN D, WILLIAMS P L, 2005. Perceptions of social stigma and its effect on interpersonal relationships of young males who experience a psychotic disorder[J]. Australian occupational therapy journal, 52(3): 243 - 250.

LOCKE E A, LATHAM G P, 1990. A theory of goal setting and task performance[M]. Englewood Cliffs, NJ: Prentice Hall.

LONEY B R, LIMA E N, BUTLER M A, 2006. Trait affectivity and nonrefereed adolescent conduct problems[J]. Journal of clinical child and adolescent psychology, 35(2): 329 – 336.

LOPEZ – GOMEZ I, CHAVES C, HERVAS G, et al., 2017. Comparing the acceptability of a positive psychology intervention versus a cognitive behavioural therapy for clinical depression [J]. Clinical psychology and psychotherapy, 24(5): 1029 – 1039.

LUOMA J B, KOHLENBERG B S, HAYES S C, et al., 2008. Reducing self – stigma in substance abuse through acceptance and commitment therapy: model, manual development, and pilot outcomes[J]. Addiction research & theory, 16(2): 149 – 165.

LYSAKER P H, ROE D, YANOS P T, 2007. Toward understanding the insight paradox: internalized stigma moderates the association between insight and social functioning, hope, and self – esteem among people with schizophrenia spectrum disorders[J]. Schizophrenia bulletin, 33(1): 192 – 199.

LYUBOMIRSKY S, DICKERHOOF R, BOEHM J K, et al., 2011. Becoming happier takes both a will and a proper way: an experimental longitudinal intervention to boost well – being[J]. Emotion, 11(2): 391 – 402.

LYUBOMIRSKY S, SHELDON K M, SCHKADE D, 2005. Pursuing happiness: the architecture of sustainable change[J]. Review of general psychology, 9(2): 111 – 131.

MA C Q, HUEBNER E S, 2008. Attachment relationships and adolescents' life satisfaction: Some relationships matter more to girls than boys [J]. Psychology in the schools, 45 (2): 177 – 190.

MADDEN W, GREEN S, GRANT A M, 2011. A pilot study evaluating strengths – based coaching for primary school students: enhancing engagement and hope[J]. International coaching psychology review, 6(1): 71 – 83.

MAGALLARES A, BOLAÑOS – RIOS P, RUIZ – PRIETO I, et al., 2017. The mediational effect of weight self – stigma in the relationship between blatant and subtle discrimination and depression and anxiety[J]. The Spanish journal of psychology, 20: 1 – 7.

MAHERI A, SADEGHI R, SHOJAEIZADEH D, et al., 2018. Depression, anxiety, and perceived social support among adults with beta – thalassemia major: cross – sectional study[J]. Korean journal of family medicine, 39(2): 101 – 107.

MAJOR B, O'BRIEN L T, 2005. The social psychology of stigma[J]. Annual review social, 56(6): 393 – 421.

MAK W, CHEUNG R, LAW R W, et al., 2007. Examining attribution model of self – stigma on social support and psychological well – being among people with HIV +/AIDS[J]. Social science & medicine, 64(8): 1549 – 1559.

MANOS R C, RUSCH L C, KANTER J W, et al., 2009. Depression self - stigma as a mediator of the relationship between depression severity and avoidance[J]. Journal of social and clinical psychology, 28(9): 1128 - 1143.

MANTLER J, SCHELLENBERG E G, PAGE J S, 2003. Attributions for serious illness: are controllability, responsibility, and blame different constructs? [J]. Canadian journal of behavioural science, 35(2): 142 - 152.

MAO Y, ROBERTS S, PAGLIARO S, et al., 2016. Optimal experience and optimal identity: a multinational study of the associations between flow and social identity[J]. Frontiers in psychology, 7: 67.

MARQUES S C, LOPEZ S J, PAIS - RIBEIRO J L., 2011. "Building hope for the future": a program to foster strengths in middle - school students[J]. Journal of happiness studies, 12(1): 139 - 152.

MARTINEZ - MARTÍ M L, AVIA M D, HERNÁNDEZ - LLOREDAM J, 2014. Appreciation of beauty training: a web - based intervention [J]. The journal of positive psychology, 9(6): 477 - 481.

MASON M J, CAMPBELL L, KING L, et al., 2016. The moderating role of peer problems on the relationship between substance use and mental health[J]. Journal of child and adolescent substance abuse, 25(2): 153 - 158.

MASUDA A, HAYES S C, FLETCHER L B, et al., 2007. Impact of Acceptance and Commitment Therapy versus education on stigma toward people with psychological disorders[J]. Behaviour research and therapy, 45(11): 2764 - 2772.

MASUDA A, HAYES S C, LILLIS J, et al., 2009. The relation between psychological flexibility and mental health stigma in Acceptance and Commitment Therapy: a preliminary process investigation[J]. Behavior and social issues, 18(1): 25 - 40.

MENDOZA - DENTON R, DOWNEY G, PURDIE V J, et al., 2002. Sensitivity to status - based rejection: implications for African American students' college experience [J]. Journal of personality and social psychology, 83(4): 896 - 918.

MILLER C T, MAJOR B, 2000. Coping with stigma and prejudice[M]//HEATHERTON T F, KLECK R E, HEBL M R, et al. The social psychology of stigma. New York: Guilford: 243 - 272.

MILLER N, 2002. Personalization and the promise of Contact Theory[J]. Journal of social issues, 58(2): 387 - 410.

MISCHEL W, SHODA Y, 1995. A cognitive - affective system theory of personality: reconceptualizing situations, dispositions, dynamics, and invariance in personality structure[J].

Psychological review, 102(2): 246 - 268.

MMARI K, 2011. Exploring the relationship between caregiving and health: Perceptions among orphaned and non - orphaned adolescents in Tanzania[J]. Journal of adolescence, 34(2): 301 - 309.

MNDEZ RIVERA, P, PÉREZ GÓMEZ F, 2017. Understanding student - teachers' performances within an inquiry - based practicum [J]. English language teaching, 10 (4): 127 - 139.

MOGHADDAM M, 2008. Happiness, faith, friends, and fortune: empirical evidence from the 1998 US survey data[J]. Journal of happiness studies, 9(4): 577 - 587.

MOSES T, 2009. Stigma and self - concept among adolescents receiving mental health treatment[J]. American journal of orthopsychiatry, 79(2): 261 - 274.

MOTH I A, AYAYO A B, KASEJE D O, 2005. Assessment of utilization of PMTCT services at Nyanza Provincial Hospital, Kenya [J]. Journal of social aspects of HIV/AIDS, 2 (2): 244 - 250.

NAIDOO J R, UYS L R, GREEFF M, et al., 2007. Urban and rural differences in HIV/AIDS stigma in five African countries[J]. African journal of AIDS research, 6(1): 17 - 23.

NAM S K, LEE S M, 2015. The role of attachment and stigma in the relationship between stress and attitudes toward counseling in South Korea[J]. Journal of counseling and development, 93(2): 212 - 224.

NEUMARK - SZTAINER D, FALKNE, N, STORY M, et al., 2002. Weight - teasing among adolescents: correlations with weight status and disordered eating behaviors [J]. International Journal of obesity & related metabolic disorders, 26(1): 123 - 131.

NIEMIEC R M, 2013. Mindfulness and character strengths: a practical guide to flourishing [M]. Cambridge, MA: Hogrefe Publishing.

NIEMIEC R M, 2013. VIA character strengths: Research and practice(The first 10 years) [M]// KNOOP H H, FAVE A D. Well - being and cultures: perspectives from positive psychology. New York: Springer: 11 - 30.

NIEMIEC R M, SHOGREN K A, WEHMEYER M, 2017. Character strengths and intellectual and developmental disability: a strengths - based approach from positive psychology[J]. Education and training in autism and developmental disabilities, 52(1): 13 - 25.

NONAKA I, TAKEUCHI H, 1995. The knowledge - creating company: how Japanese companies create the dynamics of innovation[M]. New York: Oxford University Press.

NORRIS F H, KANIASTY K, 1996. Received and perceived social support in times of stress: a test of the social support deterioration deterrence model[J]. Journal of personality and social psychology, 71(3): 498-511.

OBERMEYER C M, OSBORN M, 2007. The utilization of testing and counseling for HIV: a review of the social and behavioral evidence[J]. American journal of public health, 97(10): 1762-1774.

OBOKATA A, MUTO T, 2005. Regulatory and preventive factors for mild delinquency of junior high school students: child-parent relationships, peer relationships, and self-control [J]. Japanese journal of developmental psychology, 16: 286-299.

O'CLEIRIGH C, SAFREN S, 2008. Optimizing the effects of stress management interventions in HIV[J]. Health psychology, 27(3): 297-301.

OPPENHEIMER M F, FIALKOV C, ECKER B, et al., 2014. Character education for urban middle school students[J]. Journal of character education, 10(2): 91-105.

PALLINI S, BAIOCCO R, SCHNEIDER B H, et al., 2014. Early child-parent attachment and peer relations: a meta-analysis of recent research[J]. Journal of family psychology, 28(1): 118-123.

PARK N, PETERSON C, 2006. Character strengths and happiness among young children: content analysis of parental descriptions[J]. Journal of happiness studies, 7(3): 323-341.

PARK N, PETERSON C, 2008. Positive psychology and character strengths: application to strengths-based school counseling[J]. Professional school counseling, 12(2): 85-92.

PARKER J G, ASHER S R, 1993. Friendship and friendship quality in middle childhood: Links with peer group acceptance and feelings of loneliness and social dissatisfaction[J]. Developmental psychology, 29(4): 611-621.

PELTONEN K, QOUTA S, SARRAJ E, et al., 2010. Military trauma and social development: The moderating and mediating roles of peer and sibling relations in mental health [J]. International journal of behavioral development, 34(6): 554-563.

PETERSON C, 2013. Pursuing the good life: 100 reflections on positive psychology[M]. New York: Oxford University Press.

PETERSON C, SELIGMAN M E P, 2004. Strengths of character and well-being: a closer look at hope and modesty[J]. Journal of social and clinical psychology, 23(5): 628-634.

PETERSON C, SELIGMAN M E P, 2004. Character strengths and virtues: a handbook and classification[M]. Oxford: Oxford University Press.

PETERSON C, PARK N, SELIGMAN M E P, 2006. Greater strengths of character and recovery from illness[J]. The journal of positive psychology, 1(1): 17-26.

PETERSON C, RUCH W, BEERMANN U, et al., 2007. Strengths of character, orientations to happiness, and life satisfaction[J]. The journal of positive psychology, 2(3): 149-156.

PETTIGREW T F, 1998. Intergroup contact theory[J]. Annual review of psychology, 49(1): 65-85.

PETTIGREW T F, TROPP L R, 2006. A meta-analytic test of intergroup contact theory [J]. Journal of personality and social psychology, 90(5): 751-783.

PRELOW H M, MOSHER C E, BOWMAN M A, 2006. Perceived racial discrimination, social support, and psychological adjustment among African American college students[J]. Journal of black psychology, 32(4): 442-454.

PROCTOR C, MALTBY J, LINLEY P A, 2011. Strengths use as a predictor of well-being and health-related quality of life[J]. Journal of happiness studies, 12(1): 153-169.

PROCTOR C, TSUKAYAMA E, WOOD A M, et al., 2011. Strengths gym: the impact of a character strengths-based intervention on the life satisfaction and well-being of adolescents[J]. The journal of positive psychology, 6(5): 377-388.

PROYER R T, GANDER F, WELLENZOHN S, et al., 2013. What good are character strengths beyond subjective well-being? The contribution of the good character on self-reported health-oriented behavior, physical fitness, and the subjective health status[J]. The journal of positive psychology, 8(3): 222-232.

PROYER R T, GANDER F, WELLENAOHN S, et al., 2015. Strengths-based positive psychology interventions: a randomized placebo-controlled online trial on long-term effects for a signature strength vs. a lesser strengths-intervention[J]. Frontiers in psychology, 6: 456.

PUHL R M, BROWNELL K D, 2001. Bias, discrimination, and obesity[J]. Obesity research, 9(12): 788-805.

PUHL R M, BROWNELL K D, 2003. Psychosocial origins of obesity stigma: toward changing a powerful and pervasive bias[J]. Obesity reviews, 4(4): 213-227.

PUHL R M, BROWNELL K D, 2006. Confronting and coping with weight stigma: an investigation of overweight and obese adults[J]. Obesity, 14(10): 1802-1815.

PUHL R M, HEUER C A, 2009. The Stigma of obesity: a review and update[J]. Obesity, 17(5), 941-964.

PUHL R M, MOSS-RACUSIN C A, SCHWARTZ M B, 2007. Internalization of weight bias: implications for binge eating and emotional well-being[J]. Obesity, 15(1): 19-23.

PUNAMÄKI R L, ISOSÄVI S, QOUTA S R, et al., 2017. War trauma and maternal-fetal attachment predicting maternal mental health, infant development, and dyadic interaction in Palestinian families[J]. Attachment and human development, 19(5): 463-486.

QUINLAN D M, SWAIN N, CAMERON C, et al., 2015. How "other people matter" in a classroom-based strengths intervention: exploring interpersonal strategies and classroom outcomes

[J]. The journal of positive psychology, 10(1): 77-89.

RAJA S N, MCGEE R, STANTON W R, 1992. Perceived attachments to parents and peers and psychological well-being in adolescence[J]. Journal of youth and adolescence, 21(4): 471-485.

RASHID T, 2015. Positive psychotherapy: a strength-based approach[J]. The journal of positive psychology, 10(1): 25-40.

REARDON J M, WILLIAMS N L, 2007. The specificity of cognitive vulnerabilities to emotional disorders: Anxiety sensitivity, looming vulnerability and explanatory style[J]. Journal of anxiety disorders, 21(5): 625-643.

RELF M V, MALLINSON R K, PAWLOWSKI L, et al., 2005. HIV-related stigma among persons attending an urban HIV clinic[J]. Journal of multicultural nursing & health, 11(1): 14-22.

RIGGS S A, VOSVICK M, STALLINGS S, 2007. Attachment style, stigma and psychological distress among HIV+ adults[J]. Journal of health psychology, 12(6): 922-936.

RITSHER J B, OTILINGAM P G, GRAJALES M, 2003. Internalized stigma of mental illness: psychometric properties of a new measure[J]. Psychiatry research, 121(1): 31-49.

RITSHER J B, PHELAN J C, 2004. Internalized stigma predicts erosion of morale among psychiatric outpatients[J]. Psychiatry research, 129(3): 257-265.

ROELOFFS C, SHERBOURNE C, UNTZER J, et al., 2003. Stigma and depression among primary care patients[J]. General hospital psychiatry, 25(5): 311-315.

ROLF J, MASTEN A S, CICCHETTI D, et al., 1990. Risk and protective factors in the development of psychopathology[M]. Cambridge: Cambridge University.

ROSENBERG M, 1965. Society and the adolescent self-image[M]. Princeton, NJ: Princeton University Press.

ROSENBERGER P H, HENDERSON K E, BELL R L, et al., 2007. Associations of weight-based teasing history and current eating disorder features and psychological functioning in bariatric surgery patients[J]. Obesity surgery, 17(4): 470-477.

ROSENFIELD S, 1997. Labeling mental illness: the effects of received services and perceived stigma on life satisfaction[J]. American sociological review, 62(4): 660-672.

ROUHOLAMINI M, KALANTAR KOUSHEH S M, SHARIFI E, 2016. Effectiveness of spiritual components training on life satisfaction of Persian orphan adolescents[J]. Journal of religion and health, 56(6): 1895-1902.

RSCH N, CORRIGAN P W, TODD A R, et al., 2010. Implicit self-stigma in people with mental illness[J]. The journal of nervous and mental disease, 198(2): 150-153.

RSCH N, CORRIGAN P W, TODD A R, et al. , 2011. Automatic stereotyping against people with schizophrenia, schizoaffective and affective disorders[J]. Psychiatry research, 186(1): 34 – 39.

RSCH N, HLZER A, HERMANN C, et al. , 2006. Self – stigma in women with borderline personality disorder and women with social phobia[J]. The journal of nervous and mental disease, 194(10): 766 – 773.

RUBIN K H, COPLAN R J, CHEN X, et al. , 2006. Peer relationships in childhood[J]. Developmental science: an advanced textbook, 57(3): 411 – 421.

RUTTER M, 2012. Resilience as a dynamic concept[J]. Development and psychopathology, 24(2): 335 – 344.

SAYLES J N, HAYS R D, SARKISIAN C A, et al. , 2008. Development and psychometric assessment of a multidimensional measure of internalized HIV stigma in a sample of HIV – positive adults[J]. AIDS and behavior, 12(5): 748 – 758.

SCHEIER M F, CARVER C S, 1988. A model of behavioral self – regulation: translating intention into action[J]. Advances in experimental social psychology, 21(4): 303 – 346.

SCHULTZE – LUTTER F, SCHIMMELMANN B G, SCHMIDT S J, 2016. Resilience, risk, mental health and well – being: associations and conceptual differences[J]. European child and adolescent psychiatry, 25(5): 459 – 466.

SCHMITT M T, BRANSCOMBE N R, POSTMES T, et al. , 2014. The consequences of perceived discrimination for psychological well – being: a meta – analytic review[J]. Psychological bulletin, 140(4): 921 – 948.

SELIGMAN M E P, MAIER S F, GEER J H, 1968. Alleviation of learned helplessness in the dog[J]. Journal of abnormal psychology, 73(3): 256 – 262.

SELIGMAN M E P, STEEN T A, PARK N, et al. , 2005. Positive psychology progress: empirical validation of interventions[J]. American Psychologist, 60(5): 410 – 421.

SHANKLAND R, ROSSET E, 2017. Review of brief school – based positive psychological interventions: a taster for teachers and educators[J]. Education psychological review, 29(2):363 – 392.

SHELDON K M, ABAD N, FERGUSON Y, et al. , 2010. Persistent pursuit of need – satisfying goals leads to increased happiness: a 6 – month experimental longitudinal study[J]. Motivation and emotion, 34(1): 39 – 48.

SHELDON K M, ELLIOT A J, 1999. Goal striving, need satisfaction, and longitudinal well – being: the self – concordance model[J]. Journal of personality and social psychology, 76(3): 482 – 497.

SHELDON K M, LYUBOMIRSKY S, 2006a. Achieving sustainable gains in happiness: change your actions, not your circumstances[J]. Journal of happiness studies, 7(1): 55 – 86.

SHELDON K M, LYUBOMIRSKY S, 2006b. How to increase and sustain positive emotion: the effects of expressing gratitude and visualizing best possible selves[J]. The journal of positive psychology, 1(2): 73 – 82.

SHEK D T L, LI X, 2016. Perceived school performance, life satisfaction, and hopelessness: a 4 – year longitudinal study of adolescents in Hong Kong[J]. Social indicators research, 126(2): 921 – 934.

SHEK D T L, TANG V L C M, 2003. The relationship between Chinese cultural beliefs about adversity and psychological adjustment in Chinese families with economic disadvantage[J]. American journal of family therapy, 31(5): 63 – 80.

SHIEH G, KUNG C F, 2007. Methodological and computational considerations for multiple correlation analysis[J]. Behavior research methods, 39(4): 731 – 734.

SHIMAI S, OTAKE K, PARK N, et al., 2006. Convergence of character in American and Japanese young adults[J]. Journal of happiness studies, 7(3): 311 – 322.

SHURKA E, 1983. Attitudes of Israeli Arabs towards the mentally ill[J]. International journal of social psychiatry, 29(2): 101 – 110.

SIA N, PADHI S, 2013. The role of social support in mental health of orphan adolescents[J]. Indian journal of positive psychology, 4(2): 290 – 295.

SIMBAYI L C, KALICHMAN S, STREBEL A, et al., 2007. Internalized stigma, discrimination, and depression among men and women living with HIV/AIDS in Cape Town, South Africa[J]. Social science & medicine, 64(9): 1823 – 1831.

SIN N L, LYUBOMIRSKY S, 2009. Enhancing well – being and alleviating depressive symptoms with positive psychology interventions: a practice – friendly meta – analysis[J]. Journal of clinical psychology, 65(5): 467 – 487.

SLATCHER R B, SELCUK E, 2017. A social psychological perspective on the links between close relationships and health[J]. Current directions in psychological science, 26(1): 16 – 21.

SMITH T W, 2006. Personality as risk and resilience in physical health[J]. Current directions in psychological science, 15(5): 227 – 231.

SNYDER C R, 1994. The psychology of hope: you can get there from here[M]. New York: Free Press.

SPECTOR P E, FOX S, 2002. An emotion – centered model of voluntary work behavior: some parallels between counterproductive work behavior and organizational citizenship behavior[J]. Human resource management review, 12(2): 269 – 292.

STAEBLER K, HELBING E, ROSENBACH C, et al., 2011. Rejection sensitivity and borderline personality disorder[J]. Clinical psychology and psychotherapy, 18(4): 275 – 283.

STALL R, HOFF C, COATES T, et al., 1996. Decisions to get HIV tested and to accept antiretroviral therapies among gay/bisexual men: implications for secondary prevention efforts[J]. Journal of acquired immune deficiency syndromes and human retrovirology, 11(2): 151 – 160.

STEIGER J H, 1990. Structural model evaluation and modification: an interval estimation approach[J]. Multivariate behavioral research, 25(2): 173 – 180.

STORCH E A, MILSOM V A, DEBRAGANZA N, et al., 2007. Peer victimization, psychosocial adjustment, and physical activity in overweight and at – risk – for – overweight youth [J]. Journal of pediatric psychology, 32(1): 80 – 89.

STORCH E A, MORGAN J E, CAPORINO N E, et al., 2012. Psychosocial treatment to improve resilience and reduce impairment in youth with tics: an intervention case series of eight youth[J]. Journal of cognitive psychotherapy, 26(1): 57 – 70.

SULDO S M, SHAFFER E J, 2008. Looking beyond psychopathology: the dual – factor model of mental health in youth[J]. School psychology review, 37(1): 52 – 68.

SYNER C, 2000. Handbook of hope[M]. Orlando, FL: Academic Press: 423 – 431.

TAJFEL H, TUMER J C, 1986. The social identity theory of intergroup behavior [M]// WORCHEL S, AUSTIN W. Psychology of intergroup relations. Chicago: Nelson – Hall Press: 7 – 24.

TAJFEL H, TURNER J, 1979. An integrative theory of intergroup conflict [J]. Social psychology of intergroup relations, 33: 94 – 109.

TEACHMAN B A, WILSON J G, KOMAROVSKAYA I, 2006. Implicit and explicit stigma of mental illness in diagnosed and healthy samples[J]. Journal of social & clinical psychology, 25 (1): 75 – 95.

TROCHIM W M K, 1989. An introduction to concept mapping for planning and evaluation [J]. Evaluation and program planning, 12(1): 1 – 16.

TROCHIM W M K, COOK J A, SETZE R J, 1994. Using concept mapping to develop a conceptual framework of staff's views of a supported employment program for individuals with severe mental illness[J]. Journal of consult and clinical psychology, 62(4): 766 – 775.

TROCHIM W M K, KANE M, 2005. Concept mapping: an introduction to structured conceptualization in health care[J]. International journal for quality in health care, 17(3): 187 – 191.

TWEED R G, BISWAS – DIENER R, LEHMAN D R, 2012. Self – perceived strengths among people who are homeless[J]. The journal of positive psychology, 7(6): 481 – 492.

USITALO A M, 2002. Perceptions of stigmatization, attributional style and adjustment adolescents with craniofacial conditions[D]. Gainesville: University of Florida.

VARTANIAN L R, SHAPROW J G, 2008. Effects of weight stigma on exercise motivation and behavior: a preliminary investigation among college – aged females[J]. Journal of health psychology, 13(1): 131 –138.

VAUGHN B E, WATERS T E A, STEELE R D, et al., 2016. Multiple domains of parental secure base support during childhood and adolescence contribute to adolescents' representations of attachment as a secure base script[J]. Attachment and human development, 18(4): 317 –336.

VERSCHUEREN K, KOOMEN HUY, 2012. Teacher – child relationships from an attachment perspective[J]. Attachment and human development, 14(3): 205 –211.

VERTILO V, GIBSON J M, 2014. Influence of character strengths on mental health stigma[J]. The journal of positive psychology, 9(3): 266 –275.

WANG K T, YUEN M, SLANEY R B, 2009. Perfectionism, depression, loneliness, and life satisfaction: a study of high school students in Hong Kong[J]. Counseling psychologist, 37(2): 249 –274.

WEBER M, WAGNER L, RUCH W, 2016. Positive feelings at school: On the relationships between students' character strengths, school – related affect, and school functioning[J]. Journal of happiness studies, 17(1): 341 –355.

WEINER B, 1985. An attributional theory of achievement motivation and emotion[J]. Psychological review, 92(4): 548 –573.

WERNER P, AVIV A, BARAK, Y, 2008. Self – stigma, self – esteem and age in persons with Schizophrenia[J]. International psychogeriatrics, 20(1): 174 –187.

WHILLANS A V, WEIDMAN A C, DUNN E W, 2016. Valuing time over money is associated with greater happiness[J]. Social psychological and personality science, 7(3): 213 –222.

WHITEMAN S D, BARRY A E, MROCZEK D K, et al., 2013. The development and implications of peer emotional support for student service members/veterans and civilian college students[J]. Journal of counseling psychology, 60(2): 265 –278.

WILKINSON R B, 2004. The role of parental and peer attachment in the psychological health and self – esteem of adolescents[J]. Journal of youth and adolescence, 33(6): 479 –493.

WOLFE W R, WEISER S D, BANGSBERG D R, et al., 2006. Effects of HIV – related stigma among an early sample of patients receiving antiretroviral therapy in Botswana[J]. AIDS Care, 18(8): 931 –933.

WORTMAN J, LUCAS R E, 2016. Spousal similarity in life satisfaction before and after divorce[J]. Journal of personality and social psychology, 110(4): 625-633.

WOTT C B, CARELS R A, 2010. Overt weight stigma, psychological distress and weight loss treatment outcomes[J]. Journal of health psychology, 15(4): 608-614.

WRIGHT E R, GRONFEIN W P, OWENS T J, 2000. Deinstitutionalization, social rejection, and the self-esteem of former mental patients[J]. Journal of health and social behavior, 41(1): 68-90.

WRIGHT K, NAAR-KING S, LAM P, et al., 2007. Stigma scale revised: reliability and validity of a brief measure of stigma for HIV + youth[J]. The journal of adolescent health, 40(1): 96-98.

XU Z, LAY B, OEXLE N, et al., 2019. Involuntary psychiatric hospitalization, stigma stress and recovery: a 2-year study[J]. Epidemiology and psychiatric sciences, 28(4): 458-465.

YENDORK J S, SOMHLABA N Z, 2015. Problems, coping, and efficacy: An exploration of subjective distress in orphans placed in Ghanaian orphanages[J]. Journal of loss and trauma, 20(6): 509-525.

YU X, ZHANG J, 2007. Factor analysis and psychometric evaluation of the Connor-Davidson Resilience Scale(CD-RISC) with Chinese people[J]. Social behavior and personality, 35(1): 19-30.

YULE W, 2011. Treating traumatic stress in children and adolescents: How to foster resilience through attachment, self-regulation and competency[J]. Child and adolescent mental health, 16(3): 174.

ZAGEFKA H, GONZÁLEZ R, BROWN R, et al., 2017. To know you is to love you: effects of intergroup contact and knowledge on intergroup anxiety and prejudice among indigenous Chileans[J]. International journal of psychology, 52(4): 308-315.

ZHANG S, BAAMS L, VAN DE BONGARDT D, et al., 2017. Intra- and inter-individual differences in adolescent depressive mood: the role of relationships with parents and friends[J]. Journal of abnormal child psychology, 46(4): 811-824.

ZHAO W, YOUNG R E, BRESLOW L, et al., 2015. Attachment style, relationship factors, and mental health stigma among adolescents[J]. Canadian journal of behavioural science, 47(4): 263-271.

ZIMET G D, POWELL S S, FARLEY G K, et al., 1990. Psychometric characteristics of the multidimensional scale of perceived social support[J]. Journal of personality assessment, 55(3-4): 610-617.